人文叢書 傳記類

自強之歌

彭歌 著

三民書局

國家圖書館出版品預行編目資料

自強之歌／彭歌著.－－初版一刷.－－臺北市：三民，2015
面；公分.－－(人文叢書/傳記類3)

ISBN 978-957-14-5992-9 (平裝)

1.言論集

078　　103027973

© 自強之歌

著作人	彭　歌
責任編輯	郭心蘭
美術設計	郭雅萍
發行人	劉振強
發行所	三民書局股份有限公司 地址　臺北市復興北路386號 電話　(02)25006600 郵撥帳號　0009998-5
門市部	(復北店) 臺北市復興北路386號 (重南店) 臺北市重慶南路一段61號
出版日期	初版一刷　2015年2月
編號	S 782540

行政院新聞局登記證局版臺業字第〇二〇〇號

ISBN 978-957-14-5992-9 (平裝)

http://www.sanmin.com.tw 三民網路書店

1

一九四九年七月十二日，我和史棻在長沙結婚。次日踏上征程，輾轉來臺。

我們在臺灣沒有父母呵護，度過一連串艱難歲月。這是剛剛安定後第一張照片。那是「仰天長嘯，壯懷激烈」的歲月，想的都是國事、天下事，十分天真。

如今我們年近九旬，感謝天恩祖德，尚保頑健。住在松柏長青的老人中心，再不用想天下事。

回想平生，有如夢幻。事功學問，碌碌無成，所幸有兒女和孫兒女，聊慰老懷。我祝福後代的子子孫孫，不必再受我們經歷的顛沛流離，都能在自由和平的世界裡，安享人生。

（攝於2014年1月25日）

二〇一四年夏，我率兒子參拜國父紀念館，行禮後留影。我希望他們不要忘記「大道之行也，天下為公」。

長子姚晶（左），次子姚垚（右），都在國外得了博士學位，應懂得這些道理。

（攝於2014年夏）

二老和女兒、孫兒遊北海岸留影。

在我眼裡，孫兒Andrew還是個娃娃，其實他已是矽谷蘋果電腦公司的工程師。

（攝於2014年1月31日）

臺海兩岸開放後，我回到北京與家人團聚。童稚時分手，如今都已白頭。

前排左起：三弟媳丁瑞玲（三弟尚志已逝世）、二弟尚群、彭歌（原名尚友）、四弟尚德、五弟尚齊夫婦。

後面兩排是姪男女和他們的配偶，他們是「後文革」長大的一代，能接受較好教育，真的是「祖國的花朵」。看到他們，我看到了中華民族的希望。（攝於2010年9月20日）

政大同班同學畢業四十年後，重新在南京聚首。兩岸和海外同學到達參加者三十餘人。圖為參觀國父在南京「臨時大總統辦公室」留影。左起：史棻、彭歌、張邦良、張傳範、余鍾和。這座辦公室列為江蘇省文物保護單位。

我深信，只要中國人都不忘記國父「世界大同」的理想和救國救民的大志宏願，中國人就會走出一條大路來。（攝於1994年3月3日）

二〇〇一年八月，我與史蓀到洛杉磯參加謝然之老師壽宴，與謝老師伉儷留影為念。謝先生曾主持新生報業集團，當年是臺灣影響力最大的新聞事業。謝先生受各方盛邀，曾同時出任政大、文化大學和政幹學校新聞系系主任，作育人才遍及海內外。（攝於2001年8月13日）

馬星野老師（右）是政治大學新聞系創辦人，我們入學那一年抗戰勝利，馬先生出任南京中央日報社長。從重慶到南京，再遷臺北，歷盡艱辛。這是我參加馬老師華誕的晚宴時留影。
（攝於1982年農曆九月十三日）

一九六四年春天，我從美國進修回來。蔣經國先生約見。他勉勵青年人貢獻自己的才智，為民服務，為國效命，這是我第一次近距離聽他講話。我覺得他很謙虛，很誠懇，沒有什麼架子。

許多年之後，他成為臺灣的領導者，主持大政約十五年。我奉命到中央日報服務，「為國干城，為民喉舌」，也服務了十五年。（攝於1964年10月18日）

蔣經國總統約見文藝作家們茶敘，左起：彭歌、侯健、蔣彥士、張曉風、陳紀瀅、蔣總統、鍾肇政、林海音、殷張蘭熙、華嚴、林懷民、馬紀壯。（攝於1980年2月28日）

祕魯小說家尤薩（左），當選國際筆會會長後，於一九七七年十二月來訪臺北。我陪他晉見嚴家淦總統。

嚴總統說明臺灣土地改革的成果。尤薩後來又到農村訪問，離臺前他對我們說，「如果拉丁美洲人民，能享受到臺灣老百姓生活這樣的安定，富足與自由，就不會搞什麼社會主義革命。」

尤薩年輕時是激烈的社會主義者。中年後漸趨溫和，他兩次競選祕魯總統未能當選，但在二○一○年獲得諾貝爾文學獎。（攝於1977年12月28日）

到臺北南港胡適先生墓園瞻拜，胡先生提倡白話文，是中國現代化的象徵。年輕時總覺得胡先生的改良主義救不了國難，到老來才體會到「容忍比自由更重要」的道理。墓園中未見其他訪客，不免有「前不見古人」的岑寂感。（攝於2013年夏）

俄國小說家索忍尼辛，一九八一年應吳三連先生基金會之邀來臺北發表演說。
我在宴會前請他在那本《一九一四年八月》名著上簽名留念。
索忍尼辛是一九七〇年諾貝爾文學獎得主，被放逐海外。蘇聯共產帝國分崩離析，索忍尼辛是「最有力的推手」。他當得起是二十世紀最偉大的小說家。（攝於1981年）

吳三連先生是民間政治領袖，他請的陪客也都是政治人物。
前排左起：民社黨楊毓滋、吳三連、立法院長倪文亞、索忍尼辛、國大祕書長谷正綱、青年黨李璜、馬紀壯將軍。後排左起：吳先生公子、彭歌、吳豐山、歐陽勛、陳奇祿、蔣彥士、錢復、宋楚瑜、王兆徽、基金會代表。
承蒙吳三老看重，我是座中唯一以作家身分被邀的人。前排那幾位先進，都已作古。（攝於1981年）

二〇一四年春天，我到臺東鄉下旅遊。一位原住民計程車駕駛指著奇萊山，為我講早些年電力開發和引水灌田的故事。他說，「那個孫運璿是個大大的忠臣」，還問我「你認不認識他？」孫先生逝世多年。想不到邊遠山區聽到這一番話，讓我想起「甘棠遺愛」的古話。

在我心目中，孫運璿是最好的行政首長，他有工程師求精求實的專長，又能「出汙泥而不染」。國民黨人如果都像他這樣，執政就不會這麼艱難。圖為在新年團拜中我向他致敬。（攝於1980年2月12日）

司法院黃少谷院長（右）是新聞界老前輩，二十幾歲就在北京辦報。抗戰時期主持《掃蕩報》，激勵士氣民心，功在國家。少老轉入仕途，歷任要職，在政壇享有「諸葛一生唯謹慎」的清譽。

中央日報社慶，少老以中常委身分蒞臨致賀，和我握手時誇獎我們辦報「大有進步」。左為新任董事長林徵祁。（攝於1983年）

我從小喜歡王雲五先生，因為他沒上過學校就成了著名的出版家。不上學真好。

成年後拜識王先生，才發現他的苦學有成，更要有過人的毅力。

王雲老以非國民黨員身分，出任行政院副院長，並主持行政改革委員會，早期許多改革由他推動。

我獲得中山文藝學術獎，王雲老頒獎，留影為念。

（攝於1971年11月11日）

監察院楊亮功院長（中），是我尊重的長輩。亮老雖歷任高官，起居簡樸如庶民。身居陋巷，毫不以為意，平易坦蕩的風格，是最好的身教。

中央日報的春節文藝茶會，亮老一定光臨，為寫文章的後輩加油打氣。左為曹聖芬董事長。（攝於1985年3月2日）

論人品、家世、學問、能力，連戰都應是一位稱職的總統，但因意外原因而壯志未酬，是他的不幸，也是臺灣的遺憾。

圖中連戰（中），與我在酒會中談天。左邊正在簽名的是行政院李煥院長。（攝於1987年春）

國民黨通過提名李登輝（左）為副總統候選人，李先生到中央日報來看曹董事長（中）謝謝支持。蔣經國總統逝世後，李副總統依憲法繼任總統，他自稱「三民主義的信徒」。

可是，後來發現我們原來「不是一國的」。那時我已退隱到海外去了。（攝於1984年3月24日）

三十多年前，和馬英九先生（右）相見，政壇一位大老，稱許這位被民間稱為「小馬哥」的人，是「零缺點的公務員」，各方對他寄予厚望。

三十多年之後，馬英九（左）已是中華民國總統。他來探望銀髮族，和我無意中重逢。我曾寫文章說，「發展軟實力，要能硬起來。」不必處處燒香，人人討好。可能他求治心切，沒有做到「多聽聽，少講話」，這幾年來幹得很辛苦。

一九八一年五月十二日，接任中央日報社長時留影，左起：原任社長潘煥昆、董事長曹聖芬、馬星野老師、中央文化工作會主任周應龍、新任社長彭歌，而今這四位先生都已作古。（攝於1981年5月12日）

九歌出版公司的蔡文甫兄是新聞界老友，他為我舉辦「彭歌作品研討會」，請朱炎和徐佳士、高天恩等諸位名家主持，十多位教授提出論文，到場的文藝界朋友有一百多人，我從美國趕回來靜聽指教。齊邦媛教授說，「這是一場憂患意識最強的集會。」最後我致詞由衷感謝大家。（攝於1999年3月27日）

聯合報創辦人王惕吾先生（右）以「正派辦報」的精神，首創臺灣最成功的民營報業。中為中央通訊社潘煥昆社長，彭歌傾聽他們的宏論。（攝於1982年4月1日）

中國時報創辦人余紀忠先生（右）告訴我，他開辦時報時，每晚要聽到那部舊機器開印的聲音，才能安然入睡。時報辦得有聲有色，想不到余先生去世後轉手出讓，世事無常如過眼雲煙。（攝於1981年5月）

三個北方傖子，在漢城（首爾）參加國際筆會年會。左起：蕭乾、彭歌、王藍。老鄉見老鄉，相談甚歡。蕭乾說，當年他下放勞改，每到一個新地方，就先找一棵歪脖兒樹；準備著熬不下去的時候，一根繩子了斷殘生。聽他靜靜地講，忍不住流下淚水。（攝於1988年8月28日）

許多年前，我們曾在不同的報社裡擔任總編輯。劉昌平（右）是我最強的競爭對手，也是無話不談的知己。分別二十年後，在臺北重逢，歡然道故，和我們同輩的老友們多已凋零，不堪回首。（攝於2002年3月6日）

二弟尚群（左），到臺北來探望我，我陪他到處走走，在東部山裡看到題有「不尽」二字的泉水，留影為念。因想到東坡給他弟弟的詩，「與君世世為兄弟，更結來生未了因」。我們這一生歷盡波折，會少離多，盼望下一輩子好好補償。（攝於2014年2月16日）

二弟尚群是很達觀的人，雖然他在北大荒吃了很多年的苦，仍然高高興興要「朝前看」。天安門廣場上遊人如織，高懸孫中山先生遺像，尚群年逾八旬，也出來走走，享受陽光。（攝於2014年4月29日）

當年離開北京時，我剛十八歲。一九九二年回到家鄉，已是「鄉音無改鬢毛衰」。這是在北京釣魚臺賓館園中留影，那株老樹勢若游龍。
（攝於1992年6月30日）

一九八〇年代，大陸上流行的說法是，「白天聽老鄧，夜晚聽小鄧」，鄧麗君女士（左）的歌聲，傳達了臺灣的溫情和自由氣氛。她來拜會「鄉長」，我們是河北同鄉。

彭歌著作八十種由「臺大人文庫」典藏。贈藏儀式後，與來賓合影。前排（左起）歐茵西、陳雪華、彭歌、朱炎、周駿富、劉振強、朱炎夫人。後排彭鏡禧、劉會梁、葉國良、胡耀恆、蔡文甫、殷琪、朱則剛。
（攝於2002年3月30日）

在加州海岸閒行，面對浩瀚太平洋，忽有一異鳥飛來，相顧無言，似層相識。
（攝於2011年8月20日）

甲午年中秋節後一日，夜間在臺北中正紀念堂自由廣場上散步，其時驟雨初霽，長空一碧，皓月當頭，清光如水。仰望中正堂巍峩莊嚴，乃想到蔣公所說的「千秋氣節久彌著，萬古精神又日新」，懷念不已。默想數十年、數百年之後，此殿堂、此廣場當是何景象？臺灣又將是何景象？天意悠悠難知。今後的路，要後人自強自勉，努力開拓。

廣場上遊人甚稀，幸遇一位年輕攝影家，為我留下此影，誠可感念，亦浮生一緣也。（林建宏攝贈，攝於2014年9月9日）

自強之歌

目次

第一章　親情如海

一個人到了晚年，「雨中黃葉樹，燈下白頭人」，想的是什麼呢？我自己的體驗是，不再是要完成什麼沒有完成的夢想，不再想去征服那些遙遠且不可企及的王國。我心中念茲在茲的是，此生此世，受過許多恩寵關愛，沒有能一一報答，以後也不再有回報的機會了。「報恩除非轉輪時」，午夜不眠，輾轉反側，這才是有生之年最大的遺憾。

祖母是愛我最深、也對我期盼最切的人。小的時候，只把那一切寵愛視為當然，雖然也曾作出種種許諾，「等我長大了的時候」；不幸，祖母等不及看到我長大。到現在我才懂得，祖母離開塵世之前是多麼不放心，為了我。

我的家庭原屬於「耕讀繼世」的中產之家，先世在浙江秀水縣，後來改稱嘉興縣。曾祖父虎臣公，一行作幕，生涯落寞，中年病故，留下了二兒一女，長子即我的祖父，諱鋐，字景庭，晚號迂廬。洪楊之亂後，江南富庶之地元氣大傷。祖父奉養寡母並帶著未成年的弟妹北上，在山東歷城落戶。

景庭公奮力苦學，科場得意，文采受到時人讚許，得與曲阜高府結親。曲阜是至聖先師孔子的故鄉，高姓是當地的世族名門，高家大小姐就是我的祖母。

可是，他們的婚姻經過一番波折。訂親之後，我的曾祖母病故，景庭公照顧兩個未成年的弟妹，實在力不從心，難以周全，便要迎娶未婚妻過門。可是，高家的長輩們總推說姑娘年紀還小，應該再等幾年。也可能是看到景庭公書劍飄零，家無恆產，怕姑娘嫁過來要受苦。姑娘心裡雖已拿定了「非君不嫁」的主意，但在早年頭未出閣的女兒對自己的婚姻大事，是不能公然表示意見的。祖父那邊因此而有了屈辱的感覺。

景庭公後來娶了門第不高而寬柔篤敬的楊太夫人主持中饋，生了兩個兒子，大的叫崇讓，小的叫崇實。楊太夫人便是我的嫡親祖母，不幸早年病逝，沒有看到我出生。

崇讓伯父據說相貌和性情都很像祖父，深得親心。崇實公，字硯農，就是我的父親。我小時候偶爾聽到長輩們形容我，「這孩子，跟他老子一樣牛脾氣。」所以，我猜想父親從小就不是聽話的乖孩子。念大學的時候，他不顧祖父的期望，沒有選擇文學、歷史或政治，而是進了機械工程系。暑假天要到一個叫皇姑屯的地方，去兵工廠裡實習。親友中有不少人搖頭嘆息，「姚景庭的兒子，怎麼會落到跑去皇姑屯打鐵？」那年月總以為讀書人的正途，唯有做官，再不濟也應該是在銀行裡當經理什麼的才像話，怎可去打鐵？

楊太夫人去世以後，祖父憑才學自立，事業漸有發展，迎娶高太夫人進門。她的任務不僅是照顧丈夫和兩個弟妹，還要教養兩個稍稍懂事而又不甚馴服的頑童。

有一年，景庭公遊宦在外，崇讓伯感染時疫，醫療無效竟致夭亡。

高太夫人萬分哀痛，成為老人家一生之中一大憾恨。

她全心教養「老二」這個獨子；既擔心他不好好念書，不能成材；又怕管教太嚴，累壞了身子。有一回，崇實公下學遲歸，大概是到外頭「野」去了。祖母很生氣，罰他不許吃晚飯，又搜檢他的書包，發現了一些閒書，還有一包「大聯珠的毛片」，統統拿去燒掉。

過了很多年，祖母像講故事一般對我說過，「大聯珠」是一家菸草公司出品香菸的牌子。他們為了推銷香菸，每一個菸盒裡附有一張印著人物的小紙片，譬如《水滸傳》的一百零八將，和《三國演義》的劉關張等。每一套總有一兩百張，若能收齊全套，可以換得自行車之類的獎品。父親苦苦哀求，被他收集的那一套毛片，只差五六張就成了全套，可以去換大獎，「娘，妳就還給我吧。」可是，祖母沒有答應，「不可以就是不可以」。

是不是由於這一類細碎的回憶，累積而成為母子之間的疏離感？我不敢說。在我記事之後，看到父親在祖母面前，總是十分恭順，但卻少一些「承歡膝下」的親切氣氛，連我這小孩子也感覺得出來。

小時候，祖母把我抱在懷中，很認真地對我說，「等你長大了，要給你娶兩房媳婦兒。大媳婦生的兒子，要繼承你伯父的香煙。第二個生的，才算是你這一房的後代。」我弄不清這些舊宗法社會的複雜規矩，只連聲抗議，「我不要娶媳婦兒，我不要娶媳婦兒。」祖母笑說，「這會兒不要，長大了你就會要。」

當然，合法地同時娶兩房媳婦兒的「特權」，我並沒有享受到，然而我猜想，祖母這番規劃，不僅合乎舊傳統的倫理與規矩，更是要補償她內心中的缺憾吧。中國的老太太沒有不希望「多福多壽多男子」的，我的祖母自己沒有生育兒女，就特別希望有一個兒孫滿堂的晚年。

我於一九二六年農曆的正月初八日在天津出生。那些年，北方政局混亂，正是各路軍閥進進出出的時候，常常打仗，打仗又好似換防，風雲變幻，誰也說不準。老百姓常常要「逃反」，逃反即避難，但又不完全是難民，有點兒像沒有籌劃好的度假；收拾細軟，搬進租界去住一陣，等平靖了就再回來。

天津市是依照不平等條約規定，外國人可以設租界的「通商大埠」之一。有英租界、法租界、日租界、義租界等等，真正中國人的地盤統稱「華界」。我出生時，正趕上時局不靖，就搬到英租界的親戚家。那地方叫「尚友里」，祖父就為我命名「尚友」。小時候，我一直以為每個人的名字都是隨著他的出生地來的。

我的母親余宗隆女士，嫁給父親時還在大學裡讀書，「女大學生」當時是珍品。他們雖屬於「五四時代」的新人物，但婚姻仍是遵「父母之命」，因為外祖父和祖父是好朋友，兒女聯姻，遂成佳話。

父親大學畢業之後，在張伯苓老先生手創的南開大學任教，南開位於天津市郊八里台，是全國有名的大學，也是私人興學最成功的範例。抗戰期間，間關萬里遷至雲南昆明，與北京大學、清華大學合組國立西南聯合大學。父親在戰時投入工程界，日本投降後才又回到南開。父親生平不喜官場上的那一套，從未沾染任何政黨，可是在「反右」期間亦背上反動學術權威之名而猝逝，可能是心肌梗塞。

母親原來也教書，生了我之後，體弱多病，便辭去教職。她似乎有意把師範教育學得的本領，一五一十都用在我身上，晚上為我講故事，多半是安徒生的童話和《伊索寓言》，也講《西遊記》，我很喜歡，覺得比外國童話更有趣，特別是美猴王大鬧天宮那些場面。好幾十年之後，我把余國藩英譯的《西遊記》給我的孫子 Andrew 去讀，他也很喜歡那些描寫，當讀到孫猴子翻不出如來佛的大手掌，在那五根紅柱子下面撒尿的時候，Andrew 哈哈大笑，可見童心都是一樣的。

母親從講故事、讀新書，進而引導我識字，由於興趣的關係，我學得很快。母親為我訂了商務印書館出的《兒童世界》和中華書局出的《小朋友》。到了小學五年級時我就不再喜歡看那些「小孩子的東西」了。不過我承認，這兩本雜誌頗使我增廣見聞，並且培養了濃厚的閱讀興趣，影響一生。

母親害的是肺結核，就像今天有人害了癌症一樣，沒有完全治好的希望。而且，肺結核是會傳染的，所以，我從小就很少被母親擁抱愛撫。她愛我，正是因為愛我就不肯親近我。

我家住在華界一幢兩進的四合院裡。後院有幾株高大的槐樹，夏夜家人圍坐在樹下，唱歌，吃西瓜，那是我童年間最美好的記憶。

從我開始有記憶時起，我總是跟祖母睡，她的臥房裡有很大的、有刻花的木床。祖母把我留在身邊，怕我吵得母親睡眠不安，可能她更耽心我會被傳染。

母親需要靜養，也需要營養。她經常服用一種白色的魚肝油精，又每天用一隻藍色的蒸鍋，蒸一隻雞，蒸鍋裡面不放水，蒸出來的雞汁最純、最濃，據說也最補人。母親喝雞汁，我吃雞胸脯肉和雞肝。

在我的印象中，母親是高挑身材，皮膚很白，戴著細銀絲邊的眼鏡，常常穿著一件墨綠色的旗袍，高跟鞋，有時是黑緞子的鞋面，腳面上有一片亮晶晶的水鑽。許多長輩都讚揚她知書識禮，文靜高雅。

母親對我管教很嚴，但從來不用體罰的方式，也可能是因為她沒有力氣打我。記得有一年，她帶我到日租界的中原公司去，那是市上大型的百貨公司之一。那天還有好幾位舅父、姨母、表姊妹同行。在樓下的兒童玩具部陳列著很多新上市的玩具，有竇爾敦的面具，有關公的大刀，有黃天霸的單刀和金鏢。可是我一眼看中了一把鍍銀的指揮刀，高喊一聲，「我要那個小棍棍。」可是母親說，那不是小棍棍，是一把刀，「小孩子不准玩刀。」我繼續堅持，母親喝罵了幾句，後來就打了我幾下。其實並沒有打痛，可是我覺得在表姊妹面前受責，很是丟人，於是便放聲大哭。

母親平常聽慣了別人在她面前誇獎我又聰明、又懂事那些話，如今當著她娘家人的面前，兒子呈現出桀敖不馴的一面，她覺得不能容忍。她繼續斥責，「這孩子，這麼不聽話，看我回家怎樣好好教訓你。」

我又羞又怕，於是繼續大聲地哭，越哭越覺得委屈。中原公司從一樓到八樓，那是最高的一層，我就一直哭。後來在親友之間，我就此「一哭成名」。人們說，「姚家那孩子，從一樓哭到八樓，那份犟，少有。」

那天回到家，祖母看到我聲嘶氣竭的樣子，問明經過，很平靜地對我說，「你要好好聽你娘的話。不可以在外面哭鬧，像個野孩子。」我大概是吵得太累，就睡著了。

聽說那天晚上，祖母推說胸口悶，沒有到飯廳來吃飯。全家也竟都不敢吃飯。

好像是過年或過什麼節日，一天早晨，我一覺醒來，發現枕旁放著那個「小棍棍」，銀亮的刀鞘，刀柄上是鯊魚皮包著的護手，和正規指揮刀一模一樣。我不知道是祖母或是母親給我的，我很喜歡。那把刀我玩了很多年。

當我長大成人之後，仍然會想到「從一樓哭到八樓」的那一幕，我記不得是否我真的哭得那麼久又那麼響，但總覺得這樣驕縱囂張，令我感到愧悔。我很對不起母親，也讓祖母為難。

我進小學那一年，母親想必是自覺病勢更沉重了。有時會找我講話，要我念我的讀本給她聽。有念得不對的地方，她細心教導我。如果我念得順暢又毫無錯誤，她就什麼也不說，只是點點頭，摸摸我的頭。她不停地織毛衣，都是為我打的衣服。有一套是上下兩件，墨綠色夾著檸檬黃色的橫條。「你長得太快，」她說，「你明年又長高了，袖子和褲腿再加上一圈黃色的，就仍然可以穿。」那套毛衣真的很好看，毛線是很好的牌子，又軟又輕柔。可是，當我要穿它的時候，母親已經不在了。以後，也沒有人為我把衣袖和褲腿加長。那是我這一輩子最喜歡的衣裳。

那一年春天，天氣仍很冷。雖然陽光燦麗，但仍感到春寒料峭。一早我到學校，可是一堂課還沒有上完，老師就叫我的名字，說「家裡有人來接你。」來接我的是一個新來的僕人，他沒有說什麼，只催我快快上車回家。

回到家裡，就發現人們都沉默無語，神情哀戚，所有房間裡的鏡子都被白布遮蓋起來。

祖母看到我，一面流淚一面說，「快去給你娘磕頭。」母親躺在床上，神情十分安詳，臉色比平常更加蒼白。那天早晨她曾嘔了很多血，一度昏迷，醒來後叫我的名字。可是，等我回到她的床前，大聲哭喊「娘」的時候，她已經不在了。

那天是一九三一年三月二十五日，母親只活了三十一歲。

在一家人的哭啼聲中，我送走了母親，那給我生命的人。這是我第一次經歷親人的死亡。隆重而繁瑣的喪葬儀式，帶有若干戲劇性，使我這「披麻帶孝」的兒子分散了一些悲哀。想不到此後幾年我還要連續承擔送喪的責任。

在母親逝世之後，親友們來弔喪致唁，看到我時總會說，「這孩子好命苦，這麼小就沒有娘了。」也有人說，「這孩子好相貌，日後要當大元帥、大將軍。就像書上說的，白虎星君下凡，早早就把親娘剋死了。」講這些話的人也許是想要在祖母面前奉承幾句，他想不到在旁邊的我已經聽得懂這些話，我不相信「白虎星君」什麼的鬼話，可是我真的覺得母親是為我而死。如果她沒有生下我來，也許她就不會害上那種病，以至那麼早死亡。我絕無心要「剋」她，但她是為我而死。一直到今天，我已在世上活了八十九年，一想起母親那蒼白的遺容，就不禁悲從中來。想到她臨終之前要再看我一眼的願望，竟然也未能達成。我不相信什麼大元帥、大將軍的預言，而只覺得今生今世對慈母的虧負，永遠也報答不盡。當我自己結婚成家，有了兒孫之後，心中常常思念，「如果母親能看到現在的我，她會多麼高興！」

因為我從小就由祖母撫育，所以，母親逝世對我的生活與學業都沒有多大改變。祖母對我的飲食起居，照顧得更加仔細，我偶爾鬧些小性兒，她也都加以寬諒。別人說，「不可以把他寵壞了。」祖母就嘆息，「誰叫他是個苦命的沒娘的孩子。」

就在那一年之間，我彷彿是突然間長成了一個「大人」。

母親對我施教，是依據她學到的書本上的教育理論而來，循序漸進，層層啟導。祖母的教法不一樣，她讀過古文舊詩，也會從報紙上吸收到一些新知，但她教導我的，主要根據她的人生經驗。或者說「人生哲學」。

她常說的兩句話是：「好心總有好報。」還有「你要跟你爺爺學，像他那樣處世待人。」祖父不僅是一家之主，是她的丈夫，而且是她始終信賴、全心敬佩的人。

祖母身材不高，面容清癯，多年來「大家閨範」養成的習慣，講話輕聲細語，無論對晚輩或家中僮僕，從來沒有疾言厲色，而自有一番尊嚴氣象。人們說，「老太太坐在那兒，就像是蓮臺上的菩薩。」

祖母似沒有固定的宗教信仰，一切善心善行，與人為善，老人家都是從心底贊成的。她偶爾誦念《金剛經》和《心經》，敬拜觀世音菩薩。每月初一、十五，或有佛祖誕辰、觀音升天之類的日子，她都要茹素。不過，因為有我跟在她旁邊，茹素便不能十分嚴格。

祖母不吃牛肉，倒與宗教無關。她說她小時候在故鄉山東，看到老牛耕田多麼辛苦。有一天，看到老牛被牽往屠場去，「那頭牛懂事，我看到牠兩眼淚汪汪，想必也知道要把牠宰了。」祖母攔了下來。「是大小姐發話，不准把老牛送到湯鍋裡。」那頭牛又活了好幾年。祖母覺得牛的一生實在辛苦，為主人耕作一輩子，到最後還要宰殺了賣肉給人吃。她說，「怎麼能吃得下呢？」

祖母喜歡講許多故事、傳說和神話，往往帶著濃厚的勸誡的意味。「得意時不可驕傲，失意時不可氣餒。」她特別看不起某些暴發戶趾高氣揚，和某些人受到些微挫折就垂頭喪氣。「一個人要有志氣、有涵養。」盛暑之時，炎熱逼人，祖母連電風扇也不肯用，她說，「心靜自然涼。」心是萬物的主宰，心定、萬事皆定。

我出生之初，祖父仕宦得意，家道昌隆。住的房屋很寬敞，家裡人口興旺，常有從山東來的鄉親來「住閑」，暫時落腳，或準備升學，或謀缺待業。佣人有大廚、小廚房的廚娘、司機、男女僕人等一大群。一聲「開飯了」，很有一番熱鬧。祖母治家，井井有條，賞罰分明，而且恤老憐貧，十分念舊。佣人們背後都感念，「老太太聖明。」

到了「九一八」之後，日本人占領了東三省，華北平津都成了「國防最前線」。政治中心南移到南京去，北平、天津市面也都大為蕭條。於是，大廚、司機等等漸漸遣散，祖母身邊只剩下一個佣人，是她出嫁時「陪房」來的女僕。

因為日軍常常藉「演習」為名，引起市面不安，祖父已退休閒居，便住到北平去和一些老朋友詩酒流連去了，祖母帶著我住在天津英租界的敦厚里，三層的紅磚樓房。鄰近一條窄窄的牆子河，河對岸就是有名的耀華中學。祖母有時牽著我的手在那兒走過，她說，「你要好好用功，將來就能進耀華去讀書。」我說我一定去。那時我讀書很順利，對自己也很有信心。

但世事難料。沒有過了多久，我就離開天津；本來看起來很容易達到的一個願望，竟無緣實現。

祖母督促我用功，另有一套辦法。每學期開學時，她會親自到書店和文具店，添置新的課本、筆記簿、大小仿用的紙張，還有很多的鉛筆。最好的一種牌子，是德國製的「施德樓」鉛筆，用H和B表明鉛筆的硬度。通常用來寫字的是HB，畫圖畫則要用六個B的軟鉛筆。

祖母也會為我挑選很好看的鉛筆盒，削筆刀，和橡皮。每天晚上，在燈前作功課，祖母一定為我削好幾支鉛筆。寫大小楷的毛筆更是經常洗乾淨，套好了筆套。墨盒也一定擦得光光亮亮。連書包也是每學期換一個新的。

祖母說，「什麼都為你準備好好的，你要努力用功。」

寫字是大事，因為祖父是有名的書法家，祖母要我每個月寫一封毛筆信給祖父請安，有時還附寄上我在課堂上寫的大楷（那時候大家都是臨摹柳公權的〈玄秘塔〉），寫得好的，老師會在那九宮格的大楷紙上打紅圈，如果九個字都被劃了大紅圈，我們稱之為「滿堂紅」；有時某個字寫得特別出色，老師更會打「雙圈」，那可是了不起的榮耀。

寄給祖父的字，正是祖母挑選出來的幾頁「滿堂紅」加「雙圈」。我還記得，得到「雙圈」的字，是「飛」、「紫」，還有很簡單但很不好寫的「之」。我自己很得意，祖母比我更得意。

不知道是不是那些「滿堂紅」真的很好，祖父的反應是「深以為慰」。老人家覺得這個長孫不再是貪玩的幼童，應該接受正規的嚴格教育。他想要親自教導我。

於是，祖父要我到北平去升學。天津是工商業城市，北平是千年文化古都。全中國最好的學校都在北平，全中國最有學問的人也都在北平。祖父的主張向來就是最高指示，祖母也同意了。我不懂得的是，祖母自己寧願留在天津，不肯到北平去。因為祖父身旁有一位姨奶奶。那種微妙的矛盾，是小孩子無法理解的。

那年夏天，祖母為我整頓行裝，派人陪伴我乘火車，前往北平。起身前一晚，祖母囑咐了很多話，要自己知道注意飲食起居，要好好讀書，「要聽爺爺的話，對人都要有禮貌，不可以隨便亂發脾氣。」我猜想，後面這句話是要我注意，在姨奶奶面前，要保持良好的態度。說起來容易，要做到很難。譬如和姨奶奶見面時，我就不知道該怎麼稱呼她。反正我不能叫她「奶奶」。我心裡知道，那是祖母最不要聽到的，雖然她已離我很遠。

在北平，我家住在西長安街大柵欄二十八號，一座很整潔的三合院。原來的屋主是京華「四大公子」之一的盧小嘉；盧的父親盧永祥，據說是北洋軍閥裡比較正派的一個人。盧小嘉晚年曾住在臺北，可惜我沒有機會認識他。

我進了很好的學校（那學校對我的影響，也許比任何大學更深遠，以後我還要詳說）。祖父親自送我入學，我是入學新生的第一名。

祖父對我其實並沒有什麼管教，有時看我練字、讀書，偶爾講一兩段故事，都是勉勵人勤學向上，自立立人之類的話。祖父有時帶我去觀賞國劇，他欣賞的名角是余叔岩和梅蘭芳（可惜這兩位名家我都沒看到），晚年很為四小名旦之一的張君秋喝彩。這培養了我對國劇的終身愛好。還有時帶我去參加他和朋友們的文酒之會，都是些老頭子，我覺得很乏味。

姨奶奶待我很好，為我添置新裝，又為我布置了臥室和書房。我這輩子第一次量身訂製的西裝，就是她為我買的。總之，凡是用錢可以買到的東西，我都有了；但我總覺得我缺少一些重要東西，我說不出來但感覺得到，那就是祖母的無言之愛，和我在暗夜中對她老人家的思念。

祖父偶爾會叫我去考問我書本裡的事情，答得好時，他要我和他一起晚餐（他常常讀書到很晚，飲食無定時），分享他最喜歡的蟹粉獅子頭，那滋味的確很好。可是，每逢這種場合，我就特別想念在天津的祖母，她是不是也會喜歡這一道美味。

那些年間，發生了很多很多事情。日軍發動蘆溝橋事變，全家又暫往天津，再遷回北平時，華北沿海地區都成了「淪陷區」，我們是日軍統治下的「順民」了。

一九三八年二月二十五日，祖母高太夫人在天津病逝，享年六十歲。

我回天津奔喪，向長輩們探詢祖母病逝的經過，韓姑奶奶對我說，「你奶奶是想你想死的！」這句話令我刻骨銘心，負疚至今。我知道祖母想我，但她又不會讓別人知道她這種牽腸掛肚的心情。祖母嚥下最後一口氣時，我沒有趕到她的面前，我一想到此，便覺得痛悔萬分。

祖母的喪儀辦得很隆重，我以「承重孫」的身分，頭戴麻冠，身穿沒有邊縫的白粗布孝袍，連鞋也用白布包起來。手執哭喪棒，在靈前「摔盆」——把一個瓦盆摔碎，表示內心的哀痛。最後是背著「西方接引」的招魂幡，在一大隊銅鈸鼓樂聲中，把祖母的靈柩送往墓地。長輩們讚嘆我盡禮守分，說，「難為這麼大點兒的孩子，他奶奶總算沒有白疼他。」

想不到過了整整一年之後，一九三九年也是二月二十五日那一天，祖父在北平逝世，病因是腦充血，享壽六十五歲。祖父平日身體很健康，除了喜歡美食之外，生活習慣良好。老人家猝然作古，讓我有「天崩地裂」一般的震撼。

祖父的喪禮更為隆重盛大，甚至帶有一種節日慶典的味道，掩蓋了悲戚的氣氛。在家中停靈七七四十九天，每天都有親友僚屬來祭拜。平時有一棚和尚誦經，我還記得是從聖安寺請來的師父們，敲打著各種樂器，梵唱聲聲，讓人暫時忘了生離死別的哀慟。

到最後快出殯時，有請來尼僧、道士、和喇嘛們誦經安靈。喇嘛們穿著黃金色和大紅色的法衣，有人打鼓，有人吹著長長的喇叭，發出像牛吼一樣的聲音。

院裡還陳列著各種紙紮，作出種種「具體而微」的實物，包括住房、書房、汽車等等，四方桌上還有一桌麻將牌，也有紙紮的僕人、丫頭、還有一頭叫「三花」的小狗。

喪儀雖然這樣隆重，我卻感受不到祖母和母親去世時引起的悲傷感覺。我好像變成了一場大戲裡的一個角色，而且是不可少的主角。

每天早晚要在靈前祭拜上香，奉茶獻果；每天三頓飯都是選了祖父生前愛吃的菜餚來上供。「祭神如神在」，我仰望祖父的大幅遺照，胸前有一尺長的鬍鬚。他戴著眼鏡，俯視眾生，仍然像他在世時同樣的威儀萬方。

在我記憶之中，祖父的工作就是「上衙門」。究竟上什麼衙門，作什麼事情，我茫然不曉。

祖父是典型的老式文人。他早年雖曾到日本去留學，但回國之後沒有再穿過西裝。一年四季，總是一襲長袍，冬天穿皮裘，夏天穿紡綢，「上衙門」時一定是藍緞長袍黑呢馬褂。他舉止端肅，木訥寡言，別人形容他是「不怒而威」，年輕的晚輩站在他面前往往不敢講話。

其實，祖父跟我講話的時間也不多。有一次是教我寫「誠」這個字，除了分析字形結構之外，他強調「意誠則辭修」的道理。「要寫好字，一定先要心誠。」

有一天早晨，我起身遲了，匆匆忙忙推著自行車趕出大門。忽然有佣人傳話，「老爺請你回去。」

原來我走得慌慌張張，書桌上攤著一堆書，抽屜拉開了沒有關上。祖父指著那抽屜對我說，「一個人作事要有頭有尾，你留下的亂攤子要自己料理清楚，不可以拋給別人。」他看著我把書整理好，把抽屜關上，才放我去上學。老人家的話讓我牢記終身，「一個人作事要有頭有尾」。我自幼到老，都勉力奉行這一條教訓，自覺無形中得到不少益處。

祖父的喪禮，都是按照傳統儀式辦理的，其中有一個節目，給我的印象最為深刻，那就是「點主」。

傳統社會重視生更重視死，一部《禮記》其中三分之二內容都與喪祭之禮有關。幾千年沿襲下來，雖然不斷演變，仍無法泯沒那些古老的遺跡。

譬如在訃聞中，有些一定的程式用語：不孝孫男「罪孽深重，不自殞滅，禍延顯祖考……」，就是說因為我犯了很多錯誤，未能善盡孝道，我應該死而沒有死，卻害得我的祖父不幸去世了。這些話，現代人當然認為是無稽之談，不合理也講不通；可是在喪失了親長的兒孫心靈上，呼天搶地，痛不欲生的時候，正可能有這種痛切的悲情。

因為傷慟，所以喪禮就要隆重，隆重的講求到後來便成了專注重外表，繁文縟節掩蓋了真實的感情。

「點主」這個儀式，當時我完全不理解它的意義，過了許多年之後，到現在，即使最隆重的喪禮中似乎也不再有這個節目，我還在尋索究竟是為什麼。

人在死亡之後，除了「遵禮成服」和殯葬大禮、入土為安，還有一座神主牌位，留在家中供兒孫後人參拜，在新年、中元和冥誕時，更應隆重上祭。

那神主牌位，是精實木品製造，像一座小型的碑，外有函套。神主上用墨筆恭楷書寫「顯祖考姚公諱鋐字景庭之神位」。可是那個「位」字上面缺少一點。

那一點，必須用硃筆點上去，而那位用硃筆點這一點的人，就是「點主官」。

點主官必須是祖父生前熟識的舊交，「平生風義兼師友」那一輩人。還有其他具體條件是，他是前清科舉中出身，所謂「以前有功名的」；進入民國之後，曾經擔任過重要的公職，但必須是負有清望的文官。像督軍大帥之流，儘管是手握重兵，聲威顯赫，就沒有人會請他們擔任點主官。

請到為祖父點主的，是傅增湘老先生，字沅叔，是前清的進士，民國初年曾任教育總長，也是國內久著盛名的版本學家和藏書家。請到這位點主官，不知是否由於祖父的遺命。

在服喪期間，我終日身穿白色的粗布孝服，披麻帶孝，足不出戶。但恭請點主官，我必須更換吉服，換上青衣小帽，來到西城傅府。那是我在守喪期間唯一的一次走出家門。

傅公館深宅大院，從大門到內書房，要經過五六道門，依照規矩我必須一路跪拜，每進一座門都要行三叩首禮。我只拜到第二座門時，裡面傳話說，傅老體恤「孝子」年紀太小，叩請之禮到此為止，並同意定期蒞臨點主。我就在叩謝之後，由長輩陪伴著回家了。

到了「點主」的那一天，家中布置廳堂，當點主官和兩位襄點官到臨時，我又換上青衣小帽的「吉服」，在大門內跪迎。我最記得的是，當時有幾個僕役們拉著兩幅大紅色的毛毯，遮掩在我身旁。這是因為我是「罪孽深重」、自己該死而沒有死的罪人，身上帶有不祥的氣氛，怕會沖撞了點主官，而影響了整個儀式的神聖性。

點主官升座，又該我叩頭禮拜。傅老先生緩緩地宣讀一篇文告，我聽不懂，好像是對祖父畢生事業的概述，然後便拈起硃筆，在神主牌上點上一個紅點，儀式便告完成，象徵整個喪禮告一段落。祖父的神靈在那一個硃砂紅點之後，永昇仙界而不朽。

為什麼要有這一套儀式禮法？除了再一次提醒兒孫們「不自殞滅」的罪過之外，在「慎終追遠」同時，還有「表彰斯文」的作用。中華民國到那時已經建立了二十多年，清朝早已覆亡，可是前朝科舉制度產生的所謂「高知分子」，依然受到社會的尊重。在軍閥混戰多年之後，耀武揚威的武夫們，氣焰萬丈，但有很多事情仍受禮法和人情的約束。手上沾過鮮血的大帥們，沒有資格點主，不具有使凡人「神化」的資格。

點主完成之後，我這才瞥見他鶴髮童顏的清癯面孔。叩謝點主官傅老先生，跪送他登車離去之後，我再向參加觀禮的親友們一一叩謝，真是「磕頭如搗蒜」。我記得祖父生前好友彥明允爺爺老淚婆娑地對我說，「孩子，往後你的日子更難了，你要咬緊牙關，好好做人。」

他的預言，不幸而言中，真的，在祖父逝世之後，我的日子越來越艱難了。

祖父留下許多書，有名的碑帖，還有一些心愛的字畫。可惜卻在一再變亂中喪失，沒有保存下來。

祖父晚年家居，常常關起門來寫字，外面有些人請他訂下潤格，可是他說，「寫字是我的興趣，賣錢就沒有意思了。」他每逢新年，都會焚香默坐，用工筆寫經文，最常寫的就是《波羅蜜多心經》。有時用金粉寫在黑色的紙上，有時是在白宣紙上用硃砂筆寫。還有幾年是臨摹唐代書法家孫過庭的〈書譜序〉，那一手行草真是「筆走龍蛇」，親友間能得到一幅都視若拱璧。時代變化激烈，破壞的力量驚人，祖父的墨寶手蹟，竟完全沒有能保存下來。舉此一例，也可想見中華文物遭受毀損破壞和淹沒的嚴重性了。

在短短幾年之間，我經歷了母親、祖母和祖父逝世的悲劇，在這三場喪禮中，我都是一個不可或缺的「主角」。如果說，一個十二歲的少年由此而能參透人生的悲歡離合、乃至生與死之間的奧妙，當然是過甚其詞；但這連續而來的三樁大事，對我的影響實在是無比深刻。我的性格，我的信念，我的人生觀，都因親人的死去為我留下了烙印。我很沉默，有時看起來似乎很悲觀，也有人認為我「凡事不與人爭」，是懦弱而內向的人。但也有人覺得我為了某些道理、某些事情，十分堅持而不懂得「繞一個彎兒」，還是有些「從一樓哭到八樓也不肯放棄」的牛脾氣。「凡事都要有始有終，不容半途而廢」，這是我引以自豪的一股傻勁。

進了初中後，國文課要背書，重要的文章一定要背得很熟，老師在課堂上會喊同學起立朗聲背誦；然後叫另一個人接下去背。

有一天，老師指定要背的書，是晉代李密的〈陳情表〉。古代的評論家說過，「讀諸葛亮〈出師表〉不動心者，不忠。讀李密〈陳情表〉不落淚者，不孝。」那天輪到我站起來背：「伏惟聖朝以孝治天下，凡在故老，猶蒙矜育，況臣孤苦，特為尤甚……但以劉日薄西山，氣息奄奄，人命危淺，朝不慮夕。臣無祖母，無以至今日。祖母無臣，無以終餘年。」背到這兒，感從中來，淚眼模糊，嗚咽不能出聲。老師覺得有異，緩步走下講臺，摸著我的頭說，「你也是從小由祖母帶大的吧。」我這時不知說什麼是好，便從老師身旁跑去，奪門而出，一個人狂奔到大操場的角落裡，面對著白牆放聲痛哭。

這是祖母去世之後好幾年，我第一次這樣摧肝裂膽一般地為她老人家放聲慟哭。

李密寫〈陳情表〉時，已是四十四歲的中年人，他的祖母已高齡九十六歲。而我的祖母去世時，我只是一個十幾歲的少年，根本沒有奉養善終的機會。想到母親是因為生我而患病，祖母是因為「想你想死的」；在我內心深處，都是我無可補贖的「原罪」。

祖母的一生，沒有能得到丈夫完整無瑕的愛，沒有能得到兒子圓滿的孝心，我猜想，她是把一切希望都放在我這個「承重孫」頭上。也許她認真考慮過要為我娶兩房媳婦兒，要生一大群曾孫兒女，孩子們銀鈴一樣的笑聲，足可填滿她人生中的各種失意和不圓滿。然而，她走得太早了。

年紀越大，閱歷越多，越能體會到親情如何的珍貴和親恩難以報答。我最最想念的人就是祖母，可是，我發現，凡當我最想念她時，幾乎都是在我遭遇了重大的困難，前途茫茫幾乎沒有路走的時候。年輕人對長輩的懷念，是否都是自己到了山窮水盡的處境，才會這樣真切呢？

對祖母的懷念，隨著歲月流逝越來越深刻，成為無可補償的遺憾。此生雖然也有許多歡樂，也有若干成就，但已無法和祖母分享，我覺得這一切都是空虛。

而人生就要這樣過完了。祖母也許會說那句老話，「不要煩惱，心靜自然涼。」

第二章 崇實與藝文

一個人性格的塑造，知識的增進，乃至全人格的發展，都與他所受的教育息息相關；廣義的教育包括家庭、學校、社會的影響，我總覺得，學校的教育是最具體，也最直接的。回想起七八十年前就讀過的學校，那些老師、同學，雖然連他們大多數的姓名和面貌都已記不起來，但從不同的學校和師友們身上，有意無意間汲取到的印象，都已隱隱然融合在我自己的生命中。

我進的第一所學校，是天津市西窯窪幼稚園。西窯窪聽起來甚為不雅；正因為它不雅得特別，我才記住了，那是一個小地名。我去那兒上學，大概是由於母親的決定，重視幼兒的學前教育，是她所學的教育新理論裡很重要的一環。

幼稚園辦得很認真，老師們會講故事，領我們「唱遊」，還成本大套載歌載舞的演出，「葡萄仙子」、「小麻雀」、「小小羊兒要回家」，我覺得有點兒煩，別人唱歌，我也跟著張嘴，心中暗笑他們「娘娘腔」。

我喜歡「騎馬打仗」，讓一個身材比我大的小朋友背著我，我當騎士，自稱「常山趙雲來也」，把別的人馬打敗，玩得很開心。我更喜歡的是午後的「茶點」，那些小點心其實沒什麼味道，好的是「茶點」之後也就放學回家了。

搬家到敦厚里之後，我進了慈惠小學，校長是我的一位姨母。她和母親一樣，白淨淨的，戴一副銀邊眼鏡，穿素淨顏色的旗袍。不同的是，她的臉圓圓胖胖的，常露出笑容，講話的聲音很響亮，就像個校長。

慈惠給我留下的印象很模糊，不知是否因為大家認為我是「校長的外甥」，而對我另眼看待呢，還是怎樣，我沒有真正「上學」的感覺。因為離家比較遠，一年後便轉了學。

這回轉入了「崇實小學」。巧的是校名與父親同名，但跟我家毫無關係。學校設在臨街的一座樓房，本來是私人住宅，雖然相當寬敞，卻沒有體育場，下了課的活動空間有限，常有所謂摩肩接踵的感覺。

崇實的特色似乎是以多為勝。課開得五花八門，名目繁多，而且是「古典與維新齊飛，本土共外來一色」。中國教育部所定的課程標準，加上英租界當局的若干規定，形成一套很奇特的功課表。

基本的課程，是國語、算術、自然、歷史、地理，和所謂「小四門」，是音樂、美術、體育、勞作。這些名目，大概全中國、全世界的小學都差不多吧。

可是，崇實還有特別的課程。

有一課是「讀經」，當時有人提倡重視傳統的倫理道德，主張從小學就研讀四書五經，先從《論語》開始，開講的是一位在前清有功名的老先生，一上堂就講「子曰，學而時習之，不亦說乎？」老先生把「說」這個字解釋為「悅」，即心中歡喜的意思，孩子們心中都有疑問，為什麼不乾脆說「不亦悅乎」呢，這一類的字就增加了「讀經」的困難度和神祕感，可是，沒有人敢問。

讀經讀了一年，一週兩次，一本《論語》沒講完，那些片片斷斷的經文，像哲理又似格言，孩子們很難消化。多年後回想起來，那樣「讀經」的經驗是失敗的。

如果有所謂的心得，第一是：孔子是至聖先師，是古往今來最有學問、最富智慧的聖人，更是一位好老師。

至於講的那些大道理，什麼是仁，何以為孝，以至君子立身之本，從政之道，我聽來總是似懂非懂，有如半天雲霧之中。我自以為真正懂了的只有子路四人侍坐，孔子教他們「各言爾志」那一節（見〈先進〉第十一章）。

曾皙說他的志願：「暮春者，春服既成，冠者五六人，童子六七人，浴乎沂，風乎舞雩，詠而歸。」夫子喟然歎曰：「吾與點也。」我覺得這是《論語》裡最有人情味兒的記載，而夫子那一嘆，更顯示出古往今來知識分子淡泊寧靜的胸懷。至於足食足兵，治理國家，那些大事，曾皙沒想到，我也沒想到。到現在我已八十多歲，更覺得孔子「吾與點也」大有道理，至合人情。

另有一門課程，講的全是新道理，定名「黨義」，課本第一頁是一面國旗，第二頁是中國國民黨的青天白日旗，從這門課裡，知道了三民主義，還有黃花崗七十二烈士，孫中山創建共和等等。那是在北伐成功之後，國民黨雄心萬丈，決心以黨領政，一本《三民主義》就像古人所謂「半部《論語》治天下」那樣，把中國的困難完全解決。

學校沒有選擇，老師和孩子們也沒有什麼選擇。學「黨義」和「讀經」都似乎有相當道理，但讓身體還沒有書桌高的小學生去面對那些大道理，未免太早了。

可是，「黨義」只念了一年就被改為「公民」，到了若干年之後才知道，那是因為日本軍閥侵華野心勃勃，在「九一八」之後，更強力逼迫國民政府，要停止一切所謂「反日」的活動，中國國民黨勢力完全撤離華北，直系的中央軍隊也得撤走。小孩子們念的「黨義」改為「公民」，也是一種妥協。

後來，到了蘆溝橋事變之後，抗戰爆發，日軍占領了華北，「公民」又改成了「修身」，亡國奴有什麼資格去作公民，孩子們當然不懂得，一門小學課程的變化，攸關國家民族的興廢存亡。

三年級開始增加了「英文」，課本是紅紅的厚厚的《英文津逮》讀本，第一課是 "This is a book"，這教本捧在手裡沉甸甸的，比別的教科書都厚重些，滿足了小孩子們的虛榮心。有人說，那年頭兒的小孩學習英文學得早，先打下根基，所以後來就舉重若輕。我在崇實念了一陣英文，整體說來，就是徘徊在 This is a book 的水準。我認為，學童在沒有把自己的語文完全掌握之前，就忙著學外國語文，操切躐進，不足為訓；至於說吸收西方文化，更是欺人之談。從小三就讀英文，對我而言，唯一的好處是後來在學英文時，便沒有畏懼之心。

古典課程還有幾樣，一是「書法」，即寫大小楷，大楷是在九宮格的紙上，臨摹名家碑帖，柳公權、顏真卿、歐陽詢、趙孟頫，學寫柳公權的最多。小楷比較麻煩，在沒有格的白宣紙上，臨寫王羲之的字，名為「白摺子」；那種紙很容易滲墨，稍不小心就會寫成一個大墨坨坨，我的大楷寫得好，老師點頭讚賞，小楷難免黑坨坨，馬虎過關。

還有「珠算」，就是打算盤，「二一添作五」等歌訣要背熟，看老師打得近乎化境，又快又準，在發明計算機之前，算盤是生意人離不開的利器，要學童學熟珠算，是為了就業作準備。商號裡從學徒升到掌櫃，必須打得一手好珠算，這是基本功。

珠算我只學了一點兒皮毛，距離又快又準的要求差得很遠。幸而一輩子沒有作過生意，連以前朗朗上口的歌訣也早都忘光。

音樂、美術都有專任老師，但學生人數多，老師照顧不過來，只能虛應故事，點到為止。體育課更滑稽，因為崇實沒有場地，要向另一家中學「商借」，湊人家有空的時候，老師帶我們去踢足球，借不到場地時，就在前堂打乒乓球。

「勞作」課亦名手工，有一回是學雕刻，老師發給每人一個青皮竹筒，各自刨去青皮，在竹筒上刻字。有的同學選擇筆畫比較少的「天人合一」、「天下為公」。我比較笨，選的是「業精於勤」，刻壞了兩個竹筒。最後祖母命人在刻字店裡花錢請人刻好了交差。那是祖母僅有的一次准許我玩虛弄假，所以我印象特別深刻。但長大成人之後，還是免不了挑選一些「筆畫太多」的笨事情。

這麼一大堆課程，說起來每一樣都重要，甚至都有「必要性」；其實是一鍋「大雜燴」。那年頭兒好像沒有人考慮孩子們的小腦袋瓜兒裡，怎麼能裝得進那麼多的東西。從過去私塾裡的硬記死背，到新舊並陳，大人們也許滿足了他們的「改革」願望，身受其害的孩子們可是苦不堪言。到今天，我仍抱著這樣的想法，良好的教育，只要學好最基本的道理就好，尤其在小學階段，切忌花樣太多，把孩子們的學習興趣都揑死了。

崇實辦學以嚴格出名，老師們全是男性。有的大學畢業，有的師範出身，也有些位（包括「讀經」的老頭子）沒有教育背景和經驗，來教書是「暫覓一枝棲」。老師們的共同信念，必須很嚴很嚴才對得起學校和家長的付託。表現出「嚴」最有效的方式，就是體罰。

老師罰學生面壁思過，或下了課不准回家，要留下來抄寫功課若干遍，這都是最普通的；認真的體罰有兩種，一是戒尺，兩寸寬一尺多長的木板，專打手心，幾板子打下去，手掌會腫起來像麵包；另一種是教鞭，兩尺多長的籐條，專打屁股，教鞭打下去，會出現一條條青紫血痕。挨打的原因很多，沒有按時繳作業，背書不熟，是最常見的。同學間吵架，上課時交頭接耳，都可能「各打五板」，有時，甚至沒有什麼特別緣故，只要老師心裡懊悶，就會拿幾個同學「開打」。後來讀到英國小說家狄更斯的作品，其中寫到有些成年人內心有疙瘩，不論是老師或廚師，都會大發雄威，以責打兒童為樂。而崇實以「嚴」出名，理由之一就是老師們常常打學生。奇怪的是，那年頭兒不僅學生不敢反抗，連家長也沒有到學校來爭論的。崇實雖說已是新式教育，精神上仍然承襲著老年間私塾的遺風。

除了少數年紀稍長的女同學之外，學童人人都有挨打的痛苦經驗。我自己的體驗，體罰是一種最壞、最笨的教育方式，打板子、抽教鞭，不會把壞孩子變好，卻可能連好孩子也變得不誠實、不馴服，懷著恨意面對人生。

我記得有一位王韶卿老師，高身材，戴著黑邊眼鏡，說話慢吞吞。他覺得我肯用功，國語、算術都是全班最好的，習字的成績可以拿到校外去參加展覽。所以他常常當著別的老師和同學面前誇獎我，使我在「榮譽感」之上更萌起一份責任心，「如果我有什麼不好，就是對不起王老師。」

我為本班、本校爭取到一些榮譽，自然很開心；但最開心的是，我在崇實好幾年，幾乎完全沒有挨過打。至於「幾乎」怎麼解釋，那就不必細說。

回頭想想，崇實那幾年也算學了一些東西。從「學而時習之」，到 This is a pencil，從加減乘除到讓人傷腦筋的「雞兔同籠」、「火車鑽山洞」，打乒乓球、踢毽子、木工、畫山水（我很喜歡，總覺得山水比人物有趣）。但，仔細回想起來，又總覺得差了些什麼。不光是討厭體罰，而是因為那樣的教育，雜亂無章，沒有什麼「中心」。

老師們講到「我們中華民國」，很強調國家應該富強進步，可是很少討論到我們不富強，不進步的原因，尤其當時強鄰壓境的危險情況，老師們那種「莫談國事」的氣氛，小孩子感覺得出來。

我們愛唱的歌之一是「打倒列強，除軍閥，國民革命成功，齊奮鬥」，每一句照規矩要唱兩遍。可是，老師們從來沒有細講過何謂列強、誰是軍閥。書上講了不少「國恥」、「不平等條約」、「割地賠款」、「租界」。我們的學校就設在英租界。我們學校裡，有的家長就是軍閥一類的人物。崇實學校的緊鄰，住著一個老頭兒，名叫李準，他原來是廣東的水師提督，聽說他殺過很多革命黨人，他家的庭園比我們學校那座樓房大得多。

天津市比較繁華的地區都是「租界」，各立山頭。日本人尤其囂張，在課堂之外，我們可以聽到日本人種種不法的勾當，日租界是販毒走私的大本營，日本人收買窮人組織「便衣隊」，替他們幹各種非法勾當，然後把那些賣身投靠的人一批批殺害，成為海河裡的浮屍。

崇實以「嚴」出名，但我總覺得那陰暗的樓房裡，像一座訓練新兵的軍營，缺少溫馨的感情，所以，我對它的記憶十分朦朧；除了王老師，我記不起別的老師校長的姓名和容顏。

一九三五年，我到北平，祖父親自送我去上學，那是唯一一次嶄新的經驗。祖父在路上對我說，「你們的校長是位真正的讀書人，你要好好跟他學。」

藝文學校包括幼稚園、小學、和中學。學校就在中南海隔壁，是清代「昇平署」的舊址，座北朝南，前臨府前街和三座門。校舍仍是老式的瓦房，雖沒有雕梁畫棟，但庭宇寬敞，整潔嚴肅。前面有排球場、籃球場、網球場，和練器械操的沙坑。一排排高大的槐樹，夏日聽蟬聲悠悠，特別有意趣。

學校有好幾進，小學在前，中學在後，幼稚園單獨有一座小門，在假山後面。

那位被祖父稱為「真正讀書人」的校長，是查良釗先生，字勉仲，浙江人，留居北平多年，所以說得很好的「京片子」。他那時不過四十歲，頭上已經謝頂，經常身穿一襲長衫，看見小朋友都親切打招呼。

藝文的歷史不長，但有一段很悲壯的故事。創校的校長高仁山先生，留美學教育，在國民革命軍北伐前後，是北方文化界中活躍人物。後來奉軍軍閥張作霖進北平「撲殺亂黨」，高仁山先生不幸被捕遇害，他一手創建的藝文學校面臨瓦解。

這時，他的好友查良釗先生，從哥倫比亞大學學成歸國未久，應聘為國立河南大學校長。高先生遇害之後，查先生為了藝文的事業不容中斷，更為了無負好友生前的志願，毅然辭卸了在河南大學校長的職務，回到北平來接任藝文的校長；用他自己的話說，「當一個孩子頭」。祖父稱讚他是「真正的讀書人」，就是佩服他的高義。

用後來的流行語法，這就是藝文的「革命傳統」吧。

藝文的老師幾乎清一色都是女性，講課清楚明白，誨人不倦，都很有耐性，對待調皮的學童也都能循循善誘，從來沒有體罰，不但不用戒尺和教鞭，也從來沒有老師聽到學生在下面講話，就用粉筆頭兒或黑板擦子丟過來的鏡頭。

老師們輕聲細語，和母親一樣的溫柔。有一回為了什麼事情，我和一位王老師拌嘴，她竟氣得哭起來了，我覺得好難為情，比挨戒尺更不好受。

每班的人數不多，大概不到三十人，教室的課桌還沒有坐滿。有人說，是因為淘汰率高，跟不上班的就被刷掉了。也有人說，私立小學的學雜費用比較貴。我不知道哪種說法對。

同學裡我還記得名姓的，有熊性美和熊性慈，他們的父親是名劇作家熊佛西。陸瑤海的父親是燕京大學校長陸志韋。那兩位出名的爸爸都在「文化大革命」中被關，我在臺灣聽到消息之後，很懷念我的老同學的下落。

全班最高大的是華松年，分撥打籃球，和他同隊一定會贏。最小的是馬國光。最笨的（其實他只是口吃又大舌頭）叫石碩，很自然地大家都喊他「石頭」。

我最好的朋友是劉慶華，我們坐鄰桌。他人隨和，功課也不錯，凡是我想出來什麼玩的花樣，譬如下了課在講臺上布置戲臺，唱一齣〈空城計〉，慶華總是最先贊成並且幫忙的。

崇實雖然也是男女同校，但彼此沒有太多接觸，一個男生若背地裡被說是「愛女生」，那可是彌天大罪，被人瞧不起。到了藝文完全相反，男女同學親切如兄弟姊妹，有位劉姓的女同學跟我最好，我做錯了什麼事，她會為我掩飾，我做了有光彩的事，她點點頭，對我笑笑，我就覺得特別開心，我不知道那是不是有一點兒愛慕的情意。

女同學裡真正厲害的是呂槃，她長大以後去國外深造，專攻公共衛生。來到臺灣，在黃杰將軍任省主席時，呂槃在省衛生處擔任要職，是省政府上千位公務員裡第一位女性主管。

藝文的課程，比崇實少了很多，小學不念英文，也沒有「讀經」、「珠算」、「書法」等課外作業。但國語、算術、自然、歷史、地理都教得更頂真、有趣味。

上學原來可以這樣有趣味，我恨不能禮拜天也要到學校。

譬如講歷史講到清末維新變法失敗，張老師會帶著我們全班到中南海去——那年頭中南海還是對民眾開放的公園，張老師指著一水遙隔的瀛臺說，「那兒就是光緒皇帝被慈禧關起來的地方。他雖然是皇帝，等於一個囚犯。」這樣的即景生情，那印象一輩子忘不了，藝文的學生可謂得天獨厚。

音樂課我本來很沒興趣。可是教音樂的王老師有她特殊的方法。她是所有女老師裡唱歌唱得最好聽的，又會彈鋼琴，她很快記住了每位同學的姓名，她喊同學只叫名字，不帶姓，「尚友，你過來，我教你認五線譜。」我很不情願地走到她面前，她把著我的手，一樣一樣教——我很慚愧，全班不會讀五線譜的，只有我一個。老師親切的態度和溫柔的語調，自然而然萌生奇蹟般的效果。我不久就能隨著樂譜跟上大家一起唱了；當然，後來又都忘了。我實在沒有音樂細胞。

體育課我非常喜歡，周春鴻老師的天津腔，實大聲宏。他其實不是一個好運動員，球類、田徑、器械操，他樣樣都會，可沒有一樣精通，不過，他以身作則，要我們上課後圍著操場跑步，他一定帶頭跑。分隊打籃球或排球，他參加弱勢的那一邊。雖然有他在隊內仍免不了會輸，可是大家玩得更起勁了。在籃球場上，是周老師教我們上籃和轉身鉤射，教我們「二三聯防」和「人釘人」。我這一輩子愛上籃球，從中學到大學，打得不亦樂乎。如今老得走路要手杖，仍熱心球賽，退休後住在美國近二十年間，得意事之一就是看了許多NBA大賽，包括麥可．喬丹扶病奪魁。

崇實的「嚴」，虛有其名；不過，我也承認，那種逼著孩子要努力念書，要守規矩，也不能說毫無益處，藝文的師長不會裝出那樣威嚴，讓每個人自由發展。靠著在崇實打下的底子，使我在新環境裡如魚得水，各種課業上我都舉重若輕，游刃有餘。老師們都誇獎我勤勉用功，是名列前茅的好學生；但我的調皮，「花樣翻新」也是出名的。

記得藝文每學期的學雜費好像是八元，另繳一筆「預償費」五元，是準備孩子們毀損了公物要賠償的。大多數同學在學期終了時都可以原數領回，好似一筆意外的獎金。但我每學期總是扣光光，一次是踢球打破了一面大玻璃，一次是在教室裡和同學摔跤，把冬天取暖的煤爐子推倒，連帶著很長的煙筒都掉了下來。「預償費」完全報銷。

祖父知道了，對著我嘆氣，「我真不知道你成天在學校裡幹什麼？你是孫猴子嗎？」老人家以為我成天都在「大鬧天宮」。

萬幸的是，我的學科成績保護了我，小考、大考、口試、筆試，每個學期我都能獨占鰲頭，有的課程居然可以得到打破歷年紀錄的「滿分」，這樣的學生，偶爾「大鬧天宮」一下，老師們覺得可以包容，畢業之前，級任張老師就說，「憑這樣的成績，算得是一個讀書種子，一定可以直升中學部。」直升是後來所謂的「保送」，是一種人人稱譽的榮譽。

藝文中學是很特殊的一所中學，因為它實施「道爾頓制」的教學制度；雖然和其他中學一樣也是初中三年，高中三級，但學生可以在老師指導和同意之下，自己擬訂學習的進程，很多課程可以選修，一個學生如果資質良好，勤勉好學，可以在四年內修完課程，就可以畢業。這種學制由一位美國教育家創行，在中國，只有三四所中學採行，藝文是其中之一。有人開玩笑說，藝文施行的是「竇爾敦制」，竇爾敦是《連環套》的大寨主，盜御馬的那個大紅鬍子。

中學部擁有多位名師，作育不少人才，有一位王汝梅，成年後改名黃華，是周恩來的重要助手，後來當過中共的駐美大使和外交部長。

中共建政之後，私立學校都被迫改為公立，藝文便是北京市第十三中學，藝文的建校精神，也不復存在。

藝文學校的校歌，開頭兩句是：

青天白日滿地紅，美哉我國旗。
紅黑二色雄且偉，壯哉我校旗。

在那萬般困難，山河破碎的時代，藝文學校培育新國民的中心要求，就是紅黑二色代表的鐵與血，藝文要塑造的，並不是以鐵與血為象徵的軍國主義，而是堅毅、勇敢的愛國精神。在師長們親切、溫和而堅定的教誨之下，愛國精神自然而然深植在同學們的心裡。

記得很清楚的，是一九三六年那一年，有兩件事令我終身難忘。

那年九月中的某一天早晨，老師宣布臨時改變課程表，要大家到中學部仁山圖書館前面集合，那兒三面是教室和走廊，正前方有一座小小的講壇。那天站在臺上的就是查良釗校長，他穿著藍色的長袍，黑馬褂，那是他最隆重的「大禮服」。學生們按班次整理隊形，老師們都站在四周的走廊上。先舉行了很莊重的升旗禮，一面國旗冉冉上升，然後再降下半旗，全場鴉雀無聲。

校長在臺上只講了一句話：「今天，是九一八……」下面再也講不下去了。校長當眾痛哭流涕，把我們這群孩子們都嚇呆了。不一會兒，環立在走廊上的女老師們也都哭起來。我們也就不自覺地跟著哭了，起初是飲泣吞聲，後來有人放聲大哭，廣場上一片哀聲。

那一場集會，師長們沒有再多講一句話；「今天，是九一八」，這就夠了。這一句話是可以叫我們刻骨銘心牢記終生。

我們讀到的歷史，鴉片戰爭，甲午戰爭，八國聯軍，義和團，不平等條約，割地，賠款，打一仗敗一仗，幾乎無一不是以戰敗和屈辱結束。但那是「老年間的事」。

九一八不一樣，它就發生在眼前。

日本人要吞併中國，這個我們知道。一九三一年九月十八日，日軍藉口細故，發動侵略，到一九三二年二月，僅短短半年之間，整個東北三省都被日軍占領。

事變爆發時，也曾掀起一陣「與日本鬼子決一死戰」的呼聲，可是，事過之後，似乎一切又平靜下來，除了「不抵抗」之外，看不到別的動靜。政府如何因應，我們小學生們自然無從理解。在我的記憶中，市面上好像仍然是維持著「太平無事」的假象。有些知識分子為「救亡圖存」而奔走呼號，似乎影響有限，一般老百姓並沒有多少「危機感」。也許是寧願採取自我麻醉的態度，維持著「過一天算一天」的生活。查校長痛哭流涕的時候，距離九一八事變的發生已經五年了。他那一場無聲的控訴，驚醒了我們這些幼稚的心靈，這才有了「寇深矣」的警惕。

從那一天之後，我才開始探究九一八是怎麼回事。東三省那一大片土地，比英國、法國、德國加在一起還要大。黑水白山、大豆高粱、豐富的礦產，廣闊的原野，怎麼會在幾個月裡就被日本人強占？我們的軍隊為什麼打不贏日本鬼子？

一大串疑問，課堂上語焉不詳，有許多忌諱。我們漸漸明白，為什麼那一場紀念會必須在外人看不見的後院舉行，為什麼校長和老師們哭得那麼傷心。

痛苦的經驗，教育了孩子們的成長。正是一九三六年查校長的哭，使我長大成人。我對自己確立了一個明確的目標，我要快快長大，努力學本事，保衛自己的國家和同胞，我要把日本鬼子統統趕出去。

就在那年十二月，另一樁更重大的事情發生，就是「西安事變」。

西安是古長安，也就是《西遊記》裡大唐天子送聖僧唐三藏啟程，前往西天取經的地方，離北平很遠的一座古城。那兒有兩個軍頭兒，把蔣委員長給劫持了。前因後果，眾說紛紜，小孩子當然搞不清楚。據說是那兩個將軍要求蔣委員長抗日。

蔣委員長是誰？他不是我們中華民國全軍的最高統帥嗎？可是為什麼他不抗日呢？如果說他本來是要抗日的，那為什麼別人竟敢把他扣押起來？

大人們有的搖頭嘆息，有的義憤填膺，還有報紙上寫的那些話，我雖努力去看，還是不十分明白。我的總印象是，那張學良要抗日，大家是贊成的。但他這樣蠻幹，這叫「以下犯上」，違反了軍紀國法，不僅不是抗日，而且等於幫了日本鬼子。

直到十二月二十五日那天黃昏，街上許多人放炮仗，有沖天雷、二踢腳，也有長掛的萬子鞭。走到街上去，不認識的人互相祝賀，「沒事了，老蔣回到南京了。」

我沿著長安街走到藝文學校，許多人還擁在大操場上放炮仗。那麼大一片運動場，走上去只覺得腳底下軟軟的，是各種鞭炮爆破之後留下的紙屑灰燼，足足有半尺深。你可以想像那一晚上有多少人出來放了多少鞭炮。老百姓真是歡欣若狂。

在我幼小的心靈裡引發強烈的反應，以前，大家總是說，「中國是一盤散沙」。不對，中國人是可以凝聚在一起的，那就是愛國的熱情，把人們的心魂連在一起。我們不能老是被日本小鬼欺凌。

蔣委員長，雖然我不知道他是一個什麼樣的人物，他被捉起來又被放出來，就為了這件事，大家都那麼興高采烈、歡天喜地，從人們的談笑和那些激昂慷慨的神態中，我可以理解，蔣委員長是一位當今最重要的人物，是他，能把這一盤散沙凝聚起來，成為一股力量。他給全中國人帶來了希望。救亡圖存，他是一個象徵。

從那時開始，我更加注意聽祖父和他的朋友們，學校裡的師長們，以及許多認識或不認識的大人們的談論。

大概也就是從那個時候開始，我會自己找報紙來看，報紙上有許多看不懂的地方，可是，報紙為我打開了一扇窗戶，使我能立足在自己的小小天地裡，向外展望更廣大、更複雜的世界。

西安事變平定之後，過了半年多，發生更為驚天動地的蘆溝橋事變，抗日戰爭的爆發揭開了歷史的新頁，也改變了包括我在內億萬個中國人的命運。

第三章　輔仁歲月

祖父逝世，我在家中守靈盡孝，辦完了喪事，那一年休學家居，後來考進輔仁中學。這是我自己的選擇，因為，這時已經沒有人關心我上學的事了。在北平，唯一的長輩是姨奶奶，她鎮日守著大煙盤子，喜怒無常，我和她之間幾乎無話可說。

輔仁中學的全稱是「北平市私立輔仁大學附屬中學男中部」，校址在李廣橋西街，隔著養蜂夾道，對面便是有名的恭王府花園，是我們的學生宿舍。

蘆溝橋事變之後，日軍大舉進犯，北平、天津等城市相繼變色，國民政府所屬的機構和宋哲元的第二十九軍都已撤走，於是有漢奸組織出現。王揖唐、王克敏等，都是北洋軍閥時期的舊人，先後出任「華北政務委員會」委員長；官員上臺下臺猶如走馬燈，因為伺候日本人並不容易，要幫日本人去抓壯丁、搜刮民財，稍不如意就會被踢下來。民間對他們的稱呼就是「漢牌」。

文教界的變化也很大，著名的北大、清華、南開，還有北平大學等，都已隨軍南遷，有名的學人教授也大都間關南下。像藝文的查校長就在七七事變後走了，把學校託付給東北籍的關魯峰老師。

輔仁大學是天主教所辦，一向很好。在北大等名校南遷之後，輔仁更成了在華北地區最受尊重的學府。許多位因為家累而「走不動」的教授，應聘到輔仁任教，在艱難環境中保持了讀書人忠貞廉介的骨氣，使輔仁隱然成為華北淪陷區中象徵著「中國人不屈服」的精神堡壘。輔仁中學自然也受到這種精神的感染，對於日本軍部和漢奸組織執行的「奴化教育」，雖然無法公然抗拒，但卻能使它的惡劣影響降到最低程度。

我選擇輔仁，並沒有懂得那些大道理。可是社會上當時已經有這樣的公評，「輔仁是一所好學校」。

說起輔仁大學的背景，那是一大串有趣的故事。清末一位維新派的高知分子英斂之先生，蒙古族，祖輩曾追隨滿清的八旗大軍打進山海關，是功勳之後。到了斂之先生這一輩，眼看國家面臨列強瓜分的危局，想從文化教育方面著手，喚起人心，找一條出路。一九〇二年，他在天津創辦《大公報》；一九一三年在北京創辦輔友社，提出「以文會友，以友輔仁」為精神，從事文史方面的研究，這就是一九二五年正式成立的輔仁大學的前身。輔仁是由天主教梵蒂岡教廷倡辦，而促其實現的主力是斂之先生，他被教廷任命為輔仁的第一任副校長，但他第二年就逝世了。他的公子英千里在英國讀書，趕回國來奔喪，並在輔仁任教。

我進輔仁的時候，輔大的校長是著名的史學家陳垣，英千里先生是教務長、外文系教授，並兼任中學部主任，也就是我們的校長。

輔仁有這麼一個傳統，中學部各種學科的老師，絕大多數是輔大各系畢業生的前三名。他們寧願接受比別的地方來得低的薪酬，承擔更辛苦的工作，都以能膺聘輔中老師為榮。

那些師長年紀都比較輕，教學十分認真，學校有嚴格的制度，學生遲到、曠課都會受處分，主科有兩門不及格就要退學。高一和初一各有三班，但到三年級畢業時，往往淘汰到只剩兩班。同學們都很努力、勤學。

輔大校址在定阜大街的濤貝勒府。是由名畫家，也是「舊王孫」溥心畬先生賣給輔大的。後進便是男中部，教室都是把原來的廳堂修葺而來，古意盎然。還有一座相當大的操場，包括足球場、兩座籃球場和一座排球場。

直到今天，我仍然記得那個有一座月亮門的跨院，庭中有好幾棵上百年的松樹。那一排三間教室，就是我消磨了好幾年的地方。

國文老師英純良先生，是英千里老師的堂弟，他極有文采；講書十分仔細，又往往能就近取譬，在不至於明顯觸犯禁忌的情況下，啟發我們的愛國思想和救國志願。

教數學的程玉蘅老師，安徽人，國語講不太清楚，學生們背地裡給他起了一個「程大嘴」的綽號。他教三角、幾何，都非常「確實」，他的作業最多也最難。

英文老師有好幾位，顧廣佑先生對我愛護有加。高中以後林思廉神父也曾教過我們，他講話很快，但很清楚。他有時選了些有名的詩來讀，我未能完全領會。

好幾位體育老師都很棒，一位是李鳳樓老師，是全國有名的足球名將，與南方的李惠堂並稱「二李」。他也是輔大的總教練，輔仁足球隊的鋒線由他掛帥，威名赫赫，是華北五省實力最強的勁旅。

另一位年輕的師長是范政濤，優秀的籃球選手和教練。他身手矯健，人又生得英俊，是許多少女們夢寐中的白馬王子。有這樣的人物指導我們，打起球來自然是精神百倍，勇猛直前。

所有老師們不論教什麼課程，似乎都有一個共同的默契：要教導我們這些學生們成為有骨氣、能挺得起來的「大丈夫」。講到「國破山河在，城春草木深」的杜詩時，老師就會將古比今，說明了國破家亡的痛苦。介紹外國文學作品時，老師會介紹我們讀《戰爭與和平》裡那位老將軍對出征的兒子所作的訓誨。英文課堂介紹過一些西方賢豪的小傳和名言。歷史、地理更不必說，中華民族幾千年來的堅毅不屈的故事，以及廣土眾民、山河壯麗的事實，都足以證明這個國家是不可能被征服的。

甚至就在每週只有一小時的音樂課上，李一鳴老師教我們唱岳武穆的〈滿江紅〉。他要求大家，「要把感情放進去，也想想岳飛為什麼會仰天長嘯，壯懷激烈。」

在課程安排上，教育局規定英文課和日文課一樣，都是每週兩小時；可是輔仁在「遵照辦理」之外，另三個小時的「自習」，照舊保持英文課每週五小時。

教育局規定學生們都要穿灰色的制服，帽子上有代表五色旗的帽花，輔仁的學生敷衍一番、虛應故事，只在必不得已的場合穿制服，平日還是藍布長衫，別的學校的朋友們都表示很羨慕。看起來這是小事，凡是能和漢奸們「頂著幹」的事，大家都覺得高興，引以為快。

一般人多認為，教會學校是洋派的貴族學校，其實不然。北平當時有上百所中學都是男女分校。由天主教會主辦的有：輔仁男女中，男中在李廣橋西街，女中在太平倉。基督教各教派辦的有：育英（男）和貝滿（女）；匯文（男）和慕貞（女）；崇德（男）和崇慈（女）等。學費比市立學校稍高之外，沒有什麼特別「貴族」的地方。

在就學的那幾年間得到良師督教，益友切磋，自覺在知識的開拓和人格的修養上，確實都有不少的進步。在當時的大環境之下，我不敢說輔仁的教育是「愛國教育」，可是我可以體會到師長們的殷切期望和無言教訓，「中國已經這樣危險，你們可得好好幹哪。」既有危機感，更有使命感，好像燒紅了的鐵，放進冷水中去淬鍊，冷一陣、熱一陣，頑鐵就變成了精鋼。

學校裡別有一番天地，關起門來上課，似乎可以避免外來的干擾。但日本人要宣揚「日支滿共存共榮」，要鼓吹「大東亞共榮圈」，都使人受不了。敵偽在西長安街原來市政府的地方，成立的一個類似政黨的「新民會」，替日軍宣傳。每當戰場上一場大戰之後，從新民會的會所裡就會升上一個灰白色的大氣球，放氣球的繩索上繫著大字標語，「慶祝徐州陷落」，「慶祝南京陷落」之類，市民們遙遙望見，心酸搖頭，許多人不願相信那些消息是真的。而我們這些學生就被迫去參加「慶祝大會」，每個學校要指定若干名學生到場，不得規避，生病也不行。

因為文化教育界反日的影響深入民間，所以日本憲兵隊常常四處抓人。輔仁大學是重要對象之一。許多位名教授都因為不肯與敵偽同流合汙而被捕，學生們被捕的更是時有耳聞。輔大宿舍山字樓裡往往一夕數驚，被抓的人大都送往沙灘紅樓，地下室裡有各種酷刑刑具。「前邊又抓人了。」大學部的事，隔幾天我們中學校園也就傳遍。對那些不幸被捕的人們，我們為他們的命運擔心，同時暗暗佩服他們的行動，雖然我們並不清楚他們究竟做了些什麼事。

中學裡，老師也有「忽然不見」了的。英千里老師就曾兩次入獄，第一次在一九四一年，第二次是一九四三年，直被關到抗戰勝利才重獲自由。後來才知道，一介書生英千里，是國民黨地下組織的負責人，這是我第一次發現，原來抗日的國民黨員就是像我老師那樣的人物。從此開始注意有關國民黨和抗戰的各種消息。那時候，我對政黨的印象還很模糊，對所謂主義、政綱等等，也不十分了解，可是我知道，凡是英勇地站起來抗日的人，都是好樣的，都是我心目中的英雄。

抗戰勝利後，蔣委員長第一次飛臨北平，接見父老和同志，剛從黑牢裡走出來的英千里也是座上貴賓之一。他一度接任北平市教育局長，和華北行營祕書長。大陸變色後，他到了臺灣，傅斯年出任臺大校長時，請他擔任外文系主任。一九六〇年，他協助輔仁大學在臺北復校，並擔任第一任副校長，一九六九年逝世。他晚年病體支離，十分落寞，妻子和一大群兒女都沒能出來，他當然無法安心。兒女之中有個英若誠，是大陸上傑出的新生演員之一，外文也很好，曾擔任過文化部副部長。

別的被捕的人沒有那麼幸運，屈死在紅樓地下室裡的人不知有多少。有的學生被放出來後，成了瘋瘋癲癲的精神病患者。更鮮活的抗日教材，來自日常生活之中。自從日軍占領華北，偽政府成立一家銀行，任意發行鈔票，通貨膨脹嚴重，物價飛漲，物資奇缺，糧食和油料都被軍方徵用，老百姓生活當然困難萬分。平津一帶民眾，本來都是以大米、麵粉為主食，後來漸漸代以價廉的小米麵和玉米麵，再後來吃高粱米，吃得大便乾燥。當糧食越來越稀少之後，不得不用麩皮、糠粺、樹葉，混合在一起再磨成粉，名為「興亞麵」，自城市到鄉村，許多人竟賴以餬口維生。日偽施用高壓政策，他們的虛偽宣傳無人相信。可是，凡是對他們不利的消息，不論真實與否，都傳播得很快、很普遍。

有同學在實驗室裡學得了製作礦石收音機的本領，那樣簡陋的器材，竟然偶爾可以收聽到由重慶發出的廣播，我曾借來在房間偷聽，有一次聽到蔣委員長的廣播，因為怕人聽到，必須把聲音壓得很低，加以電波不穩，雜音很多，然而，在斷斷續續中聽得出來，他號召全國軍民，「不怕艱苦犧牲，一定要和日本人作戰到底。」我曾憑記憶和估測，把講話的內容寫下來，悄悄塞在同學的書桌裡。其結果是引起小小的驚呼，消息也就在同學之間流傳。

我當時並沒有想到，這其實就是一種最簡陋的「新聞傳播」。淪陷區有若干地下報紙，也就是用「收聽重慶廣播」作為主要新聞來源，不過他們有地下電臺，或功能很好的收音機，決不是像小玩具一樣的礦石機。

這一番經驗緊張刺激，我覺得暗暗得意，說不定這種冒險的嘗試，就是後來我念新聞系，並且幹了六十多年新聞記者的最早原因。

但這樣的冒險很快就被校方察覺，師長們委婉的提出警告，他們並沒有當面指明「這一定是你幹的，」而只說，「這種事太危險，會牽累許多人，」隱含著「以後不可」的誡命。

同學之間我結交了許多好朋友，但後來由於世局變亂，音信阻絕，到臺灣來的輔中同學，就我知道的，有于纘榮（陸軍）、李中奇（空軍）等。最出名的一位是种玉麟（這個种字，音崇，

《水滸傳》裡的「小种經略相公」就是這個姓）。

种玉麟後來在輔大畢業，進入航海界，曾率多艘遠洋漁船到臺灣，出任航運公司的總船長。有一艘舊式帆船，由六個中國青年和一個美國小伙子駕駛，完成了自基隆港到舊金山的壯舉。那艘船的船長就是高大雄壯、沉穩幹練的种玉麟，他退休後定居洛杉磯，幾年前去世。

和我最要好的朋友是張振鷗和莊敬伯，兩個完全不同類型的人。振鷗是「全方位」的好學生，是范樣樣都拔尖兒，但他永遠是誠懇謙虛。中央大學畢業後回到北京，進入北大近代史研究所，是范文瀾的得意高足。在大陸幾十年，雖然在種種不合理的限制之下，他仍然能堅守著「忠於學術」的原則從事研究。他說，「為宣傳而寫的歷史，不是真正的歷史。」這話對兩岸文史工作者其實都很適用。他曾數次被下放，研究著述都不得不在「條條框框」裡進行，但他最近出版的《中外關係文集》仍是一本極受內行推崇的力作。有人告訴我說，張振鷗如果是共產黨員，他完全有資格當近代史研究所的所長。八十多歲的他退而不休，為的是以社科院榮譽委員的身分，埋頭苦幹，為真實公正的近代史而努力。

回想十幾歲住在恭王府後花園宿舍的時候，我們每天天剛破曉便相偕爬上假山，在那花木荒蕪的破敗亭臺上，高聲朗讀，意氣風發。腳底下的一間小閣子，據說便是那位清末的恭王爺焚香默坐、或與心腹僚屬商量國家大事的地方。

我最近寫信給他說，「如果我們兩個始終在一起，也許我有機會在學問之道上幹得更好一點。」

莊敬伯是一位「公子哥兒」，他家的「獨角蓮」膏藥，是北平老百姓最信服的治外科傷患的靈丹妙藥。積好幾代經營，是積善有餘的富厚之家。敬伯人很聰明，但不喜讀書，戰時就讀西北大學，參加學運，鼓動風潮，他不是共產黨員卻因「反政府」而被開除。可悲的是，中共當權之後，許多「地下黨」有功之人都遭到整肅，敬伯也受到打擊。在動亂的大時代中，敬伯的性格使他落得「兩面不是人」。我們曾在美國重逢，他自嘆，「一輩子老是走錯路。」往事煙雲，不堪回首。

在輔仁的歲月，除了讀書還是讀書；各門功課即所謂「正書」之外，還讀了許多「閒書」，主要是中外小說名著。日本人的文網並不及後來共產黨那樣嚴密，若不是堂堂正正宣揚抗日的作品，通常仍可半公開地流行。帝俄時代的托爾斯泰、屠格涅夫、杜斯托耶夫斯基、柴霍甫、普希金，甚至蘇聯革命以後如高爾基和《第四十一人》那類的小說和詩；美國的霍桑、馬克吐溫、海明威、福格納爾、辛克萊許多名家；德國自由作家雷馬克等人的書，也都可以找到。

至於中國作家，周作人當了偽組織的「教育總署督辦」，他哥哥魯迅的書就不禁，連帶著巴金、老舍、茅盾、沈從文等都已去了大後方的名作家作品，也不在禁書之列。《三民主義》、《孫文學說》等倒是不許看了。

同學裡也有極少數是「左傾」的狂熱分子。從高一那年就同班的陳世忠，出身於富裕的古董商家庭，可能因為父親娶了繼母，親子關係十分冷淡，以致形成他的偏激性格。他自認是忠實的馬列主義者，擁護無產階級革命。他曾借給我若干蘇聯共產黨的理論書籍，馬克斯的《資本論》和《反哥達綱領》，老實說，有些書我連題目都看不懂，翻翻內容，詞句艱澀生硬，我實在不感與趣。還有艾思奇的《大眾哲學》，說法比較生動，但那些道理有些似是而非。可是，當時我對世忠相當佩服，因為他竟然對那些我看不懂的東西講得天花亂墜，似乎很有道理。從他口中聽到了延安和毛澤東。他對中共的「艱苦奮鬥」十分嚮往，為他自己取了一個筆名「丌十八」，合起來就是一個「赤」字。那年頭兒，人們習慣把共產黨稱為「赤黨」。世忠認為，蘇聯的社會主義，已經建設成了人間天堂。中國也要走那條路就對了。

他講的那些情況，我抱著「姑妄聽之」的態度。我認為，人間天堂是很遙遠的事，眼前最要緊的是，中國得先強起來，把日本鬼子趕出去。不受日本人壓迫，就是天堂。

這麼多年來，我在接觸大陸有關的資訊和書報時，常常想到「陳世忠」這個名字。以他那樣的熱情和能力，應該在某方面有了一些成就。也許因為「陳世忠」這個名字太普遍，又有些封建意味，他和許多共產黨人一樣改用了別的化名。但在文革期間，我想到他的資產階級和天主教家庭背景，他那放言無忌的性格，會不會成為鬥爭清算的對象？我很懷念他，也為他可惜。

對我而言，輔仁的幾年裡，我還夠不上思考政治問題的高度，我的政治信仰只有單純的愛國主義。有一年，輔大舉行運動會，附中學生也列隊參加。校長陳垣先生蒞臨講話，那是我唯一的一次面對校長。他站在遠遠的那座講臺上，講著古時候的一場盛會，「惟亡國大夫不得入」。他很強調「亡國」那兩個字，遠在春秋戰國那年月裡，亡了國的人就沒有資格參加大會了。老校長沒有做進一步的解說，但他的含義，連我這中學生也「了然胸中」。國，是不能亡的，亡了國的人就無法立足於天地之間。

老校長敢在公開場合，對著幾千個學生講這一番話，我覺得十分感動。透過麥克風傳來的聲音，時高時低，聽不太清楚，但我抓住了那句話，「惟亡國大夫不得入」。

在敵偽控制下的報紙和廣播中，得到國內外戰場上的消息，幾乎是一面倒的「皇軍大捷」，還有希特勒的納粹勢力席捲歐陸。德、義、日聯盟的「軸心國」，真個是如日中天無往不利。可是，民間口耳相傳，也有許多日本人打敗仗的消息。淪陷區的老百姓猶如在漫漫長夜中苦守天明，「老蔣什麼時候才打回來呀？」什麼時候？誰也說不準，但大多數人都相信，那一天遲早會到來。日本小鬼子長不了。

幾個要好的同學互相傳遞消息，「山字樓昨天晚上又抓人了。」、「某某老師也進了紅樓，」還有「輔大又有十來個學生去了重慶。」消息從哪兒來的？究竟真實不真實，我們說不清。但大家都相信，尤其是對日軍和漢奸不利的消息，我們從不懷疑。

有一回，幾個日本軍官被抗日分子刺死，其中有一個大佐，還是皇族。於是日偽大張羅網，四處捉人。有傳說主要的刺客面上有痲子，全城便大肆緝捕，抓了幾百個長痲子的青壯年人，嚇得許多痲面的人不敢上街。「抓痲子」之類捕風捉影的事不斷發生，日本憲兵可以隨時隨地抓人，善良百姓人人自危。

我家人丁單薄，本來沒有什麼是非，但老姨奶在祖父逝世之後，變得十分神經質，有時會無中生有想出很多的「困難」來。家中的產業由她經管，足以應付日常的生活用度。可是，她常常耽心，將來有一天日本人被打跑，我父親一家一定會跟著國軍回到北京，到那時就會跟她「算帳」。在她想像之中，我當然會「跟他老子站在一邊」。很荒謬的是，老姨奶無意識地把她自己的利益跟日本人連在一起。這種奇怪的想法，我完全無法理解。我滿腦子想的都是怎麼樣才能快快把日本鬼子趕走。

老姨奶有吸鴉片的習慣，白天睡覺，半夜精神好，常常會把我叫起來「訓話」。她先講維持這個家，裡裡外外，多麼不容易。然後責備父親如何如何不孝，「老爺死了，他不回來奔喪，就等著日後來繼承家產。」

她對我的態度越來越苛刻，最使我感到屈辱的是，每學期開學時要繳學費，她總會再三為難，不是說「家裡現在沒錢」，就是說「念一個中學，為什麼要那麼貴？」學費勉強繳上，但那些無理的責難，使我常有「士可殺，不可辱」的感嘆。

她沒有讀過書，頗有小聰明而不懂得人生大道理。日常生活有時揮霍無度（抽大煙就是很大的開銷），有時又十分吝嗇，對待僕人們很苛薄，所以總用不長。我恨不得早早離開這個家去過獨立生活。

同學中暗暗議論「到裡邊去」，就是祕密出走，到大後方，這個念頭對我有極大的吸引力。傳說中只要是渡過黃河，一進入國民政府的地界，淪陷區的青年人，想上學就可以上學，想投軍就可以從軍。

我心中朝思暮想的，是能投到大後方參加空軍軍官學校，學習飛行的本領，兩年畢業，就可以駕機出征，翱翔於青天白日之間與敵人周旋。

家中有一位老僕，早年曾在吳佩孚麾下當兵，後來進了西北軍，和日本人交過手。他告訴我，「可憐哪，我們中國兵。日本人那炮子兒打過來，眼看著弟兄們一個一個倒下去，還有漆著太陽徽的飛機，有時扔炸彈，有時低空掃射，還沒弄清楚飛機從哪兒來的，人已經掛了彩，也有些人就丟了小命。少爺，我們打的那個仗真是窩囊啊，連敵人什麼樣都沒看見，就倒下來了。」

我從此堅定了志願，一定要去考空軍官校。

在上海，有一位中國飛行員，單機闖入敵方控制的領空，竟衝進一座煙囪裡，烈焰沖天，日本最大的一艘航空母艦「出雲號」就此沉沒。這樣捐軀報國的壯舉，也在同學間傳揚開來。那個英雄變成了我們最欽佩的楷模。

聽說考空軍條件相當嚴格，身材不必高大，但必須矯健靈敏反應要快。我們在操場上偷偷鍛鍊，有一項是在沙堆裡挖一個直徑一尺多的圓坑，人站在裡面往外跳。圓坑每天要挖深一寸，腿上要繫上裝滿鐵沙的布袋，據說挖到兩三尺深，腿上綁著五公斤鐵沙袋時，還能縱身跳出來的，就漸漸接近「飛簷走壁」的功夫，空軍勇士就得那麼靈活。

又聽說駕駛飛機的人很需要「平衡感」，訓練平衡感的竅門之一是人站立在地面上，雙手平伸如飛機的兩翼，人要「金雞獨立」，一隻腿抬起來，一隻腿挺立在那兒，站得越久而又不搖不晃，才算是好樣的，才配當空軍。

這兩種自我訓練的方式，我都很認真的練過。挖坑跳躍，「旱地拔蔥」，到了一尺深，無論如何跳不出來了。「平衡感」練得有些成績，但後來才知道，那是好事者信口開河和胡扯，跟開飛機沒什麼關係。我枉自「金雞獨立」了好幾個月，空留笑柄。

讀正課之外，也讀了很多中外文學名著。讀多了自然也就想寫，並且學會了投稿。有一次我的作品居然在《輔大生活》那份大學校刊上發表。朋友們爭相道賀，我也覺得「味道很不錯」。

還有一年大學部舉辦「文藝作品展」，英純良老師選了我的作品參加。想不到在「參觀者評鑑」的留言簿上寫到，「姚尚友那篇小說是他自己寫的嗎？」言外之意，不相信一個中學生筆下有這樣的功夫。我看了大為得意，因為我自己最清楚，那篇小說從構思到完成，每一個字都是我自己寫出來的。這也間接證明了我有一點兒寫作的「慧根」。

由於明顯的理由，我們的寫作都無法直話直說；但，繞著彎子說更有意思。有位朋友寫新詩，歌頌古代的神箭手后羿射落太陽。「偉大的后羿啊，你能射落了八座酷熱無情的太陽，你是我們心目中最偉大的英雄。」詩是不怎麼樣，但那含義大家很容易理解，居然可以讓大學生「稱奇」。

那些年讀了很多的托爾斯泰和狄更斯，他們那樣精心細琢、磅礡大氣的作品，後人難以望其項背。「如果能成為一個作家，對人類也是有貢獻的。」

可是，當時並沒有立志要一輩子寫作的念頭。我心心念念，只是學會飛行，然後就駕上座機直衝要害，一架飛機一條命，炸沉一艘航空母艦那才夠本。

這樣簡單而樸素的愛國主義，充滿我幼稚的心靈。一片烈焰，灰飛煙滅，願能以這有限的生命，貢獻給多災多難的祖國。中國要站起來，就必得有人犧牲。我們就處在這當口兒上，唯有這樣轟轟烈烈的行動，才是好男兒的本色。

就這樣，我暗暗下定決心，走！到大後方去，去報考空軍官校，去鍛鍊一副好身手，炸沉一艘敵人的航空母艦。即使生命到此結束，我也無怨無悔。

當我離開北京，離開輔仁，大步邁出追求我那悲壯的夢想的那一天，我開始走進另一個世界，另一種人生。

第四章　雪暗太行山

我下定決心，投奔自由祖國，那種悲壯的情懷和艱難的遭遇，「當時只道是尋常」。因為，那是那個時期許許多多淪陷區裡出走的青年人共同的經歷。今天的青年人或者會覺得不可思議。

我走了兩次才告成功，這是比較特別的經驗。

第一次，登臨太行山，準備渡黃河，不幸因日軍入山「掃蕩」，戰火激烈，失敗而返，幾乎丟了性命。

第二次，下徐州，轉商丘，渡沙河，入界首。巧渡陰陽界。可是此後趕上「中原會戰」，幾番風雨後，到達陝西，以後轉往重慶升學。

李白有〈行路難〉三首，其中有幾句話我的印象特別深刻，「停杯投箸不能食，拔劍四顧心茫然。欲渡黃河冰塞川，將登太行雪暗天。」我第一次從北京到後方去，正是要攀越太行山，渡過黃河。在歷經艱險之後，我還是失敗了，幾乎喪失生命。

那是一九四三年早春，我十八歲。

北京冬春之際，冰封地凍，白雪紛飛，而人們的心情比天氣更寒冷。日本軍隊強占北京、天津和沿海廣大地區，已經五個年頭。一九四一年十二月七日，日軍出動大批飛機空襲珍珠港，摧毀了美國海軍一半的實力，太平洋戰爭爆發。這時的日本軍閥，趾高氣揚，不可一世。在淪陷區的高壓政策和殘虐手段，更是無所不用其極。民間雖然都深信「日本小鬼兒最後必失敗」，但戰場上的形勢很難令人樂觀。

青年學生中有一股暗潮，要到大後方去，或升學、或從軍，總之就是不要在日本人統治之下作順民。耳語流傳就是「到裡邊去」，裡邊即內地，也就是繼續和敵人纏鬥的抗戰陣營。

儘管大家心同此想，但這是不能公開探討的話題，也無從向別人請教。遠赴後方已經走成了的，彷彿進入另一個世界，得不到他們的信息。

我曾隱約聽說有位王先生，是重慶派來的代表，藏身在郊區的海淀農家，他曾幫助許多學生出走成功。我曾設法想和這位「海淀王先生」聯繫請教，但都無法找到他。過了很多年之後，我才知道這位王先生就是立法委員——我的鄉長和學長吳延環。他是以國民黨河北省黨部書記長的身分，從事營救和接運文教界抗日人士的工作。

找不到海淀王先生，真正和我密談出走計畫的，是我的同班學友趙謙。

在學校裡我有一群好朋友，「鐵桿哥們兒」。像張振鵾，標準的模範生，功課好、操行好，壘球隊裡最好的投手。每位老師都誇獎他，永遠的「第一名」。可是，他上有寡母，下有稚齡的弟妹，我沒法跟他商量「遠走高飛」的計畫，我不能連累好人。

我和趙謙的交情不特別深厚，他平日緘默寡言，並不是膽大氣豪的人。不過，我們有相同的興趣，下了課喜歡打籃球，喜歡閱讀古今中外的文藝名著，也都喜歡寫作，不時有作品在報章雜誌上發表，被同學們戲稱「作家」。

趙謙，字子益，河北人，好幾代都是天主教信徒，可他自己並不常進教堂、望彌撒、作禱告。輔中的制度，一個年級分為甲、乙、丙三班，通常是按註冊先後編組；不過，甲班向例有大約一半名額保留給修士班。那些年輕的修士大多是綏遠、寧夏等地選拔出來的優秀青年，由天主教會保送到輔仁來受教育。將來都是預備晉鐸當神父。就好像佛教寺廟中的沙彌，嚴守清規戒律，過的是集體生活，不跟我們摻和在一起。他們讀書都很用功。各級的球隊，總是以甲班最強。趙謙分在甲班，打起球來也有萬夫莫當的氣勢。他們常常贏，但他開玩笑說，那是因為那些小和尚們「元陽未洩，技高於人」。

我們常常在一起打球，有時打到天黑才散夥，就在操場邊用自來水淋去臉上的汗水、手上的汙泥。有一回，他忽然悄聲告訴我，「聽說沒有？山字樓昨晚又抓人了。」

山字樓是輔仁大學的男生宿舍，與校本部的貝勒府隔著一條街，日本憲兵隊不時會藉口搜查「重慶分子」，進入宿舍去抓人。

英千里老師早年留英，研究莎士比亞，跟政治不沾邊。但在抗戰爆發後，他基於愛國和抗日的熱情，被選任為中國國民黨北京市黨部書記長，是文化界地下抗日活動的樞紐人物。山字樓裡潛伏有重慶分子，也許並非完全捕風捉影。

每次有抓人的消息傳出之後，就會聽到「又有好多人動身到裡邊去了」的新消息，讓我們興奮一陣子，內心羨慕不已。趙謙從何處得來山字樓出事的消息，我不知道；不過，我們兩人悄悄討論「到裡邊去」，是從那時開始。

從不同的來源，我們得到這樣的一個輪廓。從北京乘火車南下，穿越太行山區，偷越敵人封鎖線，渡過黃河，便可抵達洛陽，那就是國軍駐守的自由天地。

據說這是許多位輔仁學長們最近一二年間走的路線，也是最省錢、最省時間的路線。省錢，對我們來說十分重要，我們的處境都很艱難，而且這種事絕不能到處吆喝，怎麼籌措起碼的盤纏，也許比怎樣擺脫敵人封鎖線更讓人頭痛。

過了農曆年不久，趙謙帶來了比較確切的訊息，走那條路可能遇上的情況，諸如怎樣準備行裝，途中該穿什麼衣服，怎樣買火車票，以及遇到敵偽盤查時如何應答，都經過一番排練。他說，「闖這一遭，光是咱們兩人好像單薄了一些，可又不方便隨便接頭，各自留心吧。」

再過幾天，他說有一個可靠的同伴，問我同不同意？那人是鄉間的小學老師，姓李，「他年紀比我們大，出門上路有經驗。」最後又說，「太行山這條路，好像他先前就走過。」我說，那當然很好。

後來我才知道，李志誠是他的化名，身分證件等等都是造假。他是國民政府派在淪陷區的工作人員，真實姓名和職務始終沒有說過。

趙謙和我約定了時日，先乘火車到石家莊，在那兒和李先生會合，一同南下。趙謙在石家莊有親戚，但為什麼要在那兒落腳，我不甚明瞭。

回想起來，當時真是膽大包天。全部詳細行程並沒弄清楚，帶頭的同行者從來沒見過面，我竟然就這樣貿貿然出發了，少年豪氣，不懂得什麼叫耽驚駭怕，只是懷著一種「飛出樊籠」的喜悅，勇往直前。

臨行之前，我真的做到不露聲色，對任何人都不敢透露半點風聲。在輔中有幾位恩師，如國文老師英純良先生，對我十分看重，不僅課業上諄諄教誨，並且啟迪激勉，認為我「來日當成大器」。另一位英文老師顧廣佑先生，真有「師徒如父子」的恩情。顧師知道我家境情形，命我到他家中為他的獨子補習英文。這樣的安排，使我每個月可以有一筆固定的收入，而且不時可以享受到師母親手作的點心。其實，中學老師待遇菲薄生活清苦，老師是愛護我，而又顧到我這年輕人「好漢絕不受人憐」的尊嚴，真是用心良苦。過了四五十年之後，我終於有機會回到北京，曾多方打探這幾位恩師的下落，可惜都沒有結果。我記得顧老師是江蘇人，可能回了原籍，我只有默默祈禱平安。

臨行之前，我到顧老師家中，名為託故請假，實際上是辭行，只說有事離開北京一段時日，我沒說到何處去，老師也不多問，他握著我的手說，「出門上路要多多保重。」我心想就此一別，不知何年才得再見，幾次話到脣邊，最後還是忍住。

我就這樣神不知、鬼不覺，告別了我居住多年的京城，開始了生平第一次危機四伏的驚險旅程。

春寒料峭，我上了平漢線火車，第一站到了石家莊。

石家莊，聽起來好像不過是一座名氣比較大的農莊，實際上是河北省南部最大的城市，人口三四十萬人，工商輻輳，儼然大埠。日軍占領之後，改稱石門市，不過，在我這天津市出生、北京城長大的「都市兒」心目中，石家莊不過是帶幾分土氣的暴發戶。到石家莊這個地方，是我生平第一次告別了大城市生涯。

從北京南下的鐵路有兩條，一條是北寧鐵路，北京、天津、濟南、徐州，到浦口，過了長江就是南京；另一條平漢鐵路，從北京到漢口，石家莊是大站之一。

火車票很不好買，班次少且不甚固定。日軍嚴格管制交通線，很多路段兩旁都挖了很深的壕溝，防止游擊隊破壞。當時雖沒有路條、通行證等規定，但日軍和偽軍警對來往客商可以任意扣押，老百姓敢怒不敢言，出門的人唯有小心翼翼自求多福。

趙謙曾再三囑咐，行裝衣著務必簡單，一則免得逢關遇卡，盤查起來容易露出破綻；二來是為了行動方便，「你要記住，咱們這一去登山涉水，可不是遊西山八大處或逛頤和園。」他指定的具體標準是，「你自己能背得起來，攀山越嶺，多重多大你自己拿主意。」

動身時天氣很冷，厚重衣服都穿在身上，毛衣毛褲，外加一件舊駝絨長袍。隨身帶的幾件換洗內衣、盥洗用具。行囊中塞進兩本書，一本《英漢字典》，一本《范氏大代數》。聽說大後方圖書供應困難，這兩本考大學必備的書，必須隨身攜帶。事後想來甚為矛盾，我們都是扮作商家小學徒，帶著這兩本書豈不正好作實了「知識青年」的底牌？幸好路上未被發現。而且，後方雖然各種物資都感不足，學生們用的字典，教科書並不短缺。

事前編好一套應付檢查的說詞，三個人事前並不相識，是前門外一帶商家「學買賣」的學徒，因為生意清淡，暫時回鄉探親另謀生路。臨時也惡補了幾句「買賣地兒」的術語，什麼字號，什麼生意，東家是誰，掌櫃是誰，學了幾年生意，諸如此類的問題，不難對付。所幸一路上並沒有遇到正牌的日本軍人盤查，沒有出什麼紕漏。

有幾次遇上的是所謂「皇協軍」，或稱「黃鞋軍」，因為都穿著黃色的軍靴。日軍攻占華北之後，扶持一個名為「華北政務委員會」的偽政權組織，分設若干部門，其一是「治安總署」，由北洋軍閥一個老軍人齊燮元出任督辦，也召募了一些兵勇，名為「治安軍」，因為是協助「皇軍」維護治安，所以也叫皇協軍。

這種部隊裡，有些是地痞流氓出身，「有奶便是娘」，當漢奸是一張飯票，也有些是國軍和游擊隊被打散的人馬，「暫降曹營，心存漢室」。他們表面上擰眉怒目氣焰薰天，但只要沒有日本人在旁監視，他們便不找麻煩，口中怒喝，「走，走，還不快滾！」實際上是心存幫忙，網開一面。說到底，中國人還是向著中國人。

我投宿的那家客棧十分老舊，地處偏僻的街道，是趙謙託人找定的。我隻身入店登記，並未有何周折。

當天晚上，我獨自走出客棧，在一家名叫「白潤章」的餃子店進餐。我叫了一盤三十個羊肉白菜餡的水餃。店裡客人稀稀落落，店員懶懶散散。可是，我記得燈光特別明亮，牆上有兩面很大的鏡子，顯得店房更為寬敞。餃子味道很鮮美，也許這樣把「白潤章」這個招牌記得很清楚。

至於那條街道和下榻的客棧的名稱，我倒一點兒印象也沒有了。

飯後回到客棧，躺在床上思前想後，明天三人會合後就要正式「出發」，此後我何時還能再吃到羊肉白菜餡的水餃，無可逆料，不覺感到悵惘。其實，我心中想的不僅是鮮美多汁的水餃，而是過去十多年間的酸甜苦辣，今後將走入一個不可知的世界。

第二天破曉，趙謙就來敲我的房門，引見我和那位李先生初次會面。

李志誠年紀不到三十歲，但看起來比他實際年齡要大得多。他穿一件厚敦敦的棉袍，黑罩衫，寬邊眼鏡，言談舉止總是慢半拍，說不出來帶著幾分鄉土氣。不過，一聽他講話，頭頭是道，有條有理，果然是見多識廣，令我從心眼兒裡佩服。他要我們稱他「李大哥」。

李大哥囑咐我們，這條路有許多人走過風險不大，但仍要時時小心，不要好奇、不要慌張，每到大站頭就會有人暗中接應。要緊的是，「牢牢記住自己是商店學徒的身分，千萬別露出洋學堂裡學生少爺們的馬腳來。」

三個人各自攜帶行李，分頭到了火車站，排隊相隔不遠，互相不打招呼但可以看得見，各自買了車票。下一站是河南省濬縣，這地名我以前從來沒聽到過。上了火車，三人分別就坐，也還是保持著「遙遙相望」的距離。平漢鐵路這一段旅客很多，擠來擠去不少農家打扮的鄉民，也有些是小本經營的單幫客，通常是把糧食或雞鴨等運進城，買些日用雜貨、布匹等下鄉。他們眼睛溜來溜去，看起來像小偷。查路的皇協軍最喜歡找他們的麻煩，因為帶貨走動，總是有油水擠出來。

這班火車是慢車，大小站都停，走走停停，格外覺得沉悶。列車掛得有幾節沒有窗口的「悶子車」，運貨物和牲口，很多時候是配合日軍行動的「軍運」。如果掛了軍運車，查得就特別嚴。

我們坐的名為客車，座次是木板，既亂又髒，車廂裡許多人擠來擠去，有人抽旱煙袋，有人把鞋脫下來捏腳。陣陣臭酸之氣，令人難忍。

我自幼在北京、天津長大，乘火車往來都是藍鋼皮，從來沒有這樣狼狽的經驗。這一天火車坐下來，腰痠背痛，又擔心有人暗中監視，不免七上八下忐忑不安。這是我出生以來第一次體會到「在家千日好，出門一時難」的滋味。

不過，火車不論怎樣髒亂，畢竟是日行千里的現代化交通工具。比起此後自己揹著小行囊，爬山越嶺的情況，這段路程該算是在天堂裡了。

在車上，有穿著制服的列車長查票，後面有持著武器的皇協軍，當時天色昏暗，車廂裡燈光很弱，輪到我時，列車長用手電筒對我晃了一晃，看看車票，就走過去了。

濬縣車站也很簡陋，沒有大城市那樣的威嚴，我們三個人各自出站。一座縣城除了有幾間磚房之外，和火車沿途所經過的荒村野店沒有多少分別。我想，我們被安排在這兒下車，正是取其冷清罷。

北京到石家莊，石家莊到河南濬縣，再走下去便是另一個天地了。

從濬縣下了火車，站外幾條街，有一家很原始的茶館兼麵館。我們吃了一頓說不出是什麼味道的麵條，很粗很黑，也許是蕎麥作的。喝了滿肚子的白開水，因為在火車上滴水未進，一來不願花錢買水，二來怕喝了水要小解，出出入入惹麻煩。

飢渴問題獲得解決，在茶館裡便有人來向我們兜生意，有大車前往鄰近的淇縣，淇縣有一個大市鎮叫臨淇，是群山懷抱裡一片小小盆地。事後回想，那些趕車的腳伕，大概就是李大哥所說在站頭上接應我們的人了。

把路線商定，價錢談妥，我們三個人才算匯合在一起。三個人把行囊放在大車上，三個人輪流坐在車上省些腳力。火車線上的濬縣，在日軍的範圍內。走到山區，有一段模糊地帶，臨淇則已是國軍駐守的地區。一眼看到牆壁上有「國家至上，勝利第一」的標語，遠處望見青天白日滿地紅的國旗飄揚，心頭那份兒激奮，簡直無法形容。

臨淇在這一帶是最大的市鎮，過往客商不少，所以有一家客棧，似乎是名為「中洲大旅社」，很有氣派的樣子。

從小在都市裡長大，電燈、自來水、抽水馬桶，諸如此類，都被看作生活中理所當然、必不可少的。到了臨淇的大旅社，才發現我們以前的生活是多麼奢華。這裡不僅沒電燈，連煤油燈和僧帽牌洋蠟也沒有。當地人習慣是早睡早起，日入則息。大旅社為了方便客商，總算有照明設備，每間屋裡有一盞油燈。所謂油燈，是用生鐵鑄造，直徑大約四寸的淺盤，一汪汪菜籽油，黑不見底，中間浮著幾根白色細細的燈芯草，燈芯點燃一朵火焰在晚風中搖曳，把人影照在土牆上搖搖晃晃，帶來一種說不出來的鬼魅氣氛。

山區裡最缺乏的是水，最珍貴的也是水。進入旅棧，第一件事就是要店小二送一盆熱熱的洗臉水來。想不到他端來的洗臉盆，和那盞油燈很相像，也是生鐵鑄成，直徑不過五寸，比淺盤略深，半盆洗臉水溫吞吞，一條洗臉毛巾放下去，就把水吸起一大半。我們三位「老客」就用這半盆水，匆匆洗去了旅途中的征塵，誰也不必嫌髒。

在昏暗的燈光下，用泥漿一般的水洗臉，聽著戶外風聲呼嘯，這才開始體會到「農民生活真艱苦啊」的實情。

抗戰中的中國，百分之八十以上的老百姓都在農村裡，這山區農民生活之艱難遠比河北平原的人們更加不如。像生鐵打造的洗臉盆，以前不僅沒有見過，連想也沒有想到過。

這裡的農民，一年到頭吃的都是粗糧，看不到大米白麵。最多的是用小米煮成稠粥，攙上芋薯之類，便算是「過好日子」。年成不好時，旱魃為患，山坡地上沒有收成，那就少不了靠樹根野草補充，苟延生命。

穿的衣服都是土布，外面的布匹進不來，進來了也買不起。鄉人穿的布料無非是黑灰等色，又厚又硬，一件老棉襖便是最寶貴的財物，很多人在棉襖下面沒有內衣。

山區裡聽說是設有學校，我們一路上很少遇到學生。鄉民們也知道讀書很重要，但有的說距離學校太遠，有的說家中需要人幹活兒，所以不能送孩子去上學。

交通運輸十分艱難，村落與村落之間，大部分只有羊腸小徑，車輛無法通行。我猜想，這也許正是這一帶地方「易守難攻」的特色，敵人無法長驅直入。我們曾看到農家嫁女，新郎倌穿著深藍色的棉襖，在前頭牽馬。嬌羞不勝的新娘子，穿著大紅棉襖，纏著小腳——山裡少女纏腳的遺風猶存，側著身騎在沒有鞍的馬身上，毫無驚恐的神色。大概她從小就習慣了這樣趕路的方式。

衣、食、住、行，起初是令我十分好奇，再多想想，不禁為生活在這樣環境的人感到不平，這算是什麼生活？

躺在硬板床上，輾轉不能成眠，有興奮也有感傷。李大哥安慰我們兩個年紀小的，「我們的運氣算是上上大吉。第一步險境已經跨過來了，往後應該是一路順風。」

明天，我們就要開始「起早」，是不是一路順風，要走過方知。明天走的是聞名已久的太行山了。

太行山雖然不似五嶽那樣出名，更遠不及喜馬拉雅山或崑崙山那樣崇高，但在中國人心目中，自有其特殊神祕性。有名的「愚公移山」故事中，由於愚公的倔強不屈，後來被山神移走的就是「太行、王屋二山」。太行山脈起源自河南省濟源縣，迤邐北延，綿延起伏三百公里。在黃河以北，太行山劃分東西兩區。西區包括山西省的平順、潞城、壺關、長治、高平、陵川、晉城等縣。東區包括河南省的武安、涉縣、安陽、湯陰、汲縣、新鄉、修武、武陟、博愛、沁陽等縣。我們經過的，其實僅是兩區的一部分。

自華北地區被敵軍占領之後，河北省政府就退到太行山裡，國軍第二十四集團軍總司令是龐炳勳上將。戰時體制大多以軍領政，龐將軍兼任省主席。「海淀王先生」吳延環主持訓練黨務幹部，祕密返回淪陷區工作。也有若干縣政府得到國軍掩護，在山區設府辦公，由此使政令達到淪陷區。

我們三個此後的行程，便是用自己的兩條腿，穿越太行山區，然後還要經過一段日軍盤踞的平原，設法渡過黃河，到達洛陽。我們沒有地圖，甚至沒有整個行程究竟經過些什麼地方的概念。我們是走一站算一站，沿途探索，請村民指點，反正是越走越高、越走越險。

天色初明，身上換了短裝，長袍疊起來，打在背包裡。所謂背包，其實是先把一張床單攤開來作外皮，衣物等擺在裡面，用另一條布帶從外面捆好，露在外面有兩條肩帶。背在背上，走路比較方便。剛剛出發時，還覺得輕鬆，走了幾里路身上出汗，「遠道無輕載」真是至理名言。累是很累，但我們心情十分振奮。趙謙和我止不住唱起歌來，好像是春假遠足。

李志誠很少出聲，他有時趕在前面，有時落在後面，心事重重的樣子。每到了一處可以登臨望遠的山坳口，他就會停下來觀察四方。

從臨淇出發，開始還有幾條大路，越往西進，山裡便多是羊腸小徑，崎嶇難行，上坡路更覺吃力。聽李志誠的經驗談，平地起早，一天平均走七、八十里，算是正常。部隊疾行軍，一天可以趕一百二十里。但根據山區父老相告，山裡的距離各自不同，民謠說，「早十八，晚十八，好牲口一天走不上三個十八」，意思是說，早上走十八里路，晌晚再走十八里。最好的騾馬一天也走不到三個十八，也就是五十四里路。

從一村到下一村，從一座山頭到另一座山頭，相距大約就是十八里路。我們走在路上喜歡問路，以為快要到目的地了，答案往往失望，「再走十里八里地，就到了。」我們穿越太行、趕赴黃河岸，每天只走三四十里路，恐怕要半個月才走得到吧，心裡有些焦急。

開頭幾天，穿的還是離開北京時的皮鞋，走起路來不方便，而且怕走壞了，心中有些捨不得，便向老鄉手中買來幾雙草鞋，價錢很便宜，塞在背包外面很輕便。可是，我們從來沒有穿草鞋的經驗，一天走下來，腳掌和腳趾間都磨破了皮滲出血來。幸有帶來的「如意膏」，塗在傷口上很快就癒合，往後越走越穩，趙謙說：「果然是習慣成自然，眼看著就練出了工夫來。」晚間不再喊腰酸背痛，穿草鞋也不再破皮流血。人，有很強的適應能力，沒有什麼承受不了的磨練。

李志誠和村中長老們夜晚聊天，對山裡的情況有了進一步了解。國軍駐守在太行山區裡，是第二十四集團軍，總司令龐炳勳上將。下面共轄三個軍，第四十軍是正規的中央軍，戰力與裝備比較好。軍長馬法五（好幾十年之後，我曾和馬將軍在臺北有一面之雅），軍部在林縣。其次是第二十七軍，軍部在陵川，軍長劉進。另一支是新五軍，駐臨淇。軍長孫殿英，此人出身不大好，先前曾有「盜皇陵」的行徑，慈禧太后的墳就是被他的部下挖的。這時已是國軍部隊的將領，陳年舊帳不必再提，但聽說他的部隊紀律還是比較差的。

在山間行走，不時會碰到部隊調遣，官兵們都穿著灰色軍服，青天白日的帽徽，打著綁腿，穿著草鞋。我沒什麼軍中知識，看得出士兵大都很年輕，服裝不太整齊，武器似乎也非新銳產品，但一個個氣概昂揚，眼睛亮亮的。李志誠說：「我們的軍隊去年打了一場大勝仗，進山來的鬼子兵，被殺了很多。所以咱們才能這樣放心大膽走這條路。」

那隊伍長長的，士兵們隨著山勢起伏，默默地前進。我們不知道他們要開拔到什麼地方去，只是覺得看到他們就像有一條暖流從心頭流過。以前在書本上也讀過國家民族、精忠大義，只有跟這些士兵走在一起的時候，才具體地體會到，這就是國家民族的捍衛者，精忠大義的象徵。他們雖然穿的是草鞋，照樣能打勝仗。

我們每天天沒有亮就起身，迎著朝陽趕路。早上吃一頓飯，一氣走到下午四點多鐘，暮色蒼茫，找到村落「打尖」，就是再吃一頓飯。山裡沒有什麼旅館客棧，都是找當地的村長、甲長、老大爺、老大娘好言相商，送一點兒錢算是借宿的房錢飯錢。老鄉們自己的生活很艱苦，但對待遠來的客人相當大方，並不斤斤計較。

山裡人吃飯，主要是玉米（也叫包穀）和小米，煮成很稠的粥，很少吃乾飯。鹽是珍品，油更稀貴，菜和肉自然談不到，有幾碟醃菜黑忽忽的，分不清是什麼名目，反正都是一個勁兒的鹹。飢者易為食，走了幾十里山路，能有兩碗熱飯吃，已經心滿意足。開頭幾天，覺得很新鮮，胃口很好。後來便漸漸感到單調，如花和尚魯智深所說的「嘴裡淡出鳥來」；又因為沒有青菜，喝水又少，三個人都便祕。想想山裡人一輩子都這樣過，說不出來的辛酸。

晚上睡覺正所謂「隨遇而安」，走到哪兒睡到哪兒。有的站頭趕上是村中大戶，有房間，有床鋪，主人還好心送一盞油燈，那就是最上等的待遇。大多數經歷過戰火的荒村，屋倒牆頹，老百姓自己都沒有房屋住，他們會卸下門板來，搭成床的樣子，「上床歇吧，地下怕有蛇。」

有一晚趕路遲了，天色已黑，一位老大爺引我們走進一個低低的房間，說，「這屋裡暖和些，你們擠擠吧。」地上鋪著乾草，正可避寒。白天走累了，倒下頭來就酣然入夢。半夜間醒來，忽然覺得好像有什麼東西，軟軟的、涼涼的，來舔我的額頭。當時立即想到《聊齋志異》和《夜談隨錄》裡的那些鬼故事，脊梁骨都麻了。所幸後來才發現我們睡的是一座牛棚。老牛要吃夜草，舔到了我的額頭。這是生平僅有的一次經驗。

這一路走來經過許多村莊，名稱已記不清，外觀好像都差不多。有些地名都與水有關，可能正是因為山中嚴重缺水，出於一種補償心理吧。

記得有一處村莊，名為「黃泉」，連喝的水都是十分渾濁的黃湯。據說因為飲水缺乏碘，很多居民害上瘰症，脖子變得很粗。

由這個地名想到《左傳》裡〈鄭伯克段于鄢〉那篇古文。鄭莊公因為母親偏愛幼弟，幾乎要造反，莊公平亂之後對母親說，「不及黃泉，無相見也。」黃泉代表陰曹地府，想不到太行山裡有這樣一個地名。

還有一個與水有關的地名，叫「護嶺水」。據知這是群峰最高處，人煙稀少，入夜極為寒冷。高處空氣稀薄，呼吸不暢，煮飯不容易熟。在護嶺水的那天晚上，我們幾乎是空著肚子睡覺的。

到了原康（有人說要叫元康才對），房舍比較整齊。戰時的河北省政府有一部分機構就搬到這兒來。這是一路走來看到最正式的政府機關。

所有的官員無論職銜高下，一律都穿和士兵一樣的灰色軍裝。辦公室分設在農家。有人在辦公室的窗臺上曬綠豆芽。綠豆泡在水碗裡，長出來的豆芽只有半寸長，因為天氣關係，豆芽長不大，已經是佐餐的美味了。

省府人員很熱忱地接待我們，知道我們要過黃河去洛陽都很高興，爭說，「長期抗戰，要靠你們這些年輕人。」他們都很關心淪陷區，特別是北京的情形。

他們盛意留我們住幾天歇歇腿。他們說，等走出山口，在太行山與黃河岸之間，還有一片平原，「鬼子的鐵甲巡邏車有時會在那兒出沒，所以，要渡河的人一定要趕夜路。穿過那一段陰陽界，一到黃河岸邊，一定有人接應，你們放心好了。」

我們真的多住了一兩天。萬萬沒想到的是，就因為這小小的耽擱，幾乎遇上了殺身之禍。「鵾舞嶺」這個地名頗富詩意，而且是前一年夏天國軍「反掃蕩」，把日軍主力擊破的地方。鵾舞嶺山高萬仞，樹木不多，但見怪石嶙峋，說不出的險惡。先前在路上聽人說，過了這一站，後面的路就好走了。

可是，那天早晨出發後，隱隱地聽到遠處有槍炮聲，我們說不準那些聲音是從何方傳來。過午之後，我們受到勸告，說前面大概是發生了情況，有日軍的大部隊封鎖山區。我們無法和駐軍接頭，老百姓也紛紛作「逃難」的準備。老實說，當時我們連自己究竟在何處，也不甚明瞭。情勢如此，硬闖不是辦法，只好走回頭路，希望能避過正面交鋒迂迴前進。

那一夜，是我們一路行來第一次在山野間露宿。因為老百姓也都離開自己的家，逃到深山隱蔽之處。

看得見房舍的地方都沒有人煙，那死氣沉沉的氣氛，令人感到說不出的恐怖，比遙遠處傳來的槍炮聲更為驚心動魄。

危急之時，李志誠表現了他的沉著老練。他說，我們必須緊跟軍隊行動，我們自己連東西南北都分不清，按原路往回走也並不安全。

緊趕慢趕，我們總算遇上了一支國軍部隊，和帶隊的軍官說明之後，他同意帶我們一起走，可是他說，「情況相當緊急，你們要自己照顧自己。」

天色昏暗，入夜後雨雪霏霏寒風割面。再加上，大家都奔波了一整日，飢渴交加，疲勞極矣。三個人便還在山坡地一棵大樹下半坐半臥，昏昏沉沉睡熟了。

睡到半夜，忽然發生了可怕的事情。不知道是打從誰開始，有人突然從夢中驚醒，狂喊一陣拔腿就跑。就這樣一驚，漫山遍野掀起了一陣陣鬼哭狼嚎的嘶喊聲，每個人都身不由己，一面高叫，一面漫無目標地拚命狂奔。有人腳步踉蹌，從山坡上滾下去。

我們三個人在樹下睡得很酣，被眾人驚醒，聽到那些淒慘的叫喊聲，好像敵人就在眼前，我們站起來就跑，顧不得簡單的行李，《英漢字典》和《范氏大代數》更不知道丟到何處去了。

人人都在和死亡賽跑，但又不知道究竟逃避的是什麼。不知道跑了多少時候，也不知跑了多少里程，有人跑不動，茫茫然停了腳來，這才稍稍穩住陣腳。

經歷了這場噩夢，猶如一股萬馬奔騰般的海潮。部隊亂了建制，士兵找不到長官，跟在後面的老百姓更是呼爹叫娘，找尋自己的骨肉親人。我們三個人幸好在奔跑時保持同一方向距離不遠，很快又聚集在一起，但隨身行李全丟光了。

後來聽說，這一場大混亂，是軍中所謂「炸營」，往往會在重大戰役前夕發生。可能是每個人心頭上都承受著無比壓力，緊張過度，睡夢中失去理性控制，跟夢遊人一樣身不由主。對我這都市兒而言，這是生平僅有的一次恐怖經驗，以前真連聽都沒聽說過。

熟悉軍旅生涯的人說，炸營現象或稱「夜驚」，帶兵的人都引為大忌。迷信一點兒的說法，更認為這是「不祥之兆」。部隊發生這種事，往往就要打敗仗。軍心浮動，尚未與敵人接戰就先亂了陣營，怎能不打敗仗？

我想到晉代謝玄指揮淝水之戰，苻堅親率百萬大軍南侵，渡河時不戰自亂草木皆兵，也許是另一形式的炸營。

那一夜，我才領會到「兵敗如山倒」的滋味。不管有多少兵馬，如果意志不能集中，精神提振不起來，不但無從發揮戰力，而且自己人的嘶喊奔逃，就會把自己打敗。

我們折回了原康，可是，河北省政府的人員都已奉令轉進其他地區，辦公室內一片淩亂，辦公室有些紙灰，想是他們臨去前焚燒的文件。窗臺上那幾盆半寸長的綠豆芽依然擺在那兒。想不到幾天之內，竟發生了這樣天翻地覆的變化。

從許多不同來源得到的訊息，前進已不可能；後退？退到何處才算安全？誰也無法給我們確切的指點。

在山間疾走，不但聽得到隆隆的炮聲，也聽得到急促的機關槍聲。從高處眺望，不時看到火焰和濃煙，說不定那兒已是日軍攻進去的村莊，殺人放火的慘劇正在演出。

偶爾仍可看到我們的部隊，深灰的、淺灰的、草綠的制服，像漫長的人河滾滾前進。沒有人唱歌、吶喊、咒罵，大家只是專心一志的向前走，看不出究竟是迎敵，還是向其他陣地轉進。

我們趕不上他們的腳步，而且，我們直覺地想到，他們大概沒有餘力再來保護我們這幾個天涯遊子了。

我們儘可能躲開槍炮聲的方向前進。

夜來，三個人擠偎在一起和衣而臥。早晨，陽光照耀在山頭積雪上，有橘紅色的反光，說不出的美麗莊嚴。雖然處於生死未卜的險境，但我們並沒有沮喪絕望，仍相信有化險為夷的機會。一路退下來，有些是經過的村莊。青壯年奔逃一空，碰到的幾乎都是老年人。雖然他們自顧不暇，但仍然很熱情地接待我們，關切我們的安危，也很誠懇地為我們想方設法，提出一些未必行得通的建議。在這種環境下，特別讓我感受到中國農民的厚道。

我們在濬縣下了火車不久，就把從北京帶出來的錢，也就是華北偽政權發行的「儲備券」，兌換成國民政府發行的法幣。發鈔的四大銀行「中、中、交、農」，即中央銀行、中國銀行、交通銀行和中國農民銀行。法幣的紙質似不及儲備券，幣值也比較低。我們當時把所有的鈔票全都換了，滿以為一路可以用到洛陽。想不到戰事突起，日軍節節進逼，老百姓都要逃生，沒有人再肯接受老法幣。他們的心情可以充分理解。

幸好天氣已經漸漸轉暖，我身上的毛衣毛褲可以不必再穿。農家一位白髮蒼蒼的老婆婆，手摸著毛衣好像在摸一隻心愛的貓。她說，她一輩子沒有穿過這麼柔軟暖和的衣服。我說，我情願把這套毛衣送給她，請她設法為我們三個人找點兒吃的東西。

老婆婆說，家裡的糧食被兒子揹走，還有一部分已經埋在地下，她記不起埋在什麼地方。幸好床下一個箱櫃裡藏著二十幾個雞蛋。老婆婆在柴草鍋上替我們煮熟了，還翻箱倒櫃找包粗鹽，要我們收好了作調味。在深山裡，鹽是萬分稀罕，老百姓向來把鹽看得比金子還珍貴。老婆婆的盛情，令我感激流淚。

那滿面風霜，衣衫襤褸的老婆婆，用她那沉著含糊、我們都不十分聽得懂的話囑咐我們，「三個人省著吃，可以熬上幾天。走出這山窩子就有東西吃。老天爺保佑你們。」她的祝禱，給我們增加了不少的勇氣。

當下我們就把雞蛋分成三份，一個人有六、七個，揣在懷裡。雞蛋小小的、暖暖的，餓得支持不住的時候，才細嚼慢嚥的吃一個，恨不得連雞蛋殼都吞下去。那位好心的老婆婆和她的雞蛋，真的救了我們的命。

我們不幸趕上的這場太行山會戰，日軍要為頭一年的挫敗來「報仇」。他們的重炮、坦克不能深入山區。飛機只能偶然出現炫示威力。可是，這一次來的地面部隊集結甚眾。我們聽到的消息，國軍奮戰不屈，但形勢不利。

我們行走的是兩軍對陣之間犬牙交錯的地帶。不敢走合澗大路（那些地方就有日本飛機偵察）。從原康之後，唯有不時請教鄉民，問準了前面沒有鬼子兵才敢上路。山區裡的男男女女老實木訥，不太愛和陌生人說話。但他們由於戰地生活磨練，人人都有隨機應變的機警特性。有些青壯年人被俘去作軍伕，日軍用刺刀逼他們運糧秣、運彈械，他們常常能抓住機會善用地形逃出魔掌，隨時把敵人的動向報告國軍。

我們就是靠了這些村民的指點，一步步脫離火線，離開了死亡之門。

依照原來的計畫，我們進入太行山區之後，大方向是向西向南。在山腳下，要通過一片平原。為了躲避敵人截捕，必須晝伏夜行，一夜間趕到黃河北岸。從那兒登舟渡河，對岸便是有名的孟津渡口。那面都是國軍防區，由孟津到洛陽，隴海鐵路暢通無阻。上了火車，一天時間就可以到達西安。從古長安前往重慶、昆明，雖然路程遙遠，但不再有被敵人搜索追捕的危險了。

現在，戰火改變了一切。我們即使能順利走出南面的山口，那一片平原現在正是日軍的運輸要道。原來接應我們的人可能已走避。北岸的船隻，炮聲一響，都已撤到南岸。這重重阻難，真令人有插翅難飛的痛苦。

那天，春陽乍暖，三個人坐在一堵彈痕纍纍的土牆下，考量下一步究竟該怎麼走。當初從石家莊動身時，三人曾有約定，一路上保持密切聯繫，行動一致，同生共死。不管遇到什麼意外，必須甘苦與共，永遠站在一起。

但，當初並沒有設想到今天這樣「進退兩難」的困境。

經過反覆討論，計量得失，李志誠力勸我和趙謙應該先回北京去。不如忍耐一時，下次作更好的準備。

可是，他鄭重說明，他不能回頭。這時他才簡明說明了他在淪陷區工作的性質。這次遠行，因為身分已經敗露，此時再踏上淪陷區土地，必死無疑。所以，他是只能前進不能回頭，非闖鬼門關不可。

趙謙和我都不肯讓他一個人獨闖鬼門關，反覆又辯論了半天，最後還是勉強同意了他的想法。我們兩個把身上僅餘的老法幣全給了他，也算是「稍壯行色」吧，同時祝福他吉人天相，克服一切困難，平安到達洛陽。

就在那個黃昏時刻，我們黯然分手，沒有激情的擁抱，沒有一滴眼淚，也沒有想到三個人面臨的都是生死關頭。

殘陽如血，傍晚的風顯得一股肅殺之氣。李志誠獨行踽踽，慢步邁上了向南走的小徑。他沒有回頭，我們也沒有向他揮手。從那一刻之後，我再也沒有見過他，也沒有聽到過半點有關他的消息。

像抗戰期間千千萬萬無名英雄一樣，李志誠猶如大海中的泡沫，旋起旋滅消失無形。他有沒有平安抵達洛陽、西安，或是已在途中遭遇了新的困難，我們永遠無法知道了。

然而，在短短的相處經驗中，他那種沉著堅毅的風格，給我留下了深刻的印象和啟發。中國，在廣闊的大中國土地上，在每一個不知名的地方，都有著這樣英勇不屈、不畏艱難的中國人。不論遭受多少艱難險阻，中國人永不屈服。李志誠這位老大哥，永遠活在我的心上。

趙謙和我走著回頭路，似乎是離火線漸漸遠了。但太行山早晚仍是寒氣逼人，沿途等於過的是乞討生活。幸虧不時仍可遇到善心人給予一些援助，免去「死於溝壑」的厄運。說實話，肉體上忍受折磨，遠不及心情之沮喪和失望那樣難以忍受。

有天早晨，看到了平坦的道路和莊稼地，我們因為心虛情怯，儘量避免遭人盤查，不走大路。

可是，眼前是大片平原，路口上有五、六個壯漢把我們攔下。他們沒有穿制服、沒有佩符號，但人人手中都有武器，講起話來氣勢凌人，好像我們是犯了案的罪人。

有一個似乎是首領，臂上戴著一條白布。上面隱隱約約有「河南省湯陰縣」等字樣。幼時讀《說岳全傳》，知道宋代名將、抗金英雄岳飛岳武穆出生在湯陰。此地正是英雄的故鄉。

可是，這幾個人究竟是什麼來路，他們並沒有表明身分。應答之間格外為難，說不準是友是敵。湯陰鄰近豫北重鎮彰德府，已被日軍侵據。這幾個人可能是依附日偽的地痞流氓，但也可能是大戰之後國軍部隊斷了聯繫的散兵游勇。我們仍然照著在石家莊編的那些話「實話實說」。本是北京商店中的學徒，生意清淡被辭回鄉，半途中受戰事阻斷，只得再轉回北京。

那些人不但不相信，而且不斷施出威嚇的手段，一會兒說我們兩個「一定是日本軍派來的奸細，」一會兒又說「看起來像國民黨的逃兵。」有人還故意把長槍拉開來子彈上膛，好像隨時就要開槍。

拖了不知有多久，說是要把我們「帶回部隊去」，他們說是「湯陰縣政府的民兵隊」。但那縣政府是哪一邊兒的，還是搞不清楚。

他們把我們兩個人帶進路旁空屋裡，分別隔離問話。要我把身上的衣服統統脫下來，身上有什麼東西都要掏出來。這時候我倒反而不那麼害怕了，我猜想他們的目的大概是變相打劫。

好在我身上已經沒有什麼值錢的東西，自來水筆、臥狗牌的懷錶、比較整潔的衣服等等，都已丟失一光。手提包裡有半支「黑人牙膏」，他們都沒見過。有個愣頭愣腦的小夥子擰掉了蓋子，用力一捏，牙膏都被擠了出來，讓人哭笑不得。那小夥子問我：「這是幹什麼用的？」我用手指比劃著，「刷牙」。另一個年紀大些的人鄭重其事地說，「敢是這裡頭藏著啥私貨？」他索性再加一把力，把那半支牙膏統統擠光。

大概是看清楚這兩個難民實在沒有什麼油水可榨，也查不出有什麼可疑的劣跡，最後終於「放行」了。那時，天已正午，白花花的陽光曬得人出汗。

這一場意外的遭遇，也算是生死邊緣。如果被他們帶到什麼隊本部去，說不定不但無法脫身，還會有更多的麻煩。他們對待我們的神態一直是心存敵意，不過我們的應對始終沒有什麼漏縫，算是沒有為難我們。臨走前還承他們指給我們上火車的方向。這時候，我們最心急的就是，快快找到鐵路，等到火車，爬上去，回家。

因為是平川大道，我們不久就找到了車站，沒有等多久就搭上了火車。我們已經身無分文，沒有錢買車票，幸好這種荒村小站沒有查問，我和趙謙都爬上了一節沒有窗的「悶子車」。車上人並不多，有幾個鄉民和我們同車，彼此沒有交談，但我看得出來，他們也沒錢買票，因此就覺得跟他們很親。

我不知道上車的那個站叫什麼地方，偶爾在門縫看到站臺上寫的是「宜溝」。

趙謙和我分別上了不同的車廂。照先前他告訴我的計畫，是在石家莊下車，那兒有親友可以投奔。後來輾轉聽別的學友告訴我，他在石家莊一所教會學校裡教書，暫時隱居下來。那之後我們就斷了聯繫，不知他下落如何。經過這一番同生共死的經歷之後，我唯有為他祝禱，願吾友平安。

我一個人回到北京，在前門車站下車時，車站出口處有日本憲兵檢查。旅客排成長長一大排，俯首帖耳從「太君」面前走過。那個面孔有些肥腫、瞇晞著兩隻小眼睛的日本軍曹忽然揮揮手，把我從隊伍中挑出來，這時我真感覺到背脊發涼，手也有些發抖。想不到沒有死在太行山裡，回到家門口仍然難脫虎口。那個日本兵把我渾身上下摸索了半天，可能我身上的味道很難忍受，他沒有問什麼話，把我推到一邊去。我看他並沒有繼續搜查的意思，趕緊混在旅客群中快快離開。

在山區裡奔逃，沒有好好洗過臉，頭髮長得像刺蝟，衣服沒得換，骯髒不堪。一路上沒有照過鏡子。出了車站在街上商店玻璃窗裡看見自己的影子，才發現自己不僅是一個落魄的乞丐，而且滿面病容。生平狼狽之狀無過於此，難怪那個日本兵覺得我形跡可疑要挑出來搜身。

回到北京是四月下旬。隨後從報紙上、廣播裡都聽到日軍掃蕩太行山「勝利」的報導。龐炳勳將軍力戰負傷，躲在山洞裡被發現。據說，日軍威脅他，如果不投降，就要殺光所有被俘的官兵和老百姓，龐將軍不得已同意參加所謂「和平陣營」。民間盛傳，龐將軍與敵人有約定，就像《三國演義》中的關雲長一樣，「降漢不降曹」。北京的電臺把龐將軍的錄音一再播出，許多人聽了都為之落淚。

日方宣傳，經此一戰第二十四集團軍已經瓦解。不過，人們都不相信。事實是部隊雖然受到打擊，部分實力仍得保全，冒險搶渡到達黃河以南，繼續與敵人周旋。

我這一次經過太行山、南渡黃河的旅程完全失敗了。但這一段經驗，使我更加認識到中國和中華民族的偉大，也體會到抗日戰爭的艱難。中國農民之貧苦落後，尤其給我留下了最深的印象。救國救民，那真是千頭萬緒，不知該從何著手。

這次歷險僥倖保住了性命也長了膽量。我深信敵人封鎖線並不是沒有漏洞，而且也知道應該如何準備下一次的「出走」。旅費要寬籌，行李要更簡單，而且一面說是「學徒回鄉」，一面又帶著《英漢字典》和《范氏大代數》。裝也要裝得更像一點。

第一次失敗了，第二次再來。「天下無難事，只怕有心人。」每天晚上睡覺之前，我都把這句話念叨幾遍。下定決心，非走不可。轉過年來，我才踏上第二次「奔向祖國」的冒險行程。

第五章　跨越陰陽界

一九四三年春天，攀登太行、渡過黃河的計畫，因為受到戰事影響而失敗，我黯然回到北京。先前走的時候，並沒有想到我竟會這麼快就回來，在輔仁中學並沒有辦理休學或其他「留一個退步」的手續，學校回不去，不再是學生而成了無業遊民，而且是一個不得不躲躲藏藏的「黑人」，儘量不和外界接觸。

躲了一陣子，看看報紙、聽聽廣播，對外面情況稍稍有些了解。經過一番齋戒沐浴，整修門面，總算擺脫了那一幅逃荒難民和逃兵的面貌。碰到舊日的朋友，我就說是生了一場奇怪的大病，不知為何病倒，也不知如何復元。幸好也沒有人仔細盤問。

輔仁中學是輔仁大學附設的中學。中學校長就由輔大校長兼任，設一位主任，實際上等於校長。原是英千里老師，一介書生本與政治無緣；但在華北淪陷之後，感於救國大義，擔承了中國國民黨北京市黨部書記長的職務，從事地下抗日工作。後來因行跡敗露身陷敵牢。

繼英先生之後的主任，是劉不凡老師，沒過好久也被捕去。劉先生身材矮小，戴深度眼鏡，完全是一個文弱書生的樣子。

再一位主任便是鄢說老師，字鳴難，湖北省天門縣人。因為他作風謹嚴，平日和同學們說話總是不苟言笑，同學們背地裡稱他是「難天門」，對他敬畏有加。

鄢主任年紀比其他老師都大，他不是輔大出身。經年穿一襲長袍，軟底布鞋。他在辦公室裡接見我，並沒有問我什麼話，只說，「你的情形，我聽老師們講起過。你很用功，現在一時不能復學，你有什麼打算？」

我說我眼前需要找一份工作，下學期再申請復學。鄢老師默然不語。當時淪陷區百業蕭條，就業機會極少。一個十幾歲的高中沒讀完的青年，怎麼可能找得到工作？

我也知道，輔仁的經費大部分靠國外教會和梵蒂岡教廷支持。開戰以來，大學部財源不繼，中學部更是捉襟見肘。老師們的薪水一再打折，每位老師一個月能分到兩袋麵粉已算是優遇。

但鄢主任思索了一陣，最後說校方可以給我一個「工讀生」的名義。以前，我聽說過有這麼一個辦法，但從來不知道有任何一位同學得到過。

「難天門」給我找了一條生路，天門開了。鄢老師沒有對我講什麼話，自始至終他臉上沒有出現過笑容，但我深深感受到老師愛護學生如自家子弟的溫情。

輔仁中學的「工讀生」，似乎我是僅有的一個，前無古人，後無來者。我被派在註冊組（我現在已記不準是否這個名稱）辦理文書工作。不過，鄢主任口頭交代，每天早晨上班之前，我要到主任那間小小的辦公室去掃掃地，幾分鐘就可了事，除了他的辦公室之外，我都不必管。

我後來漸漸悟解，鄢老師這項要求，一則要我早起早到，走在眾人前面，同時也是象徵地作到《弟子規》裡灑掃應對的責任。範圍又以辦公室為限，別的同學都看不到，以免有損我的自尊心，我坦然接受這番「勞其筋骨，苦其心志」的考驗。

在註冊組，指導我最多的師長是吳鐵俊先生，人稱「吳鐵老」，其實他那時不過三十多歲，剃了光頭，精氣內斂。輔仁用人精簡，吳先生似乎是「一把抓」、什麼都要管的職員。

吳先生家中好幾代都是虔誠的天主教徒，他有一個哥哥，已由修士晉鐸成為神父。鐵老本也很想出家當神父，但為了奉養父母，不能走那條路。他終身不娶，是眾所周知的孝子。

除了一般性事務之外，他分派我的一件工作，是編寫全校學生名冊。分班分級，每個人的姓名、年齡、籍貫、學歷等逐項填寫，用毛筆寫在印好的名冊上。起初我寫得很工整，很慢，鐵老說，不必那麼整齊，但一定要正確。因為以後還會有許多變動，許多修改。果然在一個學期裡，有許多事故發生。上千學生中，總有些人因為這樣那樣的原因，休學、轉學、留級、退學。鐵老說得不錯，「這學校就像一個小世界，時時有事情發生。」我從鐵老那兒學到了很多。他的辦事要領是：不取巧、不苟且，一開始就得正確，往後怎麼修改，都得有正確的底子。編寫學生名冊是這樣，辦別的事也可參考這層道理。

一九五〇年代，吳鐵老和我都住在臺灣。輔仁大學復學，于斌樞機主教出任校長，就請吳鐵老協助復校的推動，獻替良多。

吳鐵俊老師事母至孝，信仰虔誠。他治事之勤、自奉之儉、自律之嚴，都當得起「塵世間一聖徒」的美號。他對我的啟迪教化，是「身教重於言教」。

得到輔仁的一份工作，日常所需可以自給自足，漸漸安定下來，可以和相熟的朋友來往——

要緊的還是打聽前往大後方的消息。

我的好友莊敬伯，住在西城大醫坊胡同。他家中開著一家中藥店，出售祖傳祕方所製的「獨角蓮膏藥」，這種膏藥治療無名腫痛、各種外傷都有奇效，在華北各省頗負盛名，提起「獨角蓮」家喻戶曉。

敬伯少年喪父，莊伯母撫育三兒三女，備歷艱辛。所幸藥店的生意很好，生活相當安定。敬伯是長子，莊伯母自然對他寄望殷切。敬伯人甚聰明，也許因為生長富厚之家，雜學旁收，倜儻不羈，對學校功課不甚措意。莊伯母有時嘆氣說：「你要能跟尚友學學，我就放心了。」其實我和他一樣貪玩。聽到莊伯母這樣講，倒不得不力爭上游，作出好學生的樣子來和敬伯互勉。

隔了很長一段時間沒有見面，莊伯母告訴我，「敬伯已經到了他姨母那兒。」也就是安徽的自由區，敬伯的信息輾轉傳到家中，莊伯母把沿途大略情形告訴我，大致是經徐州、轉商丘，然後到界首。「他們一路上並沒有什麼困難。」

這時，我也得到了父親在陝西的地址，至此下定決心，此時不走更待何時？

經過若干籌劃，一九四四年初春我叩別了莊伯母登程。她一直送到大門口，喊著，「孩子，一路上要小心啊！」

洋車夫抄起車把上路，對我說：「天下當娘的，都是這樣放不下心啊。」

我流著眼淚趕到火車站。那一天是農曆正月初二，車上旅客稀少。

莊伯母慈心善目，一生作很多好事，獨角蓮是獨家專營的藥品，她堅持平價政策不取暴利。

對於貧病無依的人，她常常慨解義囊給予援手。不幸的是，一九六六年的「文革」浩劫中，莊家受到衝擊，莊伯母不幸在暴民咆哮聲中逝世。「天道無親，常與善人」，在那場大動亂之中，許多善人都無法自保，令人心痛。

當火車從北京緩緩啟行時，眼看著城堞遠去，不知何日還能再見。出於一股衝動，我緊閉雙眼，耳聽著隆隆的聲音漸行漸遠。我自己對自己許願，我不要看到這「分別」的一景，將來就一定能回到這無限眷戀的古城懷抱。

不錯，我後來終於有回到北京的機會，差不多是五十個年頭之後。山河依舊，人物全非。變化之大，遠出乎當年的想像之外。

從北京經過天津、濟南等名城，到達江蘇徐州。徐州是有名的古戰場（後來也成為今戰場），我要在這兒轉車。津浦鐵路是由天津到浦口，徐州是中途重鎮，與東西行的隴海鐵路相交，也是交通樞紐。

到達徐州時似乎是天將破曉，下車的旅客並不多。我已將走出站臺，迎面忽然來了一個士兵，朦朧中分不清他是日本人還是中國人。他並不說話，只是努努嘴巴叫我靠邊站，要我把衣箱打開。我看無法脫身，就開箱讓他搜檢。翻了一陣，他還是一言不發，這時忽然走來了一個穿著火車員工黑色制服的青年人，把我上下打量一番，然後他跳上了月臺出口處的欄杆，對那個士兵說，「這是過河去界首的，讓他快走吧。」

檢查箱子的那個士兵原來也是中國人，他沒再說什麼，揮揮手叫我把箱子闔好，算是放行了。

界首在國軍防區內，「過河去界首」是何等嚴重的罪名，他們可以這樣輕輕放過。那青年在我背後說，「中國將來靠你們哪。」我只默默聽著，不敢作什麼回應。事後回想，只能用「人心思漢」來解釋。

從徐州轉往河南商丘，坐的是隴海鐵路的車。由此向西，看到河南省內的農村，似乎比津浦線沿路更為貧瘠落後。商丘是歷史上有名的古城，但眼前所見只一座蕭索的縣城，和石家莊或徐州都無法相比。

商丘城裡市區不大，事前有底的那家客棧很容易就找到，安宿一宵，第二天一早便請櫃檯上代為找到繼續前行的交通工具，當地稱為「排子車」，是膠皮輪的平臺車，可以坐人也可以載貨，由兩個車夫輪流推送。下一站是亳州，那兒仍是日軍占領區。

亳州這地名，很容易被誤為「毫州」，一筆之差謬之千里。亳音播，原是商湯建都之地，舊址屬商丘。現在的亳州，屬安徽省。三國中亂世奸雄曹操「沛國譙郡人也」，就是這個地方。可惜為了趕路，無法去尋訪古蹟。

第二天啟程時，來的那兩位車夫是中年壯漢，據稱是表兄弟。姓張，我看他們相貌，倒是忠厚人的樣子。

我有了太行山區行走的經驗，已非先前的都市兒可比。與人應答，察言觀色，多少都有些分寸，也不大那麼害怕了。

前往亳州的路上要經過一個檢查哨，張姓兄弟兩人都要我們先有一些心理準備。不要慌張，根據他們的經驗，大多數人都可以不受留難。如果是偽軍值班，就要準備一點現鈔，「請買包菸抽」，也就是買路錢了。

和太行山路上很不同的是，在山裡奔走多日，我們沒有遇到過別的流亡學生或行旅客商。去亳州道上，倒是陸陸續續看到過好幾輛排子車，可能都是單幫客。

過午，我走得有些疲倦，張家老大似乎很同情我這個文弱書生，叫我在車上躺躺，「有事我再叫你。」

我躺在排子車上，半臥著枕在行李捲上，道路有些顛簸不平，走了不知多遠，我竟迷迷糊糊睡著了，也不知睡了好久。

張老大喊我起身，我以為到了檢查哨，他大笑：「你老客運氣好，有福氣，我們已經過了陰陽界了。」

我暗叫一聲慚愧，就這樣無災無難走進界首了。

界首在安徽北部，是戰時一座「新興」小鎮。因為地處所謂陰陽界的邊緣，是自由區與淪陷區之間半開放的貿易孔道。按說那種交易方式都是不合法的，但因為兩個地方之間彼此各有需要，內地的商旅用糧食、油料等，換取一些布匹、日用品、西藥。譬如說，腳踏車輪胎用的「汽門蕊」，就是一本萬利的商品。有人在腰間纏上一大綑，帶到界首，馬上就可以賣上好價錢。

小鎮談不上市區建設，一切都是來得太匆忙。交錯的幾條街道，仍是窄窄的石板路。可是，兩旁店家的櫥窗裡，陳列著不少那年頭在北京已算是豪華的商品，照相機旁邊是高跟鞋，亮閃閃的名貴衣料上面有更名貴的手錶，看得我眼花撩亂。

到了夜晚，華燈初上，點綴著一片昇平氣象。飯館好像特別多，生意都很好，陣陣飄香令人神往。

我住進客棧，結結實實吃了一頓晚飯。我恨不得馬上和敬伯見面，但因沙河上都是冰凌，渡船無法行駛，也沒有電話傳送消息，雖然只是一水之隔竟拖了兩天。

好不容易那一陣冰流過去，店中有人去南岸，我拜託他們送信去。當天下午，敬伯就趕來接我搬出旅館，上了一艘船，悠悠然到了南岸和他同住。

先前通信無法講得很清楚，原來他住在五姨家，五姨鄭武英女士是莊伯母的妹妹。她的先生李北翹上校，我們稱為姨父。

李家是河北望族，李姨父的長兄李蔭翹先生（諱思璁），以清正廉能知名於世。抗戰時期，雖然他已任監察使要職，生活儉約一如平民，餐桌上常常只有一碗鹽煮黃豆，便是全家佐餐的主菜。同鄉後進背後戲稱他是「黃豆御史」。在政府遷臺之後，蔭翹先生經總統蔣公提名，出任監察院副院長和院長。他獲得的同意票，幾乎是百分之百，高風亮節，世所仰望。

北翹姨父的令妹李新華女士，是一位意志堅強的時代女性。她的先生王毓文將軍（字曉民）早年留日，經廣東大本營保送士官學校十八期受訓，返國後歷任軍職頗有戰功。一九四三年時，是蘇魯豫皖挺進軍總指揮，統領了大約一個軍的兵力與敵偽周旋，先後受湯恩伯將軍和陳大慶將軍節制。

他們的部隊駐防前線，眷屬留居界首附近。記得有天晚上，總指揮巡防經過界首，我們都去迎接。暮色蒼茫中，王將軍騎了一匹全黑的烏騅馬疾步奔來，遠遠望去英氣勃發，讓我們這些青年人興奮萬分，更加堅定了從軍報國的志願，「有為者，當若是」。

在界首居住的幾個月，對我來說不僅沒有「流亡」之感，而且也不太有戰時的危急感。界首設有一所「戰區學生輔導進修班」，收容從淪陷區來到後方的各級學生，小學部分另有安置；班中錄取的都是初高中生，也有大學肄業的，為數很少。

教育部長陳立夫先生，他手建了大學生公費制度：當時稱為「學生貸金」。全國大學和國立中學，學生幾乎都有公費，國家照顧了最基本的需要，為國家培育人才保持了元氣。

在前線接敵地區，分設了多處名義不同的進修班。作用都是在撫輯流亡，經過短期安頓之後，那些來自淪陷區的青年，大多會前往大後方升學。設在界首的這一所，以收容山東、蘇北、皖北與河南的學生為多，男女都有，程度頗有參差。

在那一大片土地上，當時國軍的最高將領，是第一戰區副司令長官湯恩伯。主持文教委員會的，是前南開大學歷史系教授李季谷，他和湯是留日同學。

湯總部對戰地文教工作相當重視，河南葉縣辦了一所「邊區軍政學院」，聽說頗有規模。進修班主任姓孫，山東人，武漢大學畢業。他不善言辭，但任事負責，態度誠懇，頗得師生好感。穿著敝舊的棉軍裝，和學生們坐在操場上一塊兒吃「槓子饃」。槓子饃是雜糧蒸的長型饅頭，因為要大量生產，伙伕們要用長長的扁擔，重重地壓在麵糰上，故名槓子饃，相當粗糙但味道不錯，比一般農家吃的還好些。

孫主任在職時，來了幾位武大的校友，其中有一個黑黑瘦瘦的人，戴著銀邊眼鏡，講話十分詼諧，經人介紹是《大公報》名記者張高峰，他因獨家報導了河南省糧荒嚴重的消息而名震一時。不過，那條消息使《大公報》受到停刊三日的懲處。張高峰則奉報社之命在前線巡迴採訪，大概有「暫避風頭」的意思。

因為我和敬伯都算是高班次的學生，一時沒有老師教我們，大部分時間是「自修」。偶有機會參與張高峰等談談採訪新聞的情形，不免隨之神往。後來我選擇新聞系為第一志願，和這一番交往有關。我和張相處短暫，他大概想不到他對一個素不相識的青年會有那麼大的影響。以後我再也沒有看到過他。聽說在「文革」期間他也受到衝擊。

當時的老師裡，還有兩位剛從北京出來的女士，一位張嶺梅國文老師，東北人。雖為女兒身，但完全男裝打扮，言談舉止也有不讓鬚眉的丈夫氣概。她經常穿一襲藍色長袍，挽著白襯衣的袖口，西裝頭，近視眼鏡。很多人初見時都把她當作男性。她國學根基深厚，不過身體有些單薄，上了一上午講堂，常常喊累。

課餘之暇，坐在一起談論詩文，使我受惠不少。她工於詩詞，喜愛崑曲。承她指點，教會了我唱《林沖夜奔》裡開場的那一折，「按龍泉，血淚灑征袍，恨天涯一身流落。」是她教給我，「天涯孤客真難度」的客字，要讀「怯」，不是「課」。

另一位女老師姓貝，是輔大畢業教高班的英文，人也很好，我們稱她「貝姐」，稱張嶺梅是

「張老師」時，因為她的男裝扮相，喊她「姐」就很彆扭。

在進修班的日子有些無聊，只好拚命找可以得到的書來讀。有關國際形勢，尤其日本國情的書，倒讀了好多種，豐富了我的見識和視野。

孫主任不久辭職回重慶去，繼任的是蕭璣主任，湖南人，是中央政治學校畢業的。我就是從他口中才知道有這麼一座學府。

蕭先生辦學也很認真，很快就進入狀況。他當然對他的母校有許多好話要說。他強調，政大的師資陣容極為嚴整，像法政系薩孟武、經濟系趙蘭坪、新聞系馬星野、外交系陳石孚、地政系蕭錚，都是國內第一流的學者。政大是全公費，不但免學費，而且食、衣、住都由公家負擔。畢業後投身國家建設實際工作，正是有志青年報國的門徑。

不過他也強調，政大入學錄取率標準很高，每年幾萬人報考，錄取者不過三百餘人。他鼓勵我和莊敬伯好好準備。中、英文底子很重要，對社會科學具有一些基本概念就更有幫助。

當時，身在豫皖邊區，距離重慶千百里，簡直是可望不可即。聽說有新聞系，我就暗下決心，有機會一定要去試試。

在進修班住了幾個月，每週末可以回到李姑母和鄭姨母家中補充營養、打打牙祭，陪老人家聊聊天。

有一次，看外來的軍中劇團演戲，居然看到藍月春的猴戲《安天會》，十分精彩。我在北京時，最喜歡看的就是李萬春的武戲。李萬春剛露頭角時，和他配戲的下把子就是藍月春。後來二人分手，到我看戲時，下把子是倒嗆未復而武功極好的毛慶來。

十分意外竟在陌生的異鄉看到了藍月春。他的本領趕不上李萬春，配角和道具布景等更無法和京中大班相比。可是，那場戲仍看得如痴如迷，似有「如逢故人」之感。其實，生平看到舞臺上的藍月春，僅此一次而已。

住了幾個月，趕上了三月二十九日青年節，地方上熱烈慶祝，舉辦徵文比賽和球類比賽。設在臨泉的國立某中學人多勢眾，進修班號稱有北京來的學生，也被外間看好，其他還有些學校、團體不在話下。

果然，籃球決賽就是某中學校隊和進修班的「散兵游勇」對壘。進修班平日在一座破敗廟宇裡上課，連球場也沒有，一支球隊勉強湊了十二個人。對方則是陣式堂堂，身上穿著有號碼的球衣，場邊有很多助威的觀眾。

從一開始，我們就落後，我身為後衛奔走疆場，常有顧此失彼之憾。後半場稍見轉機，打到最後一節，依然高下難分。敬伯平常並不打籃球，此刻靈機一動自動請纓。他的球技有限，但吆喝得起勁，對方認為他是一支「伏兵」，被他攪得陣腳大亂。進修班最後以兩分險勝取得冠軍。

兩隊交鋒，旗下都是無名小卒。但那場比賽的裁判，卻是北師大來的焦嘉誥先生。數十年後，我在臺北重見焦先生，他曾任國立師範大學的體育系主任。臺灣省運會有好幾屆都是由他出任裁判長。我問焦先生，可還記得界首那場比賽?他說：「記得，記得。」

球賽得了冠軍之後過了兩天，我又下場去參加徵文比賽，與賽者都是當地鄰近數縣的學生和社會青年，參加者有幾百人，題目好像是「抗戰建國與當代青年」，很容易揮灑一番。我是「進修班」指定的代表之一，寫下了一個來自戰區青年的心聲，雖然談不上什麼高深道理，但那一股熱情是百分之百的誠懇。「不抗日則建國沒有基礎，不建國則抗日便沒有歸宿。」據說閱卷先生們認為「此子口角不凡」，於是定為第一。我得了獎狀和白銅墨盒與毛筆。

前後三天之間，既得了籃球冠軍又獲得徵文首選，居然成了「文武兼資」的小名人。我一輩子作新聞記者，訪問別人的機會很多，但很少接受別人的訪問。那一年，邊城一家報紙派了記者進行專訪，是我生平第一次當訪問對象，只是那報紙後來發表了沒有，我不知道。

不過，由於這麼一場熱鬧，長輩們對敬伯和我兩人更加另眼看待，李姑母和鄭姨母鼓勵我們早日到後方升學。

就在那年春夏之交，日軍發動「中原會戰」，在河南前線猛攻。國軍部隊堅守力戰，眷屬們則送往後方安置。王將軍的家屬先撤往豫西，我們二人也就隨軍轉進。

從界首經漯河、駐馬店等地，到了南陽附近的淅川縣。南陽曾是諸葛亮出山之前、隆中高臥的地方；淅川縣則在群山環抱之中，我們從未聽過這個地名，起初還以為是「浙川」。

淅川附近有一條丹江，有一天曾有日機來襲，機槍低空掃射，江面上激起很高的浪花。我們幾乎可以看到飛機上駕駛員戴著風鏡的臉。這樣逼近，反而讓我們忘了恐怖。

在淅川住了一段日子，終於安排定了行程。這時我已確知父親在陝西的地址，決定約敬伯與我同行。我們由朋友找到了一艘運糧船，可以載我們到陝南漢中。

由淅川起旱到湖北省光化縣，地名是老河口，是第五戰區長官司令部所在地，司令長官是李宗仁。老河口是軍事要鎮，運輸繁忙。我們附搭的船，是載運糧食的大帆船。一條船上有十來個縴伕。上水船逆漢江而上，縴伕們常常需要登岸，背著用竹索編成的縴繩，沿著江邊的山路匍匐前進，十分辛苦。縴伕都是年輕力壯的漢子，有一個很胖的青年，大家喊他「肉娃子」。我還很清楚地記得，頭髮蒼白的老船長，站在船頭對岸上高喝，「肉娃子，少帶勁啊？」其聲幽遠而淒涼，在山谷間盤旋。

逆水行舟，每天只能走三十里路，自老河口出發，經過綿陽、白河，進入陝西境內，再經安康、石泉到城固，就到了南鄭，也就是漢中，可以接上公路線了。

陝南這一帶，雖也有叢山峻嶺，但與北部不同，看不到關中平原那樣的黃土高原，而有南國水鄉風味。有些地方還看得見竹林和稻田。

途中只有安康算是大地方，當地有空軍專用的機場。飛將軍捍衛領空，當地人津津樂道頗以為榮。

有一天，縴伕們捉到了一隻大河龜，殺了紅燒來佐餐。船上平日的伙食只有醃菜，很少葷腥。那道「燉圓魚」雖然談不上什麼味道，總算是開了葷。

不料那夜風雨大作，載重幾十噸的運糧船夜間繫在江邊老樹上，竟被吹斷了纜繩。我們都在睡夢中，起身來看，才發現船身又順流而下，倒流了好幾十里，頭一天走的路竟全白費。有人說，那隻烏龜是河神之子，船上人開葷犯了忌諱。

行行重行行，總算到達目的地。我們向船家千恩萬謝，付清了旅費和小費，趕搭公路車前往寶雞，再轉隴海鐵路往蔡家坡與家人團聚，開啟了人生的新頁。

第六章 勝利在蔡家坡

蔡家坡是陝西省岐山縣一個小鎮，地圖上找不到的新興市鎮。位於西安和寶雞之間，本來只是一處封閉的農村，因為靠近隴海鐵路，一片平疇交通便捷，背後是一帶黃土高原，宜於開設工廠。

蔡家坡這個地名，讓人很容易想到王寶釧女士「寒窯受苦十八年」的武家坡；而岐山縣據說就是幾千年前周王朝開基創業的龍興之地。

抗戰之初，政府將沿海許多公民營工廠，遷往西南、西北。雍興實業公司的主持人束士方，總部設在西安，在西北各省內開辦了二三十家工廠，供應軍方和民生需要，支持長期抗戰，頗有貢獻。蔡家坡便設有機械廠、酒精廠和紡織廠三家，都以「雍興」為名，各有員工五六百人。還設有一所雍興高等工業職業學校，這些工廠的員工、眷屬以及高職校的師生等，便構成與原來老農村完全不同的面貌，形成很奇妙的融合──戰時新社區。

我父親原來在隴海鐵路任工程師，後來應友人之約到雍興機械廠任總工程司，繼母和弟弟們全家住在蔡家坡。我一路上歷經多少波折，骨肉終於團圓，闔家歡天喜地。

隴海鐵路是全國唯一一條由東向西、橫越大陸的鐵路，東起江蘇的連雲港，西到陝西的寶雞。

可是，由於日軍入侵，東半部大部分在淪陷區內；西邊的沿線則以西安為樞紐，到河南洛陽。

機械廠位居中央，廣大的廠房和管理單位在平地上展開，員工宿舍則在山坡上，都是新蓋的房舍。廠外有土瀝青道路，直達火車站。廠區內都有電燈、自來水。在各廠房周邊，還有員工餐廳、圖書館和醫務室，有幾位醫護服務人員服務。大門口有傳達室，管理人員進出。另有一個具體而微的警衛班，警衛人員配有槍枝，因為蔡家坡鎮上好像連警察也沒有，各工廠得有自衛的能力。

初到時，令我印象深刻的是，整個廠區都有土坯約一丈高的高牆圍著，牆上用白粉畫成一個又一個很大的圓圈。這是為什麼？是為了警戒夜晚有狼群來襲。儘管蔡家坡已住了那麼多人，山裡的惡狼仍會下山覓食。我曾看到有一個趕夜路的農夫，夏夜睡在路邊被狼群咬死，血肉狼藉的慘況，相當現代化的工廠附近狼群出沒，並不是童話。

說它相當現代化，是雍興集團帶來的一番氣象。雍興所屬各家工廠，產品不一，但管理上的制度大體一致，員工的素質較高，紀律甚嚴，講求效率，跟不上班的很快就會被淘汰。完全沒有一般公家衙門裡拖拖拉拉、老氣橫秋的味道。因為要留住人才，員工待遇也比市場行情高出一倍以上。戰時通貨膨脹嚴重，錢幣貶值，所以雍興的薪酬是以小麥的售價為指標隨時調整。中上級主管每月收入有幾擔麥子，鄉間食物和日用品都比城市低廉，所以有許多原來為政府機關工作的人員轉入民營企業，這是抗戰後期相當普遍的現象。

我家因人口較多，配到兩個單元的宿舍。父親為工作而忙，繼母操持家務，三個弟弟分別在中小學讀書（最小的五弟尚未出生）。父親在隴海時有一個年輕的部屬，太太病逝，留下了一個小女兒孤苦無依，繼母就收養了她，叫她「小五」。家中還有一位女僕，從天津帶出來的，三個弟弟都由她帶大，已經成了我家不可分離的一員。

回到家裡那一天，一家人歡天喜地，飯桌上加了不少的菜餚。有親情溫暖與豐富美食，與淪陷區裡的生活相比，我覺得蔡家坡簡直是世外桃源，甚至可說是人間天堂。

聽別人告訴我，父親在公眾場合講話雄辯滔滔，尤其是對那些年輕的工程師和學員們，更是頭頭是道、層次分明。可是，我的印象是，他在家裡說話不多。跟我這長子久別重逢，也只是簡單的訓勉幾句，問我將來想要幹什麼？接著就問了一些數學上的問題，包括「零除一」、「一除零」和幾何代數之類。有的我順利解答了，也有的答不出來，父親就搖搖頭，繼母為我解圍，「孩子剛到家，問那些做什麼？」

父親一輩子是一位勤奮負責的工程師，而他最大抱負就是憑著科技的知識報效國家。最重視的是數學，凡是數學不怎麼樣的人，他就認為那人「腦筋不大清楚」終無大用。

在抗戰勝利之後，父親回到南開大學任教，去世時還留下許多筆記、講義和機械圖。他有五個兒子，由於種種非人力所能控制的原因，沒有一個看得懂他的遺作，更不必說繼承他的事業。唯有三弟尚志數學很好，曾在北京電視上講數學，其餘我們弟兄幾個，在父親心目中大概都屬於「腦筋不大清楚」的人吧。

老友莊敬伯和我一路從河南來到蔡家坡，兩人同居一室過得很輕鬆。後來他考上西北大學，南下城固入學。想不到一別之後，在美國重逢已是五十年之後的事了。

那年寒假前，國立西北農學院招生，我一試即中，便到武功縣張家崗入學去讀農業經濟。

農學院原是陝西省唯一的高級學府，與戰時從外面遷來的各校不同。校區建設頗有規模，並擁有很大的實驗農場，農場有各種菜蔬肉禽等產品，所以，那兒的伙食據說是全國各大學最好的。星期日的飯桌上，不但有肉而且有雞和魚。

可是，教學環境和陣容似乎都不理想。我在那兒就讀時間很短，除了一些基本課程如國文、英文之外，學了一些李嘉圖的「地租論」、北歐的「農業合作」、美國的農業機械化，還有農業統計學等，我的興趣不高。

課業上沒什麼吸引力，而又常常有人藉故要罷課、鬧學潮。學潮並沒有什麼正大光明的理由，無非是趕走這個院長，打倒那個系主任。總是有人在幕後操縱製造不安；一時還沒有太明顯的政治問題，我已覺得很不耐煩。我總覺得，大學生即今日之「士」，「士不可以不弘毅，任重而道遠。」動不動就罷課，豈不浪費了大好光陰，每遇假日我就乘火車回家去。

蔡家坡的氣氛大為不同，那兒有「家」的溫暖，也有一些我喜歡的活動。年輕的員工和學生們活力充沛，不時舉辦各種文娛活動，他們還有業餘的劇團，遇到年節等大日子安排演出，國劇和話劇都是粉墨登場有模有樣。

話劇團演出過曹禺的《日出》，也演過陳銓的《野玫瑰》（就是後來改編成電影的天字第一號），女主角找不到適合的人選，二弟尚群被敦促反串登臺，裝扮起來明眸皓齒頗有可觀。他從小就喜愛藝術活動，唱歌、彈鋼琴都很出色。他的聲音嬌美嘹亮，反串起來以假亂真，大受觀眾歡迎，可是父親不以為然。

我總以為二弟長大後會成為音樂家或名演員，但成年後的波瀾變化，在北大荒一住多年，使他的天才無從發揮。

那年，雍興機械廠開展業務增設分廠，設在寶雞近郊的益門鎮，我就到那兒去工作，名義好像是工務員助理。

益門鎮分廠比蔡家坡的本廠，可說是具體而微，工作與生活環境都和蔡家坡類似。我的工作主要是每天早晨開「施工單」，根據各主管的要求，指定每個工人一天需作的工作，進度和成果都要在報表上一一填寫清楚。為了了解實況，我也要走出辦公室到場邊實地觀摩，和領班與技工們聚在一起，讓我學到了不少。

雍興機械廠的任務，就是製造各種機械，供應公司所屬二十幾家工廠的需要，如紡織、麵粉等有關的機械，也接受外界的訂單，工作十分繁重。廠中各工作單位，從設計到製造，包括繪圖、模型、翻砂、車工、鉚工、鍛工、鉗工等，名目繁多，單是各型功能不同的車床就有十多種。

五六十年前的戰時中國，還沒有自動化和系統作業，可是，看到那一排排黑壓壓的重機械，一如巨靈怪獸，在經驗宏富、技術高明的師傅們操作之下，真是舉重若輕，單看他們巧妙地旋轉，轉瞬間就把一塊精鋼錠磨成了三百六十度毫釐不差的圓球、軸承、齒輪，真是令人嘆服。

我幼年間在北平、天津這兩座大城市裡長大，對農田和工廠的工作一竅不通。西北農學院和益門鎮工廠的經驗，大大開拓了我的人生視野。中國是這樣大又這樣窮，需要大家努力的地方太多太多。改革農業、發展工業，處處需要新知識、新人才。

自從到達自由區以後，我已經知道，報考空軍官校的機會等於零，人家根本不要我這樣的大近視眼。單機奇襲、炸沉航空母艦之夢也不得不隨之破滅。長輩們都認為我不是當兵的材料，我也漸漸有了自知之明——用筆桿子也許比用槍桿子更有效罷。

可是，世局千變萬化，烽火遍地、殺聲震天，戰場上的得失進退，我還不太清楚。但從報紙上讀到的消息，一九四三年十一月下旬，中華民國的領袖蔣委員長，和美國總統羅斯福、英國首相邱吉爾在開羅舉行高峰會議，商討共同戰略，這證明中國軍民流血犧牲，已經使我們的領袖取得與西方大國的平等地位。接著在一九四四年六月，盟軍集結重兵，在法國諾曼第登陸成功，開闢第二戰場，德、義、日的軸心陣營面臨挫敗，使我國民心大為振奮。

可是，也就是在那一、二年間，中國戰場上仍是連遭重挫，日軍在太平洋的海空勢力雖被美軍打得落花流水，但陸軍仍以封豕長蛇之勢頻頻進攻，一度逼近貴州，重慶告警。我們在陝西都可以聽到飛機夜間陣陣飛過的聲音，民間口耳相傳，說是正把西北的部隊空運去保衛霧都重慶。

十月間，蔣委員長號召「十萬知識青年從軍報國」，預計編成青年軍十個師，對日軍展開決戰。我仍記得那動人心腑的兩句口號：

一寸山河一寸血，十萬青年十萬軍！

寇深矣，國危矣，熱血沸騰的青年人怎麼還能置身事外？我當即報了名準備從軍，用我的血肉去保衛祖國的山河。

報紙上對這件大事都有詳細報導，各機關團體以及各學校報名者爭先恐後，我的名字也跟那成千上萬的愛國青年上了報。父親把報紙拿給繼母看，繼母只說了一聲，「這還了得！」馬上就買了火車票，從蔡家坡到寶雞，再趕到益門鎮來。

從寶雞市區到益門鎮，有一條很長的橋。我遠遠的望見她坐在人力車上，便奔跑著迎上前去。她一眼看到我，什麼話也沒有說，就要我隨車回廠。「到你宿舍裡去，我有話跟你講。」

母子走入宿舍，她的第一句話就是，「好啊，你長大了，翅膀硬了，你要飛了，這麼大的事，你都不跟爹娘商量，自己就敢拿了主意。」

我本來有滿腔的話要稟明父母，我想說的是，保家衛國，人人有責，我已是堂堂六尺之軀，眼見國家危急到這種地步，還等什麼？念書、上大學，那都等不及了，我現在就要拾起槍桿子去從軍殺敵。

我覺得我講得義正辭嚴，但繼母一面流著眼淚，一面說，「好，好，你是好樣的，可是，你就不想一想，戰場上那炮子兒沒長眼睛，萬一你要是送了小命，你有沒有想過，將來我死之後，怎麼樣對你奶奶，對你娘交代？」

我這繼母與我家本有戚誼，我先前叫她「李大姑」。祖母把她看作女兒，母親和她情同手足。母親在病中曾託付她，「日後我不在了，這苦命的孩子你要多多照顧。」這是她後來同意嫁給父親的原因之一，親友們都知道。

可是，她這番生死親情的道理，和我的救國重任、急於星火的想法，完全無法合為一談。但是，她的眼淚似乎喚醒了我內心潛伏已久的「原罪感」。祖母和母親終年為我擔心、罣慮，在她們死了這麼多年後，還要為我傷心嗎？

我不肯放棄從軍的承諾，繼母就讓了一步。

「娘不是只知有家、不知有國的人。你看，這場抗戰一時還打不完。再過兩年，尚群也夠上了當兵的年紀，到那時，娘會右手牽著你，左手拉著他，把娘的兩個兒子一起交給國家。打敗日本鬼子，你們都是英雄好漢。可萬一炮子兒轟到頭上，你們全都送了小命，娘也絕不心痛。你們都為國犧牲，娘也絕不是只知心痛兒子的無知女人。」

然後，她擦乾了眼淚說，「你現在就跟我回蔡家坡。」

我這一場「青年從軍」就此偃旗息鼓。回到蔡家坡之後，我等於暫時被禁足了。此後有很長的時間，讓我閉門自修，讀了很多有關歷史和社會科學方面的名著。先前那種激情的愛國主義的想法，漸漸褪色，我明白，要挽救國家的命運，打勝仗固然很重要，但此外還有許多重要的因素，值得去努力爭取。

轉過年來，我準備考大學。著名的學府大都在重慶和昆明，路途遙遠，單是旅費便是一筆可觀的負擔。如果遠道跑去，考不取理想的學校，對父母無法交代。幸而政治大學招生，在全國各地設有八個考區，包括重慶、昆明、貴陽、成都、西安等地。我在西安考區報名。八個考區有一萬四千人報考，預定錄取名額只有三百名，競爭十分激烈。不過，對我有利的一個因素是，那年沒有考數學。

我覺得各科考試都還算得心應手。國文試題是「為學與做人」，我從文天祥「留取丹心照汗青」的話發揮，成仁取義，正是一個人追求學問的根本，我這篇作文的結論是：「文山未能挽回宋室之淪亡，此固千古志士所同悲，後人又安能以成敗論英雄哉。」

考試之後，遲遲沒有放榜，我以為大概沒希望了。

八月天氣炎熱，我揹著四弟尚德，到西瓜田裡去吃西瓜，老農夫跟我們很熟，叫我們自己去挑選，選中了就在田頭上切開來吃，吃多少都可以但不許帶走。我們正吃得高興，忽然有人大喊，「日本挨了魔彈了。」

八月六日，美軍轟炸機投下了人類史上第一顆原子彈，炸毀了廣島。隔了兩天，又投下了第二顆，炸毀了長崎。報紙上說得不太容易懂，但大家已知道，原子彈威力驚人，日本那兩個城市幾乎完全毀滅，死傷慘重；日本人稱之為「魔彈」。

在長崎被炸的同一天，蘇聯宣布參加對日戰爭，迅速向我國東北進軍，可說是乘虛而入，關東軍不戰自潰。

蔡家坡是一個小鎮，對外間的消息不甚靈通，大都是靠西安和重慶的廣播為來源。但原子彈的蕈狀雲（其實我們並不清楚蕈狀雲是什麼模樣），已經給中國人帶來了熱切的希望：戰爭就快結束了。

又過了兩天，黃昏時分傳來鑼鼓和鞭炮的聲音，我們跑到廣場上去，只見許多人已經聚集在那兒，一個身材高大的人，我認出他是酒精廠的經理，站在講臺上高聲歡呼：「小日本投降了，我們勝利了。」廣場上一片喧譁，好像每個人手上都拿著一樣可以敲打的東西，誰也聽不清誰在講什麼。歡呼的聲音、喊叫的聲音、敲敲打打（包括敲打飯鍋、洗臉盆和廢鐵箱）的聲音，交織成一片雄偉而噪雜的海潮聲。人們壓抑了八年的委屈、痛苦、悲傷，一時好像都沖破了閘門，奔騰而下直瀉萬里：「小日本投降了，我們勝利了。」多麼長久又多麼遙遠的一個夢，如今竟真的實現了。

人們互相擁抱、互相祝福，許多人臉上都流滿了熱淚，「這可好了，我們總算熬到了今天！」有些白髮盈頭的老人更雙掌合十仰望蒼空，「感謝老天爺，我這把老骨頭，可以回老家了。」

講臺上那個高個子還在大聲疾呼向大家報喜，他從收音機裡聽到廣播從重慶、華盛頓到東京，都證實了日皇昭和宣布投降的消息。高個子並且不厭其詳地解說，「投降，就是承認打敗了，就是無條件投降。完完全全、沒有任何保留，日本人對我們中國人這麼多年來造的孽，犯的罪，都要叫他們一樣一樣補償回來。血債必須用血還！」

圍在廣場上的男女老幼，好像沒有人專心聽他的高論，大家只是太高興、太興奮，浸沉在近乎瘋狂的、不知該如何慶祝才好的狂歡之中。

八年夢寐以求的事，如今忽然美夢成真，但這個狂歡又似乎來得太快了一點兒。

血債必須用血還，怎麼還？八年抗戰，中國軍民死亡者幾千萬人，財產損失幾百億、幾千億也說不清。日本人給我們帶來的痛苦、悲傷、屈辱，這些帳該怎麼去算？

可是，蔣委員長在廣播中宣布，中國人要「以德報怨」，不可以對日本人採取報復行動，不能冤冤相報。民間的反應是，有人說委員長多麼寬大，仗一打贏，就說什麼「不念舊惡」；也有人讚揚委員長，「這才是中國人的傳統性格。」

我沒有時間去思考那些問題。擺在眼前的現實是，抗戰勝利我用不著再想炸航空母艦，也不必去青年從軍，我該怎麼辦？

大喜訊之後又來了一個小喜訊，我接到政大的通知書，我被錄取了，指定要在十月初到重慶校本部報到。西安的報紙刊出了錄取三百名新生的名單，「姚朋」的姓名出現在「新聞系」名單裡。我很高興考中了自己選擇的科系，父母都為我高興。於是，他們為我籌劃趕著日期去報到，他們同時準備帶著弟弟們回北平去（抗戰勝利後，北京又恢復了北平的原名）。

到重慶去上大學對我來說，簡直跟抗戰勝利一樣讓我興奮得睡不著覺，這是另一個人生旅程的開始，是我個人歷史的轉捩點。

第七章　海棠溪一年

十七八歲的青年男女夢寐以求的大事，大概就是「上大學」。尤其像我這樣來自淪陷區的學生，歷經千辛萬苦、九死一生，竟然看到了「抗戰勝利」從天而降，擺在我面前最好的一條路，再沒有比上大學更好的了。一九四五年八月中日本投降，杜甫的名句：「劍外忽傳收薊北，初聞涕淚滿衣裳。」幾乎是衝口而出，人人心裡都有那樣一段感情，現在該是「青春作伴好還鄉」的時候。當千千萬萬人都作復員返鄉的準備，想盡辦法由重慶回到北平、上海、南京、廣州時，我卻要背著小行李再踏征途，從蔡家坡前往重慶，到政治大學去報到入學。

當時從西北到重慶的交通工具，唯有西北公路局的汽車，車少人多，車票既貴又難買到。父親託了交通界的老友，才讓我順利成行。由寶雞啟程，一直在山嶺中奔馳，五丁關、留侯廟、古棧道舊蹟，途中也有小飯館和旅館，要看司機先生的高興，說停就停，要走便走，最好的房間、最豐盛的飯菜都是為他們而設。那時有諺語說，「馬達一響，黃金萬兩」。據說那些資深的司機沿途都有自己的女人。

途中，我結識了一位新朋友朱賢，從此成為我終身的好友，我一直把他當哥哥看待，因為他為人沉厚誠篤，常常規勸我不可衝動，凡事要三思而行。

那一路上走了四五天，到廣元已進入四川省境，遂寧是一大站。看到餐館門前掛著「開堂」的招牌，很有新奇感。先前聽說四川物價很高，看看菜單擔擔麵每碗只要四十元，我覺得好便宜，西安的牛肉麵早就要一百多元了。可是堂倌端上桌才發現，擔擔麵碗是一個比茶杯略大的淺碟，恐怕要吃十碗才飽。

在重慶總站下車，我兩個一面問路、一面走，七轉八轉到了學校所在地小溫泉、海棠溪。學校還沒有正式開學，我們被安置在一間教室裡打地鋪，沒有人告訴我們到哪兒吃晚飯，其實山下河邊就有很好吃的小館子。

忽然，外面人聲喧鬧，許多先來的老生往前跑，我們不由自主也跟著跑，一跑跑到一處大講堂，門前貼著很大的布告，是「恭請法政系主任薩孟武教授講演：《西遊記》與中國古代政治」。我們在後排坐下，心想這就是上大學的第一堂課，說不出來的興奮和緊張。

講壇上高掛好幾盞汽燈，十分耀眼。講堂裡很快就坐滿了人，窗外走廊上也擠得水洩不通。薩老師人很瘦，好像穿長袍，坐得遠看不太清楚面貌。他講一口福建官話，「這個政治學校啊，越來越大了，我薩他孟武可越來越瘦了。」他總是自稱「薩他孟武」，總是把「瘦」念成「秀」。許多學長都愛學他講話的腔調和神情。

那天晚上，薩老師引經據典，講了許多中國政治上的掌故，《西遊記》是家喻戶曉的名著，他以此為引，更覺妙趣橫生。譬如他講到玉皇大帝，說歷史上的君主，都能廣收人才，善用人才，遇到問題給別人去解決，他絕不輕易出手。孫悟空大鬧天宮，玉皇先是派了托塔李天王父子平亂，後來又請西天如來佛降妖。玉皇是神仙界中至高無上的王者，為何不御駕親征？因為，親征獲勝不過是理所當然；萬一失敗，那就威嚴掃地，坐不穩江山了。又如唐三藏到了西天，如來佛答應給他真經。但他沒有「孝敬」管事的諸佛，取得的竟是無字經，可見貪汙政治「神佛也難免」。

大約十年之後，薩老師應傅斯年校長之請，出任臺灣大學法學院長。那晚聽到的演講，再經充實發展，印成了專書，與他另一本《水滸傳與中國社會》並稱名著。

第二天報到，是指定了學號，分配宿舍床位、餐廳席次，而且編入了軍訓的隊伍。制服上佩著寫好姓名的布質符號，依國軍規定，符號邊框顏色不同，將官紅色，校官黃色，尉官藍色。政大學生兵的符號竟是紅色的，有人進了重慶市區，憲兵還會行禮。

抗戰之初，北方各大學的學生自動請纓，各校實施軍事訓練，政大一直保持這個傳統。我們入學那一年，雖然抗戰已經勝利，軍訓照常實施。四年大學，軍訓重點在第一年，全校學生組成學生總隊，由訓導長王慕尊博士任總隊長，總隊附薛祚光中將負實際責任。總隊之下又分大隊、中隊、分隊。孫立人將軍早年曾擔任過大隊長。每天早晨起床號之後，在大操場集合舉行升旗禮，下午課畢晚飯前又有降旗禮。聽各級隊長依職別朗聲報告，「某某隊應到多少人，實到多少人。」最後由總值星官報告全體人數。有的同學覺得天天搞這一套，有點兒煩人；可是我們從淪陷區來的同學，從來沒見過這種陣勢，覺得很有意思。軍號悠揚聲中，注目國旗升起，真是我武維揚。

報到後尚未開學，忙著整理內務，結識新交。不同的年級和各種同鄉聯誼，老生歡迎新生，介紹學校的特色與歷史，老師們的學養和軼事，讓我們越來越覺得校園生活充實而可愛，一個個心花怒放。

第一晚住進宿舍，我鬧了一場小笑話。一間宿舍睡好幾十人，一排排木製的上下床。我分配到上鋪，下鋪是冉伯恭。我爬上床去，一時睡不著，一翻身碰到牆壁，沒想到那面牆竟像是風中的布帆一樣搧動，嚇得我忙從床上跳下來，以為房子要倒塌。四川籍的同學笑我大驚小怪。原來四川戰時住屋都是用竹子、木材糊上泥巴，跟北方用磚瓦木石蓋的房子不同。重慶天氣多霧，少有飆風烈日，而戰時敵機頻頻轟炸，更使這種簡速房屋大行其道。郊區雖慘遭轟炸，幾天後新屋便如雨後春筍，迅速重建起來。

政大當時的正式全稱是「中國國民黨中央政治學校大學部」。學校創建於北伐告成，定鼎南京之後。原來建校宗旨，是為了配合「革命建國」的新形勢，培養政治幹部人才，與黃埔系統的中央軍官學校文武並進。初期是一年或二年結業，後來由於大環境革命要以學問為先的需要，羅家倫先生多次建議，大學部遂改為四年畢業，與一般大學相同。

政大的指導機構是校務委員會，委員都是黨國元老，校長由國民政府軍事委員會委員長蔣中正先生兼任，我入學那年仍是如此。第一任教育長是曾追隨國父革命，指導華北黨務的丁惟汾先生，委員有戴傳賢、張靜江等大老。羅家倫先生曾以最年輕的校務委員身分兼任教務主任，他是五四運動時期北大學生中的健將，〈五四運動宣言〉就是他的手筆。他寫的《新人生觀》，宣揚堅毅積極的人生觀，大學生中幾乎人手一冊，影響深遠。羅先生曾任清華大學和中央大學校長，戰後出任駐印度大使，來臺後轉任國史館館長和考試院副院長。國民黨往往喜歡把著名學者送上官場，晚年的羅先生似乎未能盡展所長，有些落寞。

教育部法令規定，大學至少包括三個學院，文學院和理學院尤屬必要。政大則有法政系（分政治、行政兩組）、經濟系（分經濟理論、財政金融、統計三組）、新聞系、外交系、地政系等共五大系。系科雖少，但因師資陣容堅強，學生錄取標準甚高，所以，社會上都認為政治大學在社會科學領域內享有出類拔萃的聲譽。

我考取新聞系，被認為是很新的系別，在全國各大學中，只有政大、復旦和燕京有新聞系。馬星野老師到美國密蘇里大學新聞研究所深造，回國後第一次晉見蔣委員長時說，他要創辦報紙啟迪民智。蔣先生告訴他，辦報需要很多人才，應該先辦新聞教育。於是馬先生到政大籌辦新聞系，可是，校務委員們說，剛三十歲的馬先生，年輕資淺，恐不足以服眾，先請劉振東老師任系主任，馬先生負責籌劃，有了成績後，才正式成立新聞系。到我入學時，已是「第十五期」了。

我們那一屆新生共三百人，新聞系共六十三位，算是不大不小。學新聞的人一般都比較外向活躍，不好管理。據知曾有某屆新聞系學長鬧事，大多數參與者都被開除，剩下兩個人畢業。我曾探聽過那事件的原委，但因發生在抗戰初期學校遷徙途中，知情的前輩甚少，未明真相。

第一年全部是必修科，國文、英文、三民主義、中國通史、政治學、經濟學。比較特別的是「民法概論」，這門課本來排在二年級，但因陳盛清教授已有新命，要趕回上海所以提前上課。我倒覺得那是那一年中受益最多的課程，不但對諸如「親屬編」、「債編」等得到基本概念，而且對法律一般重要觀念，也都得到清楚的認識。關於法律與人性、人際關係等等，進一步理解到其複雜性。

國文課是一位桐城派老夫子，講解認真但乏新意。老先生有一次講解儒家「君君、臣臣」，竟說「委員長就是君，公務員就是臣」，同學們為之譁然。

英文老師是張雲谷和高植先生。張先生留美，重視發音，鼓勵我們背誦名作，如林肯演講等；高先生則著重文法，生活書店出版托爾斯泰《戰爭與和平》，封面上寫著郭沫若、高植合譯，其實郭只是掛名，全書都是高植由英文翻譯出來的，可見他是很下苦工的人，那譯本後來流傳了好多年。

「中國通史」的老師是徐德鄰先生，湖南鄉音極重，講書講得很細很專，不僅講史實，也講制度沿革，因此講得很慢；一年級結束時，還只講到兩漢。

政治學和經濟學是我們很「期待」的課程，因為中學裡沒學過，兩位教授都是巴黎大學的博士，回國不久，分別在外交部、經濟部任職，可能是公務繁重，來去匆匆。政治學教授引述最多的是迦那和韋羅貝的理論，但我們到圖書館去找不到他們的著作，因此只能把教授講的一些「警句」記錄下來，斷斷續續有些不成章法。

經濟學那一位除了講外國知識之外，不時要引述國父遺教，但他似乎並未十分融匯貫通，他說，譬如，「三民主義便是救國主義」，「便是」不可以寫成「就是」。同學們雖無人起來和他爭辯，但都不滿這樣「拘泥解經」的態度。有的同學甚至說，「巴黎大學的博士？唉！」

外國的博士不見得高明，倒反是徐、陳、高等幾位本土學士、專業教師能得到同學們的信服尊敬。

「新聞學概論」是馬主任自己教的，他一步一步引導我們踏進新聞學的殿堂，從中外新聞史的發展，一直講到新聞界對國家、對社會的責任，新聞自由和新聞倫理的關係等，當然使同學們茅塞大開，漸漸懂了「新聞系」要教些什麼。可是，在勝利之後，當局就選聘馬先生為南京《中央日報》社長。他在重慶和南京之間飛來飛去，一面籌劃報紙要及時復刊，同時要針對勝利以後的新形勢，進行改革系務、充實師資的種種計畫。

總體來說，我對「大一」那年課堂上學到的相當失望，也許是因為我對大學生活的「期待」太高了吧。

聽老師們說，我們這大學當初是以法國政治學校作為藍本而設立的。法國政治學校設在巴黎，它並未能造就出來像居禮夫人那樣跨世紀的科學家，所以學術地位比不上巴黎大學，但它為法國培養了許多傑出的政治人才。法國的總統、總理級領袖人物，很多都是法國政治學校的畢業生。它稱為「學校」(Institute)而不是「大學」(University)，但無人能否認它對法國乃至全歐洲的貢獻。

我們不知道法國政治學校是怎麼辦的，但我們確信，如果教一些「君君、臣臣」、「就是不可以便是」，是絕對造就不出中國所需要的領袖人才。我們的目光和志氣，遠遠超過當總統、總理什麼的。我們是中國的知識分子，是「有澄清天下之志」的士，不會以當什麼官而滿足。

可是，大學畢竟是大學，我們的知識得以豐富、視野得到擴展的，並不限於教室裡。因為對某一兩位老師的冬烘頭腦不滿意，就格外要爭取汲取新知的機會，拚命地閱讀許許多多的書報和雜誌。蹺課去聽別的老師演講，參加各種社團活動和討論會，辦壁報（我們一班就辦了四種壁報），寫文章。這些課外活動，充實了我的大學夢。

在淪陷區時，大多數民眾只知道蔣委員長在重慶，領導全國軍民抗日。在委員長之外，聽說過胡漢民、汪精衛、林森、于右任等元老的大名。我到重慶升大學，多讀些書報雜誌，才逐漸明白黨政軍那些機構和職能。國民政府之下有五院，還有最高國防會議、中央黨部等等。軍事方面，全國劃分十來個戰區，那些戰區司令長官都是方面大員，像蔣鼎文、閻錫山、顧祝同、陳誠、薛岳等，以前雖也聽說過，但並沒有深刻印象。倒是曾在北方駐軍的「關黃二師」，即關麟徵和黃杰，都是中央軍裡的精銳，北方民眾對他們很敬仰。更因為關黃二師和《三國演義》中「戰長沙」關黃對刀相近，民間對他們很親切。

至於軍中的少壯派將領，如胡宗南、湯恩伯、戴笠等，我以前沒聽說過。

國民黨由國父孫中山先生創建，還有《三民主義》、《建國大綱》、《建國方略》那些書，在淪陷區都是絕對不能提起的禁書，這時當然要好好讀讀。「軍政、訓政、憲政」，而戰時是「以黨訓政」，打跑了日本人就可以實施憲政了。

更新鮮的是，國民黨內部有許多派系，元老一大群，但沒有什麼實際的影響力，像「標兵」一樣站出來作為「示範」。有實力的是政學系、黃埔系、CC系，還有青年團、復興社等。據說，這些派系都效忠蔣委員長，可又彼此鉤心鬥角暗中較勁。

政學系的領袖是張群，跟委員長同時留日，聽說是結義兄弟。這一系吸收的都是掌握樞紐部門的大官，中央的部會首長，地方上的封疆大吏，所謂「有將無兵」。

黃埔系顧名思義，是以黃埔軍校的師生為核心。戰時以「軍事第一、勝利第一」為目標，軍人自然而然就有較大的發言權，許多軍人喜歡作「儒將」才兼文武，並且是「天子門生」，也要在政治上有所作為，人數不少。

CC系的代表人物是陳果夫、立夫兄弟，他們是先烈陳英士的姪男，比委員長低了一輩。北伐前後被委以機要之職，是黨內的新興勢力。兩兄弟都出任過黨的組織部長，果夫先生曾長期任政大教育長，因此政大師生都被歸為CC系。政大從民國十七年建校，畢業生人數雖多，但大多僅是不同部門中堅分子，少有當大官的，所以說是「有兵無將」。

其實，據我這「老政大」的親身體會，兩位陳先生與這學校的關係，並不如外間所傳那樣密切。自國民黨「清共」之後，二陳兄弟先後主持國民黨的組織部，執行反共政策，與共黨之間種種恩怨自所難免。而共產黨更把他們視為「頑敵」，散布「蔣家天下，陳家黨」之說，製造黨內分裂的氣氛，陳伯達寫了一本《中國四大家族》，把蔣、宋、孔、陳都列為「豪門」。及至大陸變色之後，中央播遷臺灣，陳果夫在臺中病逝，陳立夫則自我放逐，在美國靠了養雞和做辣醬為生，「豪門」之說不攻自破。立夫先生晚年回到臺灣，對政大依然十分關切，但已說不上什麼影響力了。

另一股政治力量，則是孔祥熙與宋子文。兩人都是留美學生，兩人都與委員長有姻親關係，他們多年來掌控國家的財經大權。戰時軍需浩繁，民生凋敝，而當政者往往不能開誠布公，遂至大失民心。所謂孔宋集團幾乎成為了貪汙腐化的同義詞，對委員長在民間的威信德望，頗有不良影響。

此外，則是調查統計局、復興社等祕密工作組織，神出鬼沒，都是我以前聞所未聞的「新聞」。

當然，更重大的問題，是遠在陝北的共產黨。當我在北平讀中學時，雖聽到說有共產黨游擊隊的活動，在近郊西山一帶，就有他們的據點，接應學生們到延安去。可是，在我認識的師友中間，大多數仍奉國民政府為正統，代表全體中國人民抵抗日本侵略。至於共產黨，大家對他們了解甚少，談不上什麼同情不同情。不過，既然他們也高呼抗日，當然值得寄與希望和好感。

第八章　紅紙廊猛讀書

勝利還都，多麼令人振奮的名詞。因為抗戰勝利了，所以我們要從重慶回到南京——中華民國的首都。龍蟠虎踞石頭城，還都正是勝利的象徵。

政治大學校章明定，校址設於中華民國首都，戰時在重慶市郊海棠溪，還都則是南京市的紅紙廊。

許許多多機關和人員都要「還都」，運輸工具成了大問題，能夠登上飛機，往來於內地和沿海收復區的是少數重要人物，我們這些學生們，只能個別行動。學校發給一筆旅費，該怎麼走，自己想辦法，八仙過海各顯奇能。

我和戴豪興等三位同學同行，還是走入川的西北公路局路線出川，轉隴海路東向徐州直下南京。一路上走得很辛苦，但心情興奮，對於未來懷著不十分清楚的熱切希望。

政大向來採取精兵主義，重質不重量，戰前全校學生不過三百人，勝利時有兩千人。海棠溪那些竹籬茅舍雖然搖搖擺擺，但校區廣大，山川秀麗別有人間；到了南京，樓宇儼然，但到處人擠人。走出校門，鄰近就是繁華的新街口、珠江路，到晚間燈紅酒綠，似乎不是「清修」的好地方。

教室、宿舍都是很整齊的建築，但到處都有一種壓迫感。大禮堂兼作餐廳，一次羅家倫先生晚餐後就來校演講，同學們在下面排排坐，後面則有廚工們收拾餐具，叮噹作響猶如交響樂。剛好號兵吹起「晚自習」的號聲，演講不得不為之中斷，羅先生很幽默地說，「這真是胡笳互動，牧馬悲鳴。」引起全堂大笑。

儘管如此，紅紙廊仍為我留下了深刻的印象，至今懷念不已。誠如蔡元培先生所說，「大學不是有大樓，更貴在有大師。」紅紙廊那幾座歐式大樓，沒有什麼可誇耀的。我們擁有許多位皓首窮經、潛心學術的名師。師長們抱著「薪盡火傳」的心情教導群生，他們不僅是坐而論道，更以他們立身行事和言論丰采，使學生們受到潛移默化的啟迪。我自己的體驗是：紅紙廊的三年，使我真正體會到「大學」的意義和「大學生」的責任。

校園外有許多驚天動地的事件發生。國共之間的戰火愈演愈烈，通貨膨脹已嚴重到民不聊生的程度，大城市裡許多學潮洶湧。我內心中記得易卜生的名言，「這世界好似一艘將要沉沒的船，每一個人的責任是把自己鑄造成器。」師長們的教誨，或如春風化雨、或如烈火雷霆，無非都是要把我們「鑄造成器」，成為國家有用的人才。

政治大學是學問與事功兼重的學府，校長由蔣委員長兼任，校長身負軍國大任日理萬機，所以實際校務由教育長主持，我入學時的教育長是程天放先生。

程先生早年留歐，戰前曾任駐德大使。銀髮朱顏聲如洪鐘，平日和學生們接觸不多，週會上講話，分析天下大勢，歸結總是勉勵眾生敦品力行。政府遷臺後，他是陳誠內閣中的教育部長。

退休後赴美國任教。

回到南京不久後，由段錫朋先生繼任教育長。段先生是老北大，五四運動時學生大會的主席。赴美深造回國後，在黨內主持訓練委員會，晚年歸真返璞，全無少壯的煙火氣。與學生們說話循循善誘，並且鼓勵青年們提出建白。段先生持身嚴謹，亮節高風，在當時貪奢之風熾盛的大環境中，皎然自立。不幸因病逝世，入殮時身上的內衣都敝舊不堪，見者無不下淚，段先生的清廉一世，足可為國民黨人的表率。

不久，國民政府實施憲政，政大改為國立後，由顧毓琇出任校長。顧先生是麻省理工學院博士，曾任教育部次長，正當盛年，著力改革，呈現一番新銳之氣。大陸局勢變化之後，他再到美國，竟被告以「你學的已經落伍」，顧先生下決心重作學生，再念了一個博士，又得到正教授的聘約。顧先生不僅是工程學者，也是造詣甚深的詩文作家。他在交通大學任教時，有個學生叫江澤民，後來成了中共的第一把手，曾請顧先生到大陸訪問。顧先生因而往來海峽兩岸，是最早倡議兩岸「弭兵謀和」的書生之一。

大陸上最後一任代校長是楊希震先生，他先以訓導長身分率領部分同學由南京而四川、而臺灣。遷校之舉歷盡艱辛，在臺復校時，很多人都預料他順理成章將真除校長，但當局別有考慮，復校後第一任校長是北大教授，哲學家陳大齊先生。

我在學期間，教育長之下的「三長」是：教務長張忠道、訓導長王慕尊、總務長朱建民。還有一個重要單位是畢業生指導部，主任是王慕曾。他和訓導長的姓名相近，並非親屬。

當時的五大系，法政系主任薩孟武、行政組主任張金鑑、經濟系主任趙蘭坪、新聞系主任馬星野、外交系主任陳石孚、地政系主任先是蕭錚、後是張丕介。這些師長一九四九年都來到臺灣。薩先生任臺大法學院長、趙先生任臺大經濟系主任。馬先生主持《中央日報》，蕭先生則是推動臺灣土地改革幕後的功臣，張丕介則南下香港。

我們新聞系裡除了有紮實的專業課程之外，更有幾門人文課程使我終身受惠。這幾位恩師的教誨至今仍縈迴心際。

沈剛伯老師所開「西洋近代文化思想史」前後兩年，把西洋史和思想史揉合在一起。沈先生早年留英，治學嚴謹體大思深，而又能深入淺出，從繁複的史實中，抽繹出最重要的思想和文化演變的脈絡，發人深省。

沈先生長年是一襲藍衫，花白的頭髮蓬蓬鬆鬆，飄飄然而來，頗有仙風道骨的神采。他手上從來不帶參考書和講稿，一進教室就滔滔不絕開講，他的湖北鄉音濃重，有些特殊習慣的用語，如說到「簡單」時必用「單簡」。他講書有條不紊、層次分明，記下來就是一篇好文章。他的課程常滿座，並有外班同學擠進來聽講，大家都覺得上沈老師的課是「一大享受」。

如講到英國憲政發展，從大憲章、光榮革命以至兩次大戰，雖然英國至今仍無成文憲法，但其憲政之下的民主操作約定俗成。政治改革都是由不斷修正、不斷妥協而逐步實現。英國是最老牌的憲政民主國家，但仍維持著「統而不治」的王室。於此可見，英國人不願嘗試激烈變動的保守性，似乎與中國人「事緩則圓」的想法有相通之處。政治上和文化上任何「一刀切」的想法，在英國往往行不通，英國人不喜歡「速成品」。瓦特發明蒸汽機，引發了工業革命，雖求創新，更重傳統。舉一例看，英國內閣部會首長，官職名稱並不一致，各依其早期的淵源。近期英國沒有出現像法國大革命之後傑克賓黨人的流血整肅，也沒有希特勒式的納粹專權。馬克斯雖然是在大英博物館裡籌劃共產主義革命，但英國的費邊社運動正是針對馬克斯的修正，共產黨在英國從來不是主流。

當然，中國人忘不了鴉片戰爭，英國是西方列強中第一個用武力侵略我們的帝國主義者。重讀那一篇歷史，帝國主義固然可恨，而老大昏庸的滿清王廷，既不自知又不知敵，更令人痛心。晚清的維新運動，僅看到「堅船利礮」之用，而無法學到政治上的民主制度與開明風尚。近百年的國恥，病根在此。

沈老師講學以西方國家為主，但從而得到的啟發是，政治、文化、民主其實是一體相關的。此後讀到彌爾敦、洛克、伏爾泰和盧梭諸人的作品（有的是二手傳播），由此而胸襟放大，眼光放遠，思慮也漸趨深邃，不止是初入學的「熱血澎湃」了。

國父創建的三民主義，我始終信奉不渝。「天下為公」是最高的政治理念。因而對當時流行的近乎「一王、一教、一法」式的宣傳，不免有所懷疑。胡適先生的溫和改良主義，本來很受我輕視（改良而又溫和，必然不會有立竿見影之功）。但越來越相信，中國的出路在於民主與法治。任何一種權力，即使是具有最高的善意，在沒有受到制衡之下，都會走偏、都會變質。阿伯敦爵士那句話真是明瞭確切：「權力使人腐化，絕對的權力，使人絕對的腐化。」暮鼓晨鐘，實足警世。

一九四九年來臺之後，我仍有機會向沈師請益，他高談闊論的手采一如往昔。有一年，蔣公在元旦文告中，以「新、速、實、簡」期勉國人。朝野各界同聲讚揚。沈師為《台灣新生報》撰寫專欄，對「速」字表示不同看法。他認為天下事往往為了「一心求速」誤入歧途，特別盼望同胞不可因總統的號召而生急功近利之心。學人風範，持之有故，受到當世推崇。

另一位影響到我思想層次的老師，是方東美先生。他教「哲學概論」和「人生哲學」，前後也有兩年。安徽桐城方氏家族歷代名儒，方先生家學淵源學貫中西。他上課時，神情嚴肅不苟言笑，講話聲調很慢卻低沉有力。

說老實話，初上他的課，我對哲學可說是了無所知。中國哲學史上有許多名人，可是我有一種自作聰明的偷懶想法：只要讀讀孔子就好了，以下如荀孟老莊、二程朱陸，都是次要的人物，第二等的理論。可是，單單讀熟了《論語》，乃至把「四書」都加瀏覽，好像距離哲學仍很遙遠。

方老師讓我明白，哲學的目的，是在追求宇宙真相，是要了解人生的究竟。哲學是「科學之科學」，是最初的也是最後的學問。所謂「科學之科學」，表明了哲學籠罩一切科學，並不是任何一門學問。後來讀到別的學者的解說，當一門學問發展到相當成熟階段，它便脫離了哲學而自成一門系統，譬如天文學、心理學、生物學以至神學，都是如此。牛頓在物理學上影響深遠的偉大著作，書名是《自然哲學的數學原理》(*The Mathematical Principles of Natural Philosophy*)

世間儘管有那麼多分門別類的學問，仍有更多的問題世人想不明白。研究哲學是為了追求那至今仍未得結果的答案。

方先生教我們初步認識了知識論、本體論、宇宙論等觀念，開啟了「思考」的門徑，要跳脫現實生活的框架。人生哲學則更是從求真、求善、求美中，探索人生的真諦。

中國的傳統學問，文學、歷史、哲學三者合而為一，幾乎不分家。《論》、《孟》、《老》、《莊》、《史記》、以至韓愈、柳宗元的文章，李白、杜甫的詩篇，是文學、是歷史也是哲學。中國古來偉大的知識分子多多少少都是自然而然的哲學家。

方老師講西方的蘇格拉底、柏拉圖、亞里斯多德、康德、黑格爾等人時，不時提醒我們回顧周秦以來的諸子百家。可惜我這「容器」太淺，無法舉一反三。

方先生曾說，一種學問發展到成熟階段，往往流於繁瑣，如印度的「因明學」，竟有七十二種不同層次。過分繁密，正是由盛而衰的開始。

佛學東傳來中國也是經典繁多，禪學的興起，是佛學的「中國化」，也是佛理由繁入簡的重大演變。所以，治學當重大體，勿陷於枝節。

一九四九年來臺之後，我和沈老師偶有相見機會，和方老師幾乎沒有再見過。有一年，欣逢沈師壽誕我曾撰文致慶，沈師去世之後，臺大師生在山林中建「剛伯亭」紀念，將我那篇小文鐫石為念，聊表歷年受業者對師門感念之情。我退休居美期間，沈師母曾祥和教授曾光臨寒舍，還對拙作嘉許一番。我能報答師長者，僅此而已。

學生們和方老師來往少，可能與他那嚴肅的神情有關。同學中相傳他有潔癖，不喜歡別人靠近他。有一次課後，同學們圍著他發問，調皮的女同學王理璜故意挨近他身邊拉他衣袖。方老師很自然的反應，用手去撣，彷彿是清掃塵埃。理璜在背後吐吐舌頭，意思是「傳言果然不虛」。但來臺之初，教授們生活清苦，方師不時幫助家事，他曾說，「爐中生火，比寫論文更難。」

這兩位老師學如瀚海而自律甚嚴。沈老師的文集兩卷：由中央日報社出版，方先生的英文論著，則是劉國瑞兄主持聯經公司時出版的。

這兩門課與新聞系主題似沒有直接關係，但對青年人的人生觀、世界觀都有重大的影響。由這兩位老師的啟導，使我閱讀更多典籍。此時已漸了解到：國家面臨的問題很多，不是當一個飛行員仗義輕生，炸沉一艘航空母艦那樣簡單。要救中國、救中國人，需要更大的能力、更高的智慧。

一九四〇年代，新聞學還是一門新興學問。老輩的學者往往認為，新聞學只有「術」而無所謂「學」。彼時連新聞事業極為發達的美國，大學裡設有新聞系者僅有密蘇里大學、哥倫比亞大學等數家而已。在中國，也只有燕京、復旦和政大。

政大新聞系由馬星野老師創建，我們入學那一年，馬先生奉命出任南京《中央日報》社長，他請到剛由美國深造歸來的謝然之先生，負責幾門新聞課程。「採訪學」、「編輯學」、「新聞寫作」等課程，都由謝先生親授，為期兩年。

謝先生不只是新硎而試的歸國學人，他在出國之前就有豐富的實務經驗。一九三七年抗戰爆發，他應陳誠將軍電邀參與幕府。陳將軍出任第九戰區司令長官兼湖北省主席，就請謝先生主持省府所屬的《新湖北日報》。當時他僅二十餘歲，是全國報業中最年輕的社長。戰時人力物力不足，經營備嘗艱苦。謝先生曾自兼總主筆和總編輯，親自指導策劃編採業務。他上課時，強調「自己動手去做」，譬如上編輯課，他不光是講解對新聞選擇、判斷、刪改、標題和組版等工作準則，更常發下中央社的油印稿和外電（主要是美聯社與合眾社），師生圍坐，就像是在編輯檯上一樣，使我們經歷了「如臨現場」的實戰經驗。日後到報社工作時，一上手就能「接戰」，這是那些徒講理論、紙上談兵的學者們辦不到的。日後我獨闖江湖，上了編輯檯，才真正懂得謝老師的耳提面命、傳授的那些本領有多麼重要。在學時想不到的是，後來我有機緣追隨謝先生工作近二十年。我就用學來的功夫，在工作上刻厲奮發，報答師門的培育。

報紙的基本任務，重在報導真相、平章時事，所以評論工作也是重要課題。教評論的師長有劉光炎、方豪等數位。方老師字杰人，浙江籍，是天主教司鐸，治中西交通史，晚年膺選中央研究院院士。他當年在復旦大學任教，馬主任商請他來政大。「社論寫作」本來是每週兩小時，為了免得他往復京滬的煩勞，排定兩週一次，四堂課連在一起。方師精力充沛，四個小時一氣呵成。從前大家稱許梁啟超的文章「筆端常帶感情」，方師的講課也是「常帶感情」，引人入勝。他主張用著史的態度去寫評論，要公正、要嚴格，尤其不可有苟且徇私之念，「評論和新聞一樣，都是要進入歷史的。」

方先生是天主教司鐸，但課堂上從未宣揚教義。我中年受洗奉教，與他的「身教」有關。一個好教徒立身處世之道，就是最好的宣傳。

一九四九年秋，初到臺灣，亂離重逢，師生都感到萬分欣喜。方師帶我們幾個同學在臺北火車站旁的狀元樓午餐，那是我來臺後吃到的最豐盛的一餐。方師默默聽取每位同學報告自己來臺的經過和對未來的計畫，最後勉勵大家切不可憂心喪志，「目前雖然有困難，只要好好努力，一定可以走出路來。」

有關財經的課程，主要是馬潤庠老師開的「貨幣與銀行」和「國際貿易」等，連帶講了有關賦稅的原理和沿革。馬先生是廣東人，講國語不及英語流暢，同學們喜歡學他的腔調：「中央銀行雅（也）是一家銀行。」馬先生曾任立法委員，晚年在加拿大任教。

法律課程也是重點。曾劭勳老師教過「刑法」，他後來出任大法官。還有「比較憲法」和「國際法」，我都是淺嘗輒止。

「新聞文學」由號稱「江南才子」盧前主講。這門課要與「採訪寫作」、「社論寫作」等不相重複，著重在古典文學與新聞寫作的關聯。盧先生字冀野，是曲學大師吳梅的高足，能詩善文，精通文學史，曲作獨步當時。盧先生身材高碩，亂髮如蓬，又留著山羊鬍鬚，談吐幽默。他得于右任院長賞識，膺任監察委員，又得馬社長力邀，任《中央日報》主筆。他以自己的姓名作聯語：「下水為濫，遇馬成驢」，詼諧成趣可見詞人本色。

盧先生短短一年間，講唐詩、宋詞、元曲的精華，並從平仄入門，講究報紙標題的章法。又以北魏楊衒之的《洛陽伽藍記》為樣本，講述名家將歷史、地理、民俗、文物等描述結合起來的手段。洛陽極盛時，有佛寺一千七百餘座，「招提櫛比，寶塔駢羅，爭寫天上之姿，競摹山中之影。」因戰亂頻仍，全遭破壞，「城郭崩毀，宮室傾覆，寺觀灰燼，廟塔丘墟。牆披蒿艾，巷羅荊棘。野獸穴於荒階，山鳥巢於庭樹。」這些描寫，亦史亦文，麥秀黍離之感，乃千古名作。盧先生講這書時，內戰戰火已逼近京畿，讀起來更為驚心動魄。

南京淪陷後，盧先生因家累甚重無力南遷。共軍入城後，一度替香港報章寫武俠小說養家糊口，一九五二年逝世。

「副刊編輯」這門課，由南京報壇另一才子張友鸞擔任。張先生已過中年，講話有氣無力，對時局很悲觀。他編副刊雖然很出色，但傳授的心得，遠不及孫如陵先生那麼細膩。他有意投效新政權，但無法擺脫「右派」帽子，抑鬱而終。

「新聞英語」是重點功課。先後授課的有陳石孚、陳欽仁、沈錡和潘煥昆等幾位老師。兩位陳先生都曾主持過英文報刊筆政。沈、潘兩位則是新聞系前期學長。他們的教法著重名作選讀，強調新聞的時宜性，所以說要寫得好，更要寫得快。新聞寫作以簡潔真切為主，不求花俏或文藝腔。

四年級有兩個學分「論文寫作」，教育部規定，大學畢業是要繳論文的。我自選的題目是「鄉村報紙」。我的構想是，我國報業集中各大都市，內容也偏重以市民為對象。而我國人口的結構百分之九十是農民，報紙要向下紮根，為廣大農民服務，應從鄉村辦起。

抗戰期間，政府在各戰區辦過許多小型的軍中報紙，以最簡易的形式，傳遞重要的國內外新聞，鼓舞士氣民心，影響很大。我認為，那種形式與結構，可以移用到鄉村報紙上來。具體的計畫是，畢業後回到河北省家鄉，利用當時已經相當普遍的小型輪轉油印機（每小時可印四開小型報兩千份），採用中央社和自己採訪的專稿，並與當地學校、農會、合作社等機構合作，以地方廣告收入支持報紙的營運，以達成自給自足的目標。如是一地一地去發展，不僅可補充大都市報紙之不足，而且可以成為「別樹一幟」，是真正可以提高農民知識、促進農村進步、文化紮根的媒體。謝然之老師很欣賞我的想法，介紹我去向多年來倡導鄉村建設的學者晏陽初先生請益。

我初步計劃，畢業後回到北平，把祖父遺留的老屋出售，作為創業的種子基金，從比較閉塞的地區開始，以十年為期，埋頭苦幹，做出一番成績，創辦一百家鄉村報紙。

這些壯志雄心，最後因大局變化而煙銷火滅。鄉村報紙的夢想，也許自始就不切實際，就算沒有共產黨之變，也未見得能辦得成功。不過，近年國外的趨向是，大都市報紙生存越來越難，反而是小型的社區報紙有不少成功的事例。我的學生施長要夫婦，在紐約市創辦《紐約社區報》，堂堂進入十週年。長要是臺灣彰化出生的農家子弟，力學有成，白手創業，有此成就殊非易事。我歷年在政大、臺大、師大、文化、藝專等校任教，桃李不下於三千，事業有成者很多。長要在異國辦報，以開發社區、服務僑眾為著眼，他說受我想辦鄉村報紙的影響，令我既欣慰也慚愧。

我在政大畢業那年，正是大亂之時，大家考慮的已不是如何就業，或找一份適才適所的工作，而是如何逃難。徐蚌會戰失利之後蔣公下野，共軍直逼京畿，政大師生也不得不各奔前程。

回想我在南京這三年間，學問算是略有基礎，視野為之開闊，可謂「成人階段」。在人生大方向上，我堅信「天行健，君子以自強不息」的道理，雖不敢說進德修業效法聖賢，至少可以做到勤學自律絕不荒怠。三年間讀了不少書，也寫了一些作品。

我有自知之明，要達到曹雪芹或托爾斯泰那樣的水準，今生今世不大可能。然而，我一直懷著熱切的願望，不止是做一個優秀的新聞記者，更想成為一個作家，我要寫小說。我曾跟朋友們這樣誇口：除了寫小說，其他的作品都算不上什麼真正的寫作。

我記得海明威一句話，「新聞記者的工作之於文學創作，正好像婚姻與寫作的關係一樣，起初是有益的，但不宜維持長久。」六十年來，我一直沒有與新聞工作絕緣，我們夫妻的婚姻關係，也同樣保持了六十多年。我用這兩個理由寬恕自己，我只是一個「眼高手低」的文學愛好者，今生今世寫不出《紅樓夢》或《安娜・卡列尼娜》那樣偉大的書。

寫小說給我的報償，不在虛渺的名聲，不是可羨的物質收入，而是它使我覺得「這樣的人生值得活一次」。世間的離合悲歡，種種痛苦煩愁，都是值得，而且都值得感恩。即使是最痛苦、最危險的遭遇，我也可以處之泰然，我的想法是，這都是我寫小說的素材。

第九章　書本以外的世界

中國人自古就重視教育，中國幾千年歷史上最受尊敬的偉人，不是帝王將相，而是萬世師表孔子。唐代韓愈說得好：「古之學者必有師。師者，所以傳道、受業、解惑也。」西方賢哲也有類似的說法，「教育的意義，是使青年人了解到人類最優秀的遺產。」美國史學家杜蘭的話更深得我心，他說，「受教育是一個逐步發現自己無知的過程。」四年大學教育，開拓了我的心胸眼界，同時也越來越發現自己的「無知」，由此而產生真正的謙遜、真正的虔誠。從書本和課堂上吸收的經驗，明白「知也無涯」和「生也有涯」之間的差距，但總要期勉自己，在「學然後知不足」之後格外努力，去追求更大的滿足。

從書本和書本之外，學到一些重要的事，影響此後的生涯。

有件事是現在青年人不大容易理解的——那便是入黨。政大由於校史淵源，明定全校同學入學之初就要加入中國國民黨。抗戰建國需要幹部人才，政大的學生當仁不讓、挺身以赴，擔當革命先鋒的任務。

其實，在抗戰歲月中，不只是政大，許多軍政機關和高教機構，也都是以國民黨為中心，幾乎人人都是黨員，互稱同志。所謂「集體入黨」成為風尚，但也因此招來了「並非自願」的批評，甚至是出於威逼利誘。

至於我自己，既未受威逼，更說不上利誘，入黨完全出於自己的心意。從小受的教育，第一要愛國，要爭取中國的自由平等，要抗日，孫中山先生立黨建國，在檀香山建立興中會，以及後來的同盟會、中華革命黨、中國國民黨，雖然經歷了許多波折變化，而目標始終如一，就如國父遺囑中的宣示，「余致力國民革命凡四十年，其目的在求中國之自由平等。」抗戰爆發之後，北方民眾處於「半亡國奴」的狀態，過的是忍辱偷生的生活。但我知道，中國雖遭挫敗並未覆亡，青天白日滿地紅的國旗依然飄揚在自由地區，而領導抗戰的主力，正是中國國民黨。

戰場上戰死了千百萬人，是發表在報章上令人痛心的數字，但如果你親身經歷了錦繡山河一里一里被掠奪，寶貴生命一個一個倒下去，尤其是那些壯烈犧牲的人裡，有你認識的親友長輩、師長同學，那種感受就完全不同。

我彷彿能看到他們憤怒的面孔，聽到他們昂揚的聲音。輾轉相傳獲得的消息，有些人被囚禁、被鞭笞，遭受敵人的兇暴酷刑，更有的被槍殺、被砍頭、被活埋，有些人是國民黨員，有些不是，他們的想法是一樣的，有的人在臨死之前慷慨高呼，中華民國萬歲，三民主義萬歲。他們用自己的鮮血和生命，為中華民族寫下了不朽的史詩，他們的姓名後來是否已入忠烈祠，我不知曉，但他們這些無名英雄教育了我，教育了我們那一代人。我到後方第一志願是投考空軍官校，因為近視眼被打了退票；另一個志願就是入黨，在我有限的知識中，國民黨曾經推翻帝制、打倒軍閥，現在則領導抗日，為國族爭存亡。國民黨要實行三民主義，要實現民族獨立、民權平等、民生安和樂利，都很光明正大。我心甘情願加入這個團體，而且以身為國民黨之一員為榮。

入黨儀式嚴肅莊重，有兩名先進黨員擔任介紹人，我的介紹人是同班的賈紹誼和袁良。宣誓之後，領取黨證，然後很開心地到學生食堂吃了一碗牛肉麵。

不過，此後漸漸發現，國民黨並不像我想像中那樣強調革命和奉獻，有某些黨員（特別是在政治舞臺上活躍的某些要人），雖然口頭上也講忠孝仁愛、禮義廉恥，但實際的作為並不是那麼一回事。

當時流行的口號是「黨外無黨，黨內無派」。但事實上黨外有若干政見不同的政治團體，共產黨更擁兵自重割據一方。黨內則派系紛立鉤心鬥角，爭權奪利的種種醜相也時有所聞。政大好比「颱風眼」，同學們可以知道不少內幕，不免漸漸令人灰心氣短。

譬如一九四五年五月中，在重慶召開的國民黨第六次全國代表大會，是勝利前夕最重要的集會，會中雖然通過了「本黨政綱政策、及促進憲政實施之各種必要措施」等議案，但社會上的印象是，黨內主流派與少壯派的青年團派競爭激烈，加上各種的地方勢力縱橫捭闔，烏煙瘴氣，對於戰後如何「重整舊山河」的具體規劃，反而少見關心。同志們因利害關係而分歧對立貽人笑柄，也種下了短短數年間土崩瓦解的潰敗之原因。我們這些青年黨員還沒有看到那樣遠，大家盼望的是全黨的團結與革新。好不容易打到了勝利，這應該是一個山河再造、起死回生的機會。我們仍抱著重振旗鼓、再造光明的希望。

就我自己接觸到的經驗，大多數國民黨員仍是忠勤盡責、奉公守法。不過，黨員的精神已經普遍的世俗化、現實化，看不到早年革命黨人赴湯蹈火、萬死不辭的豪俠氣概。大都是老老實實、規規矩矩的標準公務員，與各方期待的典型相差甚遠。

即使如此，我仍能感到這個團體的可愛處，許多在基層的黨員，包括許多士兵在內，知識學養有限，但「忠黨愛國」的信念則是心口如一。不似某些官場新貴，儘管成日愛黨、八股不離口，心中盤算的只是升官發財。我懷著這樣的溫情，總以為國民黨員畢竟好人居多，我能與這麼多老實人站在一起，值得自豪。

當然，戰時社會有許多群情不滿的現象。通貨膨脹物價飛漲的壓力，人人感受得到。貪官汙吏與奸商們上下其手，老百姓除了忍苦受氣，當然抱怨政府。

學生們常常看到痛心的一種現象，就是「拉伕」。抗戰需要大量兵員，徵兵不足，許多部隊便到處拉伕。我們行走街頭田野，常常見到青壯年男丁被拉去當兵。為了防止逃亡，甚至用麻繩把他們拴在一起，像河邊捉到的螃蟹一樣，一串串牽過市街送往兵營。那些青年面黃肌瘦、病體懨懨，不要說上前線殺敵，連走路都東倒西歪，慘不忍睹。

更因徵兵數額龐大，地方上便有買賣壯丁的情況，家財富有者花一筆錢，保甲長便會代為買到替身，他們免不了也從中榨取油水。久而久之，便形成「富家子弟安閒坐，窮漢一年賣幾回」的怪現象。軍隊素質當然低下，士氣渙散，民怨尤深。

徵兵備戰本屬各國常情，可是要行之有效，必須有完整的配套體系和制度。用「拉伕」方式去填補軍中的需要，不僅違法悖情，簡直是製造亂源。可嘆的是，縣級政府之下，無所謂嚴明的役政，許多地方連戶籍資料也沒有。兵役之害舉國共見，但從未見有效的糾正。直到一九四五年七月，勝利之前一個月，才把兵役署長程澤潤槍決了。但老百姓的傷痛，豈止是槍斃一個署長就能平復的？

另一個讓我們這些青年人最感難過的現象，是各地接收過程發生了許多弊案。抗戰八年過的都是苦日子，一旦勝利從天上掉下來，各級政府的接收工作，事前缺少通盤籌劃，便顯得各自為政，以致民間有「五子登科」之說。接收人員未必個個貪婪無度，但由於工作並無成法，人員難守紀律，加以外界的誘惑太多，濫權違法之事層出不窮，政府的威信掃地，國民黨員當然也成了眾矢之的，百口莫辯。

同學們來自全國各地，每個人都從家人親友處得知有關家鄉收復區的情況。「接收」是一場大災難，也是大陸局勢逆轉的主因之一。收復區的民心由失望轉為痛恨，勝利的光彩和積分，至此蕩然無存了。

自勝利之後，國共間打打談談，並經美國派出馬歇爾特使居間調解，但戰火逐漸擴大，從東北燃燒到關內，共軍漸由「絕對的劣勢」轉為「相對的優勢」。蘇聯的支持是共軍迅速壯大的主因。國軍初期雖掌握優勢，但因美方調處一再停戰，遂使共軍乘勢坐大。國內外都有人建議，國軍應縮短防線，撤回山海關內。可是東北地方父老呼籲政府要以民心為重，東北受日寇統治，已受盡了亡國之痛。如今若再棄守，政府何以對數千萬東北人民的殷望？

政府內部的強硬派過分樂觀，報上不時可以讀到「三個月、六個月，全面擊潰匪軍」的報導。

國軍起初在東北戰場上的確占有優勢，可是，由於蘇聯一再違反約定延遲撤軍，一面將擄獲日本關東軍的大量武器裝備交給共軍，並在撤軍後，讓共軍從容接防，哈爾濱、長春、四平街等重要城市都是如此。當國軍好不容易打到松花江南岸時，政府接受馬歇爾特使建議，於一九四六年六月六日，頒發第二次停戰令，東北全面停火十五天。打了勝仗反要停火，軍心大為受挫，共軍則乘勢整補捲土重來。這個轉折點，改變了東北戰局，也是共軍長驅南下的前奏。

國共之間，三年裡打了三大戰役，東北的遼瀋之戰，華北的平津之戰和華中的徐蚌之戰。這三大戰役的結果，使得蔣總統不得不引退，國府面臨全面失敗。我在南京那三年的大學生活，正是在這風狂雨驟的大變局中度過。有些情勢當時並不十分了解，究竟政府錯在哪裡？究竟國民黨出了什麼問題？

有關這三場決定國脈民命的大會戰，國共兩方都有官方正式的紀錄，勝方誇揚戰果、負方掩飾敗因，皆為意料中事。而中外專家學人提供的紀述和分析，更已汗牛充棟，各有見地。那三年期間我一直住在政治中心的首都南京，除了猛K書本、多方充實自我之外，新聞系的學生當然最關心的是戰局的起伏變化。

一百多年來，中國飽受列強的侵略，面臨瓜分的命運。歷史書上讀到的，是一而再、再而三的國恥。割地賠款、賠款割地，堂堂天朝抬不起頭來。

我們這一輩人，真正身經的國恥就是「九一八」，就是日本人一九三一年奪取了我們的東北四省（遼寧、吉林、黑龍江再加上熱河）。

前人有沉痛的名言,「不到東北,不知中國蘊藏之富。不到東北,不知中國命運之危。」蔣委員長領導抗日,是因為被日本逼到無法再退再讓,跟日本人算一次總帳,也更是為了中國要收復東北、收復臺灣,要從強盜手中奪回我們的祖業。

一九四五年八月六日,美國在廣島投下了人類歷史上第一顆原子彈,展示了驚人的威力。伺機而動的史達林,立即於八月八日對日宣戰,一百五十萬蘇聯部隊分三路進入東北,為數七十萬號稱精悍之師的日本關東軍,丟盔卸甲不戰而降。蘇軍迅速占領了各大城市與重要據點。

在兩顆原子彈投下之後,日本無條件投降已是盡人皆知的最後結果。我們對蘇軍的參戰,仍抱著樂觀的想法——凡是加速日本敗亡的舉動,都是好事。蘇聯是幫我們打日本的。

後來的發展卻並不那麼簡單,根據中蘇之間的約定,蘇軍應在日本投降後三個月撤兵,可是,史達林置協定於不顧一再拖延,並進行對中華民國極其不利的諸多毒計。

蘇軍一入東北,就把所有重工業設備當作「戰利品」拆遷,經由西伯利亞鐵路,一列車一列車晝夜不停運回蘇聯。東北煤鐵礦藏豐富,礦山設備運不走,就徹底破壞,政府希望東北迅速復甦,至此完全破滅。

蘇軍利用先期占領的優勢,守住各處海口關隘,用各種藉口阻止國軍接收人員和政府進入東北。

同時,蘇軍把關東軍的軍火武器,悉數移交給共軍。使林彪部隊很快就從十萬人膨脹到三十萬人。蘇軍後來撤退時,更違背約定,悄悄讓共軍接防,國軍出關之後要一路打過去。

國軍直到那年十月，才到達秦皇島，由美國軍艦飛機協助，一九四六年三月間才到達瀋陽。四月下旬展開了第一場四平街會戰。國軍以優勢的兵力，五月十八日攻克四平街，二十三日直下長春。孫立人率新一軍渡過松花江，收復哈爾濱已是指顧間事。林彪的部隊被打得落花流水，潰不成軍。

可是，在南京的中共代表周恩來，看透了美國切望「國共和解」，要求馬歇爾出面促成停火，蔣公遂於六月二日下達停戰令。國府這一讓步，使林彪殘部得以喘息整補，國軍則眼看著唾手可得的戰果不得不放棄，士氣大受挫折。此後國軍就再也沒有渡過松花江的機會。

國軍為了什麼同意停火？從後來的資料分析，一來是為了表達政府謀和的誠意，爭取友邦諒解，不願和美方鬧僵；二來是四平會戰的結果，使國軍上下都認為「賊不足平」，共軍既然不堪一擊，短期停火又有何妨，想不到這樣的停火，成為東北戰場上共軍反敗為勝的關鍵。這一轉變，當然也影響到山海關以內的士氣民心。

北平天津戰役並不像東北那樣有大規模的攻防會戰，國民黨內離心離德，各大學洶湧的學潮，顯示國府失去了人民，尤其是知識分子的支持。主持「華北剿總」的傅作義本是抗日期間崛起的名將，但他的女兒就是共產黨員。此不僅暴露了國府的情報戰的失敗，更是青年人心理普遍轉變的一個象徵。

北平的「和平解放」使我感到極大的矛盾。傅作義指揮著五十萬大軍，未嘗沒有背城一戰的本錢。然而，北平是千年古都，全國的文化中心，又是我的家鄉，父母兄弟都在北平，北平失守對我來說真是「國破家亡」。可是，北平未經戰火而告易手，我又不免私心慶幸，北平逃過了玉石俱焚的劫難。

整個大陸遍地烽火，國軍為保衛大城市，處處陷於被動。到了一九四八年冬天，徐州蚌埠的會戰，更是對國民黨政權決定性的打擊。那年十一月十三日，多年來蔣公倚重的「文膽」陳布雷先生在南京自殺逝世。陳先生是深受各方敬仰，與《大公報》張季鸞先生齊名，也是政府與新聞界聯繫的樞紐人物。他的自殺，新聞系學生如我者尤其感到震動，「我們真是徹底無望了。」

徐蚌會戰是國共戰爭中最後一場決鬥。一九四九年一月蔣總統引退下野，那一年間，我們身經了土崩瓦解之局，許多文武大員逃走的逃走、投降的投降，人人都經歷了一番「兵敗如山倒」的痛苦經驗。政大師生在大混亂中離開南京，在下關車站，分配給我們的列車被某些散兵游勇盤據，同學們人多勢眾把他們趕走。南京城已呈現完全沒有秩序的無政府狀態，而混亂的一幕留下的印象終身難忘。

在那紛亂的時期裡，我必須回頭敘述一九四七年在臺北發生了不幸的二二八事件。由於警察取締違反菸類專賣事件，與一位女菸販發生爭執引起衝突，演變成流血事件。

事件發生那年，我是政大三年級的學生，南京各報並未即時報導。隔了兩天看到上海來的《大公報》上有些報導，說到警民之間糾紛，並未把動亂的全貌和因果交代得很清楚。人們沒有感到事件的嚴重性。

當時國內外情勢急轉直下，美國調處失敗，馬歇爾特使回美出任國務卿。行政院長宋子文辭職。共軍在山東、河北、河南、江西等地攻城掠地，東北戰場上的德通爭奪戰，尤為慘烈。

就在二二八事件之後不到一個月，國軍胡宗南部三路攻進中共的根據地延安。但因胡的祕書熊向暉是潛伏多年的共諜，先將國軍進兵計畫密報延安，毛澤東等首腦及時撤退，國軍除了贏得「延安國旗飄揚」的宣傳戰之外，實際收穫有限。

由於這些複雜紛亂的情況，南京對於臺灣發生的悲劇，很可能並未寄予應有的注意。二二八事件始因臺灣行政長官陳儀處置不當，使得臺北市的一場警民糾紛，竟擴大為全臺動盪的流血事件，死難者達八百餘人。更因此造成此後省籍的畛域之分，乃至煽動「臺獨」觀念至今猶未熄止，這是臺灣的不幸、國家的不幸。

記得抗戰勝利之初，國軍渡海登陸，雖然軍容並不盛壯，仍受到臺灣同胞的熱烈歡迎。而大陸人民對於臺灣在經過半個世紀後終於光復，也都是萬分興奮。上海舉行全國運動大會中，臺灣代表隊受到最熱烈的歡呼。而臺灣健兒在田徑、游泳、網球等項目都有亮眼的成績。南京中央商場舉辦的臺灣產品特展，吸引了潮水一般的參觀者。我們窮學生沒有多餘的錢買東西，只選了一盒台糖公司生產的方糖，覺得那潔白的糖塊特別的甜美。

二二八事件的真相，當時所知很少。但因為這一事件，使我專心讀完了連雅堂先生的鉅著《臺灣通史》，特別是〈開國紀〉中有關鄭成功父子的事蹟，真不愧「民族英雄」的稱號。連先生的史才史德，頗有司馬遷之風。他花費半生時間和心血潛心著史，的確是一位了不起的大史家，為臺灣歷史的開山之作。

在我心目中，臺灣不僅是美麗的海島，那兒的人民深受中華民族文化的濡染，是我們血肉相連的同胞。不過，當時還沒有想到兩年後我自己會到臺灣來，並且成為我此後幾十年安身立命之地。

當我執筆來寫臺灣這一幕往事時，已經是二二八事件的六十六週年。馬英九總統再次代表政府向受難家屬道歉。並強調要加強維護人類的自由，永遠免除類似的悲劇發生。

二二八的影響之一，是警告從政者必須以最高的智慧去運用權力，暴力不能解決問題，而且會留下嚴重的後果。孟子曾對梁襄王說，天下定於一，「不嗜殺人者能一之」。古聖先賢的道理，到今天仍然值得珍重奉行。

戰場上打打談談，無法實現舉國期待的「和平、民主、統一、團結」之局。誠如克勞塞維茲所說，「戰爭是政治的延長」，國軍不得不用兵，是為了「達成政令軍令之統一」。共軍執意要打，除了攻城掠地、擴大勢力之外，更是要打破國民黨獨大的局面。爭執的焦點在國民大會是否準時召開。因為國大要制定憲法，憲法一旦制定施行，各黨各派都應恪遵不渝。

共方雖然同意由國大制定根本大法是必經的途徑，但堅持在抗戰前選出的國大代表都不算數，必須全盤重選，此中就有否定國民黨「法統」之意。又要求開政治協商會議，讓各黨各派參加，共陳政見。

當然，軍隊和地盤更是實質性的焦點。毛澤東最初曾接受共軍整編為十二個師，後來逐次提高到四十八個師。勝利之後全國裁減軍隊聲中，共方的要求是強人所難。隨著軍隊的數額，共方要求分享「受降」之權，以及「解放區」的行政權等，都與國府「政令軍令必須統一」的宗旨背道而馳。

在這些問題上，各方當時都覺得毛澤東「漫天要價」未免過分。

國民大會經過一再延期，終於在一九四八年三月二十九日在南京隆重揭幕。許多新聞系同學都被京滬以外的報紙邀聘，參加採訪國大新聞的陣容。我雖然沒有去找兼差，但也從公開和不公開的各種管道中，得到許多祕聞。在國大的「莊嚴相」背後，還有許多令人啼笑皆非的插曲。

國大代表的席次分配，未開會前就形成很大的紛擾。共產黨因為無法達到政治上的各種要求，一直拒絕參加。國民黨為了要實現「全民參與」形象，多方爭取在野的青年黨、民社黨，以及無黨派人士參加。可是，這些黨派的社會基礎十分脆弱，候選人當選皆有實際困難。所以國民黨便下達了「禮讓」的命令，要求當選的國民黨同志讓賢，為使其他黨派的人能夠當選，由此加強國民大會確是代表全民，而非一黨包辦的形象。

這樣的作法當然引起基層的反對，法理上站不住腳，叫已經選出來的人自動退讓，同志中遵命履行者固然不少，但群起反彈的雜音更多。甚至於在開幕前，有幾位不甘退讓的準代表，抬了棺材表示「誓死不退」的決心，成為報紙上的花邊新聞。看在社會大眾眼裡，自然是執政黨黨紀蕩然的證據。「犧牲小我、顧全大局」的號召往往流為反諷。

第一屆國大重大的任務是制定憲法，作為國家的根本大法。國民黨有一部分人原先堅持以「五五憲法」為本，時論多表不許，畢竟經歷過八年抗戰天翻地覆的改變，百年大法應該合乎時代潮流，兼容各方民意。在各黨派參加的「政治協商會議」中，國民黨倒是有「博採眾議」的度量。這部憲法由民社黨主席張君勱先生主持，他是國內外知名的憲法學權威。這部憲法若能完全履行，中華民國便不難循序漸進，踏上憲政民主、以法治國的坦途。可惜後來的演變，戰場上的廝殺壓倒了憲政的嚮往。有些論者把全部責任都歸於國民黨，殊非公正之論。黨內也有人認為「制憲行憲」，是上了共產黨的大當，是國民黨決策的重大錯誤。

可是，蔣總統在臺北復行視事後，曾不只一次公開聲明，大陸上的失敗，他願承當一切責任。但制憲行憲仍是黨的一貫方針，也是黨對全民的神聖承諾，邁向憲政之路絕對是正確的。這樣昭然大公的胸懷，顯示老先生不愧是歷史偉人。

其實，當時民間真正了解憲法條文及其精義的人並不是很多，公眾關注的目光，倒是在總統和副總統的選舉上。蔣公以領導抗戰獲得勝利的聲望當選總統，眾望所歸。這個結果早在大家期待之中。即使共黨有代表出席，也影響不了這項結果。

可是，副總統選舉就是另一回事。事前採取開放選舉，國民黨員就有孫科、李宗仁、于右任、程潛等四位候選人。蔣總統屬意的副手是孫科。孫科是國父孫中山先生的哲嗣，是位溫文的學者。蔣公出身軍旅，所以主張副總統應該選一位文人為宜。孫先生及其追隨者多年來被外間稱為「太子派」，自有其傳承性意味。

李、程、于諸位各有其資望與憑藉。李宗仁是以軍委會北平行轅主任身分開府燕京，以桂系人馬為後盾，傾心與北方知識分子結交，負一方重望。于、程二位審時度勢先後退選，結果便是孫與李對決。

四月二十八日國大經四次投票，李宗仁得一、四三八票，孫科得一、二九五票，李遂依法當選副總統。這個結果顯示了黨部的約束力式微，「反中央」逆流大得其道。對蔣公的威望頗有影響。

選舉期間，總統候選人當仁不讓，用不著出力競選。各個副總統候選人則是全力以赴，他們分別在幾家最大的餐廳酒店，常川開出流水席，紙醉金迷的盛況，讓人忘記了南京城外的炮火聲。候選人們招待國代以至沒有選舉權的相關人士，連我們這些準記者也跟在裡面飽餐了好幾頓。公開請客大概不算「賄選」，可是這種雨露均霑的拉票方式，效果有限自在意中。市井傳聞，桂系大將安徽省主席李品仙，就曾多次用大卡車運載大量金鈔到南京為李宗仁助選。以詩文書法名滿天下的革命元勳于右老，比不過這樣的揮灑知難而退。孫科雖得到中央全力支持和兩廣代表強勢助陣，還是抵不上李宗仁的「異調」。

李的當選，伏下了國民黨高層分化的危機。隨著徐蚌會戰失利，蔣總統宣誓就職不到一年，便在內外壓力之下宣告引退，由李宗仁代行總統職務與共方談和。

一九四九年蔣總統的元旦文告中宣示，「中正畢生革命，早置生死於度外，只希望和平果能實現，則個人出處絕不縈懷，而一惟國民公意是從。」當時朝野間浮出「去蔣謀和」的聲浪，認為只要蔣公下臺，國共仍有和解的希望。究其實際，大部分是備受戰禍煎熬的老百姓們「一廂情願」，另一部分則是共方及其同路人的宣傳。能把蔣去掉，國民黨這株老樹自然會倒了。

當報紙上刊出「總統引退」的新聞時，蔣公當天已飛回故鄉。南京市民倒也沒有過分驚惶，因為這一發展傳聞多時。現在，眾人的想法是，「看李宗仁怎麼來收攤子。」

答案不出所料，共方堅持要懲處戰犯（那張名單包括國民黨的菁英）。要廢除法統，而且堅持「必須渡江」。這就是政治的冷酷現實，一旦戰場上獲得優勢，「和談」便只是投降，共方要求於李宗仁的八項條款，正是投降。

政府機關遷往廣州，可是，共產黨的滲透工作已明目張膽，許多公私機構、工廠、商號等，都出現「員工反對遷離」，要「保產」等待共軍接收。政治大學在慌亂中是以「畢業旅行」的名義遷往杭州。

我們那一班是四年級，回想入學之初，慶祝勝利、舉國歡騰的景象已如一夢，眼前面對的是「倉皇辭廟」，前途茫茫。

此時我要回頭來重敘徐蚌會戰失敗，蔣公引退之後，南京面臨的「孤城落日」的悽慘景象。戰場上的炮聲，南京聽不見，但戰事對經濟民生的影響則無人能避免。據行憲後第一任行政院長翁文灝報告，單是東北的軍費，就占了全國總預算三分之一。政府捉襟見肘，只有靠印鈔票。通貨膨脹物價飛騰。學生們收到家中匯款，無論是法幣或金圓券，都要馬上趕到街頭換成銀元以求保值。如果是星期六收到掛號信，要等到星期一去取錢，就要虧折許多。

南京最繁華的是新街口，財政部就在附近。每天黃昏，那一帶就成為銀元美鈔半公開交易的市場。政府雖明令禁止這種交易，事實上也管不了。

我自己便有過這樣的經驗，黃昏後約七點鐘，和後來成為我妻的女友一起上街，出售一枚袁大頭，換成的紙鈔先去買電影票，一場電影看完，在路邊小店裡吃兩碗麵。時近午夜，行人漸稀，交易清淡，再把剩下的紙幣買回來那一塊袁大頭。

在這樣激烈動盪的情況下，任何政府法令、經濟法則都完全失靈。王雲五的幣制改革、蔣經國在上海「打虎」，一開始都是轟轟烈烈得到民眾支持，但幾個月後終於以失敗結束。經濟的沉痾無法用政治力挽回。

單是物價這一項，已使民眾對政府的信心掃地無餘。

更嚴重的是遍地的學潮。以北平、上海、昆明等大學為中心，學生集會、示威、罷課，幾乎沒有一天停過。口號大多是「反內戰」、「反飢餓」、「反獨裁」。各校又結合當地和本校的某些特殊問題，引發規模大小不等的活動，使當局無以應付。

學潮中的領袖人物，有許多是所謂「職業學生」，他們往往是讀到三四年級再重考別的科系，保持學生身分。他們一般都是學科成績較好，比較世故，背後有共方組織策劃指導並供給活動資金。他們組成各種社團發揮影響力。在社團中（譬如自治會、歌詠團、壁報社等），推舉無黨而左傾的學生出任領袖，職業學生是「地下黨」，深藏在幕後的「影武者」。

這些學生製造的抗爭運動，起初作用有限，因為大多數師生都採取旁觀態度，但由於戰局變化，社會秩序的崩解，學潮便如火上澆油一般，甚至無須共方點火也會爆發。各地方政府窮於應付，中央則既不能高壓，也無法疏解。學潮的升高引致民間與政府站在對立面，政府說什麼也無人相信。

當年出版印刷條件艱難，各大學的壁報便是重要的宣傳工具。以昆明的西南聯大為例，學生們手寫的壁報不下三十餘種，絕大多數是由所謂「進步社團」控制，而其影響往往超出校園。壁報的內容，無論是政論、漫畫、文藝、詩歌，其基調都與中共的宣傳策略密切配合。像聯大以全體學生名義發表「對國是的意見」，具體重點和所用的文句，與中共的宣傳如出一轍，這些意見先後被其他學生採用。美國副總統華萊士訪華時，聯大出了中英文版的聯合壁報，其中口號有「我們決心對世界上任何地方的法西斯戰鬥。」美官員拉鐵摩爾曾用照相機照了回去作為參考。

學潮中極具代表性的一起，應屬「沈崇事件」。

一九四六年十二月二十五日，國民大會三讀通過中華民國憲法，蔣公代表政府接受憲法，並將於一九四七年元旦實施。想不到竟因沈崇一案而搞到舉國騷然，新聞「失焦」。

十九歲的沈崇系出名門，是晚清名臣沈葆楨的曾孫女。她是北京大學先科班的學生。二十四日聖誕夜獨自上街去看電影，不幸竟被美國陸戰隊士官皮爾遜等二人劫持，在東單廣場予以姦汙。深夜方由路人發現報警，憲警趕到將沈崇救出，皮爾遜等由憲兵帶走。警方唯恐事態擴大，試圖封鎖新聞，但各報仍紛紛報導這一驚人的犯罪案件。

本來國大制憲完成即將行憲，這是國家的百年大計，也是全國關注的大新聞。想不到一起犯罪案件竟轉移了公眾的注意力。由北平到各大城市，學生抗爭活動風起雲湧。

中共向來把動員民眾視為「第二戰場」，沈崇事件為共方提供了絕好的機會。多年之後透露出來的官方資料顯示，沈崇案爆發後不到一週，中共中央就向國統區各大城市的中央領導人發出密電，包括董必武、吳玉章、張友漁、葉劍英、劉曉、方方、林平等，對支持北平學運做了明確的指示，要各地發動遊行示威，要求美國道歉、賠償、懲兇，要求由中國法庭按中國法律公開審判被告，更要提出反對美國干涉內政、出賣軍火、進行借款助長內戰；還要廢除中美商約，抵制美貨，而且第一次公開要求美軍撤離中國。

從案發到第二年一月十日，半個月期間學生反美運動波及到十四個省份、二十六個城市，參與罷課遊行的人數超過五十萬人。中共巧妙地抓住這個題目展開了「孤立美蔣」的宣傳攻勢，不能不說是一大成功。

學潮，學潮，幾乎淹沒了中國。

與學潮相伴而起的，更有各種不同社會團體、政黨的活動。民主同盟若干首要分子與共方配合密切，從重慶的校場口事件，到南京的下關請願，都是以「中立」的面貌，喊出了和共產黨一樣的口號，由此而掀起了「全民反對政府」的聲勢。

國府對這一波又一波的反對活動窮於應付。像一九四六年七月十二日李公樸在昆明遇刺死亡，緊接著又於十五日發生聞一多被刺而死。李是民盟中委及雲南支部負責人，聞是西南聯大教授，著名詩人。他們不是共產黨員，但攻擊政府言辭激烈。有軍人憤而開槍，造成舉國震驚的血案。共方在延安舉行追悼大會，主題是「反內戰、反特務」，指責國民黨殺害異議分子。共方的宣傳爭取了中立人士，國民黨百口莫辯。

國民黨面臨挫敗，一籌莫展。作為一個國民黨員，一個新聞系學生，我感到精神上極大的痛苦。明明知道共產黨所講的是不會兌現的謊言；而共軍在戰場上的「人海戰術」更是慘絕人寰。可是，他們的謊言沒有人去揭穿（譬如毛澤東的新民主主義論，並無履行的誠意），他們的恐怖行動（譬如在蘇北、山東等解放區推行土改），更很少人去揭發真相。而且，國內外的左翼分子（被共黨稱為進步分子、開明人士等），更對共黨寄予浪漫的憧憬與同情。許多美國記者都報導，中共不是共產黨，不是莫斯科共產國際的中國分部，而是「農民改革者」，是受壓迫、被剝削的勞苦大眾揭竿而起，和一個不民主的政權抗爭。美國人依照天真的想法，加上美式的優越感，「我好心來幫助你們，為何你們不肯聽我的？」毛澤東充分利用這種矛盾，把本來熱心援華的美國軍政大員，從史迪威到馬歇爾，都變成了國民黨的敵人。史迪威背地裡稱蔣總統是「花生米」，馬歇爾離華聲明指責國民黨的保守派，都使得所謂中美合作，由貌合神離惡化到背道而馳。平心而論，國府陣營中雖然許多首腦人物都是留美的高材生，但在爭取美國人的了解與合作上，都不及遠在延安窯洞裡的那些土八路。

李公樸、聞一多在政治上算不上舉足輕重的角色，但他們被暴徒暗殺，國民黨跳到黃河也洗不清。

與李、聞相比，「民盟」要角如章伯鈞、羅隆基、章乃器等人的份量要重得多。可是，等到毛澤東掌握政權之後，他們都成了首先被整肅的右派。可惜他們無法料到，世人也都沒有料到；朝為紅朝新貴，一夕變成為階下囚。

在這樣動盪不安的大環境中，政大師生大都仍秉持自身一貫的信仰，沒有受到外界的衝擊。不過，校園內也並不是平靜無波，學生自治會的競選活動甚為熱烈。競選的口號雖各有不同，但歸納起來總的目標是追求大學的「學術化」。行憲之後，政大將改為國立，歸隸教育部。同學們希望今後政大不止是培植建國的人才，更寄望能在人文社會科學方面有精湛的研究，充實並光大三民主義的體系，尤其是在憲政之治的大框架內，使政大成為發揮學術思想力量的堡壘。

可是，一九四七年春，朱家驊與陳立夫互調職位，朱接任教育部長，發表由蔣經國繼任政大教育長。同學們一時議論紛紛，大多數都覺得這項任命有欠考慮。

學生們心目中並沒有明確的對象，但大家期待政大改制以後的主持人，是在學術界具有卓越聲望的長者，政治色彩不宜太濃。更寄望他能久於其位，至少十年八年，與師生共甘苦，履行「百年樹人」的理想。

經國先生正當盛年，那幾年間，先後發表的職務是外交部東北特派員、臺灣省黨部主任委員，以及到上海灘「打虎」，他的確是一位能臣猛將，但與學生們期待的教育長（實際就是校長）的形象與風格大有不同。

在那次風潮中，我是班代表之一，參與了反對行列。記得有些前期校友趕到校中來勸阻，有位姓王的立法委員大聲疾呼，聲淚俱下，「你們這樣鬧，校長就不要我們了。」這樣情緒性的呼籲適得其反。為了這次風潮，外間傳說紛紜，有人認為這是陳立夫與朱家驊之間在鬥法。我以當事者之一的身分作證，事端之起全由同學們自動自發。很坦白地說，即使與政大關係很深的立夫先生，當時對學生的影響力已是微乎其微，他無意也無力發動那樣的風潮。怪只怪黨中央竟這樣不了解青年人的心理。對政大學生尚且如此，更難怪處理其他大學反政府的風波時要手忙腳亂、焦頭爛額了。

大局糜爛，國脈如絲，可是，我們這群學生（至少和我交好甚厚的學友們），並沒有徬徨絕望。這時候，平日讀書的積累，從古老的孔孟老莊，到現代的三民主義、比較憲法、自由憲章，自然而然投射到眼前的困境上，儘管勝負之數已十分明顯，但我總覺得「一時成敗何足論」。說了歸齊，三民主義是中國人的，而共產主義不是，中山先生說，他的主張是繼承著中國的堯、舜、禹、湯、文、武、周公的道統而來，反對他的人批評三民主義「粗疏淺陋」，只是幾條綱目，並沒有切實的實踐之路。可是以我閱讀馬克斯、列寧有關著述的觀感，那些多方堆砌、冗長繁瑣的議論，很多地方都是強詞奪理。我不明白為什麼許多聰明才智之士會受它迷惑。

國民黨的確犯了很多嚴重的錯誤，國民黨人受到責罵屈辱，應該是「罪有應得」。可是，我相信就如同對日抗戰，經過八年血戰，最後還是可以把局勢翻轉過來。

我知道自己的性格中有一個弱點，常常是同情弱者的犟脾氣，《論語》記載孔子的話，「今之成人者何？必然見利思義，見危授命，久要不忘平生之言，亦可以為成人矣。」從一九四五年到四九年之間，我們看到多少名流權貴，昨天猶信誓旦旦忠黨愛國，第二天就夸夸其談「新民主」、「反對獨裁」。許多人變臉比翻書還快，有的人乾脆「就地起義」，向新朝效忠；有的人則利用手中殘餘的權力，捲帶公款潛逃海外。種種世紀的醜態，不必細述。

但這類事情的出現，反而對我是一種激勵。我一個人也許救不了中華民國，救不了中國國民黨，但至少我要作到「久要不忘平生之言」，自己要對得起自己的信念。

回想起小時候「從一樓哭到八樓」的擰脾氣，我隨著政大同學離開南京。

當我有機會再度回到龍蟠虎踞的石頭城時，已是五十年之後。

第十章　騙人的盟約

當我進大學的那年，雖然在公開的新聞報導中，「抗戰勝利」的大好消息壓倒一切，但同時也已令社會上有一種不祥的預感：當政的國民黨和在野而擁有武力的共產黨，會不會發生衝突，甚至引發大規模的內戰，是眾所憂心的問題。

早在一九四一年一月間，在安徽南部的共黨新四軍，拒絕中央的命令不肯北移，被國軍包圍後予以解散，軍長葉挺被俘，這就是震驚一時的「皖南事件」。我身在華北淪陷區，報紙上幾乎全無報導。我們只知道抗戰初期「國共合作抗日」，沒想到國共會兵戎相見，皖南事件之後，合作之說名存實亡。周恩來代表中共駐在重慶，《新華日報》仍照常出版，但常常與政府針鋒相對。

回想一九四五那一年，世界發生的大事實在太多，真令人目不暇給。

那年一月二十日，美總統羅斯福就職，這是他第四度連任。按華盛頓留下的先例，總統連任一次為限。羅斯福因逢大戰，民意所歸，不能中流易馬，所以破格四度連任，戰後國會修正憲法，明定總統只能連任一次。羅斯福是美國歷史上唯一四連任的元首。

二月三日，他帶病與邱吉爾、史達林在雅爾達舉行美英蘇三巨頭會議，會商占領德國以及大戰善後等問題。他們同時祕密商定，為爭取蘇聯對日參戰，竟以犧牲中華民國重大權益為代價，承諾蘇方的種種勒索。這個「雅爾達」密約的內容，直到六月十五日才由美方通知我國政府，對外並未公開。可是，先前支持我國的羅斯福，已於四月十二日病發猝然逝世，由副總統杜魯門繼承大任，此人對複雜的國際情勢並無深刻了解，他甚至不知道美國已擁有原子彈。

八月六日，美國第一顆原子彈轟炸廣島，九日再炸長崎。日本稱之為「魔彈」，在萬分驚恐的情況下，不得不屈膝投降。蘇聯卻搶在八日對日宣戰，蘇軍大舉侵入我國東三省，乘虛打垮了關東軍，將東北的重工業設備劫掠一空。那些重大建設都是日本軍閥、財閥，多年來壓榨我東北同胞累積的成果，本來可以作為勝利後復員重建的基礎，想不到全遭蘇聯掠奪。

但在當時，像我這樣的莘莘學子，大都「被勝利沖昏了頭腦」。我們聽到的和特別注意到的，都是令人振奮的好消息。

四月二十九日，義大利「黑衣首相」、法西斯黨魁墨索里尼，被義民逮捕槍決。

五月一日，德國元首、納粹黨領袖希特勒自殺身亡。

四月二十五日，聯合國在舊金山舉行成立大會，中華民國以發起國資格參加。中、美、英、法、蘇列為安全理事會常任理事國，正式定位為當世五強之一。

像中美、中英之間重訂平等新約等新聞，相形之下似乎都算是平平淡淡了。

當然，「我們勝利了，日本打敗了。」鄉間老百姓的歡呼聲是：「老天爺總算睜開眼了！」

歷經了八年苦戰的中國人苦盡甘來，包括我自己，都懷抱著無限的樂觀與期待，迎接勝利的到來，「往後的日子就好過了！」

有一件小事，更加助長了我對未來好景的信念。

入學未久，行政大樓前貼出一大排題名榜，走近看看，原來是應屆畢業生（應該是第十二期吧）工作分發的題名錄。榜上按照各系組列出畢業生的姓名，每個人下面列著工作單位的名稱和職位，從中央到地方都有，顯見勝利復員期間國家需才孔亟，政大畢業生都成了香餑餑。我記得有位經濟系學長的名下，列了三個不同的機關，最後一項是某國營銀行「張家口分行經理」。照正常情況，一般大學生走出校門，努力工作至少十年，也許才可升到分行經理的職位。

至於新聞系，大都是派往京、滬、平、津等大報、中央通訊社或廣播公司工作，也有人願意回家鄉創業，一出手就是某某報總編輯。

那張題名榜給我們留下十分鮮活的印象：國家好了，大家都好；國家有辦法，人人自然有辦法。

老師們也這樣勉勵我們：「你們好好用功，將來畢了業，到處都有人歡迎你們。」沒有人為未來的工作發愁。

八月十五日，國府正式批准了「中蘇友好同盟條約」。既友好又同盟，自然應該也是好事。蘇聯軍隊在原子彈投下之後，才對日本宣戰，「投機」的意味十分明顯。但既然是協力去打日本人，中國人就覺得他們是「朋友」。

官方的談論，都揀著好話來說。中蘇之間有了這麼一個條約，可以保證三十年間和平友好的關係，蔣委員長談話強調：中蘇兩國「脣齒相依，守望相助，東北同胞首先享受利益。我東北同胞必須重視這個友誼，真誠相處，以增進兩國邦交，實現我們國父共同奮鬥的遺教，完成我們建設的大業。」

事實上，蘇聯紅軍進占東北後，大肆搜刮財富，拆遷各種工業設備，運不走的便徹底破壞。更利用濫發軍用票的手段，對民間進行無止境的掠奪。

在人們迎接勝利、忙著復員還鄉聲中，東北漸傳來蘇軍大肆掠奪的消息。譬如遼寧省的鞍山市，有「鋼都」之稱，是日閥所轄「南滿州鐵道株式會社」（即滿鐵）的大本營。經過日本軍與財閥聯手數十年經營，滿鐵不僅掌握南滿鐵路的營運，同時開採礦山，建立治鐵、煉鋼、發電、煤礦等事業。蘇軍占領鞍山後，監押數萬名日俘，將鞍山所有工業設備和重要物資，全部當作戰利品運回蘇聯，總數達七萬餘噸。這個重工業精華城市，淪為一片廢墟。這些消息逐漸由新聞界報導出來，民間對蘇聯開始懷疑。中共的報紙上仍然大力宣揚「紅軍英勇犧牲」和「中蘇友好」。政府為大局著想，只得進行交涉，沒有公開譴責。

此後發生了震驚全國的「張莘夫事件」。

張莘夫是一位傑出的工程專家，勝利後出任經濟部東北行營工礦處副處長，負責東北地區工礦接收事宜。一九四六年一月初，由於撫順煤礦產量下降，供煤不足。當時擔任中東鐵路中方理事長兼東北地區經濟委員會主任的張嘉璈，與蘇方理事長商定，由中方派張莘夫前往撫順接收煤礦，重加整頓提高產量，以確保東北的鐵路運轉。

張莘夫奉命後，於一月十四日帶領技術人員和路警等十五人，乘蘇軍提供的列車前往撫順，到達後就被蘇軍拘禁失去自由。十六日晚間，蘇軍人員一反前議，告訴張莘夫說撫順煤礦不能由中方接收，並要張等速回瀋陽。張莘夫不得已和同行的技術人員登上火車，列車開行至距撫順二十五公里的李石寨時，竟有一隊「不明身分」的武裝分子攔住列車，將張莘夫等同行的八個人強行拖下，當場殺害了。可憐這位忠貞的政府代表、傑出的工程師，竟不明不白地喪生於冰天雪地的荒郊。究竟行兇者是蘇軍、是中共或是當地流竄的土匪，真相至今難明。

張莘夫事件爆發之後，引起全國人民的義憤。報紙上紛紛聲討，連平日支持共黨的若干「民主人士」也都公開表態，譴責蘇聯的陰謀和暴行。政大校內同樣是議論紛紜，在課堂上、操場上、餐廳裡、寢室裡，大家對張莘夫的慘死表示悼惜同情，對政府未能採取有力的行動也深感遺憾。當然，所謂「中蘇友好」云云，大家都明白，那只是海市蜃樓，中國人自己的幻想罷了。

同學們都想到了一九二八年國民革命軍北伐，打進濟南城的故事。當時奉軍張作霖盤踞北京，駐在山東境內的日軍，為了要保存軍閥勢力，竟橫行阻截革命軍北上，在濟南製造事端，並將出面談判的外交交涉員蔡公時等人集體殘殺。當時北伐軍蔣總司令為了避免正面衝突，深夜揮軍渡過黃河，張作霖兵敗如山倒撤回東北，途中被日軍炸死了。

蔡公時的慘死與張莘夫的遇害，相隔約二十年。不同的是，前者發生在中國尚未完全統一，後者則是在我們已經成為堂堂的戰勝國、世界五強之一。竟然還會發生這種「人為刀俎，我為魚肉」的慘案，是可忍孰不可忍！

張莘夫事件猶如爆發的火種，迅速引起全國性的抗議。作為抗戰司令臺的重慶，反應當然最為激烈。同聲要求蘇聯懲兇賠罪及早撤軍。

一九四六年二月十一日，是雅爾達密會結束一週年之期，美英蘇三國依照事前約定，公布密約的內容，這才使真相暴露於天下。中國人民驚慌錯愕，無可理解。想不到所謂「友好同盟」竟是這樣醜惡險詐。所謂三巨頭祕議，完全是從「損人利己」出發。我們引為患難與共、禍福同享的盟友，竟看準了老大積弱的中華民國事事被動，孤立無援，任人擺布與宰割，真是痛心疾首，欲哭無淚。

雅爾達密約的重要內容，前面幾款好像是對中國有利，但後來的事實證明，也都是口惠實不至，甚至是得到了完全相反的結局。試看：

㈠蘇聯允諾給予中國之各種援助，完全給予國民政府。

㈡蘇聯尊重中國在東三省之充分主權及領土行政之完整。

㈢關於新疆問題，蘇方無干涉內政之意。

這些言辭何等冠冕堂皇，但事實上蘇聯不僅大肆掠奪，把東北的重工業都當作戰利品拆運而去，後來並將接受自日本關東軍的軍械彈藥和裝備移交給共軍。所謂「東北人民聯軍」和林彪的「四野」得到蘇方的全力補給，才得以羽翼漸豐，足以與出關的國軍對抗。

㈣外蒙的獨立問題，由公民投票決定。(但自抗戰以來，外蒙古便已在蘇聯羽翼之下，戰後所謂公民投票，只是一個「過場」，走向形式上的獨立，淪為蘇聯的附庸。)

㈤大連闢為自由港，旅順為兩國共用軍港，為期三十年。

㈥中東、南滿兩鐵路之幹線，由中蘇共管，均以三十年為期。

㈦日本投降後，三個月內東三省蘇軍全部撤退。

這些祕密條款，等於是把日本帝國主義者侵略中國的「權益」，全由蘇聯繼承。密約中還明目張膽地聲明：「蘇聯應該恢復以前俄羅斯帝國的權利。」早在一八九六年，清末的李鴻章，為了「聯俄抗日」，在莫斯科與帝俄政府簽立不平等條約，許以種種特權。一九一七年蘇聯共黨政權建立，發表宣言廢棄帝俄與中國之間的一切不平等條約。然而，到了一九四五年，史達林竟要重拾帝俄沙皇時代的特權，把不平等的枷鎖加於中國人的身上。

張莘夫事件與密約的公布，使得中國人民認清了蘇聯的猙獰面目。民間學者賢達如傅斯年、王雲五等領銜對密約提出抗議，各報也爭相發表評論，譴責蘇聯「恢復老沙皇的野心」。

在政大校園裡，有好多起演講會和座談會。教授和同學們的意見，除了譴責蘇聯之外，也指責外交當局喪權辱國，不該簽訂這樣的條約，要求重新檢討。

我在課餘也參加了多場演講會，其中使我印象最深的，是地政系主任、邊疆問題專家張丕介教授的講話。他聲淚俱下地呼籲，「我們打了八年血戰，付出重大犧牲，不但無法真正收復東北，反而要承認外蒙古獨立，大家切勿以為外蒙古只是一大片荒寒的沙漠，棄之不足惜。要知道，一國的邊疆就好像一棵大樹的皮，是國家天然的安全防線。外蒙古的面積，相當於全國國土的六分之一，活生生剝去那麼一大片樹皮，叫那棵老樹怎能活下去？」

外蒙古後來果然獨立，建立了完全由蘇聯控制的「外蒙古人民共和國」。新疆也在蘇方幕後操控之下，屢生事端。更嚴重的是東北，就連明文規定「蘇軍在日本投降後三個月內完全撤走」的承諾，也一再毀約。

蘇軍幾十萬人分駐東北要地，拒絕國軍從山海關進入東北接收主權，反而暗中容許中共武裝，從河北、山東等地潛赴東北。中蘇雙方曾有協議，國軍由營口登陸，不意屆時蘇軍已先撤走，共軍暗中布防。東北戰火越來越熾烈，國軍初期連戰皆捷，但後來漸漸由共軍得到所謂「相對的優勢」。不到三年，東北全告失守。蘇聯對中共的全力支援，是東北戰場上國共消長得失的關鍵。

政府當局有苦難言，只能從友好條約的正面效益向國人解說，委曲求全，有萬不得已的苦衷。行政院長宋子文辭去外交部長兼職，由憲法學者王世杰繼任外長，忍受來自各方的責罵。

過了多年之後，蔣公在臺北舉行的國民黨會議中，曾說明當初是以「壯士斷腕」的決心，勉強接受密約的事實，主要著眼點就在換取蘇聯的保證「三個月撤軍」，以保全我國家主權與領土的完整。至於蘇方承諾「一切援助完全交予國府」，也就是要防止蘇方支助共軍的叛亂活動。

張莘夫事件與中蘇友好條約這兩大不幸，使中國人從勝利美夢中驚醒過來。中華民國的忍辱負重，期求在國際的善意諒解，換取三十年時間，讓我們從容建設恢復元氣，做到名實相符的五強之一。但事實證明，我們的處境仍然是「弱國無外交」，別人挖好了坑讓我們往下跳。張莘夫的命運，透露出險惡的惡兆。史達林不但明目張膽要恢復老沙皇時代的威風，同時更支持中共壯大好爭取政權。史達林那些公開的「允諾」，完全是笑裡藏刀，一條也沒有實行。

更令各方嚴重不安的是，國共之間的談判，幾乎完全沒有實質上的協議。

那年八月下旬日本投降之後，蔣委員長（他已就任國民政府主席，但民間仍習慣稱他為委員長）數度電邀在延安的中共首領毛澤東，到重慶來共商建國大計，毛於八月二十八日，由美國駐華大使赫爾利陪同飛抵重慶。國共兩黨歷經四十一次的談判，到十月十日結束，由張群和周恩來分別代表雙方在會議紀錄上簽字，即「雙十協定」。

在舉國渴望和平的氛圍下，各方都希望會談的結束能成為「團結建國，弭武休兵」的轉機，「雙十協定」雖有原則性的協議，譬如在紀錄的十二項重點中，首先說明：「關於和平建國的基本方針，一致認為：中國抗日戰爭業已結束，和平建國的新階段即將開始，必須共同努力。雙方同認蔣主席所倡導之政治民主化、軍隊國家化及黨派平等，為達到和平建國必由之途徑。」

第二條是，「關於政治民主化問題，一致認為應迅速結束訓政，實施憲政，並應先採必要步驟，由國民政府召開政治協商會議，邀集各黨派代表及社會賢達協商國是，討論和平建國方案召開國民大會各項問題。」

可是，在涉及實際問題時，如「國民大會的組織」、「軍隊國家化」和「解放區地方政府」等問題，雙方立場南轅北轍。在過去數年間的談判中，國府曾允諾中共保留十二個師，但毛澤東在重慶談判時，開口就要四十八個師，「並在北平成立行營和政治委員會，由中共將領主持，負責指揮魯、蘇、冀、察、熱、綏等地方之軍隊。」更要求國府「應承認解放區及一切收復區內的民選政權。」

這些要求，等於是在團結合作的大帽子下面，要國府承認國土和主權的分裂，當然無法得到協議。

因為一開始就出現這樣的僵局，蔣主席當晚便和毛舉行了首次面談，蔣公表示，「現在抗戰結束，全國軍隊均須縮編，情勢已不相同，但余之諾言仍為有效。不過此十二師之數，為中央所能允許之最高限度。」

至於解放區問題，蔣公表示，「中共所提解放區，為事實所絕對行不通者。吾人應本著革命者精誠坦白之精神與態度，來解決這一問題。只要中共對於軍令政令之統一能真誠做到，則不僅各縣行政人員中央經過考核可酌予留任，即省行政人員，如主席，中央亦必本『用才唯賢』之旨，延引中共人士參加。」

儘管國府願意讓步，「雙十協定」共方仍要求保持至少二十個師的兵力，「解放區暫時現狀不變」等條；這與國府的基本要求「政令軍令之統一，一切問題必須以此為中心」，無可妥協。所以「雙十協定」實質上很空洞，頂多只能說是「各說各話」，沒有公開決裂而已。

毛回到延安之後，中共中央便發出指示，斷言「大規模的軍事衝突仍不可避免」，「解放區軍隊一槍一彈均必須保持，這是確定不移的原則。」另用朱德名義發表通電，要求參加受降，通電中直指蔣主席「你及你的政府」云云，狂悖囂張，儼然敵體。不要說政府負責人士難以接受，就是一般平民，包括我們青年學生們也覺得「太不成話了！」

重慶談判本來希望是經由政令、軍令統一，而邁向國家民主化的大道，但經過這番談判，更暴露出雙方矛盾尖銳，和平建國大業障礙重重。這種種不幸的發展，積壓在每一個中國人的心頭，身在重慶地區的青年學生們，更是憂心如焚。我們先在教室、寢室和食堂討論，後來大家都覺得必須採取集體抗議的方式，要求政府採取有力行動維護國家主權。

那些日子，各系組分別推出代表，我們新聞系一年級推出我和賈紹誼為代表，參加全校代表大會。大會選出法政系四年級張世惠學長為總主席，他是湖北人，學識優長，思慮深密，對於大會中複雜的各種意見，都能條分縷析處理得井井有條。據我後來觀察中央民意機關如國民大會和立法院的議事情況，有些號稱政壇老手主持會議，都遠不及張學長那樣從容沉著面面俱到。

同學們意見很多，溫和老成一派，支持政府進行有力的交涉，最激烈的則主張乾脆宣布與蘇聯絕交。大多數則都主張：對蘇聯的暴行嚴重抗議，要求蘇軍馬上撤出東北，並應歸還劫掠的財物，更要求徹查張莘夫案並應懲兇。強調譴責大國之間的祕密外交。對於蘇聯主張「恢復帝俄時期狀態」一節，尤其無法容忍。同學們引經據典、議論滿堂，光是一份大會宣言，就討論到深夜方才定稿。

學生們的愛國怒潮，感動了廣大民眾。中共駐重慶代表周恩來，也明白眾怒難犯，但又不能不表態為蘇聯緩頰。他對記者說，「青年學生的愛國運動是好事，但希望大家冷靜，愛國情緒不可流為排外行動。」

大會討論各種標語和口號時，我針對周的談話，建議：「愛國不是排外，媚外就是漢奸。」經全場一致通過。重慶《和平日報》次日第一版上用這兩句話作了橫貫全版的特大號標題。我由此領悟，報紙標題就要這樣針對時事，才抓得住人心。

我們集會中決議，聯絡重慶地區各大中學校同學舉行大遊行，把這一次愛國運動推展到最高潮。一九四六年二月二十二日，各校同學凌晨出發陸續集合，隊伍擴大，最前面是國立中央大學，中間是許多專科學校和高中，我們政大團隊壓陣，浩浩蕩蕩約三萬多人。

當局深恐肇成事故，分令中央黨部祕書長吳鐵城和教育部長陳立夫設法勸阻。在大隊向重慶市區行進時，還不時有大員攔路講話，但都沒有發生效力。

吳陳兩位先生曾有電報向極峰說明：「觀察現場，勸阻已不可能。因此次運動，為青年民族意識、國家觀念之自動自發。學校中反共空氣之濃厚出於自然，故只能使其減少反蘇成分，及防止發生意外。」這個報告我在多年後才看到。

這是我今生中唯一一次自動參加遊行示威。我一向對這一類行動究竟能發生多少效果深致懷疑。可是，當時群情激昂、熱血澎湃的情況，使得每個人都激發出「奮勇當先」的熱情。記得當時本班的訓導先生曾警告同學們說，「違背校規出去遊行的人，事後將受嚴厲處分。」可是，到了遊行當天，全班沒有一個人臨陣退卻。

這是我記憶之中，那些學生運動僅有的一次，真正以愛國救國為動機，毫未摻雜政黨因素。重慶的「校場口事件」，和後來李公樸、聞一多被刺殞命等案，引起了洶湧學潮，雖然大部分參加者都是純潔的青年學生，但共黨「地下黨」黨員暗中操縱、製造事端，是眾所周知的事。

事隔多年之後，許多學潮的真相一一暴露出來。

大後方各大學中，在昆明的西南聯合大學號稱「民主堡壘」，繼承北京大學的自由傳統。由於共黨滲透操弄，西南聯大成為反對政府活動的司令臺。如一九四五年四月五日，聯大「五四週」之前，通過了一份「全體學生對國是的意見」，包括六個重點：如停止一黨專政、舉行國是會議、釋放政治犯、沒收發國難財者的財產、成立「聯合統帥部」、根絕黨化教育、加強與盟國合作（「目前尤應從速敦睦中蘇邦交」）。這些話其實都是出自毛澤東的「新民主主義」等文件裡。經過西南聯大的宣揚，促成了此後各大學以及「全國進步人士要求民主勝利的呼聲」。這套宣傳手法，勝於國民黨多多。

聯大有五千多名學生，參加對這份「意見」投票，贊成者有一千五百多票，反對者也有五百多票。可是，由於地下黨各種社團操作，使之能以「全體學生」的共同意見而提出，箇中真相，幾十年後，由幾位老資格的「地下黨」陸續揭露出來。

中共取得政權已經超過六十年，毛當年高唱的「新民主」，至今無一兌現。世人看到的仍是「一黨專政」遠較國民黨徹底，所謂民主憲法、聯合政府等等，全是空言。

可悲可嘆的是，當年那些對共產黨存有熱切期待的學生青年，包括某些「地下黨」，後來不但是完全失望，而且有不少人在「文革」期間遭到嚴酷的整肅，「地下黨」的身分，不是功勞而是罪狀。他們也和無辜人民一樣，都是受害者。

我的大學第一年，在課堂上得到的東西不多。然而，那一年間世局變化猶如驚濤駭浪，使我由過去的簡單的、浪漫的愛國主義情懷，進而思索許多更複雜更現實的問題，也花了很多時間讀課外書。

大學圖書館藏書不少，但仍有「僧多粥少」之憾，借閱自己需要的書往往要「排班等候」。本系另有一間小圖書室，專門搜集與新聞有關典籍與報刊。

有位鄧亞魂先生，曾任國府主席林森的祕書。林主席逝世後，鄧先生從公職退休，把他收藏的英文新聞學書籍二百多種捐贈給政大。那些書多半與英美兩國新聞業的發展有關，也包括新聞倫理和編採等實務問題。在戰時外文書籍很難得的情形下，同學們都覺得這些書很值得細讀。「你又讀了一本鄧亞魂嗎？」是同學間喜歡互相問詢的話。

圖書室收藏全國各地的重要報紙。當時報紙每天出一大張四版（通常有兩版是廣告），土紙平版印刷，字跡往往不清。新聞的內容全是國內外戰況和政情，沒有什麼社會新聞和地方新聞，文教體育新聞更是罕見。

同學們推選我和聶耀主兄為新聞學會幹事，任務就是輪流管理其中的書報。為了準備復員，我兩人曾花了很多時間，將過去所存的報紙，選定了《中央日報》、《大公報》和《新華日報》，一份一份整理裝箱，由水路運往南京。不幸因途中翻船，全部沉沒江中，我覺得萬分可惜。聶耀主後來留在大陸，沒能出來，改行當教師。我曾到南京和他聚晤；他也曾到美國去看我。白髮故友，不勝唏噓。我們同深懷念的，就是我兩人整理出來的那幾箱報紙。如果留到今天，那都將是寶貴的史料。

由於管理這間圖書室，我們讀報特別仔細，雖然是篇幅所限內容簡陋，但仍多有好文章，《新華日報》上的宣傳尖刻潑辣，與《中央日報》的沉重溫和恰成對比。相形之下，《大公報》的中和議論，就比較容易接受。可是共產黨認為它是對國民黨「小罵大幫忙」。而國民黨內也有不少人認為《大公報》並不「公」，不時露出左傾的色彩。

這一年，自覺視野開拓了不少，對國內政局的複雜性多了幾分認識。國際間「冷戰」的態勢已露出朕兆，世界和平並沒有因為大戰結束而降臨。「五強之一」的中國沒有真正享受到強國的滋味。

勝利的夢漸漸清醒，我們面臨的問題還有很多、很多。

第十一章　坎坷姻緣路

蔣總統引退之後，南京市面一時似乎保持表面上的冷靜，事實上卻到處都感覺到群龍無首的茫然。政治大學也是如此，只以「旅行」的名義南下杭州，走一步算一步。

有些好朋友已先自行離校，多半是回歸故鄉。我們留在校中的，攜帶最簡單的行囊隨學校行動，杭州就杭州吧。

靠著人多勢眾，我們在下關車站奪回了分配給我們、卻被散兵游勇占據了的列車，從早晨等到黃昏，列車才緩緩啟行，睡夢中到了杭州，有幸到杭州來暫避烽火，而且就住在天下聞名的西子湖邊一處學校的教室裡。人多，只能打地鋪，我已不記得那些天吃的是什麼。日間無事，只得結伴去遊西湖，在那兵荒馬亂的歲月裡，西湖也失去了「濃妝淡抹總相宜」的丰采。同學們關心的大事無非是「下一步」會怎樣走。也有人談到若和議有成，我們就可回到南京。但大家也都明白那是鏡花水月，不可能成為事實。政大後來先去廣州，再遷重慶。

在杭州，我接到史棻的來信。她要我到漢口去，她說她已為我談妥一個工作。她除了表達思念之苦以外，沒有多說什麼。我們都知道，不但回南京已不可能，而武漢三鎮也同樣岌岌可危，但她的安排是我們此生重聚的唯一機會了。

我和史棻在海棠溪初識，但彼時男女生雖然同系同班接觸很少。自二年級以後才漸有來往，那時全校二千多人，女同學只有二十幾位，「約會」便很惹人注目。女生宿舍牆壁是白色的，被稱為「白宮」。男同學若常去造訪，被戲稱為「白宮站衛兵」，我大概在三年級才成為「衛兵」之一。衛兵各有固定對象，說來很奇怪，世事變化無常，到後來自相知、相戀而成親，共相廝守了一輩子的，同班中竟只有我們一對。

我的性格是不聲不響埋頭苦幹，史棻告訴我她欣賞的正是這一點。我們常在一起切磋功課，互相砥礪，對國事天下事，看法往往相同。她的長處是沉穩謙遜與人無爭，而心中自有分寸。她很看不起某些人浮囂誇張的言行。

我們課餘偶或到外面散步，近處有莫愁湖，遠一點是中山陵、棲霞山、玄武湖。或就近看場電影，在天河茶社吃碗豬肝煨麵。那樣的「陽春戀愛」是青春期裡最難忘的記憶。

她離校返鄉，來信還不斷和我討論畢業論文。我的論文題目是「鄉村報紙」，本來預備畢業後就回鄉辦報，而且構想中史棻就是我的夥伴，此刻已全成泡影。史棻要我到武漢工作，催我即刻前往，我抱著破釜沉舟的決心離開杭州。

多處鐵路線上旅客洶湧如潮，南來北往，不知要到何處是好。好友朱賢送我上火車，列車裡擠得滿滿，連立腳之地都沒有。我只好冒險爬上車頂，朱賢幫我用繩子把小小行李捲吊上車頂。雖然危險萬分，總算有了一席之地。

從杭州走浙贛鐵路，走走行行，好不容易到了湖南株州。再換粵漢鐵路北上前往漢口，依舊是坐在車頂上，搖搖幌幌一無依傍，途中兩三天，還趕上風雨交加，入夜後寒氣徹骨，一路上沒有東西吃，連水也沒喝一口。自己驚奇，人的耐力竟是無限的。到了漢口，我的兩條腿都腫得發亮。

我找到了她的家，史棻上班未回，徐伯母殷勤款待，親自下廚為我做了四菜一湯，至今仍記得有排骨藕片湯、紅燒魚、簑衣丸子、炒牛肉和紅山頭的菜心。老人家笑瞇瞇地看著我狼吞虎嚥，不斷親切地說，「你吃，你吃。」她日後就成了我的岳母，是這世界上幾位無條件愛我的人之一。

武昌的《親民報》是一份默默無名的小型地方報，社長桂先生為當地的世家子，武昌縣議員。他曾考取文官普考，在政大短期講習，有此一番淵源，史棻經校友介紹，把我推薦給他。桂先生雖非內行，但很想把報紙辦好，所以才熱心延攬我這個政大「高材生」。

報社規模很小，總編輯和另外的編輯、記者多是從武漢各大報請來兼差的。言談之間，他們都認為過江來是「屈就」、「完全為朋友幫忙」。報社談不上什麼方針政策，尤其在時局混亂之際，內容就不必細說了。

承社長慨允，讓我住在報社中，與排字房緊鄰。晚間上班發稿，以前課堂上學的都是大報風格，而《親民報》是走上海「羅賓漢式」方塊報的形式，每條新聞要像磚瓦砌起來似的，一開始我真弄不來。發完了稿聽到工人在隔壁高聲用譏諷的口氣談論，「什麼南京來的大學生，還說是新聞系的高手，發的稿子多了兩三批，拼不起版來！」

我聽得一清二楚，忍不住躲在被窩裡流淚，可不能翻臉，自認的確是學藝不夠、功夫欠佳。

第二天起，我一個人拿著前幾天報紙當樣板，把字數扣準，一格一格算準了字數畫格子，不必太重視稿件的起承轉合，先求版樣整齊好看，像填空格一樣完全和「羅賓漢」分毫不差。不到三天，就把這種手藝搞通。那些排字工人們對我大為佩服，走進工場居然向我敬菸，當面誇獎我「真是高手，這樣就對了。」

蔣公引退之後，李宗仁登臺，向來有李宗仁「白絲手套內的鐵拳」之稱的白崇禧將軍，坐鎮武漢擔負「華中剿總」重任。可是，和談破裂之後，武漢面臨共軍的壓力，街頭竟出現「活捉白崇禧」的標語，姓名旁加上「犭」旁。

武漢地區戒嚴，長江渡輪不得往來，總編輯以次的工作夥伴無法渡江，社中剩下我一個人獨撐大樑，我只得晝夜不停工作，編寫新聞稿兼寫社論、短評。這時我才感覺到四年苦學，並非虛擲。從廣播中收聽國內外重要新聞，改寫成本報的專電和特稿，這幾千份銷路的《親民報》，成了我踏入新聞界第一座練武場，而且要「十項全能」。

桂社長對我很器重，不時請我到他家中用餐，由桂夫人親調羹湯（湖北人最講究的就是，「請您家喝湯」）。他說我是支持出報的「一柱擎天」。

五月十五日，共軍終於攻占了有「中國芝加哥」之稱的漢口市，白崇禧部隊紛紛撤退，街上時聞爆破之聲。進城的是鄧子恢部隊，最大的《武漢日報》，由國民黨營改成了共產黨營的《長江日報》，赫然在目的大標題是：「我們來遲了，對不起人民。」

共軍舉行了進城式，成立「軍事管理委員會」，軍紀相當良好，老百姓覺得「共產黨不壞呀！」回鄉交通恢復，民生日用品有了供應來源，物價平穩。大約一個月後，緊箍咒才越來越緊。對於舊體制下的人員，黨團員、軍人、公務員、工商業負責人等，先是號召自行登記，繼而心存觀望的人陸續被傳訊調查，老百姓這才感到緊張與無奈。

徐伯父原是武漢電信局高級主管，先期率眷撤往長沙，史棻留下了聯絡地址，敦促我儘速離開險境。

我在武漢無親無故，有幾位朋友此刻自顧不暇。桂社長安慰我，「我們是民間報人，立場公正，應該沒問題。」但後來員工中有人找他的麻煩。

我一度考慮回北平老家，但得到各方訊息越來越不好，以我是「政大學生」的身分，北上無異自投羅網。父母帶著四個未成年的弟弟已經十分困難，再加上我這「無法就業的遊民」豈不是更加重負擔，萬一扯上政治問題，會為全家人增加麻煩。所以我決定南下長沙。

共軍入城未久，對一般市民和交通的控制還未能十分嚴密。我在碼頭上找到了載客的帆船，扮作「還鄉難民」要去湖南，幸未受到什麼阻難，當夜便上了船。

那一船坐滿了四五十人，老少婦孺個個愁眉深鎖、神色慘然，彼此間絕不交談。我隨身行李只剩下幾件換洗衣物和幾件必要的證件、照片等。

徐伯父在武昌有一座祖居租給商家，臨行時命我拿了「房摺」等去收租。戰亂之際，詐騙之事經常發生，那位店主看了「房摺」，聽我談吐間把來龍去脈交代清楚，就把一年應繳房租全交給我。由於紙幣形同廢紙，他交給我的是一大包沉甸甸的「袁大頭」。上船時為防遺落，特別買了一條束腰帶，把銀元排成一排擺勻了緊束腰間，起臥都不敢離身，一路上如廁時很是不便。

船行過城陵磯，是有名的風景勝地，船上有人指指點點，大多數乘客都無心觀賞。夜晚有土共部隊攔船檢查，態度相當惡劣。在一旅客箱中翻出一本《會計學》，那士兵念成「慧計學」，另一士兵問，「你會開飛機嗎？」

我深恐被發現腰纏銀元，說不定會被沒收，更會多所盤查，就乘著人聲嘈雜之際，把銀元悄悄解下來，置放在船欄旁一把很大的空茶壺裡。幸好艙中昏暗，一個士兵手上舉著提燈看不清楚，我側身擋住那唯一的燈光，就此矇混過去驚險過關。事後發現我自己渾身大汗，把內衣都溼透。

帆船緩緩前行穿越洞庭湖，船伕說岳陽樓離此不遠，我並沒有認真去看看，只默念著杜甫的詩句「吳楚東南坼，乾坤日夜浮，親朋無一字，老病有孤舟。」我雖尚未老無病，但逃難途中的淒苦，又豈止是「憑軒涕泗流」所能盡其萬一呢？

幸好全程風平浪靜，沒有再遇到什麼意外，在長沙的落星田和史棻相會，劫後重逢備感慶幸。徐伯父愛女情殷，對於我這家世不詳，並無恆產的北方少年很有些意見。但史棻抱定了「非君不嫁」的決心，先得到了徐伯母的默許，挽留我住在長沙，看看再說。

變化已相當明顯，開府長沙的程潛，和武漢的白崇禧一樣，都是國民黨陣營中的宿將舊勳，過去和蔣公之間都曾有過分分合合的恩怨。毛澤東利用湖南同鄉關係，透過程的左右進行統戰，程見獵心喜終於「起義」。

我到了長沙後，將那本房摺、印章，以及收來的「袁大頭」交到徐伯父手中。老人家可能覺得這個青年人辦事牢靠盡心（他原以為我很難收回那筆房租，更無法帶到長沙來），這才由我在當地的幾位同學王理璜、張傳範、何敬仁等作媒，同意把女兒下嫁給我。

長沙市面已是風聲鶴唳，婚禮儘速舉行。在一家「奇珍閣」飯店行禮宴客，洞房設在樂陶飯店。吃喜酒的賓客一百多人，大都是女方家長的親友同事。我政大幾位朋友都來參加，王理璜為史棻理妝，還替我打扮了一番。

洞房花燭之夜，本應是情話綿綿的良辰佳夕，可是我兩人談的是婚後的行止。我告訴她，我在武漢時偷聽中央廣播電臺的新聞，陳誠將軍接任臺灣省主席後，已任命謝然之老師出任《台灣新生報》社長。我們前往臺北，至少有了一個投奔的目標。史棻同意我的想法，「我總不能留在妳家裡做一個入贅的女婿。」

第二天，我們就叩別二老踏上征途，我向岳母保證，一定好好照顧史棻，請老人家放一萬個心。岳母流著淚塞給我一包銀元，就是前一天喜宴收到的禮金。她眼看我們登車而去，即此竟是永訣。

岳父母帶著兩個兒子，不久轉往重慶。直到兩岸開放往來，我們回到武漢時，岳父母都已去世。

從長沙去廣州，乘粵漢鐵路列車，雖然旅客也很擁擠，但比我離開杭州時要好些。兩個人為結婚和準備出遠門，都十分疲勞。雖然達成了「永結連理」的心願，但前途未卜，所以內心是興奮中又充滿惶惑。夜間車過衡陽，快到韶關時兩個人都沉沉入睡。一睜開眼，鄰座一位老者說，

「你們的箱子呢？」

這才發現放在頭頂貨架的箱子不翼而飛，兩個人大驚失色。箱子裡有史禁幾件新置的「嫁時衣」，兩個人的證件、幾本書和照片。幸虧岳母給我們的盤纏錢都還藏在身邊，否則真是全部家當蕩然無存了。

時局不靖，車上常有不肖之徒，帶著很大的空箱上車，夜靜之後乘別人熟睡的機會，把選中賣相較好的箱子裝入空箱悄悄下車。鄰座的老者可能是目擊者，但不敢聲張，所謂「光棍不擋人的財路」。我們兩個人惶亂無主，在韶關站匆匆下車去警察局報案，當然是毫無結果而回。

繼續上車到了廣州，輾轉找到市郊大瀝墟，那便是一路南遷的政大臨時校址。這時校中的人數比離開杭州時少了許多。課是不能上，終日無所事事，盼望有什麼奇蹟出現。好多年後，讀到梁實秋先生《雅舍小品》裡的文章，正是當時的情景。

大瀝墟是一個鄉村，「墟」本有市集之意。我們住在一家舊祠堂內，附近有茶館，同學們偶爾也去分享廣府人「一盅兩件」的閒情。談到國家大事，毫無頭緒。政大曾申請全體入臺，但因臺灣實施嚴格的入境許可制。不幸政大在南京有幾個教職員和學生「歡迎解放軍入城」，臺省府主席陳誠就駁回了政大遷臺的請求。流亡途中的同學們，最後遷回重慶、再撤到成都。共軍入川時，政大和軍校學生全力迎敵，犧牲了不少人，脫險者雷震邦等多位，經香港再來臺灣。

我的同班好友廣東籍的盧立群，學業優秀意氣飛揚，對新聞實務饒有經驗。他的哥哥盧冠軍早年留日，是資深新聞先進，在臺灣任《中華日報》社長，我應立群之囑替他寫過一些文章。立群先到臺北襄助乃兄，曾替我辦了「入境證」，並催促我早日來臺，「工作的事你來到才好安排。」

在廣州，史棻的姊夫芮晉兄熱心幫忙，為我們找到了「華聯輪」船票。自上海駛往臺灣的輪船，曾有「中興號」和「太平輪」沉沒的悲劇，此時四方難民雲集，千方百計要買船票仍是一票難求，我們得此機遇，感謝上天的庇佑。

華聯輪是萬噸客輪，蔣公曾乘這艘船巡行東南海域。我們在廣州登船，只見旅客擠在甲板上秩序凌亂。船艙裡是三層的木床，躺下去抬不起頭來。艙內悶熱難堪臭氣薰人。我們知道船上不供應飲食，事前買了一些麵包、飲水等備用，想不到因為船艙裡太熱，麵包一夜就發酸不能吃了。廚房裡抬出來幾桶炒飯，喊價很高，多少多少元一碗，很快就被搶購一空。

從廣州啟航，三晝夜安抵基隆港。同班學友戴豪興來接，八月間天氣炎熱，看到街頭椰影搖搖，港內海水無波，一向樂觀的豪興為我們多方寬慰，乘火車到臺北，就在火車站前的同和居午餐，他說是「既歡迎重聚，更祝賀新婚。」席間吃到了燒餅醬肘子和酸辣湯等北方風味食品，頓時覺得臺北不像想像中那麼陌生了。

當夜住在博愛路的永大旅社，房間雅潔，痛痛快快洗了熱水澡，但當時新臺幣剛剛改制，一夕之費，約合銀元五元；此後我暫住立群宿舍，中山堂對面女子公寓，讓史棻暫時住在那兒。

我們到衡陽路上的《新生報》去見謝社長，他很高興看到我們，因為工作太忙沒有時間多談，就叫我們第二天下午去看看總編輯，是否能錄取入社，見過總編輯再說。

我把這情形告訴豪興，他說，「那太好了。」因為總編輯就是政大教授蔣君章先生，為我們開過「人文地理」，四年級的選修課，排在下午。當時因同學們兼任記者的很多，趕不回來上課，而我覺得這門課很有意思。蔣先生很濃重的江南口音，細聲細氣分析歷史上「胡人南下牧馬」的文化和經濟背景，「三秋桂子，十里荷香」，難怪北方異族要乘虛南下。

蔣先生是陳布雷先生的重要助手，布雷先生去世後，蔣先生更受倚重。他來臺後出任《中華日報》副社長，同時又兼《新生報》總編輯。

蔣先生對我們印象都不錯，聽取我們報告在學與來臺經過之後，當即要我們第二天報到上班，都是從最基層做起，我是助理編輯，史棻是實習記者。薪水多少我們沒問，反正總算有了一枝之棲，可以有「文章報國」的機會了。

大概是八月底或九月初，我已記不清楚準確的日期，我和史棻正式走進《新生報》去上班。那座大樓早已經一再拆遷而不復存在，但那兒蘊藏著我踏入新聞界之後許多最值得回味的記憶。

從一九四九年直到一九七二年，包括我到美國進修的三年多，仍兼任駐美特派員的工作，前後為《新生報》工作了二十三個年頭，幾乎大部分時間是在「大夜班」的編輯檯上。青春年華和半世心血，灌注在這份報紙上。我一直是以報答謝老師知遇之恩的心情，為報社全心奉獻。二十多年間，從助理編輯升任副社長兼總編輯，謝社長以及同仁們對我的支持呵護，容許我以菲才而擔當重任，我深以為榮。不幸的是，在我離開之後，雖經李白虹、石永貴、葉建麗等好幾位能手相繼全力經營，終因受到政局和社會結構的變化而偃旗息鼓，令我萬分痛惜。

回頭看看那些年的歷史，《台灣新生報》對於臺灣的安定、發展與進步，確實有它不可磨滅的貢獻，當年的老作家、老讀者們，至今殷殷樂道。如果能把當年的合訂本翻出來，與今天的報紙對比，除了篇幅少得多、沒有彩色印刷之外，論起新聞和言論的品質，恐怕大家都會不約而同嘆息一聲「今不如昔」吧。

第十二章 《新生報》入門

《台灣新生報》曾是臺灣影響最大、銷路最廣的報紙。而今雖已沒落，但要研究自一九四五年光復初期一、二十年間政治、經濟、文化的發展演變，《新生報》應該算是最豐富也最重要的史料與憑證。

一九四五年日本戰敗投降，過去侵奪中國的領土，包括臺澎與東北，當然歸還故主。那年十月二十五日定為「臺灣光復節」，《新生報》就在那天在臺北創刊。當年還是青年才俊的謝東閔先生，自重慶飛來臺北，攜帶著由黨國元老、大書法家于右任所題的「台灣新生報」報頭。日據時期臺灣原有報紙多家，太平洋戰爭爆發後，日方為加強對新聞言論的控制，下令將那些報紙統統合併為一家，改稱《臺灣新報》，分支機構遍布全臺各縣市。光復後由臺灣行政長官公署接收了這項「敵產」，即在那個基礎上出版了《新生報》。

因此，《新生報》創刊之後，享有一枝獨秀、占盡風光的優勢，發行網路和讀者人脈，都非其他報刊所能望其項背。不過，初期人事布局上有失當之處，種下了後來的一些隱憂。

行政長官陳儀早年留日，陸軍士官學校畢業，是老資格官僚，政治上屬於「政學系」，曾任行政院祕書長，並主持臺籍幹部人才的培訓。由於原子彈的威力，勝利從天而降，各地的接收計畫都有些措手不及，臺灣也不例外。

新聞工作在光復之初，應是啟迪民意、宣揚政令最重要的環節，可是陳儀認為國民黨中央指揮的人馬難以和他配合，所以他別闢蹊徑，以收得心應手之效。他在長官公署體制內設立宣傳委員會，請青年黨籍立法委員夏濤聲主持。包括《新生報》在內的新聞、文教機構工作，都以那個委員會馬首是瞻。

夏濤聲有一番抱負，但興辦事業與書生論政截然不同，以辦報來說，編輯、記者、經理、印務都需專才。急切之間，「求才」的過程無法十分精細，有的是以青年黨員關係入選，也有些是從福建就近取材。陳儀治臺後期有一段時間，若干報紙和雜誌上的言論和報導，明顯受到大陸左翼的影響。

陳儀之後是魏道明，長官公署改為省政府。一九四九年陳誠臨危受命，繼任臺灣省主席力挽狂瀾，一方面施政求積極改革，推出諸如三七五減租和新臺幣改革等新政；一方面整頓軍力和社會治安，以確保臺灣「復興基地」。陳主席就職後，一道重要任命就是徵召謝然之先生出任《新生報》社長。

謝先生就任後，聘李白虹、趙君豪為副社長，蔣君章為總編輯，原在上海《申報》服務的王德馨為副總編輯，是編輯部實際挑大梁的人。採訪組主任張明大姊，是政大前期學長；採訪線上有漆敬堯、李蔚榮、齊振一、歐陽醇等校友，再有黃順華（復旦）、黃漢（輔仁）等都是一時之選。

編輯部由劉成幹、單建周兩位副總編輯分管各版，編輯組主任路世坤和幾位資深編輯，是留用的人員。

經理部門主管，有陸蔭初、趙景等，都是上海來的，可能由趙副社長引薦。一九四九年八月下旬，我到臺北後就投效謝先生。事後才知道，報社新舊交替之際需才孔亟，我們這一班都是謝先生的入門弟子，既有專業能力，初出校門背景單純，彼此都可信託，所以，先後便有袁良、尹直徽、張毅、馮小民、方大川、葉宗夔、張邦良、彭承斌、曹鋆，加上史棻和我，以及晚我們一屆的荊溪人，被稱為《新生報》的「生力軍」，我們都從基層的助編或校對做起。職級和薪水最低，但大家都幹得很起勁。

同班的戴豪興、何貽謀、王理璜，則進了《中央日報》。

同學們正當年富力強之際，互相勉勵要敦品力學、盡職守分，無論在什麼崗位上都要為老師爭氣，更不可砸了「政大」新聞系的金字招牌。正是憑著那股幹勁和傻勁，贏得了先進們的許可，陸續都能出人頭地，聲勢不凡。

我入社不久，王德馨升任總編輯。我因為已有《親民報》那一番經驗，後來報社增闢「文教版」（那是臺灣各大報第一個文教專版），就指定我主編。當年報紙篇幅只有一大張半（六頁），《新生報》廣告極多，文教版不過六、七批的版面，卻包含教育、文化、體育等新聞，每天都為了稿子太多而頭痛。那時為這一版供稿的記者是黃順華，她對各級教育了解透徹。據說張其昀任教育部長時，只有三位女士不必通報就可找教育部長談話，是教育部的兩位女司長王亞權和葉楚生，另一位便是黃順華。新進的記者是內子史棻，體育記者是楊佐華。

臺灣每年開省運會，總編輯要我在大會開幕前趕編一本「手冊」，列出大會各項比賽詳細日程、時間、場地，和各項有關紀錄，包括奧運、全國、世界以及省運往年的成績。每天有一頁空白，供使用者隨時書寫。小冊是四十開本，便於隨身攜帶。手冊隨報附送，不單獨出售。這一手冊非常轟動，連同業各報編採人員也都爭買《新生報》。當然報社投下的物力財力可觀。

為了這本手冊忙了我好幾個星期，白天寫、編、校，晚上照樣上班，沒有想過加班費之類的問題，我覺得受人識拔便應全心全力從工作中報答。社內社外很少人知道誰做這樣苦工。但我由此增加了不少體育方面的知識。到年底發現薪水袋厚了一些，原來人事評鑑為我晉了兩級，使我更加相信：「一分耕耘，一分收穫。」

彼時經濟尚未起飛，物資十分匱乏。臺灣主要出口唯有糖、米和樟腦。許多物資都靠進口，所以外匯管制十分嚴格。印報的捲筒紙大都靠進口，政府因此要報業限制篇幅，同時不許增加新報，無形中有維護現有幾十家報紙的利益作用在內，但對新聞自由的發揚則是一項缺憾。

《新生報》本來是一大張半，第一版全版廣告，這和抗戰期間內地的報紙一樣。二、三版是國內外大事，用於報導文教、經濟和地方新聞的篇幅不得不少之又少。

為了適應一部分本省讀者尚不熟悉漢文的需要，《新生報》有一小張名為「軍民導報」的副頁，是重要新聞的日文版，受到年長者的歡迎。

報紙篇幅曾有幾次調整，後來陸續增加到三大張。各版分配大致是這樣：一、要聞，有半版以上是廣告。二、國內外要聞。三、省市新聞。四、文教體育新聞。五、經濟新聞。六、市郊與社會新聞。七、副刊。八、臺北市電影廣告，外埠則換成各縣市地方新聞。九、十、十一、十二有各種專刊輪流刊出，大部分是分類廣告等。由於環境和編印技術上的限制，各報版面小有異同差別不大。

《新生報》在廣告上占有絕對優勢。廣告組有位業務員楊水塗，每天晚上出入各大酒家，一攤又一攤，不是他請客戶延攬廣告，而是廠商爭相約請他喝酒，拜託他幫忙安排比較好的版面和檔期。

編輯部晚間上班，不時會看到楊水塗喝得臉紅紅的悄悄走進來，站在總編輯桌旁低聲耳語。總編輯皺著眉頭頻頻搖頭，那就表示，「今晚重要新聞太多，讓版面的事，免談。」有時，總編輯鬆了口風，要他「去找某先生商量」，而這個「某先生」常常就是我。因為好像大家的共識是：「文教版」是軟新聞，版面稍有彈性。於是我就像割肉一樣，同意讓出若干的版面給他登廣告。有時也會爭得面紅耳赤。那種困難情形，今天的編輯們想像不到吧。

我入社之後，第一回犯的錯誤，讓我留下深刻的印象。

報上每天列出一張批發物價表，大約有三批篇幅，字號特小，密密麻麻擺在經濟版下面。內容包括許多日用必需品的批發行情，如各種稻米、肉類、食油、蛋類、青菜等，每天由外地用電報報來，編輯部將內容一一訂正後交工廠抽改。這項工作由經濟版主編兼辦，他輪休時會委託同仁代辦。我經常受託辦過多次，完全是機械式工作，用不著費腦筋思考。

可是，有一天我忘了抽改蛋價，不料偏偏就是那一天，苗栗產地蛋價有較大幅變動。第二天接到讀者電話來抗議：原來是甲乙雙方有一件住房租約，約定以「每月十五日《台灣新生報》所刊蛋價批發價為指標」，來決定當月房租的漲落。我怎麼也不會想到，一個小小的數碼會引起房東和房客間的爭執。民間交易習慣，超乎我想像的花樣繁多。但由此而可見《新生報》在民眾生活中受到的重視與信任。

為了這一疏忽，我受到口頭申誡；但也讓我牢牢記住，報紙上刊出的每一個字都會發生影響，而影響的複雜性猶如波光交網。以前讀「編輯學」上說到，一位編輯人員等於是足球場上的「守門員」(goal keeper)。從蛋價這個例證來看，猶不只是「守」住大門而已。

不久我被調主編省市新聞，工作繁重多多。《新生報》是省屬報紙，對於省府政令的宣導責無旁貸，因此在社會新聞方面便難以充分發揮。記得臺北發生一起「純情女郎殉情案」，轟動一時。男主角是在一家廣播公司服務的張先生，已有家室，又和女同事陳素卿相戀無法割捨。二人相約殉情，結果陳素卿真的死了，張君卻竟臨難苟免保住了命。陳女留下遺書，洋洋數千言，歷述二人交往經過，和她無怨無悔了斷孽緣的決心。那封信的全文各報爭相刊載，而號稱「第一大報」的《新生報》卻僅刊要點，獨漏全文。讀者紛紛責難，北市零售報數量即時下跌，社內同仁對我這個主編的判斷力也表質疑。

採訪社會新聞的記者林琨兄人脈甚廣，他和其他同業一樣都看到全文，不過，他怕抄寫不及，趕不上截稿時間，而且，「我們報紙大概不會重視這類東西。」

我覺得我應該把責任攬起來，雖然我事前沒有看到全文，「但我的確不會為了它把其他新聞全部扔掉。」我承認，那封遺書真是寫得纏綿悱惻哀婉動人。好幾位名教授和作家都寫文章、作詩來悼念陳素卿，要為她樹碑立傳。

過了沒有幾天，案情峰迴路轉，法官查明真相，張君不僅一手安排了陳女士的死亡，連那封遺書也是他一手偽造。翻案之後，為陳素卿修墓之議不再有人提起。那位由多情郎轉為負心漢的張君，被判刑坐了幾年牢，出獄後隱姓埋名鬱鬱以終。

《新生報》因「漏」得福大受讚揚，「不愧是我們臺灣人的報紙」，銷路大大增加。有同業先進稱許我「有定見、有眼力」。經此一場風波，增長了一些自信，也明白了「凡事不可只看表面」，尤其不可有搞熱鬧的不當心理。

入社第一年，最重大的新聞就是「古寧頭大捷」。這一戰對我個人也有象徵性的意義。眼前這個階段，仍是「軍事第一，勝利第一」。

一九四九年十月二十五日臺灣光復節，臺北天氣晴朗。大陸上西南地區戰況緊急，重慶、成都紛紛告警，差不多同一天，共軍猛犯金門，在古寧頭等灘頭登陸。那天在介壽館（即現在總統府）前廣場上舉行光復節慶祝會，陳誠主席宣布了前線大捷的消息。這場「古寧頭大捷」是國軍近三年間一路敗退之後難得的勝利。我擠在群眾當中，只聽得陳主席的浙江官話，因為太興奮而有些沙啞。人群止不住大聲歡呼鼓掌。這一戰顯示國軍雖一敗再敗，仍有「保衛臺灣」的能力，士氣民心大為振奮，國際間對中華民國前途悲觀的觀感也為之一變。古寧頭之戰的經過，公私紀錄甚多。共軍葉飛部隊輕敵冒進，一萬多人全被擊潰。國軍有胡璉等部和孫立人在鳳山訓練的新軍，頭一天剛好舉行過實兵演習有充分準備，而且將士都有「背水一戰」的決心，才獲得這場勝利。金門與大陸一衣帶水，但此後半個世紀來，共軍沒有再作強攻登陸的嘗試。我曾到金門訪問好幾十次，戰地風光，刁斗森嚴；而近年由於兩岸和解，當年的海防前線已變為觀光勝地，不然改觀了。

第十三章　轉機與希望

未來從事研究和撰寫中國與臺灣近代史的學者，一定都會選定一九五〇年作為關鍵時刻。這一年裡發生兩件歷史性事件，扭轉了國家命運，使得風雨飄搖、岌岌可危的臺灣，得到了仆而再起、危而轉安的運會。

那就是蔣公復職和韓戰爆發。

一九五〇年三月一日，引退一年多的蔣中正先生，順應海內外的民心輿情，在臺北宣告繼續行使總統職權。

回顧一年多之前，徐蚌會戰失利，作為政治中心的南京，仍瀰漫著苟且偷安的氣氛，有人說，「只要蔣某人下臺，和談就有成功之望」；也有人打如意算盤，「蔣某人離開，美國就會出錢出力，支持我們打共產黨」，政客和將軍們竟演出了「逼宮」。蔣公從未透露，原意是在京滬地區部署決戰，萬一無法挽回頹勢，他便決心以身殉國一死方休。逼宮之後，他不得不歸隱故鄉浙江奉化以觀世變。

李宗仁如願當上「代總統」，派出張治中等到北京談和。李自以為毛澤東會因為他「反蔣」而引為同調，因而有「談」的機會。李的夢想是「劃長江而治」，形成南北朝對立。無如形勢已非，毛澤東勝券在握，「臥榻之旁豈容他人酣睡」，提出的條件分明就是無條件投降，而且講得明白，不論談不談，共軍一定要渡過長江。

和談破裂，連和談代表也都一去不返。隨後便是所謂「百萬雄師過大江」，國府南遷避亂。李代總統忽而廣州、忽而桂林，忽而稱病躲在香港，最後更遠走美國「就醫」，置國家危難於不顧。

李宗仁的行徑，使得一度對他懷有幻想的人也為之絕望，國內外一片譴責之聲，「代元首落跑」，丟人現眼莫此為甚。在美國作了十年寓公之後，這位德鄰先生竟靦顏到北京去，被共方宣傳為「愛國人士」。可是文革期間，幾乎遭紅衛兵的毒手，後來死在北京。

當李宗仁悠遊海外之時，蔣公以國民黨總裁身分，親臨每一處戰況最緊急的地方，憑藉個人的聲望，號召軍政人員作最後的奮爭。當他離開重慶時，共軍前哨已逼近海棠溪。街頭擠滿了難民和散兵，蔣公的座車無法前行，他只得下來步行。其情其景固然十分難堪，然而，蔣公「知其不可而為之」的精神舉國皆知。李宗仁怎能和他相提並論！

蔣公復行視事，本是順理成章的事，但因為李宗仁態度曖昧，國際間的反應混沌不明，其間經過許多曲折，函電往來，大員諮商，國民黨諸大老僕僕道途，先是要李代總統好好當家，後來則勸他幹不下去就該主動讓位，可是李既不能負責任、挑重擔，又對「代總統」的頭銜眷戀不捨。其間種種交涉，而今都成了斷簡殘篇，不值一道。但當時也曾屢屢出現在報紙頭版上，惹人憂煩。

蔣公復職，總算結束了那一年多舉國徬徨無主、莫知所從的困局，各方致賀的電文中，有許多精彩的好文章，我記得傅斯年那兩句：「中樞有主，三軍得帥。」要言不煩，概括了這一歷史事件的中心意義。

一九四九那一年間，國府從南京遷廣州、遷重慶再遷臺北。老百姓說不出究竟是誰當家主事。上上下下紛亂如麻，籠罩在眾人心頭的是「逃難」，是「今後怎麼活下去？」看來國民黨已經沒有希望了，共產黨是一個大大的未知數，怎麼辦？

經歷了那一年多茫然無主的痛苦遭遇，大家對於蔣公復職，不僅殷切期待，而且衷心企求。好像失足墜海的人爬上了救生艇，在波濤洶湧的險惡環境中，這是唯一能夠死裡逃生的希望。

蔣公復職一兩個月內，在不同場合發表了多次演講。國家元首的文告和言論，向例多由所謂文膽、智囊等高級幕僚擬稿。但其中最重要的一篇完全出乎蔣公自己內心感情、自己的語言，憑自己的獨特經驗而吐露的肺腑之言。

一九五〇年四月十六日、十七日兩天，蔣公在陽明山莊連續發表長篇講話，題為「軍人魂」和「革命魂」，反覆叮嚀都是成功成仁的道理。同時透露他在徐蚌會戰之後，要固守南京以死殉國的心境：

「……自從剿匪以來，我們高級將領所表現的怎麼樣？這是你們親身的經歷用不著我來細說。在三十八年春季以前，還有幾位高級將領，因為作戰陣亡慷慨成仁的：如張靈甫、蔡仁傑、盧醒、明燦、周少賓、劉立梓（孟良崮之役）；劉戡、嚴明（陜北之役）；黃伯韜、陳章、熊綬春、李驤、邱清泉（徐蚌之役）以及戴之奇（蘇北之役）；李仲華（開封之役）；劉聲鶴（曹八集之役）；馬培基（濟南之役）；田君健（萊蕪之役）；韓增棟、馮用民（長春之役）；李傳宗（義縣之役）；戴炳南、王敬鑫、蘇景泰（太原之役）等各軍師長，但這個數字在前方作戰失敗的將領中，已不過是十之一二。而自從我去年下野之後，在一年之中，我們國軍自長江到南海，自東南至西北一路崩潰，只聽到某軍長棄職潛逃，某師長被俘投降，除了楊幹才軍長在宣城自裁及廖定藩師長在上海陣亡以外，其他再沒有聽到有慷慨成仁、盡職殉國的高級將領，殊為可痛。這固然由於我們過去軍事教育不良，領導無方，但同時也就證明我們一般將領的革命精神喪失到了什麼程度，真是廉恥道喪，氣節蕩然。」

他一方面是引咎自責，一方面也說明在「中樞無主」的情況下，所謂廉恥、紀律、氣節、榮譽都不再有振衰起敝的作用。蔣公重新領導，對過去的挫敗表示愧悔負責，並強調此後的作法：「君子之道，莫大乎以忠誠為天下倡。」挽狂瀾於既倒從此開始。

當時的環境萬分艱險：共軍陳兵百萬，是必須面對的現實；而臺灣內部勉強站住腳步，問題還是很多。最明顯的就是，自大陸撤退來的部隊號稱六十萬眾，軍費是沉重的財政負擔。甚至連供應軍糈民食都要煞費苦心，怎談得上經濟開發、民生建設。

蔣公復職前，曾決定把中央銀行國庫裡所存的黃金、白銀等祕密運送臺灣，當時僅有極少數人知曉，新聞界並無報導。事後了解，中央銀行副總裁劉攻芸曾向蔣公的祕書周宏濤說明：「黃金運到臺北者二百六十萬兩、廈門九十萬兩，放在美國三十八萬兩。上海僅存二十萬兩，承兌支用四十萬兩。另有敵產珠寶一千一百件，將運香港存放。還有數千萬銀元。」全部算起來，共有黃金三百七十五萬五千五百四十餘兩。但六十萬大軍軍費，平均每個月就要黃金十八萬兩。政府為維繫民心，撥付臺灣銀行黃金八十萬兩，作為發行新臺幣的準備，這是絕對不能動的。加以各項政務開支，政府收入遠不足以支付，從大陸移來的黃金成了支撐危局的支柱。如不是蔣公遠見，那些黃金留在大陸，臺灣要建為復興基地就更難上加難了。

以那批黃金折算美元，也許有三、四億美元。誰能想到進入二十一世紀，臺灣的國際貿易總額每年達到幾千倍，國民平均年收入超過兩萬美元。四億美元算得了什麼？可曾想到那批黃金，就是國脈民命的續命湯啊。

當時要改善財政狀況，只剩下兩條路，一是加稅，但加重民眾負擔，殊非政府所願。再就是爭取外援，而唯一有力量援助我們的只有美國。杜魯門政府態度極為消極，國務院不但反對援華，認為舊人在位，美援不會有幫助。國務院發表的白皮書，更把大陸上一切失敗，完全推在國府和蔣公頭上，對臺灣冷漠至極。

就在蔣公復職後三個多月，朝鮮半島突然爆發熱戰。這是二次大戰結束之後第一場大規模的國際性衝突，也是美蘇冷戰的高潮。韓戰也標誌著臺灣由孤立無援，而重新與國際社會接軌的轉機。

先是國務卿艾契遜在一項政策聲明中表示，美國西太平洋的防衛圈，不包括朝鮮半島在內。由此啟動了史達林蓄謀已久的企圖，驅使北韓金日成揮師南下，時在一九五〇年六月二十五日。南韓李承晚政府猝不及防，首都漢城旋即失陷，一路敗退到半島南端的釜山，全球為之震動。

美國反應迅速，杜魯門兩天後就下令美軍援韓，同時特令第七艦隊巡弋臺灣海峽，阻止中共犯臺，以保護韓國戰場的側翼。他也要求國府停止對大陸的海空作戰行動，表面上是使「臺灣中立化」，實質上是華府修正了前此的觀望立場，轉而跨出腳步支持臺灣。

外交部長葉公超聲明，原則上接受美方建議，但強調，「美國之建議不影響中國政府對臺灣之主權，或開羅會議關於臺灣地位之決定；並不影響中國反抗國際共產主義，及維護中國領土完整之立場。」話講得很大氣，中華民國並不是要在美國保護之下苟安圖存，自有復國大志。

北韓攻勢淩厲，聯合國大纛之下雖有十六國部隊參戰，戰況仍甚危急。聯軍統帥麥克阿瑟運籌帷幄發動奇襲，指揮仁川登陸，將北韓軍退路截斷倉皇敗退，聯軍長驅北上，麥帥的豪語是，「美國子弟們聖誕節回家」。

韓戰之起，使美國政策轉趨積極，但對華立場仍多爭議。一九五〇年七月三十一日，麥克阿瑟自東京飛來臺北與蔣公會談，為時兩天的會談，「奠定中美共同保衛臺灣及軍事合作的基礎」，這只是官式的說法。新聞界注意到，麥帥之來事前並未得到華府的同意。麥帥是軍人，確信「勝利是無可替代的」，杜魯門的考慮則是儘可能避免戰事擴大。

杜、麥曾有威克島會談。杜魯門專程飛了幾千哩，到太平洋上一個小島，聽取麥帥的報告。麥帥研判中共不會參戰，他曾建議轟炸東北的所謂「敵後庇護區」。

可是，那年十月中，中共已派出三個軍約十萬人，打著「中國人民抗美援朝志願軍」的旗號，祕密渡過鴨綠江進入北韓，挺進中的聯軍遭受伏擊吃了大虧。

麥帥的戰略觀念和蔣公相合，所以盟總對臺灣的需要竭力支持。麥帥並公開宣布，美國應支持中華民國反攻，開闢第二戰場。這與華府「不擴大戰事」的決策底線南轅北轍，杜魯門於四月十一日下令，麥帥各項職務全部解除。儘管麥帥在兩次大戰中功業彪炳人望極高，但美國憲法明定總統身兼全軍最高統帥主掌全局，不容許有「將在外君命有所不受」的重大歧見。

這一路奇峰突起的變化，使新聞工作者大忙特忙。我的宿舍在成都路距報社很近，所以白天經常到報社瀏覽書報，也可看看國外各大通訊社傳來的電訊晝夜不停，如此便可知道最新的情況。

韓戰以來，《新生報》要聞版編務，由王總編輯商請他的老友沈宗琳主持。沈先生原職是中央通訊社臺北分社編輯組主任。在那段緊張時期，中央社強化組織，原設在南京的總社也遷來臺北，沈先生學驗俱豐，經曾虛白社長不次拔擢，提升為總社總編輯。這一來便無法在外兼職，報社高層經過討論決定由我「接班」，受命之際惶恐不已，這實在是對我嚴重的考驗。

沈先生在離開之前，要我坐在和他緊鄰的辦公桌，以一個月時間進行一對一的「密集訓練」。所有要聞相關的稿件，由我先加整理和分類，然後他一面編輯、一面講解，講解的範圍和層次不止是刪改文字清理內容，製標題，畫板樣等技術，而要觀察到各種複雜問題的底裡。沈先生思路敏達文筆犀利，曾是《聯合報》「黑白集」第一代作者。他在那一個月間把二十多年編輯檯上的心得「傾囊相授」，我是即學即用頗有進益。從文教而省市新聞，再升格到處理國家大事、國際要聞，那種感覺好像從游泳池裡出來，跳進了大海波濤之中。

自知學養經驗皆有不足，唯有加緊進修。那一陣苦讀有關戰爭的典籍，從《孫子兵法》到蔣百里，從克勞塞維茲的《戰爭論》到馬漢的《海軍戰略論》，增進了一些基礎知識。韓國近代史和中韓關係，更須找書來讀。對韓戰戰況，自己試繪戰線草圖，依電報注出進退路線，從而掌握整體情況。

又因為聯合國內議論紛紛，對於大會憲章和安理會議事也要切實了解，那兒其實是另一座戰場。聯合國當時有六十個會員國，除了蘇聯集團與我為敵之外，英國邦聯之下多已承認中共，對中華民國的會員席次時有挑戰。舊金山對日和約竟也將中華民國排除在外，甚至還有把臺灣交聯合國託管等密議。凡此種種逆流，政府當然重視，並採取堅定立場、明確方針，和委婉慎重的方式，一一因應化解。中間的真相和細節，我這樣資淺的新聞工作者尚未能深入了解，但可從當局公開的言論中體會到國家處境艱難。

第一、中樞播遷臺灣，是中華民國最後一片淨土，正是「退此一步，便無死所」，要能生存立足，唯有精誠團結自立自強。深入觀察發現，團結自強尚未能作到百分之百。我自己立下的座右銘，寫在玻璃板下是文天祥的兩句話：「存心時時可死，行事步步求生。」

第二、臺灣實力有限，光復大陸顯然不足，保衛基地也有待加強。經濟和軍事都需外援，但外援操之於人，即令有之，亦往往附有某些可能有損主權的條件。所以我們既要「爭取有道多助」，而又必須強調巍然自主。蔣公曾一再告訴西方人士，反攻大陸只需道義支援，絕不需美軍參戰。韓戰停火之後，連這種話也不多說了。

第三、中共打韓戰，出兵七十八萬，人員物資損折甚重，間接減低了大舉犯臺的壓力。一九五一年二月一日，聯大決議譴責中共為韓戰的「侵略者」。韓戰停火之後，有一萬四千多名共軍戰俘拒絕返回大陸，選擇前來臺灣。集體來臺，在一九五四年一月二十三日，這「一二三自由日」擊破了中共「代表中國」的宣傳。

而一九五四年十二月三日在華府簽字的「中美共同防禦條約」，把臺灣防務與亞太地區的安定和平聯繫起來，此後中華民國在臺灣才能從容建設大步向前。

歸結起來說，蔣總統復職和韓戰爆發，是中華民國從存亡莫卜的危機中得到喘息的轉機。如果蔣公沒有復職，則內部群龍無首，不堪一戰；共方若不曾聽從史達林的命令，不去打韓戰，把那七八十萬兵力全部用來攻臺，後果如何，天下事未可知也。韓戰那幾年臺灣得以積極整備，在莒中興。而國際情勢也漸漸改觀，共方從此再也沒有嘗試冒險犯臺。

這一段經歷，大大豐富了我在新聞工作上的深度和廣度，更增強了我的自信，所謂「才人處世，如錐在囊中，久必自現」。一九五〇年的大變化，給了我強度磨練與出頭的機會。

第十四章　步步求生

一九五一年之後，臺灣才由「群疑莫定」之局漸漸走向安定平和之境。這當然不能只靠在上者的精神講話和道德感召，而是因為政府執行了正確的政策，贏得了老百姓的信心。

首先是一九四九年開始的新臺幣幣制改革。

政府在大陸後期，經濟崩潰的主因之一就是濫印鈔票，以致惡性通貨膨脹，物價狂漲，民不聊生。由於這番痛苦的經驗，臺灣銀行發行新臺幣，收兌舊臺幣；而新臺幣有充分的黃金準備，發行量嚴格限制。於是幣信確立，有如脫韁之馬的物價這才獲得穩定。雖然物資仍然匱乏，大家的日子過得很清苦，但都窮得很乾淨沒什麼怨言。

有關財經、貨幣等理論，政大雖然教過，但都只是書本上的學問，此刻卻要通過事實的考驗。記得當時有一個獨立的機構，名稱好像是「黃金準備監察委員會」，委員都是受尊敬的地方名流和機關代表。經常集會查核庫存的黃金數量和新臺幣發行數額，每月公告一次，《新生報》都要顯著刊載以昭大信。由於這樣嚴格管理和公開宣告，新臺幣成了很「硬」的貨幣。每張紙幣都有含金量，打破了通貨膨脹的陰影幽靈：錢不那麼「毛」了。

幣制改革的效益，人人感受得到，物價穩定，無形中使大家相信錢真是值錢的，所以儲蓄之風漸盛，顯示每個人的私經濟都有了比較長期的規劃，「安定」之義在此。

比新臺幣影響更深遠、更複雜的，是一連串的土地改革，總起來稱為「耕者有其田」。中國幾千年來以農立國，歷朝治亂之因，往往就在土地問題是否得到妥善的解決。國父孫中山先生首倡共和革命，重要的目標之一就是「平均地權」，務使地盡其利，而土地生產的權益為全民所共享。民國肇建以來，內憂外患交作，到了抗戰發生遍地烽火，根本沒有實施土地政策、落實均權理想的機會。

臺灣面積三萬六千平方公里，三分之二是山地，可耕地有限。大陸二十多個省份，最小的浙江省約為臺灣的三倍。光復之初，臺胞六百多萬人，百分之七十屬於農戶，稻米和蔗糖是最主要的物產。

日據時期，總督府及其所屬的事業機構土地甚多，等於大地主。為了便於控管，農地集中在少數與日本當局合作的地主手中。推行貇戶制度，大多數種田人都是佃農或半佃農，地租甚高，通常在正產物的百分之五十至七十之間。農民生活自然很苦。光復之後，土地是政府亟待解決的問題。

抗戰期間，陳誠任第九戰區司令長官兼湖北省政府主席，曾推行過「二五減租」，獲得相當成果。他接掌臺灣省政之後，推行「三七五減租」。具體規定佃租不得高於正產物收穫量的千分之三七五，同時取消原有的種種陋規，如押金等不合理的負擔。農民的生產意願升高，農產大增，農民收益多了，消費力強了，生活自然得到改善，經濟發展也得到動力。

減租政策辦得很順利，頗受農人歡迎。下一步是「公地放領」。農民手裡有了餘財，獲得土地的願望更為強烈，政府將大批公地按低價出售給佃農，許多耕作累代的農民，第一次得到土地所有權，歡天喜地，真正「翻身」。

緊接著第三步，是一九五三年全面推行「耕者有其田」政策。具體規定私人擁有耕地，面積限於水田三公頃或旱田六公頃，超出部分都由政府收購，再依原價轉售給佃農。實質的作用是運用了公權力，裁抑了大地主，幫助真正下田操作的農民取得田地，成為他們夜思日想的自耕農。

這一階段的推行，據我記憶是有相當的阻力。原因在於部分地主惜售，有人不相信政府有此財力。新聞界在這方面要盡其說明和釋疑的努力。

政府推行耕者有其田，出售公地所得價款都用以支援政策。更大宗的財源是出售公營台泥、工礦、紙業和農林等四大公司的股權。當時這四家公司除水泥外，獲利的前景低迷，所以地主接受的意願不高。

政府同時發行糧食債券，按收購土地時的地價，折合稻米分十年還清。地主收到糧食債券，准許在市場上轉售流通。許多地主把土地出售後，所得資金投資於工商業，這就是臺灣的民營工商企業發展的開始。今天的若干大財團、大企業，正是從那時起步的。

這個過程比較迂迴歷時較久，報紙上的重要新聞，直接、間接都跟土地改革有關。有些法令規章死板板，有些名詞又很陌生。譬如不時會看到「地目」、「等則」，就弄不清含義為何，一般字典辭書也查不到，甚至連跑新聞的記者也說不清楚。後來請教內行，才知道「地目」是講土地分類的名目，如水田、旱田（日本話叫「畑」）、山坡地、河川地、林地等；「等則」是每種地目裡按生產力分訂的等級，如水田一、二、三等級。

據我觀察，臺灣土地改革能順利推行，至少有下面幾個因素：

第一、蔣總統是以「實踐國父遺教」的決心，為臺胞謀福利，督責行政部門全力推行，可說是「只許成功，不許失敗」的保證。

第二、立法院的委員們「身無半畝，心憂天下」，所以在立法過程中，沒有「迴護既得利益」的問題，一切規章籌劃公平周密，都以實現耕者有其田為至上目標。

第三、有好的政策，還要有好的執行。在貫徹土地改革的各個階段中，從中央的地政署、省府的地政局、各縣市中的地政科，幾乎清一色是政大地政系前後期同學。他們具有學理上的共識，把促成「耕者有其田」作為為國效力最寶貴的貢獻。陳誠雖與 CC 系關係不好，但對這些政大同學不能不器重有加。

還有一項「反面教材」也不可忽視。同一期間，中共在大陸各地展開「土改」，用暴烈慘酷的手段煽起階級仇恨，把地主列為「地、富、反、壞、右」五惡之首。地主被槍斃、被活埋，以及受各種酷刑者比比皆是。這些消息傳出竹幕之外，臺灣的地主們聞之膽寒。

相形之下，臺灣能夠透過溫和、理性，又富有建設性的方式，推進土地改革，是一大成功，由此奠定了臺灣經濟起飛的基礎。陳誠後來兩度組閣拜相並當選副總統，和他推行耕者有其田，深得民心有直接關係。他去世之日，老百姓揮淚痛悼「陳誠伯」。

土地改革初見成效，工業建設逐步開始。最先是由政府主導修復電力供應。台電公司一位工程師，率領著一群年輕的工程技術人員，克服了種種困難，把日本人留下的爛攤子重新修建起來，似乎是「傳奇」又一章。這位使得全臺灣重見光明的「推手」，就是後來出任經濟部長和行政院長的孫運璿。

臺灣出現一批新的英雄人物，現在稱之為技術官僚，其實是形容他們各有專長學識，具有理工科技背景，同時又具有熱烈的報國雄心。其中佼佼者包括財經舵手尹仲容、科技「教父」李國鼎，和後來成了蔣總統繼任者的嚴家淦。

那個班子的合作與大膽創新，在幾乎是不可能的環境下打開新路，一步步推動了臺灣工業的新紀元。從輕工業著手，紡織、塑膠、肥料等等，從進口代替品累積了經營的實力和經驗。美援的作用也不小，臺灣運用美援極為有效，全球接受美援的四十三個發展中國家裡，臺灣是「美援學校最優秀的模範生」。

我記得每年美國國會要討論通過援外法案，到了一項一項進行表決時，整個編輯部幾乎都會靜下來，要從電訊中知道有沒有通過，可以有多少錢。通常經援是一年八九千萬美元，軍援略多，一億美元上下，那就是解渴救命的甘泉。

美援並不是直接給錢。軍援當然就是各種武器設備、海空軍需要的各種物料等；經援則是實物，黃豆、飼料、小麥，還有棉花、紗等，政府要提供同數額的新臺幣作為對等基金，安定農村發展建設。

中美合作成立「中國農村復興委員會」，簡稱農復會，做了很多事情。諸如育種、水利、肥料、防治病蟲害等，乃至農產品的儲存、供銷都有專家研究，隨時拿出新方案來，透過地方政府和農會等一一實行。這個委員會用人很少，待遇高於公務員，而績效顯著。農、林、漁、牧，都有農復會的貢獻。對農村的衛生保健推行甚力。透過三千多小單位，使得臺灣肺癆絕跡。

農復會主委蔣夢麟是五四時代的學者，學的是教育，曾任北京大學校長，本與農業無關，可是他實事求是，抓得住輕重緩急。他那本自傳體的《西潮》，我們一輩青年人人樂讀。從蔣夢麟身上，使我更加相信古人所說的：「治國必須讀書人。」

臺灣農家有「拜拜」風習，年節慶典廣邀親友，殺豬沽酒，大大慶祝一番，難免形成浪費，有損農村的簡樸風尚。有人建議政府禁止拜拜。

蔣夢麟期期以為不可，他說，都市居民較為富裕，天天可以大宴小酌。農民們終年辛勞，年節的「拜拜」不過是藉了迎神祭天自我慰勞，算不得糜費，政府不宜插手，透過管道勸大家適度節約就好。

另一事更嚴重。臺灣人口成長過速，專家倡議推行節制生育（委婉的說法是「計畫家庭」），但立法院中有強烈反應，「國家準備光復大陸，正需兵源，此時提倡節育，豈非大逆不道？」

蔣夢麟挺身而出，他指出臺灣人口成長，每年等於多出一個高雄市（當時約為三十五萬人），所以應該力行節育，「就是殺了我的頭，我也要大聲疾呼。」

繼任的沈宗瀚是一輩子都為農業嘔心瀝血的專家，他培育出來的水稻品種，使臺灣糧產增加，東南亞各國紛紛引進。他舉行記者會時，常會從口袋中掏出某樣新的水果來，介紹給農民去栽種。「我有很多法寶，要一樣一樣拿出來。」他曾在金陵大學任教，作育人才甚多。臺省府歷任農林廳長，幾乎都是農復會出身。蔣彥士就是從農復會轉入仕途，他們都是沈先生的學生。

以往在大陸上，政府機關的確有故步自封、不求實效的缺點，加以待遇菲薄，不肖者濫權玩法貪汙舞弊。外國人對我國官府由輕視而敵視，由懷疑而拒絕合作，更談不到援助，我們實在應自我檢討。幸而自一九五〇年代以後，政府上下都有了覺悟：「這是復興中華民族的最後機會。」從而形成積極惕勵的精神，我認為那是臺灣「步步求生」、轉弱為強的真正動力。

那些年，大家的生活仍很清苦。我和史棻兩個人工作，兩份薪水，我們是「開臺一世祖」，沒有長輩需待奉養，兩人掙的錢也僅勉足溫飽，有了孩子之後，發薪之日第一件大事就是先買幾罐克寧奶粉，把娃娃的糧食預備好。朋友們初為父母者都是如此。

為了要不要添置一個衣櫃，史棻和我曾有結婚後第一遭嚴重的口角。她覺得衣物漸多，弄得房間裡淩亂不堪。可是我覺得不是當務之急，一則沒有餘錢，二則屋裡幾乎無處可擺。但我說出口的理由是，「很可能就要反攻大陸，我們回老家，要衣櫃何用？萬一不幸，共產黨打過來，跳海都來不及，買什麼衣櫃？」

這一套說法日後成為我大半輩子的笑柄。衣櫃還是去買了，而且以後幾十年，買下來的不止一個衣櫃。

講這些瑣瑣碎碎的事情，為的是讓孩子們，以及他們的孩子們能夠了解，老一輩的人是怎樣的步步求生。

我們當時倒沒有覺得怎麼苦，因為大環境漸漸開朗，至少用不著「時時存心可死」了。大局初安，此後最重要的事，就是「百年樹人」的教育，教育就是步步求生的第一步。六年國民教育紮下根，九年國教已在籌劃之中。教育部長張其昀書生從政，這位國際知名的地理學家，抗戰期間「學衡」派領袖，此時熱心推動的是：擴展臺灣的大學教育。

政府財力有限，增加任何開支都必須十分慎重。一九五〇年代初期，高等學府只有有限的幾家：臺北有臺灣大學、師範學院（現在的師大）、臺北工專（現在的北科大）；臺中有農學院（現在的中興大學）；臺南有工學院（現在的成功大學）。張其昀多方努力，先讓原先在大陸辦學有成績的大學在臺復校，政大、清華、交大、中央、中山等都是公家辦的。往後逐漸有文化、中原、逢甲、淡江、輔仁、東海、東吳、靜宜、實踐家專等私立的大專院校出現。

政大復校的第一任校長，是老北大出身的哲學教授陳大齊先生。校址在市郊木柵指南宮下，開學之初只招研究生。幾個所之中也有新聞研究所，所長是曾虛白先生，曾任中國廣播公司總經理。

第一期我沒去報名，因為學校宣布研究生有公費，足敷一個人的生活，但必須專心研讀，不得在外兼任職務。可是放榜之後，發現有我幾位同業在內，他們並沒有辭職，我其實不必作「魚與熊掌」的選擇。

第二年我就報名應考，錄取了十幾位，我僥倖得取第一名。政大同班學友袁良、葉宗夔，和

《新生報》同事王世正都上榜，還有幾位是黃三儀、陳聖士、韋日春、張身華等都比我年輕，都很優秀。

復校之初校舍因陋就簡，校址低窪，每遇颱風豪雨，校內一片汪洋，運動場變成了游泳池。有一年全校淹沒，老校長坐在辦公桌上漂浮，幸而被人救出。我們的宿舍都是活動房屋，夏暖冬寒，與校區本部隔著一條小溪，稍有風雨，溪水漲溢，徒步無法通行便放假一天。後來政府花了不少人力物力治水修堤，情況方告改善。

課程不是很重，師長們開的課程，有一部分是適應文史學門而未學過新聞學的同學而開，我就覺得很輕鬆。曾虛白所長「新聞倫理」（他譯出美國名政論家李普曼的《公共哲學》，主要是宣揚新聞自由精神）。浦薛鳳「西洋近代政治思想史」，浦先生是哈佛博士，治學謹嚴很著重「有一分證據說一分話」。謝然之「報業經營與管理」著重實務，尤其是高層決策的過程。程滄波「評論寫作」，要我們讀《陸宣公奏議》和《東萊博議》，使我受益甚多。

新聞所第二年，曾所長請來美籍教授孔慕思博士主講「大眾傳播理論」，他是猶他大學教授，是政大禮聘的第一位外籍學者。美國新聞界本來都看重實務，譬如「狗咬人不是新聞，人咬狗才是新聞」之類，談不上什麼高深理論。

可是在二戰期間，納粹德國迫害猶太人和知識分子，很多有成就的學者都逃到新大陸避禍，包括科學家、文學家和社會科學各門類的傑出學者，使美國學術界一時蔚然稱盛。許多位社會學家和社會心理學家，致力研究戰時新聞傳播的影響，逐漸建立起比較完整深邃的理論架構。一九五〇年代，新聞傳播才漸被學術界承認是一門獨立的學問。

孔慕思對諸大家的學說分別講述，但也只是點到為止。他所提到的著述，臺灣當時還找不到，但他為我們開啟了一扇窗戶，看到了外面的萬里長空繁星點點。

我正在擔任要聞版主編，通常是凌晨二時才下班，遇到重大事件要熬到四時。孔慕思住在木柵學人宿舍，他的課都排在早晨八時。我有時來不及回家睡覺，在辦公室坐著打盹，就趕第一班公路局班車上路。那年頭，公路局班車只開到木柵為止，間隔每小時一班，所以絕對不能脫班。到了木柵路上，再轉乘三輪車趕到政大（每次是新臺幣三元），一切順暢才可以趕在八時前到達。

總編輯看我趕得太辛苦，將我調為新生副刊主編，不需上大夜班，工作時間可以自行調整。只要把稿件從容安排好，我就可以到政大宿舍住宿，夜晚和學友們抵掌論天下事，黎明起身一塊兒爬山到指南宮前眺望大臺北。

我自己知道，「讀研」可能是我此生最後一次回到學校裡讀書的機會，自然要萬分珍惜。可是，在「一根蠟燭兩頭燒」的情況下，我並沒有能全心全力放在學業上。我這樣燃燒自己，不是為了碩士學位，或好看的成績單，我是真渴望能在學問上有所進益，我覺得這兩年未能達到我自己的要求。

研究所要寫碩士論文，我以「論專欄寫作」寫成。口試那一關氣氛嚴肅，五位口試委員是：曾虛白、馬星野、宋漱石（立委，前《武漢日報》社長）、沈宗琳（中央通訊社總編輯）、陳紀瀅（立委，前《大公報》專欄作家）。先由我報告論文主旨與內容大要，然後委員們輪番提出問題。

我準備還算充分，說明專欄寫作的要領時，我舉了古今中外許多名作為例。問答足足兩個小時，讓我退席後，委員們又討論了一陣，然後把我叫進去，曾老師代表委員們向我致賀，已經「一致通過」了。我那時的感覺好像法庭上被告經宣布「無罪」一樣，說不出來的感激。

那篇論文得了八十二分，有同學後來告訴我，那是兩屆研究生論文的最高分。

一九五七年七月十三日，我們全班同學在高雄登上「鐵橋輪」前往日本訪問，算是「畢業旅行」。推動這件事的是陳聖士，同學們分頭籌錢，聯絡日本各大新聞機構，安排參觀的行程。行前有高人指點，叫我們買了兩大簍香蕉，船到神戶靠岸，馬上有人來喊價收購，賺了一筆錢，補貼了我們的旅費。

在東京朋友們介紹住在華僑學校，一則交通方便，二來可以節省開銷。我們住了一個多月，參訪了《朝日》、《每日》、《讀賣》和《產經新聞》等四大報。《朝日》當時的銷路號稱八百萬份，報社規模可觀，會見編輯局長（即總編輯）詳談，他介紹下面有許多「部長」，任務編組分工細密。還去拜訪了東京大學等學府的新聞研究所舉行座談。也參觀了最大的廣告商：電通公司。週末假日逛逛市街和百貨公司。其時日本的經濟已經復甦，繁榮景象非臺灣可比。

行前馬星野老師交代，最好要去富士山下的《靜岡新聞》參觀。該報在日本中部，日銷五十萬份，和我們的大報相當。在前往大阪和京都途中，特別在那兒逗留一整天。這家中型的報紙，有很多可供我們觀摩取法之處。

此次訪日是我第一次走出國門，第一次看到現代化報業可以達到大企業的規模，第一次看到電視，很覺得新鮮。最後使我感動的是，日本人民刻苦守法、敬業求新，火車上看到幾乎每個人都在讀書報。經過民主改造之後，新聞自由已形成朝野共識。神田區的書店一家接一家，什麼書都可以買到。我買到戈公振的《中國報業史》和魯迅的《中國小說史略》，雖都是老書，在臺灣找不到。

「讀研」是我個人「步步求生」的一種實踐，日本之行則使我眼界大開，我們還有很多工作要加緊努力。

第十五章 「恐怖」種種

今天有些人談到兩蔣時代，往往會用「威權統治」或「白色恐怖」來形容。其實「白色恐怖」一詞在一九二七年國民黨實行清黨，收繳工會槍械，拘捕共產黨重要幹部時就已被左翼使用。及至一九四九年播遷臺灣以後，雙方更是劍拔弩張，中共要「血洗臺灣」，政府要「反攻大陸」，彼此都不惜運用一切方法和手段要把對方打倒，使用間諜滲透顛覆，是想也想得到的事。

韓戰初起之時，美國第七艦隊協防臺灣，同時為了牽制中共，以臺灣為核心的地下人員在大陸上一度相當活躍。一部分是原來沒有撤出來的潛伏人員，一部分是由東南沿海或透過香港、澳門等地轉入大陸。胡宗南在舟山指揮游擊武力，舟山撤退後胡奉調澎湖；另在大陸西南邊陲，李彌撤出到滇緬邊區的部隊有一萬多人，曾深入雲南。這些活動受到美國中央情報局的支持。

大陸上的反共活動，有些是自發性的。我在政大同班同學賈紹誼，四川人，陸軍官校十五期畢業，勝利時是砲兵營少校營長。他認為日本投降，國家應該偃武修文，所以他考入政大新聞系，準備以筆桿代替槍桿。想不到我們畢業那一年，內戰打得熾烈。紹誼重回軍中，在川鄂一帶與共軍交鋒。因為他的上級主管棄甲投降，紹誼不得不暫時放下武器。可是，他暗中糾合同志，把他那一師部隊拉入山區，以寡敵眾作最後的奮鬥，終因實力相去太遠最後全部犧牲。我從大陸逃出來的同學們口中得到這個消息。這類性質的事件，應該還有不少，我們無從知曉詳情。賈紹誼壯烈犧牲受國家表揚，入祀忠烈祠晉級中將。紹誼生前每論及國事，慷慨激昂，早有以死報國的志願。我曾引前賢祭革命先烈趙聲的詩表達至深的悼念：「生前幾個言能踐，死後方知君不多。」紹誼當之無愧。

同理，共方也必然多方派遣人員入臺搜集情報，並從事分化策反等工作，「保密防諜」便成了流行的口號。保安司令部、臺北衛戍司令部、臺灣防衛司令部，還有軍方的保密局和屬於內政部的調查局等。那幾個司令部後來合併成立警備總司令部，與陸、海、空、聯勤並列。

保防工作必須祕密中進行，用現在的說法即「黑箱作業」，不僅社會公眾不明白真相，就是新聞界也常常在事過之後才略知一二。

情治單位破獲最重要的一案，是一九五〇年元旦日蔡孝乾落網而後歸順。從蔡的供詞中查出許多重要共幹的蹤跡。蔡是臺籍，早年在上海加入共黨，後來到延安接受祕密專業訓練。一九四九年前後奉派入臺，職稱是「中共臺灣工作委員會」書記，亦即在臺地下組織的最高負責人。可是他的身世背景，以至來臺後被捕並降順的經過，新聞界並不知曉。他後來在國防部情報局工作，官階少將，從未公開露面，報紙上沒見過他的姓名。

處理若干「匪諜案」密而不宣，主要為了繼續清查有關線索，順藤摸瓜，以收一網打盡之功。間諜案件固然很吸引讀者注目關心，但新聞記者也不願輕率闖入禁區自找麻煩。

記憶之中，最重大且報導最詳盡的第一大案，應屬吳石案。

吳石，國防部參謀次長，官階中將，日本士官學校出身，歷任軍中要職，兵學修養相當深湛。平日不苟言笑城府深沉。想不到他竟是軍中間諜網主犯，由他聯繫屬下聶曦、陳寶倉，都是現役中級軍官，利用職務之便，搜集有關臺灣防務的情報，諸如駐軍兵力部署、防禦地形、炮陣配備等。

此案另一關鍵人物，是具有國大代表身分的女子朱諶之（亦名朱楓）。她是一個深藏不露的老共產黨員，學歷不高，出身富室，活動能力很強。外貌尋常有如家庭婦女，可是她從少女時期就傾心共產主義，抗戰期間曾把私產賣掉支援共黨活動。一九四九年，她奉中共中央密令，來臺對軍中將領進行策反，並陸續取得軍情機密，密送香港再轉送大陸，為「解放臺灣」預作準備。朱諶之任務完成，偷偷跑到舟山，等船返回大陸。情治機關從蔡孝乾口中得知她的行蹤，一九五〇年二月十八日在舟山將她逮捕，全案方告偵破。同年六月十一日軍事法庭判決，四名人犯執行死刑。七月間，上海市長陳毅頒發「革命烈士」證書給朱的家屬，外間才確信她是老黨員。

和吳石案同樣轟動的，即「李朋、汪聲和案」。他們不屬中共地下組織，而是奉蘇聯特務機構的指派，其目的也是在查明臺灣防務虛實，尤其是美國與臺灣合作的實況。臺灣會不會反攻大陸，美國會不會真地支持，這是史達林最想知道的答案。

李朋其人外貌瀟灑英語流利，生活習慣「美化」，他以西方通訊社特派記者的身分為掩護；汪聲和則以外貿商人的面貌對外交往。李的妻子姓廖，是一家大醫院的護士長，社會接觸面也很廣。破案的關鍵是因為電訊的信號被監聽單位查到，但一時無法確定發電的來源。後來經長時間一再篩濾，把這兩個人列為目標再多方求證，最後在汪聲和住所的一張餐桌下面的夾層裡，查出了發報的電臺。

李朋被捕之後，問到那些情報的來源，他說有些是得自同業新聞記者口中。這一來，各報社、通訊社的要聞記者，幾乎都受到傳訊。那一輩記者到今天大多已經凋謝，碩果僅存的可能是當時在《民族報》採訪政聞的李子弋，八十八歲。子弋回憶他面對軍法官應訊的印象是，起初十分害怕，不知道會有什麼嚴重後果，但經過一番應對，漸漸放下心來，那位白髮蒼蒼的軍法官，問話不疾不徐簡潔明瞭。每問一個問題（譬如「某月某日你遇到了什麼人？」），子弋回答之後，老法官就去查閱案頭的文件，看看與上面的記載是否相符，也驗證應訊者說的是不是實話。令子弋放心的是，他一切實話實說，法官點頭表示許可，並沒有疾言厲色。問到最後，還要傳李朋出來，要兩個人對質。李朋說，「沒有從這個人嘴裡得到什麼有價值的消息。」子弋心裡很感激他，那時萬一他攀扯兩句，說不定就是一場牢獄之災。李朋與汪聲和後來都被處極刑。

這兩大案件都由國防部政治部（後來才升格為總政治部）宣布的。全部案情的說明，各有兩大版，引起社會上極大的震撼。共方的諜報工作果然是無孔不入，而情治機關確實有摘奸發伏的能力。就如李子弋的親身經歷，他所說的每一句話都是事實，而那個老法官覆核案卷有根有據，可見事前就已明查暗訪，掌握了來龍去脈。問答之間，顯示出辦案者勿枉勿縱的態度，不致冤枉好人。

不過，由於情治機關辦案不「透明」，而機構多了，人員眾多難免良莠不齊，濫權枉法之事亦時有所聞。甚至有「故入人罪」的事發生，民間所謂「恐怖」就由此而來。

當局懍於過去大陸失敗的教訓，對於共諜滲透引為深戒，所以蔣公把保防重任，交給在蘇聯長住十多年，深諳共黨思維與行動的蔣經國。總統府的機要主任室之下，有一個掛名的單位「資料室」，由蔣經國主持。這個聽起來完全靜態的小單位，有專業人員一百五十名，是各情治機關的總樞紐。

資料室後來擴建為國家安全局，鄭介民出任局長，實際負責者仍是蔣經國。所以共方宣傳常常稱蔣經國為「特務頭子」。

我在報社從事編輯工作，即所謂「內勤」，與外界絕少往來，想不到《新生報》裡也竟有「問題人物」，而且出在最高層上。

某日下午，我在辦公室裡看報，謝社長忽然把我找去，交代我把《台灣新生報》報頭下面發行人的姓名換掉。他見我有些遲疑，又催我「馬上去辦」。我趕到排字房找到林副廠長，看著他換好了字，並照謝社長的吩咐，暫時換上「謝然之」三個字。我心裡仍然覺得好奇怪，更換發行人有一定程序，何必如此匆促。

原來的發行人是董事長李友邦。他是臺籍政治人物裡赫赫有名的新星，黃埔軍校第二期畢業，抗戰期間組織過「臺灣青年義勇團」，在大陸東南沿海各地從事抗日行動。光復後回到臺灣，受到陳誠識拔，出任國民黨臺灣省黨部主任委員，並內定為省府民政廳長，政壇聲望在游彌堅（臺北市長）、黃朝琴（臺灣省議會會長）之上。《新生報》董事長是一項兼職，由於他職繁任重，極少到報社來。我們這些資淺同仁，僅在農曆新年時結夥隨班到他府上去拜年見過一面。

李友邦身材不高，圓圓面孔，額髮微禿，膚色紅潤，雙目炯炯有神，待人很客氣。互賀「恭禧」之外，他也對大家平日工作辛勞表示慰勉，此外沒有說什麼。

他為什麼忽然被撤職？據近人透露，一說是蔡孝乾歸順之後，供出共方在臺組織和重要幹部的情況，認為李友邦「包庇窩藏匪諜」，並曾加入中共組織；另一說是有位情報機構首長的弟弟，指稱曾看見李友邦到新四軍的部隊裡演講。據知李後來依叛亂論罪而處決。

李案發生在國民黨改造之後，顯示改造並未能清理出共方的滲入，所以處分特嚴。這一案始終沒有公開，此後省黨部改組，成立省改造委員會。《新生報》董事長則由謝東閔繼任，同仁很少注意到這件事。近年政治環境變化，李友邦已獲平反。新北市蘆洲區出現的「李友邦路」，是為這時代悲劇留下的一道痕跡。

在李朋、汪聲和案之後，新聞界中涉疑而被查辦者時有所聞，但也都是在極端祕密情況之下進行。可是，無論怎樣祕密，「天下無有不透風的牆」。以《新生報》為例，編採兩組就有好幾位涉案。他們平日和大家同樣工作，沒有人發覺他們的言行有何可疑。日常生活中，有的喜歡游宴、有的喜歡打牌，都可說是很「小布爾喬亞作風」。總編輯之下的第二把手單建周，在編輯部中年齡最長，我們都稱他「單公」。單公平日待人溫和，有藹然長者之風，工作態度甚為謹慎。對我這樣的後進，時時勉勵有加；我們工作上有不到之處，他亦必細心指正，循循善誘。可是，後來聽說是受到了某一被捕舊識的攀扯，屢被傳訊，竟至跳樓自殺。我至今不明白他究竟犯了什麼罪，總是懷著「有沒有搞錯」的疑問。《新生報》同仁涉案者，還有宋瑞臨、沈嫄璋、童常（尚經）等。童常案經他的女兒申訴，是一冤案，已經平反。

光復之初，全國各地需才孔亟。追隨中央遠走西南各省的軍公教和文化人士，都希望榮歸故里，相形之下，主動想到臺灣來服務的人較少。來接收的行政長官陳儀，因派系觀念排斥中央系統的人，重用青年黨籍立法委員夏濤聲。新聞機構用人就近取才，取之於福建省較多。大家都記得抗戰初期，國共兩黨有一段「團結抗日」的合作關係。最顯著的例子是，軍委會之下有政治部，部長陳誠將軍，副部長便是後來成為中共國務院總理的周恩來。政治部機構相當龐大，其下第三廳廳長是左翼文化人首腦郭沫若，第三廳幾個科長，有夏衍、陽翰笙等共黨幹部。在他們策劃之下，組織了若干劇團、合唱團，分往各地展開抗日宣傳活動。他們運用政府的經費，宣傳抗日之外，暗中也摻進所謂「進步」思想，為共產黨日後奪權鋪路。有很多熱血青年，未能辨明底裡，只是出於愛國的熱情，參加了他們的工作。上頭是國共合作，又怎能怪下面有互相交往？

可是，後來情況大變，尤其是在「新四軍事件」以後，雖然表面上國共仍是「團結抗日」，實際上已成敵體，這是大家都知道的情形。

及至政府遷臺，為了清理陣營曾舉辦「自清」運動，號召過去曾經參加過共黨組織、活動，以及和共方人員有過交往的人應該向當局報告，等於是打防疫針，就可以證明自己的清白。一時按照規定辦理自清的人很多，但也有些人可能是內心有所顧忌，沒有去辦的人也不少。由於自清之後，情治機關掌握了更多線索，因而破獲「匪諜」案消息不時傳出。

但那些曾有過夾纏不清的關係，而沒有及時自清的人，後來又被發現，那就百口難辯了。

由於情治人員水準不一，有的人急功好利，甚至為了追求績效和獎金，「寧可錯捉一百個，不可放過一個」，株連蔓抄招致民怨。讓政府背上了「恐怖」的罵名。

曾有一個年輕記者，只為了藏有幾本過時的《觀察》雜誌，也惹上了官司。其實，儲安平主編的那本雜誌，雖曾因呼籲民主而受到「親共」之疑。但在中共建政之後，儲安平主持《光明日報》筆政，痛批毛澤東「黨天下」之罪，結果他被打成右派生死不明。類此案例，暴露了一部分情治人員思想和眼光，都失之於短淺。造成冤獄，並非意外。

又如張學良、孫立人被幽囚多年，雷震為組反對黨而獲罪，海內外頗多不同的批評，大多數認為過苛。後來更有情治人員插手選舉活動，以及把富有的工商界人士當作勒索對象，連陳副總統都曾表示斥責。政府的形象因為那些案件而蒙上重重陰影。

新聞界有一案也曾引起海內外注目，即中國廣播公司副總經理李荊蓀涉嫌匪諜而被判重刑。李荊蓀是政大新聞專修班畢業，江南人而在福建新聞界工作多年。抗戰勝利時，應馬星野師之命，出任《中央日報》副總編輯，他能採能編能寫，同業間公認一把好手。周至柔將軍出任臺灣省政府主席時，欣賞他的文采，提名他出任省政府新聞處處長，依照往例本應一帆風順，不料中央某鉅公認為這個人選不妥打了退票。周至柔為之氣沮，李荊蓀更是受了一大頓挫。此後他由《中央日報》轉任中廣公司，並被民營的《大華晚報》聘為董事長（大華是由部分《中央日報》同事組成的，實際負責人耿修業，曾任《央報》副總編輯）。李荊蓀為《大華》寫的「星期專欄」短小精悍，批評時政時有一針見血的佳作，不料因鋒芒畢露遭嫉而獲罪。

李荊蓀被捕之後，外間紛傳他可能涉及匪諜關係，新聞界裡認識他的人，都覺得這樣的指控匪夷所思。我曾為此去看馬先生，當時我是《新生報》總編輯，我曾想和幾位同業好友商量，如《聯合報》劉昌平、《中國時報》臧遠侯、《中華日報》趙蔭華等，至少約到十位總編輯聯名上書，為李荊蓀請命從輕發落，「他不是匪諜」。

馬先生聽我報告之後，沉思片刻就說，「不必了。」原來他已經約同好幾位新聞界前輩聯名請求，並無效果。那些位前輩的份量當然比十位總編輯重得多。馬老師還問我，「你怎麼能這樣替他講話？」

其實，我與李荊蓀並無深交，他在政大班次比我高許多。在報界各自服務兩家互為競爭的報社，而且職位懸殊。不過，我和他二人曾應邀訪問歐洲，前後一個月期間，居則同舍食則同席，我們每天和各路新聞文化界人士交談，其中不乏左翼分子。李荊蓀的言行，時時以國家利益為重，堅守自由反共的立場，更不必說有任何足以引人懷疑之處。就憑這樣的就近觀察，我不相信他會替中共當間諜。

馬先生靜聽我講了之後，就說，「也許辦案的人比你知道得更多。」此事至此打住。

多年之後，政大同學慶賀馬師八秩華誕舉行餐會，席開三桌。那時李荊蓀已獲釋出獄重享自由，散席後他拉我到一旁說，「老弟，我要敬你一杯酒。」

那年頭，許多事不需解釋，也無從解釋了。

保防工作可說是一種「必要之惡」，為了國家安全和社會安定，情治機關不能沒有，但鈷六十能夠消除癌細胞，也同樣能破壞健康的組織。狼虎之劑，或可有救急之效，畢竟有傷國家元氣，弊多於利。

當年風聲鶴唳之際，人們心目中可能把安全看得比自由更重要。那種心情今天的年輕人難以理解。試看美國自二〇〇一年「九一一」恐怖案之後，各情治機構獲得總統授權，「防恐」措施不斷增強。如何防制敵方間諜活動，而又能不損及維護人權的基本立場，的確是不容易兩全。民主政治體制之下，必須要尋求得最佳的平衡點才行。

重要的史實雖經隱晦，終必有真相大白的一天。在吳石案破獲六十四年之後，方經中共當局公開承認。在臺灣認為他們是罪不容誅的「匪諜」，大陸軍方則讚揚他們是為革命犧牲的烈士。二〇一三年十二月十八日出版的《北京青年報》，以頭題新聞報導了「西山建烈士廣場」，新聞內容一開頭就說：

「為紀念五十年代犧牲於臺灣的千餘名地下黨員，解放軍總政治部於西山國家森林公園建起無名英雄紀念廣場。廣場已基本竣工，並對外開放……廣場中矗立著吳石、陳寶倉、朱諶之（別名朱楓）、聶曦四位烈士的雕像。其中吳石被網友們認為是電視劇《潛伏》中主角余則誠的原型。」

吳石官居中將參謀次長，他所接觸的機密情報和發生的影響，遠非余則誠所能比擬。中共內部稱吳石為「密使一號」。據《青年報》報導，一九四九年前後，「千餘名精銳地下黨員潛伏到臺灣，為中央解放臺灣的決策部署收集國民黨軍情報。」該報追記，「毛澤東看到一份來自『密使一號』的絕密情報後，曾揮筆題詩如次：驚濤拍孤島，碧波映天曉。虎穴藏忠魂，曙光迎來早。」可見「密使一號」的重要性，他所提供的情報，可能直接關係著臺灣的安危存亡。

《青年報》又報導「一九五〇初，由於叛徒供出地下黨員名單，一一〇〇名地下黨員被國民黨當局逮捕後處決，其中包括密使一號吳石。」該報並說明，「由於隱姓埋名且犧牲於臺灣，多年來這批地下黨員的故事並不為人所知，成了兩岸統一事業犧牲的無名英雄。經各方查找，目前已有包括吳石將軍在內的八四六位烈士英名被搜集到。為紀念革命先輩，中國人民解放軍總政治部聯絡部籌集文化界、藝術界、企業界各界愛心人士捐款，於去年秋選址西山國家森林公園，開工建設無名英雄紀念廣場。」這一段說詞，大概是存心擺脫「官方」色彩，免得和當前的「和平統一」太不搭調吧。

最後，該報描寫，「廣場主體採用的材料是產自福建的淺灰色花崗岩，周邊栽種部分紅色系花卉，象徵革命烈士的鮮血及火紅的革命事業。廣場將作為一處新的愛國主義和革命傳統教育基地，供遊客參觀、瞻仰。」

這些宣傳八股反映著部分鷹派的觀點，與大陸當前的民情，乃至黨政主流的論調相去甚遠。但某些人有這種想法仍不容忽視。

當年那一千一百名「精銳地下黨員」潛伏在臺灣社會各階層，如果未經逮捕破獲，而能繼續進行他們分化、滲透、顛覆等工作，對臺灣會發生什麼樣的影響？冷靜思考真令人不寒而慄。他們如果順利成功，當然就不會有今天的臺灣了。

由於國民黨還有摘奸發伏的能力，使得毛澤東「曙光迎來早」的夢想未能實現。從這一個角度觀察，我們如果說威權時代全是「白色恐怖」，難道是公正的評價嗎？

第十六章　改造了誰？

一九五〇年代，可說是革新改造的年代。政府、軍隊、文教界都在「痛定思痛」之中，要找出「我們究竟錯在哪裡」而要積極改進。

最需要改的就是中國國民黨。作為一個小黨員，對黨有熱切的期待；可是從親身見聞中，又有很深的失望。暮氣沉沉，幹部官僚化、組織衙門化，民意並未能充分地反映到中央，黨的語言漸漸變成了大而不當的八股。大陸上的失敗，黨當然要負最大的責任。但要說到怎麼改才行，我真說不清楚。因此，當聽到黨要進行改造時，我從心裡十分贊成。

蔣公復職後，多次公開講話中坦然表示他對大陸上的失敗願負起全責；同時，也痛切指責「領導國民革命的本黨，組織瓦解，紀綱廢弛，精神衰落，藩籬盡撤。」

蔣公對國父的尊崇，不僅是出自內心，而且是亦步亦趨。每有重大的決策，總會回想國父是怎麼做的。國父領導革命凡四十年，每當國家存亡的關頭，必致力於黨的改造。在國父手上，黨的組織和名稱就曾有五次更換。

面對新局，當下必須進行黨的改造，擺脫派系傾軋，滌除人事糾紛，以從新做起的精神，重建革命陣營。

勝利後僅僅四年，反共戰爭全面失敗，追根究柢，大家都承認是因為國民黨沒有認真地實行民生主義，以致失去民心為中共所乘。

可是，蔣公在演講中問道，「過去四年間大陸上哪一個鄉村黨部做過土地調查？哪一個縣市黨部又做過勞工統計？哪一個省市黨部對中央提出過有系統的社會調查和經濟研究報告？」答案是「沒有。」我的經驗，不僅過去沒有，改造之後以至今日，也沒有黨組織認真從事那些調查、統計、研究。為什麼？因為下面是空的。蔣公期勉的「要改造過去主觀主義和形式主義的作風，要養成科學精神，採取客觀態度，實事求是，來解決實際的問題。」

以這樣的標準來評鑑黨的改造，恐怕很難打出令人滿意的分數。

改造之初，可以感受到有一種清新氣氛出現，基層的小組會議召開了，各層選舉也很認真。會中會很嚴肅地討論國家大事，也有人激昂慷慨語出驚人。但缺乏的是實事求是的精神，切身的問題談了也沒用，諸如宿舍如何公平分配，膳食如何改善之類。所以後來就漸漸冷淡下來。

上層的改造，主要是把大陸上選出的第六屆中央執行委員和監察委員「停止行使職權」，另由總裁提名十多位改造委員，協助總裁進行黨的改造。這樣由上而下的方式，雖得到多數黨員支持，但也有人認為不符合民主規範。蔣公在黨的中常會中表示，改造絕不容緩，否則他不能以總裁地位領導這個黨。他甚至說，「如果你們不相信我來改造，你們跟著陳立夫去好了。」

黨內有不同的意見，通常不會讓外界知道。改造委員有陳誠、蔣經國、張其昀、張道藩等政治人物，新聞文化界是曾虛白和崔書琴。

改造最實際的影響是，陳立夫被排除權力核心之外，而CC系的聲光一時大為收斂。陳立夫以出席世界道德重整會議的名義出國，自我放逐海外，一九七〇年才回臺北。

陳立夫早年留美，在匹茲堡大學專攻礦冶。可是，因為是先烈陳其美的姪男，回國後就被蔣公重用，不到三十歲就出任國民黨中央祕書長，周旋在許多重臣之間，立夫和他的兄長果夫並稱「二陳」，前後主持組織多年，CC系即因二陳得名。

早在清黨時期，陳立夫兼管中央統計局，破獲很多起要案。共方地下頭目顧順章被捕後，陳立夫在上海得到線索率員去捉周恩來，周因先得警告脫險。陳立夫晚年常常講到這一段往事，「只差五分鐘，我就捉到周恩來了。」共方對他當然恨之刺骨，散布了「蔣家天下陳家黨」的流言中傷他。更由毛澤東的祕書陳伯達，寫了一本《中國四大家族》，把陳立夫與蔣、宋、孔並列為全國最有錢有勢的豪門。

其實，陳立夫稱不上豪門，連許多中產之家也不如。看他晚年旅居美國，辦《華美日報》靠借錢，自立開養雞場，做辣醬，在美國只算是小農戶。陳立夫也許有別的缺點，但他沒有貪汙，他在海外的艱苦歲月是最好的說明。

他的缺點在哪裡？我認為是有些「名過其實」。他雖然主掌組織，但因為國民黨的組織向來就很形式化，「陳家黨」更是誇張。CC系並沒有那麼大、那麼強。陳立夫更沒有指揮全黨、呼風喚雨的實力。

政治上是很現實的，CC系號稱「兵多」，中青年居多數，只有陳立夫躋身院部首長一級，在席次上遠不及孔、宋的財金系統人馬，也比不上政學系。抗戰之後軍事第一，軍事將領水漲船高，地方上往往是槍桿子從政，CC系大多在黨務機構和文教界發展。政治大學雖以「政治」為名，歷年校友在政界中鮮有重量級人物。稱得上高官的是第十二期李元簇當選副總統，但那已是李登輝時期了。觀此一點可知，不僅陳立夫是名過其實，CC系也是名聲超過了實力。在所謂派系紛爭之中，成事不足的成分居多。

蔣公本來把陳立夫視為股肱，看CC系猶如子弟兵。一九三八年蔣公以抗日統帥的威望，在國民黨臨全大會中膺選為總裁，固然是眾望所歸，而過程順利，陳立夫的組織工作與有功焉。但到勝利前夕開第六次全代大會時，派系分化明顯。報紙上不時透露一些爭權奪利的內幕，讓小黨員們扼腕嘆息。

早在一九四八年，蔣公就任行憲後第一任總統，屬意由老友張群出任行政院長，不料是局外的何應欽，在黨內假投票時被推為候選人。外間認為是CC系作梗，系內因無足夠重量級的人，所以把何應欽抬出來抵制張群，何當然不肯出來。張群「假投票未通過」一事，外界頗加渲染，加深了派系之間的壁壘，而蔣公認為這是他個人的挫敗。後來提名學者出身的翁文灝組閣。翁內閣在烽火聲中就職，政績就談不上了。此事雖似平平度過，但蔣公對CC系已留下了「不聽話」的印象。

另一次重要的「不聽話」紀錄，我當時並未注意到。一九四九年十月間，滯留香港的立法院長童冠賢請辭。應由立委們互選院長，或先由副院長劉健群代理院務。不過因為劉屬黃埔系與陳誠接近，為 CC 系不喜。所以陳立夫建議此事宜暫緩辦理。童冠賢早年在北京大學任教，他之出任院長，是李宗仁「代」總統的政局妥協結果。李既已不代了，童之請辭是合理的事。蔣公認為此事應速作決定，免生枝節。可是 CC 系仍有不同聲音，以至擱淺。周宏濤回憶錄中說，「蔣公認為國難當頭，CC 仍不顧大體，這是陳立夫的領導有問題，終於導致陳立夫的去職，即全面壓制 CC 系的勢力。」

差不多與此同時，蔣公提名陳誠出任行政院長，事前也傳出「CC 系立委頗不合作」的風聲，後來是由蔣公邀集黨中元老和幹部舉行茶會交換意見，總算擺平了。

可是，當事人陳立夫另有說法。行政院長人選，依憲法程序須經立院投票通過才可任命。陳誠派袁守謙託陳立夫先為斡旋。結果本案以百分之八十二得票率通過。蔣公閱報之後說，「陳誠怎麼會有那麼多票？」

陳立夫晚年在題名為《撥雲霧而見青天》的英文回憶錄中說，陳誠後來請立委餐敘致謝，「……滿心喜悅的陳誠打趣說，『在此以前，CC 是指陳果夫先生和陳立夫先生，今後則是陳立夫和陳誠了。』這句戲言在政治上犯了大忌。因為陳誠的背景是三民主義青年團，而眾人認為我的背景是國民黨，從蔣先生的立場來看，一九四七年九月，黨團的合併會構成威脅，因為在政治上失去制衡的作用，不是執政者所願意見到的。陳誠以感激的心情說了那個笑話，言者無心，聽者有意，好像我們二陳要聯合起來圖謀不軌似的。」這樣解釋他被罷黜的原因，似乎太天真一點兒吧。

行政、立法兩院，本來就因制衡作用而免不了政見和人事上的衝突。譬如立委齊世英因為反對台電漲價一事而被開除黨籍即其一例，老友齊邦媛是齊老伯的愛女，她的著作《巨流河》中曾記其經過。當年我曾從齊振一兄（邦媛的哥哥）口中聽到那次決策會議中的情形。「陳誠說明當前財政窘迫的情形，電價必須調整。」齊世英問，「本黨有沒有諮詢民社黨和青年黨的意見？」陳誠怫然不悅說，「今天是黨內同志開會，不要提民青兩黨。」彼此發言都沒有什麼火爆。但隔了幾天之後，齊世英接到了一紙通知，他這曾負責東北三省黨務的老幹部，就這樣被開除了黨籍。

這件事，使我想起以前有人舉過的比方，把當時情況簡化為一個人口眾多的大家族，已經到了山窮水盡的地步，家門內外面臨了許多難解的問題。大房媳婦主持家務捉襟見肘，事情無法辦得稱人心意。二房媳婦看不過去，不時站出來有所批評。當婆母的人明明知道二媳婦的話有道理，但又體諒大媳婦當家主事的難處，不能不為她撐腰。那個艱苦年代中，蔣公何嘗不知道有些批評並無惡意，但光是軍費一個月就要花十八萬兩黃金，這個家實在不容易當。總統為行政當局講講話，乃至於對批評者有所裁抑，恐怕也是情非得已吧。

其實，CC系內人才很多。陳誠推行土地改革和地方自治，倚重的兩位專家是政大地政系主任蕭錚和前法律系主任阮毅成。陳誠曾說，「想不到我們三個浙江人，替臺灣辦成了這兩件大事。」可見派系之見，有時候並沒有超越為民造福的大目標。蕭、阮二位後來並未在官場上大紅大紫，但他們苦心設計出來的典章制度，對臺灣的進步民主化都有深遠的影響。

蔣公改造國民黨有他的理想，整頓人事陣容之外，更重要的是「確定本黨為革命民主政黨」。

這個觀念使我感到困惑。

蔣公的構思是承襲國父改組「中華革命黨」，政黨成為一個祕密的、反抗北洋惡勢力的團體。「處非常之時，行非常之事」，這就是「革命」。但在一九五〇年代，中華民國有了憲法為民主政治的綱維，而國民黨已是執政黨，超越典章之外「行非常之事」，不是有些自我矛盾嗎？

試舉最新的一個例子，二〇一三年春間，美國當局提出「加強槍械管制法」的修正案。為了各種恐怖事件不斷發生，加強管制槍枝的出售和攜帶等，是民間的呼求。然而，某些農業州的選民堅持擁槍自衛的權利，所以參議院表決時，儘管執政的民主黨占有多數席次，結果仍未能通過。歐巴馬總統大為氣憤，尤其是幾位民主黨議員竟也不肯追隨白宮政策，他說，「這簡直是美國的國恥。」

儘管他說出這樣重話，但總統不能不遵守國會表決的結果。他不能翻案，也無法把那些「不聽話」的同黨議員開除黨籍，這就是民主運作中不得不容忍的現象。

改造之後，國民黨於一九五二年十月十日召開第七次全國代表大會，會中所訂黨章、政綱、中心理論和工作綱要等，其重要部分都在報紙上公開發表。我曾認真研讀那些文件，感受最深的是蔣公提出的「政治報告」。檢討了大陸失敗的原因，坦承他作為國家領導人必須承擔失敗的責任。有人說丟掉大陸都是因為行憲召來的後果，蔣公強調，實行憲政是國民黨一貫的方針，制憲行憲都是本黨履行對國民的承諾和責任，不要把失敗歸罪在憲政頭上來。我為了這種氣概和識略感到驕傲。「好漢打落牙齒含血吞」，不要怪七怪八怨天尤人。

七全大會之後，政壇呈現了一番新氣象，國民黨在海內外的聲望似乎也漸升高。在我幼稚的想法，革命也好，民主也好，能實行三民主義就對了。至於光復大陸，只是一個熱心追求而不知何時才能實現的夢想。

改造的結果，是將陳立夫摒除在權力核心之外，所謂CC系不再是「反對的聲音」。一般黨員們是否因改造而洗心革面，進而真能「處非常之時，行非常之事」呢？在我所接觸的圈子裡，看不出那樣的變化。

陳立夫被共黨描寫成一個陰鷙多謀的人物，其實不然。他在自我放逐多年之後回到臺灣，擔任中華文化復興委員會副會長，以及孔孟學會理事長、中醫學院董事長等名義。他以《中央日報》常務董事身分，按期出席會議，我這社長依例提出工作報告，常董們指教一番。但大家最有興趣的還是「聽聽立公講話」，他從政壇掌故講到人生哲理，很親摯、很切實，而且有話直說，不像某些大老唯唯諾諾、敷衍客套的毛病。他在回憶錄中強調，他本無意政途，捲入政治漩渦是一種不幸。我覺得這是可信的。

陳立夫和陳誠都不愧是國民黨裡傑出的人才。他們對國家民族以及對蔣公的忠誠，都是無可置疑的。但政治上的縱橫捭闔，使他們由同志成為政敵，是他們兩個人的悲劇，也是國家的不幸。

陳立夫在《撥雲霧而見青天》那本書裡有這樣一段話：

「如果一九五〇年八月，我沒有利用『世界道德重整會』開會的好機會告別政治生活，會發生什麼情況？我的答案是：即使蔣先生不送我去綠島唱小夜曲，陳誠當了總統以後也會把我打進天牢裡。」

他的預言幸而未言中。他在臺灣的晚年生活相當安和愉快，得享一百多歲高齡。但他那一段話仍讓我感覺到「政治真是可怕的事情」。

（附記：《撥雲霧而見青天》英文版由加州大學張緒心教授和胡佛研究所馬若孟教授合編。）

第十七章　頭痛的三大案

報紙上的要聞，自然有好事也有壞事。我剛接手主編之後，曾相繼發生三件令新聞界頭痛的案件（當然，政府高層比我們更頭痛）。依時間先後為序，此即毛邦初案、吳國楨案和孫立人案。這三人都是中外聞名的文武大員，出了問題，萬一處理不當，都有讓臺灣「翻船」的可能性。幸而最後都告平穩度過，沒有使國家蒙受到太大的震盪不安。

這三案情節各異，本不宜合為一談。不過在我記憶中，大家都認為很頭痛。當局處理方式則各有不同。

毛案發生於一九五一年，毛邦初為蔣公內親的子姪輩，空軍出身，官至空軍副總司令兼駐美採購軍品重任。參謀總長兼空軍總司令周至柔，是陸軍出身，毛久已心懷不服，彼此皆懷芥蒂。毛控訴周有貪汙之嫌，後經查明並無此事。反而是毛自己濫權違法，利用公款做生意，私生活糜爛奢華，虧空巨款。這些細節，報社裡除了總編輯或可略知梗概，我們編採人員不甚了了。畢竟毛長年駐在國外，一般讀者對他比較陌生。

可是後來政府調毛回國，並要他繳出帳目，他不但抗命，還找到避居美國的李宗仁，否認蔣總統的合法性。這才鬧得天下皆知，舉國譁然。政府派大員赴美進行訴訟，各種事證顯然，毛當然敗訴。後來他畏罪潛逃到墨西哥，老死異鄉。毛因久居美國，很懂得利用美國新聞記者和國會議員等管道，達到他自我宣傳、諉過飾非的目的。幸好美國司法機構以證據為重，毛的「困獸猶鬥」，無異自掘墳墓。國內的新聞報導，以簡明為主，議論似乎不多。

吳國楨案的情形完全不同。一九五〇年代政壇上，吳是僅次於蔣公和陳誠的第三號要人。而且外間多次傳言，吳是因美方大力支持而顯達，組閣拜相遲早是必然的發展。

吳是芝加哥大學博士，機敏練達，官場中號稱能員。他自以為獲得極峰特達之知，未免恃寵而驕。省政府是《新生報》的老闆，省主席的一言一行，報社不能不重視。吳主席在韓戰爆發之初，常在外賓面前炎炎大言，「第三次大戰必將發生，臺灣即可反攻大陸。」我覺得此非仁者應有之言，如果把臺灣的出路寄託在三次大戰上，國際人士未必同意。而且，吳以地方首長身分，妄談天下事，也有越格踰分之嫌。遇到這類談話，我便在標題上輕描淡寫，不要突出「好戰」的錯誤形象。

吳主席頗以自己的外語嫻熟為得意，有時會交代新聞裡要說「主席用流暢的英語（或法語）與某某外賓親切懇談」。我覺得這也大可不必，國家封疆大吏，何必「定要以外語流暢」為榮？是否還存著「崇洋媚外」的潛意識呢？但主席既然親自交代，我也不便把它刪除，只好暗自嘆氣，「此人終非大器」。

陳誠前主席推行土地改革，甚受到民間讚美。陳卸任後發表為東南軍政長官，是一項閒職。吳主席推動省府先辦「勞工保險」，作為新的號召。但事前尚未充分醞釀，就在省府會議後公布。

《新生報》未予特別重視，而是放在省聞版發表。吳閱報後大為不悅，認為省報竟不與省府充分配合，令下屬查報，並有撤換社長之傳聞。

我奉命說明經過，我的理由是：省府先前曾有明令，凡關省政重大措施和主席的言行，應以「台新社」新聞稿為參考依據。那台新社是省府新聞處之下的單位，平日只是把有關公報改寫成新聞稿分送各報，因無甚特色所以不受重視。除了《新生報》，採用者很少。

省新聞處長吳錫澤，是陳前主席所任用，此時正在請辭待命，台新社員也就鼓不起勁來，關於「勞保」的消息，並未發稿。我就以「台新社未發稿，故本報審慎處理」為詞，理由不見得充分，但「以子之盾，防子之矛」，吳主席也覺得尚有可原。他很快就發表上海老報人朱虛白接任新聞處長，台新社人事也有變動。

《新生報》這邊，社長沒有換，有人建議至少編輯陣容可加以調整。過了不久，政府起用陳誠組閣，在體制上，行政院長是省主席的直屬長官，《新生報》的地位水漲船高，吳國楨也就不好再說什麼。我並未失業，而是由省聞升調要聞主編。

陳、吳之間的矛盾，除了兩個人的背景、見識和性格的差異之外，應該怪罪制度和政治的現實。行政院長是憲法上明定的最高行政首長，但全國只剩下一個臺灣省，中央和省府不僅施政上多有重疊，而且難免存有歧異。中央政府從總統府、五院、各部會，人員僅一萬二千人，而省政府、各廳處及各縣市政府，卻有十一萬三千人之多。財稅收入也以省方為多。國防、外交兩部之外，中央部會真正著力之處有限。但省府任免各廳處主管人事，中央可能別有意見。政院下達的指示，特別是有關財經各項，省府往往未予積極配合。政院設有關於財政及美援的委員會，由財政部長嚴家淦為召集人，吳國楨就婉拒出席。為了財政負擔和美援分配，雙方爭執不休，嚴重到陳與吳分別向蔣公請辭。吳指責政院有關財政金融政策完全錯誤，才導致工商業陷於蕭條；陳則指控臺銀曾超額發行新臺幣，其罪非輕。在相持不下、水火不容的情況下，吳國楨終於辭職獲准，由俞鴻鈞繼任省主席。

在一般記者看來，陳誠樸實廉潔，似乎腳踏實地，不輕然諾、言行果斷，實意為民造福，所以深得人心；吳國楨雖稱幹才，不免有「挾洋人自重」的味道，沾沾自喜，為時賢所輕。我本來對這兩位政治人物無所謂好惡，但吳出國後的表現，令人大失所望。

吳以接受母校致贈榮譽學位的理由遊美，不久把他的獨子接去美國闔家團聚，報上不再提他。可是在吳赴美定居後，市井傳言，他宦囊豐厚，所以能在海外優游歲月。吳為此託人在國內各報刊出廣告，自表清白。我記得其中有這樣的描述：「內子下廚烹飪，楨親自洗碗」云云。報社同仁們開玩笑說，「我們天天都在洗碗，這有什麼好講的？」

此後吳國楨忘其所以，對美國新聞界批評中華民國不民主、不自由。更致函國民大會，指責國民黨一黨專政，政治、軍事都由黨部控制，特務橫行草菅人命、人權無保障、言論不自由等。他並提出「解決之道」，對準了蔣公的領導猛施攻擊。這是一九五四年的事，當時正是蔣公第一任總統行將任滿，國大將集會推選總統連任的敏感時刻。吳要求把他的信公開，否則他就在美國發表。他這種「魚死網破」的用心，使朝野都奇怪，他怎麼會這樣搞法？

國民大會接受胡適等人建議，將吳函全文公布了，各報都是「全文如下」照樣刊出。同時，立法院長張道藩以立法委員和「南開老同學」的身分，在立法院向行政院提出質詢。所謂「相罵無好言」，張的十三項質詢頗富爆炸性。因吳已無官職，無官可罷，國民黨將他開除黨籍，以示決絕。

吳國楨言辭便給，丰采翩翩，少年得意，但修養操持顯有不足，正所謂「小有才而未聞君子之大道」。他在美國的行為，受到中外人士的責備，令他「無地自容」。

天主教于斌樞機主教有位弟子潘朝英，在美深造後回國服務，曾任《益世報》總主筆，行憲後當選民意代表並去美講學。某大學邀請他和吳國楨演說。吳先發言，把他致國大函的內容，又講了一遍。

潘朝英繼起發言，對吳的「敢言」表示敬佩。但接著他大背了一大串吳的履歷：「吳先生，我請問你，某年某月，你出任漢口市長對不對？」接著一路問下去：國民黨的宣傳部長、外交部次長、重慶市長。

勝利之後，吳被任命上海市市長。上海是全國最大的都市。政府遷臺後，吳又受命出任臺灣省主席。中華民國此時僅有一個臺灣省。

吳服公職二十餘年，平步青雲，「可見蔣先生對你的信任和倚重。你記不記得，你這麼多年接受了這麼多的任命狀，每一張任命狀上都有蔣中正的簽章？」

吳國楨曾反控批評他的人，都是「國民黨的打手」。所以潘朝英也把自己的履歷簡單說明，都是報館的主筆、大學的教授，證明他是一個無官守的獨立知識分子。

潘朝英還說，「按照中國人的倫理，一個人受到上官的信任和倚重，最後竟反目成仇，惡言相向，就會被視為『亂臣賊子』。在美國，或者沒有這種說法。但一位政治學博士，在久居廟堂之後，跑到國外來辱罵自己的政府，我倒沒聽說過。」

這場對談之後，吳國楨銷聲匿跡，不敢再公開發言。一九八四年病逝美國，有人批評他是「聰明太過，自視過高，最後才會自毀前程。」

吳國楨的失敗，我沒有覺得有什麼可惜，倒反而有「大快人心」的感覺。聽說蔣公曾再三自責，「吳國楨怎麼成了這個樣子？這使我有知人不明，任人不當之咎。」擔當大任的國家領導人，不容看錯一個人。

至於孫立人案，與吳、毛事件更不一樣。早在大陸局面惡化之時，就屢屢傳出美國有些人士存著「以孫代蔣」的構想，幾乎是半公開的祕密。

在年輕人心目中，包括我在內，都覺得孫立人不愧是一個英雄人物。他是清華出身，到美國深造，在普渡大學得了工程學位。因為國難嚴重，投入維吉尼亞軍官學校，準備投身軍旅殺敵報國，稱得上是文武兼資。維吉尼亞軍校即馬歇爾的母校，孫後來受到美國軍界推崇與此有關。

孫立人歷年來練兵、打仗，都有很好的成績。他學成返國之初，曾任中央政治學校（政大前身）軍訓總隊的大隊長。後來應宋子文之邀，出任財政部稅警團團長；抗戰後編入國軍戰鬥屬列。

孫立人練兵嚴格，要求士兵養成健全的體魄與優良的射擊技術。在多次全軍射擊比賽中，他所帶的部隊，不論是團體紀錄和個人成績，都是最優秀的。

在戰場上，國軍遠征軍反攻緬甸，孫部曾解救被日軍圍困已臨絕境的英軍，一時名揚國際，為國增光。抗戰勝利之後，國軍進入東北收復失土，與共軍交鋒。孫立人率領新一軍攻下長春，把林彪所部打得落花流水。共軍中傳出順口溜，「吃菜要吃白菜心，打仗要打新一軍」，可見其既敬且畏的心情。

來臺之後，孫立人鳳山練兵重振士氣。古寧頭一戰奏捷，鳳山新兵初露身手，各方對孫立人更是刮目相看。蔣公復職後，任命孫立人為陸軍總司令，論功授職，信非偶然。

孫案發生是在他陸總兩屆任滿之後，本來依慣例可升任參謀總長，卻被調任總統府參軍長，孫可能大失所望，這是可以理解的。一九五五年，孫的部屬郭廷亮涉嫌匪諜案，牽連到孫立人「兵變」，遂成中外注目的大案；孫請辭後，幽居臺中多年。

關於孫案前因後果與分析，我所讀過的中外專著中，以沈克勤《孫立人傳》最稱嚴謹公允、周詳細密。沈克勤政大十三期畢業，曾在鳳山追隨孫立人，以少尉新聞官和祕書身分，在孫左右四年之久。孫案發生後，沈克勤轉往立法院服務，後轉入外交界，最後一個工作是中華民國駐泰代表，幹得有聲有色。沈克勤退休後，花了八年時間完成了《孫立人傳》，他稱孫案是「大時代的悲劇」。

沈克勤的書分上、下兩卷，圖文並茂，對於孫做人處事和練兵作戰的種種成就，都有很詳細的記述。對於全案的背景和經過，有深入獨到的觀察。譬如他形容孫的性格，直率得近乎天真。

孫在國外接受軍事教育，與國軍中由保定軍校、黃埔軍校出身者皆無淵源，不免被視為「異類」。而孫立人與袍澤相處也未盡和諧，甚至會當面罵座令人難堪。譬如他曾直指參謀總長周至柔是「傻瓜」；他批評在東北的上級主管杜聿明，「只是當一個排長的材料。」；彭孟緝請他參觀軍馬，並在旁說明，孫說「你不要在這兒混充內行。」諸如此類雖似細節，但加深了黃埔諸將對他的嫌隙。一旦發生情況，便難免「牆倒眾人推」的後果。

孫立人是優秀的軍人，但缺乏政治修養，隨時會做出「率性而行」的事，遭人疑忌。一九五三年，艾森豪當選美國總統，孫立人發出賀電，歡迎他到臺灣來訪問。此在體制上自屬嚴重失格，受到上峰責問。在孫或以為「我也是為國家爭取朋友」，終難免令人懷疑他有「不臣之心」。這類事例多起，沈書中都有說明，應該都算是孫將軍「取禍之道」吧。

孫立人因郭廷亮案引咎辭職，中外震動。總統命令予以免職後，並任命陳誠等九大員組織調查委員會，秉公徹查。經過一個多月集會商討，委員中王寵惠強調，犯罪要以證據為主，被告的口供與自白書，僅能作為佐證，不能作為判罪的依據。所以，「本委員會不作孫將軍為變亂行動主謀之認定。」王寵惠曾任司法院院長多年，是國父親手培植的法學家，在國內外享有崇高聲望。

另一位委員許世英，是抗戰前最後一任駐日大使，他兼有安徽鄉長的身分，在上總統的簽呈中加了兩句：「罪疑唯輕，恩出自上。」這簡簡單單的八個字，蘊含著東方政治特有的溫厚人情味。我在編輯本案有關的新聞時，不得不佩服許老運用文字之妙，言簡意賅情味深長。

一九五五年十月二十日，總統根據九人委員會報告：「一致認定該上將不知郭廷亮為匪諜，尚屬事實；但對本案實有其應負之重大咎責。姑念該上將久歷戎行，抗戰有功，且於該案發覺之後，即能一再愷切陳述，自認疚責，深切痛悔。茲特准予自新，毋庸另行議處，由國防部隨時察考，以觀後效。此令。」

孫立人此後幽居臺中三十三年，至一九八八年獲得自由。一九九〇年十一月十九日病逝，享年九十一歲。

早在一九四九年，美方曾三次與孫立人接觸，鼓勵他在臺灣自創局面，「要錢給錢，要槍給槍」，都被孫拒絕，他說，他效忠蔣總統，願在蔣公領導之下保衛臺灣。這些經過他曾向蔣公報告。

但美國前國務卿魯斯克晚年透露，孫後來曾輾轉試探，有意發動兵變，要求美國支持他或予以默許。

事後評斷，反而是美方對孫過度熱心地支持，使得他處於「上有所疑，下有所忌」之境，悲劇於焉發生。

我記述這頭痛的三案，彷彿是白頭宮女談天寶遺事。可是大家設身處地想一想，在那危疑莫定的背景下，臺灣是如何脆弱，當家人的心情又是何等痛苦與沉重。稍有差池，說不定就會出現不測的後果，也就不會有今天的美麗臺灣了。

第十八章　兩項條約背後

臺灣在謹慎戒懼中邁向求穩定、求發展之路，但內部有一波未平、一波又起的各樣問題，外交上也遭遇種種困難和挑戰。對日和約以及後來的中美共同防禦條約，是那段期間政府簽訂最重要的兩項條約，都與國運有關。但這兩個條約從談判到簽成，都經歷了不少痛苦的曲折，外間只看到檯面上的「皆大歡喜」，而不甚明白幕後的「一把辛酸淚」。

根據克勞塞維茲的《戰爭論》，古往今來各型戰爭，戰場上不外乎勝與敗，最後結果就是簽訂和平條約。由和約而結束戰爭狀態，恢復正常秩序。日本於一九四五年投降，由美國派兵占領，麥克阿瑟盟總指導日本各項民主改革，甚至有「麥帥天皇」之稱。韓戰爆發後，華府這才充分體認到史達林「赤化全球」並非空言恫嚇，所以必須採取積極的對策。在不打第三次大戰的前提下，在歐洲建立北大西洋公約；在亞洲，建立西太平洋防線，以美國優勢的海空力量，構成自日本、韓國以至菲律賓的鏈島防線，無論從軍事和政略觀點，臺灣是這防線上不可或缺的一環。

在對日戰爭中，中華民國抗戰最久、犧牲最大，血淚交凝的事實無人能予否認。但到了一九四九年中共建立政權，對日締和的問題變得複雜。

美國占領日本，懲治戰犯財閥，促成民主非戰憲法，重整政黨政治規模，並援助其經濟復興，從容部署，所以華府起初對和約何時締結不甚熱心。韓戰既起之後，美國認為締和之後才可使日本恢復為主權國家，有利增強防共陣容的力量。一九五〇年八月中，亦即韓戰爆發後兩個多月，美國宣布將進行締和事宜。

日本朝野自然是熱切希望締和，而且希望與聯合國五十三個盟國簽約。但在與中國締和一事，左翼政黨頗多異議。國際間又因大陸之變，英、蘇、印度等國都已承認中共，中華民國雖是聯合國創始會員，且是握有否決權的常任理事國，在國際間卻漸有勢孤力單之痛。蘇聯和英聯集團都反對中華民國參加，日本則乘機表示出首鼠兩端的態度。

想不到我們血戰八年，犧牲了軍民幾千萬人，好不容易得到勝利，到最後議訂和約時，卻要由戰敗國日本來挑選簽和的對象，天下豈有這樣的道理？一般民眾那時還沒有想到，和約不簽，且會牽涉到所謂「臺灣地位未定」的異論。

大戰結束前夕，蔣公和羅斯福、邱吉爾在開羅舉行高峰會議，商討戰後處理日本的大計，開羅宣言聲明，日本侵占中國的東北和臺澎等地，都應無條件歸還。這是我們新聞輿論反映民意的底線，國際輿論早先本已公認的。

白宮之主是民主黨人杜魯門，但對日政策則付託給共和黨籍國務院顧問杜勒斯。艾森豪當選總統後，杜勒斯便出任國務卿主掌外交，對亞洲事務尤稱專長。

舊金山對日和會一九五一年九月四日開幕，迅速完成締結和約。杜勒斯隨後通知日本政府，建議應與中華民國締約，否則美國不會批准舊金山和約。同時，葉公超外長聲明，日本若竟要與中共簽約，中華民國將可能動用否決權，阻止日本進入聯合國組織。有這兩個現實因素，日本乃不得不慎重其事，終於決定和中華民國簽約。一九五二年四月二十七日，中日和會在臺北舉行。中方全權代表是外長葉公超，日方則是曾任大藏大臣的河田烈。此後兩個月餘，新聞界對談判進度都有相當詳細的報導。記得有一次為了某一條文中的 and/or 爭辯未休，以致暫停開會；其實談判全程大體是順暢的。

和約稿本與舊金山和約大致相同。正文十四條，議定書兩部分。舊金山和約和中日雙邊和約都放棄索賠，因為國際間鑑於第一次大戰後對德國索賠巨款，引起納粹登臺的嚴重後果的經驗，所以不向日本要求賠償。

單獨締結和約，是不得已的折衷辦法。我們年輕一輩都覺得不平，但這又是不得不接受的方式，由於新和約的簽訂，使得自甲午戰爭以降五十七年來，中日兩國不正常關係告一結束，恢復正常關係。中華民國因簽約更明確地維繫了在臺海兩岸政權中的正統地位，有助於此後數十年臺灣的安定繁榮。

那一段日子裡，我反覆閱讀、且深獲心得的一本書，是國父遺著：《中國存亡問題》。此書早年由國父口授，朱執信記錄，是國父對外交大計精義之所在。

國父強調，「一國存在之根源，為其國民獨立不撓之精神。其國不可以利誘，不可以勢劫，而後可以自存於世界，即令摧毀，旋可復立。不然者，雖為獨立，其亡可指日而待也。」又說，「中國欲於此危疑之交，免滅亡之患，亦惟有自存其獨立不屈之精神而已。」國民的精神意志，即是國家存亡的關鍵。

國父分析了中國的對外關係，「中國今日欲求友邦，不可求之美日之外。日本與中國之關係，實為存亡安危兩相關聯者，無日本即無中國，無中國即無日本。為兩國謀百年之安，必不可於其間稍涉芥蒂。」

「次之則為美國。美國之地雖與我隔，而以其地勢，當然不侵我而友我。況兩國皆民國，義尤可以相扶。中國而無發展之望則已，當有其機會，必當借資於美國與日本，無論人才資本材料，皆求之於兩友邦……而於將來，更可以此三國之協力，銷兵解仇，謀世界永久之和平，不特中國蒙其福也。中國若循此道以為外交，庶乎外交上召亡之因，可悉絕去也。」

國父高瞻遠矚，慮遠思深，一百年前的剖析，至今仍是有啟導南針的作用。雖然世局變化，為前人所難以預料，可是「獨立不撓」與「求友於美日兩國」，至今仍是切實的。

中日締和一事，我還有一層想法，我猜想，若不是憑著蔣公領導抗戰的貢獻，和參加開羅會議的資望，單獨締和恐怕也未必能作到吧。又如果蔣公不在其位，任何一位主其事者，包括行政院長陳誠或總統府資政張群等，大概也很難如蔣公所堅守的「獨立不撓」的交涉原則。

中華民國有充分的理由，但也有無可諱言的弱點。因為失去了大陸，所謂「敗軍之將不言勇」，遂受列國訕笑。尤其是蔣公在歷盡世間炎涼，國際間並無道義的悲痛心情，一定比平凡百姓更沉重千萬倍。若非有過人的堅忍和胸襟，怎能擔當得下來？

一九五四年十二月三日，在華盛頓簽字的「中美共同防禦條約」是另一個故事。表面上看起來，這個條約提供了美國對臺灣協防更為莊重的承諾，但在條文之外，還有許多「千迴百折」局外人無從知曉的情節，就連我們這些「上窮碧落下黃泉」的新聞記者，也只能說略窺皮毛而已。

一九五三年，共和黨籍的艾森豪就任美國總統，他競選時的口號之一，是「儘速結束韓戰。」他在就職後更聲明，「解放鐵幕內被奴役人民。」向國會提出的國情咨文中，宣布解除臺灣中立化，含義是不再限制中華民國對大陸作戰，而第七艦隊協防的任務仍繼續執行。

事實上，華府的這些舉動，著重在對中共施加壓力，好儘早實現韓境停火。至於中華民國反攻之說，並沒有足夠的實力，儘管是「虛張聲勢」，卻使得以臺灣為中心，海內外傾向自由的中國人，為之鼓舞。大家佩服艾森豪果然不愧是自由陣營領袖的氣魄，有的人甚至樂觀預測，美國可能不惜對蘇聯攤牌，達成「自由十字軍」的大業。

然而，美國的廟算，仍以維持和平、避免大戰為最高原則，而英聯集團的「綏靖」妥協立場，對華府有很大的影響力。

毛澤東不斷叫囂「解放臺灣」，聲調越來越高，海峽周邊海空作戰頻頻發生，戰況報導是那年頭兒最熱門的新聞。記得空軍歐陽漪棻少校在臺海上空巡弋，擊落了第一架中共的米格機，經報章宣揚之後，受到民眾熱烈歡迎。他凱旋歸來，站在軍用卡車上，車隊所到之處，爆竹四起歡聲雷動。從延平北路到衡陽街，沿途商店店員們從人群中擠出來，把各式各樣禮品「獻給英雄」。據報導，吃的有火腿、烏魚子、名貴罐頭，穿的有進口西裝衣料和皮鞋。歐陽是少見的複姓，漪棻又像是小姑娘，這姓名容易記。他憑高超的作戰技術打落米格，保衛領空，民間視之為「勝利金童」。後來還有許多位空軍軍官在空戰中建功，都獲得蔣公召見和重賞。老百姓的興奮，勝過了奧運會中得了金牌。

當然，政府也擔心共軍會空襲臺灣，所以舉行過許多次大規模的防空演習，在我的經驗中，似乎「表演」的意味較多，各地也奉命要建防空洞，臺北市淡水河邊就挖了許多洞，有水泥地掩蔽體，但從來沒有真的用過，後來成為年輕男女密約佳期的處所。

臺灣本島似乎安堵如恆，歌舞昇平，但外島則越來越緊張，在蘇聯大力支援下，共方逐漸發展了海空戰力。距離臺灣二百五十海里的外島大陳，就受到共機的轟炸，失陷之後，大陳軍民主動撤回臺灣。

美國的全球戰略，自艾森豪登臺後轉趨積極，在全球布置了反共的包圍圈。西歐方面的北大西洋公約組織，以駐西德的美軍為主力。由美、英、法、蘇四國分別占領的柏林，位於蘇聯占領的東德境內，因此，西柏林成為「紅海中的金門」，同樣是全球性危機四伏的發火點。

在亞洲，美國與日本締結美日安保協定，在日、韓都駐有重兵。菲律賓是美國多年的盟友，甚至在南太平洋的澳大利亞和紐西蘭，也都有聯防的協定，所以中美也締訂了性質相似的防禦條約。

從表面上看來，中美聯手防共令人放心，美國的高級軍政首長絡繹於臺北途上，大家以為這都是積極合作的象徵，其實不盡然。因為美國的戰略目標是守勢的「圍堵」，是不許共產洪流再衝出現有的界線。至於「自由十字軍」的口號，主要靠鐵幕內人民自發、主動揭竿而起，如波蘭的波茲南和匈牙利等處的反共行動。

中華民國的籌計，就是一直在喊的「光復大陸，解救同胞」。自從蔣公復職以後，每年的元旦、青年節、雙十國慶，還有國父誕辰、聖誕節、耶穌受難節，都會發表文告；另外對重要機構、社團等演講、對中外新聞媒體談話等，幾乎都在宣示「反攻大陸」的決心。這是他心心念念的最高任務。我的理解，建設臺灣模範省，即是為反攻大陸作準備，是軍事上所謂「前置作業」。

韓戰中間，美軍方曾建議由臺灣派出五個陸軍師助戰，蔣公同意派一個師，後來雖未實現，顯示兩國軍方曾有並肩作戰的期待。蔣公認為反攻大陸是可行的，需要的只是美國的道義支援，最好是加上海空和物資的援助。換言之，中方的戰略構想是以攻勢為主，登陸方可打開新局。

然而，美方的決策是儘量避免冷戰轉為熱戰。曾經統領糾貅、打垮納粹的艾森豪，最明白大戰的危險，所以，儘量避免與中共直接衝突的可能。

艾森豪曾派出特使（主管遠東事務的助理國務卿華特森，和第七艦隊總司令雷德福），後來又由國務卿杜勒斯出馬，試圖說服蔣公棄守金門馬祖。一九五八年十月二十一日，杜勒斯向蔣公陳述美方的意見，杜的話講得十分率直，他表示，「在目前情況下，美國究竟能保護中華民國政府多久，甚為可疑。」所以他建議，臺灣要主動與中共謀和、要棄守金馬、要削減軍力等。杜勒斯這些話，報上都看不到，連我們新聞界當時也並不知道。

蔣公仍然以對待老友的態度，很冷靜、很禮貌地陳述他對世局的看法。第二天會談當杜再提起那些話頭時，蔣公才斷然告訴他，如果金門不守，政府會在五個月內垮臺，臺灣也將隨之陷落。

美方曾建議，由中美海軍聯合行動，實施對廣東汕頭至浙江溫州各港口的海上封鎖，換取放棄金馬，蔣公仍斷然拒絕。

杜勒斯提出原子彈的問題。如使用相當於美軍轟炸廣島的原子彈，共軍炮陣必遭全毀，但輻射將造成二千萬人死亡，蔣公也立即拒絕，為求勝利，不能以中國人為犧牲品。

杜勒斯主動提出，美國將派出鬥牛士飛彈進駐臺灣協防，蔣公欣然接受，但仍不能從金馬撤兵。

最後，杜勒斯請蔣公公開說明臺灣不會對大陸動武，蔣公也不同意。當蔣、杜會談公報定稿時，用的文字是：強調恢復大陸同胞的自由，以實現國父孫中山先生的三民主義為主。這一任務的完成，以大陸人民的歸心為基礎，而不在使用武力。公報中宣稱：「在目前情勢下，金門馬祖和臺灣及澎湖的防線有密切關係。」隱含的可能解釋是：中共若攻擊金馬，美國便可能履行協防的義務。

如果不是蔣公在，還有誰能頂得住艾森豪與杜勒斯的要求？我看是「沒有」。而金門、馬祖至今仍是臺海防衛的前哨，雖然都已變為「觀光區」了。

國父所說，我們求友，「不可求之於美日之外」。但此後的變化是，因中華民國與這兩國都已斷交，那兩項條約也都已廢止無效。但自一九七〇年代至今，臺澎金馬屹立，不由得更深深感佩國父的教訓，「其國不可以利誘，不可以勢劫，而後可以自存於世界」，國民不屈不撓的精神，是我們到目前依然站得住腳的根本，以後呢？要看下一輩人了。

第十九章 親歷「五二四」

現在大學入學考試如果出一道題目，「試述五二四事件的經過及其影響」，一定會有很多青年人答不出來，「五二四是什麼玩意兒？」

這場不幸事件，是政府遷臺後第一次大規模的民眾集體抗議，時間是一九五七年五月二十四日，地點就在臺北市中心，抗議的對象是美國。在表面上平靜無波的臺灣，那是一場出人意外的騷動。

美國對臺灣的協防和軍經援助，使得民間對美存有好感。不過，有些淺薄的美國人，不了解東方人的性格和文化背景，言行之間流露出「高人一等」的氣勢，引人反感。尤其美軍在亞太國家的駐軍，常因酗酒、車禍等事故，與當地民眾發生糾紛，在日本、琉球、南韓和菲律賓都曾發生過，後果是反美情緒暗中滋長。

那年三月二十日，美軍顧問團有一名上士雷諾，在陽明山美軍宿舍前，將我國男性公民劉自然槍殺。行兇的原因眾說紛紜，有人說，雷諾涉嫌將剩餘物資賣到黑市，劉自然經手其事。劉自然聽說雷諾將調往他國，要跟他算帳分紅，發生爭執而遇害。雷諾則說當時他的妻子正在洗澡，他發現劉在窗外窺視，便開了兩槍。無論原因何在，雷諾行兇殺人總是犯法，所以民間反應激烈，要求懲兇。

可是，根據事前協議，美國駐軍人員在駐在國犯罪，可享有外交豁免權，應由美國軍事法庭審理，而且適用美國的陪審員制，決定是否有罪；審判時邀請中外記者旁聽。

事前文宣主管已分別和新聞界打招呼，希望儘量「平實報導」，以免激動群情別生事端。王總編輯認為此案人命關天，不可過於平淡。頭天發稿是外交記者黃慶豐主稿，對案情本身以及各方有關的反應，都有詳細報導，也分析了美軍法庭的審理程序，並沒有對結果作任何預測。這些報導和分析加上有關圖片占了一整版。第二天翻閱同業各報，倒都嚴守「平實」原則，《新生報》似乎登得太多了一些，反應有好有壞。

五月二十三日，美軍法庭開庭，陪審團聽取證詞之後，八位陪審員投票，一致認為雷諾無罪。有些旁聽的美軍居然鼓掌叫好。當天下午就由美軍飛機把雷諾送往菲律賓去了。

五月二十四日當天，各報紛紛報導「殺人者無罪」的新聞，文字間難免有強烈的民族情緒在內。民間引為不平的是，平日枉自宣揚「中美兩大盟邦」如何如何，到了緊要關頭，卻顯示中國人性命是這樣不如草芥。當天的報導，包括《中央日報》在內，都不再受「平實」約束。

五二四上午，劉自然的妻子以未亡人身分，舉著布招在美國大使館門前抗議。當時的美使館位於火車站附近延平南路口，正是交通往來的要道。先是路人圍觀愈聚愈多，群眾情緒漸呈激昂。許多人對劉太太表示同情，送茶送水，有人為她大聲呼冤，中外記者都來採訪她。中國廣播公司的名記者王大空作了錄音訪問。

中午過後，人潮洶湧，便有人衝進大使館。大使館的新聞處設在中山堂對面。我們在三樓編輯部就可看到街頭亂象。

我和幾個同事步行到大使館，只見前呼後擁的群眾，湧進大使館砸毀門窗家具，有人把打字機、文件櫃從窗口丟在街頭上。還有人爬上旗桿，要把星條旗扯下來，混亂的情況沒有人前來阻止。

《新生報》同仁吳嵩浩，因兒女眾多，家累甚重，白天在美使館兼任譯員。我一眼看到他困在人叢中，被幾個壯男包圍。我站在對街高喊，「不要打自己人啊。」嵩浩就此抽身脫險，我們趕緊跑回報社去，他後來全家移民澳洲，沒再回來。

目擊這樣混亂的場面，為何沒有軍警出來維持秩序？一說是因為蔣公在日月潭度假，行政院未能調兵。直到黃昏時候才得到消息說，有部隊進入市區，即將實施宵禁。

想不到這時忽有幾個學生到報社來，由我接見。他們是政治大學同學會的代表，發言人是政治研究所的傅宗懋。他們在校園中開了大半天的會，討論通過一份抗議書，希望明天見報。我說稿子請交我處理，「全文如下」可能有困難，我會儘量把同學們的意見表達出來。「現在，請你們馬上回學校，城區立即要戒嚴，再遲就回不去了。」傅宗懋本來要把同學們激昂慷慨的情緒向我細說一番，此時只得匆匆告別。傅宗懋與雷飛龍、易君博等幾位，都是王雲五先生的高足，後來進入政府服務，傅宗懋好像擔任過考選部或銓敘部部長。

把他們送走之後，果然就有部隊開進來，街頭恢復平靜，第二天市面照常，好像沒有發生過什麼事一樣。

但美國的反應很強烈，原來支持中華民國的許多參眾議員也站出來表示「譴責」。他們說，中華民國是美國最好的盟友，怎麼也會這樣對付美國人？

葉外長事後在一項不公開的記者會中告訴我們，藍欽大使曾到外交部來告知葉外長，他已決定要報告國務院，請求立即派艦來「將美國僑民撤離臺灣」，經葉外長力阻而中止。葉公超很嚴肅地說，「大家都明白，撤僑是多麼嚴重的事。」在國際交涉中，那往往就是「斷交」的先聲。即使只是撤僑，對我們國家形象也一定會有很大的損害。

行政院俞鴻鈞院長引咎辭職，獲得慰留。但三位治安首長遭到免職，他們是衛戍司令黃珍吾、憲兵司令劉煒、警務處長樂幹。過去，臺省府警務處長一職，多由曾任軍長級的將領出任，是外職停役的方式。樂幹是第一位受警察專業教育出身的警務處長，各方都期望他能革新警政。不料到職未久就碰上這一事件，此後似未再起用。

在華府，駐美大使董顯光代表道歉，並承諾賠償各項損失。美方雖未撤僑，但後來從八千名在臺駐軍中撤減了八百人，這項調動報紙上沒有報導。

事平之後，蔣公曾在不同場合有所評斷。他追憶國父倡導國民革命，目的之一就是要洗雪國恥，國恥之中最可恥的就是喪權辱國的「辛丑條約」。辛丑條約正是由於義和團暴動，攻打外國使館，殘害外國使節和僑民所引起的。蔣公指責這次五二四事件，幾乎是另一次義和團。

蔣公於六月一日發表的「告全國同胞書」，言詞懇切沉痛，我在編發這篇文告時，內心激動落淚。五二四當天，我雖然沒有去參加打砸使館的暴烈行動，可是心中對群眾的憤慨充滿同情。彷彿小孩子為了維護家族的榮譽，在外面和別人打架闖禍，回家來又受到父母責備，感到無限的委屈。

蔣公是這樣說的：

「同胞們！要知道今日和我們站在一起的美國，不僅是一個此時患難與共的盟邦，而且是和我們有深厚傳統友誼的朋友。唯有這個朋友，在列強中從來沒有侵略我中國的寸土尺地。他更在辛丑前後，防止了列強瓜分中國的企圖，這是大家應該切記不忘的。不過，朋友之間相處，自然也會有不愉快的事，但是應該各取互相諒解的態度。我們固然希望朋友能諒解我們，同時我們更當先反求諸己，由我們先諒解朋友，才是我們中國人做人『盡其在我』和『推己及人』的忠恕之道。如果聽任感情橫決，不自約束，無論是出於愛國的動機，或是任何理由，其演變所及，反而會危害國家，遺禍民族，把無數同胞的生命和幸福，於有意或無意中陷於萬劫不復的境地。」

五二四事件暴露了政府維護治安上的弱點。當總統不在首都時，一旦發生變故，誰負有調動軍隊的權責？外間指責俞院長優柔寡斷，也有人責怪實際肩負安全責任的蔣經國。周宏濤的回憶錄中有這樣的紀錄：

事件發生當時，「憲兵司令部曾向安全局請示，但安全局所屬官員答覆憲兵司令部說，攻擊美國大使館之事並非其主管責任，而示意憲兵單位不必干涉而造成錯誤。」

同書中說明，「蔣經國的民族情緒、是非觀念都很強。他也運用影響力，做可認為該給點教訓或者伸張正義的事，不過五二四事件讓他了解到凡事都應有多層面考慮。」

周宏濤與兩蔣的關係都很深，多年來追隨左右，他認為，蔣公提名陳誠為國民黨副總裁，「因為他顧慮經國先生尚不足以擔當領導國家的重任，一般認為這和五二四事件有關。」這個分析應該有相當根據。

當時，我並不知道這些背景，也沒有想到蔣經國應該負責。我很膚淺的想法倒覺得，內閣即使不改組，至少國防部長應該下臺。現在我已記不起當時的國防部長是誰，可見他的去留大概沒有什麼重要。

可是，由於五二四事件，使我改變了我先前對美國的若干看法。

美國自第二次大戰中崛起，成為富強甲天下的超級強權。美國的生產力一度占全球的百分之六十，東西兩大戰場上，在西歐擊敗納粹，在亞洲打垮日本，美國是最主要的力量。所以，戰後的全球舞臺上，美國既是「世界警察」，又是「全球聖誕老人」。在西歐，美國投入幾百億美元的馬歇爾計畫，幫助經濟復興；在東亞，中、日、韓以及東南亞各國，直接、間接都曾接受美國的援助。以我們臺灣為例，歷年軍經援助當不下於二三十億美元。無論在當時以至今日，沒有一個別的國家會如此慷慨來幫助我們。

可是——一個很沉重的可是，為什麼在美國施出這麼多的善意之後，幾乎每一個受援國民間，都潛伏著一股強烈的「反美」情潮。為什麼？

難道說，那些國家的人都是「忘恩負義」，都要「恩將仇報」？美國朝野為什麼從不深刻地反省檢討，自己犯了什麼錯誤？

劉自然死了五十六年，五二四早已消失在逝去的雲煙裡。國際政治本來就只有現實利害，美國已經和中華民國斷交，但民間仍有「剪不斷，理還亂」千絲萬縷的關係，說到最後一句話，臺灣今天有許多地方還要靠美國，到今天我們仍舊不得不需要講「推己及人」的忠恕之道。

我忽然想到小時候唱的一首軍歌，據說是北洋老軍人吳佩孚作的：

黃族應享黃海權，亞人應種亞洲田。

不怕死，不愛錢，大丈夫絕不受人憐！

中國人哪，要怎樣的忍辱負重、發憤自強，才可以成為頂天立地、不受人憐的大丈夫。義和團式的愛國救不了國，我們得下更大的決心，更深的功夫，「大丈夫絕不受人憐」，中國人的性命才不會被輕賤，中國的國權才不會受踐踏。

第廿章　《自由談》與我

在敘述當年那些報紙上的國家大事之際，我必須講講一段小插曲：我怎樣會主編《自由談》這本雜誌，前後十五年。這個插曲對我個人影響很大，等於為我的人生開了另外的一面窗。

一九五〇年代，臺灣經濟尚未起飛，大規模出版業尚未出現，又以大局艱危未定，新聞事業篇幅與內容都受到限制，民間各種雜誌遂次第興起，《自由談》的創刊可謂應運而生。

《自由談》採十六開型，每期一百頁到兩百頁之間，每月月初出版，數十年間，從無脫期或延後等情形。重要的內容，以「山水、人物、思想」為主，在綜合性、文藝性、知識性之間。創刊時銷路約兩千份，到第三年突破一萬份，是民營雜誌中第一家。由於發行量廣大，廣告收益可觀，《自由談》是最先做到經濟自立自足的刊物。在當年的環境下十分難得。

《自由談》的成功，首應歸功創辦人趙君豪的眼光和毅力，趙先生是新聞界前輩，原籍江蘇興化，生於民國前九年五月九日，民國十五年在交通大學畢業後，進入中國報業史上最老牌的《申報》服務，他進入新聞界那一年我剛剛出生，我們應算是兩代人物。

記得我在重慶初入政大之時，讀到趙先生所著《上海報人之奮鬥》一書，其中講述一九四一年底日本軍閥派兵進入上海租界，新聞界志士在孤島上與敵偽搏鬥的經過。那一輩熱血志士，斧鉞當前威武不屈，被敵人逮捕、被漢奸暗殺者比比皆是。趙先生正是被敵偽捕緝的對象，他身歷萬險，逃出虎穴寫成此書。我讀後深受感動，對作者景慕萬分，但無緣識荊。

我到臺灣進《新生報》服務。業餘則以寫作自遣，不時有小說和翻譯作品發表。有一天，總編輯王德馨先生忽問我「有無興趣編一本雜誌？」據說他老友趙君豪囑託他物色適當人選，他認為我足可勝任，便來徵求我的意見。我因對趙先生早有印象，又得王先生鼓勵，就一口答應下來。這本雜誌就是《自由談》，從第二期開始，編務由我負責，稿件經王總編輯轉來，我和趙先生一直沒有相見。

可是，過了不久（一九五〇年五月間吧），趙君豪應謝社長之邀，出任《新生報》副社長兼總經理，這位上海「望平街的老兵」回到新聞戰線。自此之後，親自教益的機會較多。但因我上大夜班，豪老工作繁重，白天賓客滿席，我很少到他的辦公室。他漸亦了解我這個人疏懶成性，除非有特別要事交代，很少找我面談，彼此間信札往還，幾乎天天都有。

豪老與老《申報》關係深厚，《自由談》之定名與《申報》副刊同名，自有眷戀故舊之意。他曾為中國旅行社主編《旅行雜誌》歷二十年，自稱是讀過最多遊記的人。本來有意在臺北恢復「旅誌」，可是因兩岸隔絕，臺灣景點有限，觀光事業尚未成風尚，所以退而求其次，在《自由談》列山水為第一重點。豪老交給我一大包稿件，其中有些便是大陸遊記的存稿，多為名家手筆，支撐了場面。可是，此後的發展還得從加強人物、思想入手。文藝創作與翻譯，尤為急需。在這方面，豪老籌思大方向，我則全力執行。除了讀書寫作之外，就把精力與時間奉獻給《自由談》，但也從工作中累積了許多寶貴經驗，是在國內外大學都學不到的。

豪老雖曾有鐵血抗敵、不恤生死的大勇氣，但平日待人接物雍容謙和，其溫如玉，對人從無疾言厲色，處事從不率意而行。人無貴賤，事無大小，他都表現出虛懷若谷、傾誠相待的氣度，而且不辭繁劇，不怕囉嗦，大原則不動搖，小枝節不忽略，他在事業上的成功絕非偶然。他認為，民營出版物要辦得好，首先要經濟獨立，因此他開始就重視廣告來源與市場升降。這與我們在講堂上講的重點似有出入。

豪老是新聞界先進，又是國大代表，並因交大校友身分，許多企業界精英人物都是他的好友，所以廣告由少而多，很壯門面。內容越來越充實，廣告也隨之水漲船高。憑內容爭取廣告，得廣告改進內容。當年還沒有「取之於社會，用之於社會」的流行口號，但《自由談》的收益幾乎完全用於內容的充實創新。很多老讀者至今猶津津樂道，懷念不已。

每期卷首第一篇，豪老稱之為「頭題文章」，最能見他約稿與選材的手段。譬如說，早年出國不甚方便，有人出國開會，有人剛從海外回來。有人對文化思想上重大問題頗有獨得之見，或有人正在寫一部得意作品，這些消息豪老無不留意，並能在最適當時機提出請求，使對方無可推辭。像王雲五、張其昀等多位大老，都是如此。

豪老常說的一句話是，「好好伺候作家」，在他心目中無所謂大牌小牌，寫得出好文章就是最值得尊重。有一次為了約心理學家陳雪屏先生文章，相談幾個小時，他奉上一聽茄立克香菸為敬（註：一聽，即一罐，約五十枝。依當年情況，如送四聽外國菸那就算重禮了）。趙先生事後告訴我，「如果送厚禮，反顯得生分。我這是投其所好，心到神知。」這件小事可見他「伺候」作家，出於摯誠。

有些作家是不拘形跡的老友，有些被網羅在編輯委員會中，其中阮毅成、周君亮、伍稼青、劉家麟等先生貢獻最多。周先生是張岳軍幕府中的大筆，所寫「小人物傳記」逐期連載，轟動一時。阮先生學貫中西，法學專精，於新舊文學無不涉獵，世人皆知臺灣的地方自治法規的建立，大多出於阮氏之手。其實，他寫過多篇小說（每篇都換了筆名），描摹亂世男女悲歡離合之情，無不絕妙。伍先生寫遊記、劉先生寫掌故都屬高手。他們都是《自由談》最忠實的讀者，每有聚會，一定把內容優點缺點仔仔細細檢討一番。阮先生議論縱橫最為風趣，他曾任《中央日報》社長。過了多年之後，我也受命擔任那一工作。阮先生猶不時賜教並予支持，前輩風範令人難忘。

由「山水」擴而廣之，自臺灣到海外，國際通訊網已不限於遊山玩水，兼及國故民情，在歐美和日韓等國之外，寫稿的作家遠至非洲。我們的國際通訊網人才之盛、水準之高，為許多報紙所豔羨不已。

海外作家以留學生居多，所謂「留學熱潮」，《自由談》無意中成了推手之一。很多位後來都成為名家。

國內的作者，大別可分為兩三類，一類是文藝作家，以小說、散文、小品為多，像孟瑤、琦君、郭嗣汾、吳魯芹、周棄子、黎東方等。周、黎兩位惜墨如金，但他們為《自由談》寫的幾篇文章，至今仍為人傳誦。

另一類是專業的非專業作家，包括工程師、醫師、船長、飛機駕駛員、律師、教授、軍人等不同行業的人。他們在本行裡有很好的成就，出其餘緒，妙手成章，又因其獨到的經驗和感受，當行出色，甚至是專業作家所難能。

創作之外，翻譯作品也很重要，林友蘭、周新、黃文範等多位都是主力支柱。長篇小說逐期連載，在今天已是不可想像的事，當年卻極受歡迎，讀者願意等待。記得有一篇〈海明威忠告青年〉，我們刊出後的幾個月，臺北報紙還有譯載，豪老對我們「眼明手快」的工夫頗為得意。

《自由談》出過若干次「專號」，有時是事前妥加設計，也有時只是湊巧累積了幾篇同性質佳作，正好一氣推出。有一回是「泰國風光專號」，有一篇很精采的文章，題目是〈泰國首都的佛寺〉，我經再三斟酌，改題為〈黃衣滿街寺滿城〉，符合作者原意而脫俗，豪老看到後大為激賞。信上稱之為「點鐵成金」，並在和朋友談論時，把這一個小小題目當作例證，「《自由談》就是與人不同」。他這樣的獎勵，令我感念之外，更加上了凡事都要刻刻用心，作到與人不同才好。

每年辦一兩次徵文，是《自由談》的大事，也是轟動文壇的大事，一次在新年特大號，徵文的對象以經常撰稿的作家為限，雖然限題目限字數，每次都能獲得意料之外的好成績。但編這個專號特別吃重，一是來稿篇篇精采、字字珠璣，前後安排煞費苦心；而且徵文雖言明以不超過多少字為限，事實上很少有不逾限的，自不得不作必要的刪減，刪文稿而不致招致作者不滿，是對編者的大考驗。另一次徵文，宣布題目和範圍，公開徵求佳作，成果之豐碩也常常令人喜出望外。前文所說的「專業的非專業作家」，有不少位就由此項徵文而來。

我自少年遊走四方，戰時經中原、西北，在重慶入大學，在南京畢業，隨即到臺北工作，因而對地域觀念比較淡漠，少有所謂本省人、外省人的分歧觀念。文章寫得好，何必分省籍？不過當年臺省籍作家人數較少，為我寫稿者有廖清秀、鍾肇政（九龍）、雞籠生（陳炳煌）等，即由徵文與《自由談》結緣。

九龍住在桃園龍潭，跟他通信無需詳細地址。後來他寫長篇小說，《插天山之歌》在《中央日報》連載過。政黨輪替那幾年，他曾以作家身分被聘為總統府資政。好像他還是默守本色，沒有什麼藍或綠的問題。

豪老對我謬加信賞，有關編務他除了事前偶有約稿，出版前要親自校閱一遍之外，不加任何干預，一切由我作主。我因此更須勤慎從事、考慮周詳，以無負託付。偶有他交來稿件，不適用者我照樣封還，並略陳理由，他都能尊重我的決定。唯一的一次例外，是有位青年的短文，內容平淡，但豪老力促一定要登。原來那位青年與女友相戀，好事將偕，女方家長對他的人品學識都表滿意，但提出一個要求，一定要那青年有一篇作品在《自由談》刊出才算「及格」，豪老說，「我們就成全人家的好事吧。」現在算來，那一對夫婦早該是含飴弄孫的年紀了吧。

辦雜誌十分辛苦，走過這條路的人才真體會得到「一文錢難倒英雄漢」的苦況。《自由談》聲譽鵲起之初慘澹經營，不知究竟能辦多久，臺灣省主席吳國楨曾任上海市長，與豪老有舊，曾致意願由省府出資支持《自由談》，豪老當即婉言謝絕，事後把經過告訴我，並且說，「錢要我們憑本事賺來才有意思。況且拿人手短，無論是官方的或私人的好處，沾染上都會後悔。」後來吳國楨離開臺灣大唱反調。豪老說：「你看如何！」

一九六〇年，我參加第一屆中山獎學金考試倖獲錄取，摒擋赴美就學，向豪老懇辭，並且藉箸代籌，向他建議接手編務的人選，豪老都不肯答應。他為我小宴話別，兩人對談，他拉著我的手用上海話說，「我們是多年的小弟兄了。」豪老較我年長二十歲以上，這句話裡所含的親切情誼，令我一輩子也忘不了。結果是仍由我掛名，編務則由內子史棻代行。史棻處事謹慎負責，有過於我。我在美三年多期間，由她一路代勞，豪老對她的工作稱賞有加。我回國之後，更無法推卸，直到一九六五年，接任《新生報》副社長兼總編輯，忙得害失眠症，才得到豪老諒解，同意辭去名義，我前後主持《自由談》編務約十五年。

在漫長歲月中，值得回憶的事和人太多太多，我無法一一追記。存在國家圖書館裡的合訂本，是最完整的答案。在那動亂的時代，《自由談》是很多讀者的好友和良伴，好像一個溫柔敦厚的人，總是帶著鼓勵和安慰的心情，充滿信心攜手向前。

《自由談》刊登過太多精采的作品。有一個小小的例子：小說家朱西甯多年前曾對朋友說，《自由談》是在臺灣刊物中最先發表張愛玲作品的。聽到的人輾轉向我求證，這件事我記得清楚。

張愛玲在抗戰後期的孤島上海成名。一九五〇年代，在臺灣，她還是「不便公開」的人，也沒有她的作品可讀。我從一處私人藏書室裡，找到她的《流言》十分欣賞，覺得這樣的作品實在應該公開，就抄寫了幾篇，在《自由談》刊出，這便是張女士作品「登臺」的第一聲。當時的反響不錯，但也有人批評我「膽子不小」。那時還沒有複印機，又不便轉託他人，我是一字一字從書上抄下來付排的。彼時「智慧財產權」不像今天這樣鄭重其事，我作的行為其實是侵犯她的權益，我只是喜愛她的風格，沒有多想。後來張女士到了香港，發表《秧歌》等小說，再經評論家夏志清在《中國現代小說史》裡特加推崇，已是名滿天下。類似的事情，《自由談》常常嘗試，也算是走在前面。

王實味那篇〈野百合花〉曾惹怒毛澤東而發動整風，我也是用同樣方法，一字字抄來在《自由談》刊出。

《自由談》封面原來以山水風景為主似稍單調，劉家麟（鄂公）建議，可用美女代替（香港美新處出版的《今日世界》就是那麼辦的）。我頗持書生之見，認為格調不對。豪老為此遲疑了幾個月，對我說，「先試一期看看好不好？」那一期刊出的封面，是當時最當紅的國劇天后，顧正秋女士和張正芬女士；她們退隱已久，張女士即目前電視紅人哈林的母親。這兩位女士穿著長旗袍，並立在臺北新公園的水池畔，作拈花微笑狀，那期封面用彩色刊出，是臺灣雜誌界創舉，《自由談》衝過每期一萬份大關，好像就從那一期開始，我也就不好再說什麼。

有朋友問我編雜誌有何祕訣？我實在講不出來，我想，編雜誌即如做人是同一道理：誠實、負責、坦直、謙虛。我自己也寫作，我對編輯有何期待，我就老老實實那樣做去。我給年輕編輯人的建議是，要能常常設身處地、想想一位作者的辛苦，千萬不可有「大權在握，高下隨心」的輕狂心態。蘇東坡說，文章如精金美玉，市有定價，一個好的編輯就是要有鑑別高下的法眼，並且能一絲不苟，使好的作品以完美的形式呈現出來。編輯應如戰場上的名將，「進不求名，退不避罪」。文章好，榮譽名利都歸作者，萬一出了什麼問題，編者要把責任扛起來。

因為編《自由談》，大大增加了我對文學閱讀和寫作的興趣，持續的努力，使我自己受惠無窮。《自由談》有一個先天的弱點，那便是自始至終都沒有一個正式的機構和一套嚴格的制度。豪老和我都是兼差，雖然我們都盡心盡力要把它辦好，畢竟脫不了「業餘」的格調。我們的想法是「先湊和著辦，將來……。」

後來，豪老奉謝師的委託，南下高雄創辦《台灣新聞報》，闢建新廈、廣集人才，把原來《新生報》分社，擴展為南臺灣第一大報，而且是新生報業集團盈利最多的單位。

不幸的是，豪老於一九六六年十一月六日因癌症逝世，享齡六十五歲。趙夫人吳靜波女士秉承遺志，維持《自由談》繼續出版。每月初新誌印好，趙夫人都要焚化一本，告慰於豪老靈前。

在我兼理編務期間，先後協助我跑印刷廠的，有張國鈞、查立平兩位，都是《申報》的班底。國鈞年紀輕、衝勁強，後來以他的上海經驗，以章君穀筆名寫成《杜月笙傳》，是可讀性極高的一部傳記作品。立平則不苟言笑，彬彬君子，晚年在美病逝。

在我離開之後，接任編務者先後有黃肇珩女士（中央社記者，後任《中華日報》社長）、石永貴（《新生報》記者，後任《新生報》社長）、續伯雄（旅美作家）等，皆屬一時之選。我常常想，如果天假以年，豪老能夠再多活幾十歲，有這一群年輕好手相助，《自由談》應可更加蓬勃發展，枝繁葉茂。

不過，天下無不散的筵席，人間的事業，盛衰榮枯周而復始。《自由談》雖已隨著趙君豪先生的仙逝而逐漸退隱，但在臺灣光復後的二三十年間，《自由談》凝結人心，啟導善意，發生過若干看不見、說不出的積極推動、開導向上的作用，值得大家懷念吧！

中央大學中文所博士生顧敏耀先生《《自由談》論述》一文，載於《文訊》月刊，二〇〇五年十月號。對《自由談》的發展與內容，作了詳切客觀的評介，極有參考價值。

顧先生文中指出，「《自由談》一九五〇年四月創刊，至一九八四年七月停刊，時間長達三十四年又三個月，出刊至三十五卷七期，總共出版四百餘期。發行網遍布五大洲，每期的海外郵寄訂戶的地址，有三十九個國家之多。」（按：當年全球只有六十個國家。）

顧先生應是年輕一代的學人，這篇論文下的工夫很深，不過其中有些對我個人溢美之詞，我不好意思引用，在事隔數十年後，得到這樣的評價令我感愧無已。我沒見過顧先生，我應代表趙先生和《自由談》獻上我誠懇的謝意。

第廿一章 寫小說的起步

從很小的時候，我就喜歡聽祖母講故事。孔夫子周遊列國，牛郎織女天河配，劉關張桃園三結義，孫行者大鬧天宮，那些故事的後面，都蘊藏著深厚的人情味。漸漸地，我也會複述那些家喻戶曉的故事，有時添加一些自己想像出來的枝葉。祖母總是笑吟吟地看著我說，「你又胡扯了。」我不知道那是不是我愛好文學創作的起步，喜歡聽故事也喜歡創作自己的故事。

中學時期我就開始寫作，那時還分不太清楚什麼是散文、什麼是小說，但我比較喜歡有人物、有情節的，而不僅僅是抒情或說理，自然而然偏向於小說之一途。到老來，我曾對一位年輕的文友說，「我覺得，除了寫小說之外，其他的寫作都不算是真正的寫作。」

一九五〇和六〇年代，儘管報社的工作越來越沉重，但我仍能擠出時間來閱讀、寫作。此所謂寫作，就專指嘗試著寫小說。我最喜愛的形式是一萬字左右的短篇，這恰恰也正是當年各種報紙雜誌上最歡迎的作品。我至今仍懷有這樣的「偏見」，一份文藝刊物、一個報紙的副刊，「必須經常刊出精采的短篇小說」。

主編《自由談》之後，我自定的原則是，每月至少有一篇是在「山水、人物、思想」之外的短篇小說。後來我又把這個辦法引入到《新生報》，「每週小說」選在週日刊出，大約半版篇幅，配上插圖；為了確實掌握稿源，初期的作者都是特約，逐漸吸引了外稿。這些稿件都由我編輯處理，讀得多了，不免也引發我自己嘗試動筆的興趣。

我在大學課堂上所受的寫作訓練，著重在「新聞寫作」，以簡潔、確實、迅速為基本要領，譬如五W一H的要點，即「何人」(Who)、「何事」(What)、「何時」(When)、「何地」(Where)、「何故」(Why)、還有「如何」(How)。又如「導言」的寫作，更貴乎一語中的、要言不繁，要把這些個「何」包括在內，就算是抓到了要領。另一型則是「評論寫作」，要講究舉證與說理，起承轉合，重在說明（贊成或反對）的道理。這兩樣寫法都與寫小說不盡相同，然而其中亦頗有相關而相通的道理，特別是短篇小說。

學著寫小說，我並無師從，只是多讀古今中外的名作，從中攝取養分。《紅樓夢》、《水滸傳》、《三國演義》、《西遊記》、《聊齋志異》等，經常迴誦，享受閱讀的樂趣。外國作品也廣泛瀏覽，對托爾斯泰和狄更斯最為心折。對短篇名家如莫泊桑、柴霍甫、曼斯菲爾、海明威都很佩服。可是，也有些大名家，如近年被有些評論家推許為「二十世紀最偉大小說家」的喬伊斯，我就不覺得他有什麼了不起的好。還有些人盛名天下，「其實難副」，我也就抱著存而不論的態度，且讀了再說。

也有些作家名氣沒有那麼大，但真是寫得好，像筆名薩基 (Saki) 的海克特．孟若 (Hector Hugh Munro, 1870–1916)，作品傳世者很少，然皆如精金縷玉。此人出生於緬甸，在英倫受教育，成年後曾在巴爾幹半島、帝俄和法國，替報紙任特派記者，第一次大戰時死在法國戰場。到今天大概沒有幾個人讀他。作家亦有幸有不幸，此事難為俗人道了。

長篇和短篇都是小說，但寫作的手法截然不同。胡適在五四時代曾有預言，二十世紀的世界將邁入工業化，人們將會改變農業社會的習慣而加速生活步調。所以，作家沒有充裕時間去寫長篇，讀者也更喜歡讀短篇。胡先生是文學大師，他的論點似乎頗近情理。可是，直至今日，長篇並未絕跡，短篇倒也沒有獨占風光。

老舍憑他自己寫作的經驗曾指出，短篇因為短，好像容易寫，但「易寫難工」。長篇動輒十萬、二十萬字、甚至洋洋百萬言，寫起來當然吃力，可是，長篇猶如繡龍旗，只要能在緊要關鍵之處寫得好，就可以令讀者留下刻骨銘心的印象。所以說長篇是「難寫易工」。這番分析相當中肯，不愧行家老手。

讀得多未必就能寫得好，但不肯博覽群書、廣收雜學，恐怕就很難成為小說家。讀得多了，自然而然可以體會到一些道理。至於文學理論，我不甚重視。讀西洋文學史，諸如古典主義、浪漫主義、自然主義、寫實主義，以至文學史上許多流派，往往只是「事後的先見之明」。理論雖然講得頭頭是道，但大都是在某些代表新思潮、反映新精神的偉大作品出現之後，才有評論家加以分析和詮釋。事實上，恐怕沒有一部偉大的作品是按照某種主義的規律寫出來的。每一篇古今傳誦的小說，自有它自己的生命與特色，小說家在前面開創新局，評論家在後面苦苦追趕。傑出的小說家可以百世不朽，那些理論則留給研究室裡的經生宿儒去細心研磨。它可以有助讀者閱讀的廣度與深度，但對繼起的作家裨益恐怕有限。很多人曾說過，莎士比亞活到今天，大概仍沒有資格讀博士學位，可是歷年來卻都有千百篇博士論文是從莎士比亞作品來的。這話大可玩味。

我從小夢想能寫小說，甚至以此為專業。然而，要實現這個夢想有實際的困難。我必須指出，幾十年前的困境，至今仍然存在——那就是吃飯問題。

我幹新聞這一行，雖然待遇菲薄，但至少按月領薪水，可以自足自立、養家餬口；寫小說便不然。文學創作不比上班，一天有一天的成績，一月有一月的報酬。一篇萬字小說可能需要兩三週乃至一兩個月，何時發表必須聽之於主編的眼光，即使發表後按時領到稿費，戔戔之數解決不了生活最低需要。所以，在一九五〇年代，文壇上我所認識的朋友們，幾乎沒有一個是單靠寫小說便能活下去的。絕大多數是來自軍、公、教，以及其他行業的薪水階級，都是「業餘作家」。

我的體會是，業餘作家倒也有許多好處，第一是不必像狄更斯或巴爾札克那些前輩一樣，被出版商或債主苦苦逼稿。第二是沒有「必須常常發表」的壓力。我只是為興趣而寫，自己思索得很透的題材，下筆寫來自有一種內在的動力，說是「如有神助」不算太誇張吧。

一九五〇、六〇年代，臺灣有二三十家報紙，上百種雜誌，幾乎每一種都不時發表一些短篇小說。市場的需要量龐大，致力此道的人很多。雖然不盡相識，但久而久之彼此都讀過別人的作品，高下之間都有印象。

我開始寫小說，先是萬字左右的短篇，向外投稿。我寄給不同的雜誌，儘量避免熟人，這樣可以免除「人情」因素，真正測試我自己的功力。我選的對象，是內容以文藝為主而又能支付稿酬的刊物。原因很簡單，我認真地勞作，應該有適當的代價。一本刊物辦到稿費都付不出來的時候，大概也就窮途末路、不成個事業了。這樣看法是我根據《新生報》和《自由談》的經驗。後來才漸漸懂了，還有些年輕朋友純粹是為了愛好和理想來辦刊物，他們艱苦奮鬥的情形我不甚了解。太重視稿酬的厚薄，是不對的。

香港有一家亞洲出版社，主持人張國興，原任合眾社記者。大陸變局之後，他由上海到香港，據說是得到美國人支持創辦文化事業，包括一家頗有規模的出版機構，出了很多臺灣、香港和海外作家的書。他還辦了一家電影公司，儼然是所謂集團事業。這個集團最先創辦的是一本《亞洲》畫報。

《亞洲》畫報八開本，彩色印刷，內容相當生動活潑，但不太適合臺灣讀者的口味。因此擴大徵選小說作品，聘請名小說家徐訏、《香港時報》社長李秋生等名家為評審委員，獎金訂得很高，說明是以「全球華文作家為對象」。

我以〈黑色的淚〉一篇參加，僥倖獲得第一屆亞洲小說賽的第一名。獎金數字我已記不得，港幣折合臺幣，相當我好幾個月的薪水。

〈黑色的淚〉寫的是一個大學生從北平圍城中逃出來的故事。營救他脫險的是一個賣煤球的瘸子，他是真正的無產階級，一個失耕的農民，到城市裡來靠著最卑微的工作謀生。他和那青年曾分別為抗日的馬占山將軍募款。青年離開古城時，就靠他這唯一的護送者，送別時那漢子流下了眼淚，沾著臉上煤灰的「黑色的淚」。小說中當然還有別的人物和情節，但主題是，透過一個曾吃過「八路」苦頭的貧民，已經預見了「我們往後不會有好日子過」。黑色的淚，具有苦澀的象徵意味。此後幾十年大陸上發生的事情，老百姓受的苦難，證明了我「所見不虛」。

這次得獎，比豐厚的獎金更重要的是，評審會宣布的結果，那張「佳作」名單，幾乎包括了當時臺灣經常寫小說的中、青年作家，其中有好多位是我的朋友。因為這一次的「競技場」不是臺北而是香港，評審諸公對我們這些參選者都不認識，因此不會有什麼「先入之見」，那結果足以服眾。認識我的人包括師長和文友，紛紛給我鼓勵和祝賀。我自己則只有暗呼「慚愧」，因為我覺得還有許多位平日寫作比我更專心、更好，我倖能得此榮譽，更須謙抑自守，加緊努力。得獎對我的確曾形成一種看不見的壓力，最困難的一點是：此後如何超越自己。

得獎之後，各方稿約源源而來。虞君質（「藝專」校長）、王藍（小說家）、王啟熙（《文藝春秋》總編輯）催稿最勤。香港方面，有「亞洲出版社」、「友聯出版社」和蘇錫文主持的《中外畫報》都曾為我出了單行本。此後我小說寫作更勤，作品散見臺港兩地報刊。

趙君豪先生有一天找我談話，「你在外頭寫的小說我也看到了。什麼時候給《自由談》寫寫啊？」豪老講話總是笑咪咪的，有一種讓人不得不同意的力量。於是我寫下了第一個長篇《殘缺的愛》。我先寫了一章，當作樣品送給他看，如果他認為可以，我再寫下去，等全稿寫完再考慮可不可以發表。可是，豪老沒有再徵求我的意見，到手就把它刊出，而且催我快快寫續稿，弄得我萬分緊張。

海明威寫作的習慣，是黎明即起，站在一張高檯子前，用鉛筆在黃色稿紙上振筆直書，他不用打字機，寫得很慢，每天平均五百字，修改的時間比初稿費的時間更多。我也知道像歐陽修寫

〈醉翁亭記〉，開篇第一句：「環滁皆山也」，初稿前面還有好幾十句，最後都被老先生刪掉了。我為日夜工作所苦，寫作之後明明知道還應該仔細修訂一番，但時間不許可，心中常以為憾。

短篇寫得多了，被書局出了選集，有中華書局、友聯出版社、黎明書局等幾種。我自己比較中意的有《象牙球》和《黑色的淚》等，殷張蘭熙女士特加推賞，為我譯出英文本，她覺得我的作品反映了那個時代。得此知音，我們成為終身好友。

此後寫的長篇，還有《流星》、《落月》、《辭山記》等，那幾年我真是廢寢忘食、樂此不疲。我不認為寫小說是「工作」，而把它當作是一種賞心樂事的「娛樂」。我很享受創作的意趣、我可以從心所欲去刻劃人物，去鉤描自然，去創建一個小世界、小宇宙、悲歡離合，我隱然是它的主宰。而在創作之中，我更可以發揮我自己的想像力，更可以把我的某些想法，也可說就是人生觀、價值觀吧，融匯在小說中人物的身上，好像有人說過，「文學是哲學的戲劇化」，哲學說之以理，文學動之以情，翻來覆去無非是在人情事理之中。曹雪芹和托爾斯泰的偉大精妙處，也正在於此吧。

《落月》出版後，夏濟安主編的《文學雜誌》創刊，他寫了一篇很精采的評論，討論《落月》的得失。他並以此文為例，標舉出寫小說要用心於「厚、密、重」。他不僅分析了我寫作上的優點和弱點，同時進一步建議應該怎樣可以寫得更好。這是夏先生在國內發表的第一篇，也是僅有的一篇書評，我對他感佩萬分，也受益匪淺。

一九六〇年代之初，美方時常邀請臺灣各界具有代表性的人物到美國訪問，以增進了解。學術界、政界、工商界都有。我可能是經吳魯芹兄的推薦，成為小說作者應邀訪美的第一人。

那個計畫很有味道，路線和訪問地點都由我自己擬定，如果想參觀名勝古蹟，訪問美國作家、大學、圖書館、出版機構等，他們都可以安排，時間以半年為期，所有費用都由美國國務院支付，每天好像還可以有一筆零用錢。

我一面請假，一面加緊磨練英語，莊萊德大使的正式邀請函也已收到，不料最後又出現了變化。

第廿二章　美國、美國

變化，應該說是一個好的變化。上天為我安排了一條更好的路，讓我有更好的學習機會。

一九六〇年代，臺灣湧現一股留美潮，「來來來，來臺大，去去去，去美國。」當年出國的機會極少，除了把書念好，憑成績拿到獎學金出國深造外，幾乎沒有其他正當管道可以讓青年人走出國門。

但出國留學談何容易。教育部和美國大使館都有許多規章，這樣要考試，那樣要保證，不光需要大筆金錢，還要通過許多關口。我因為已經成家，工作也還順利，所以就沒敢想過出國再念書。

儘管出國的門檻很高，但走的人還是很多，我在政大同屆的好友中，就有朱賢、冉伯恭、蘇定遠、馮小民、袁良、方大川、張毅、戴豪興、王理璜、何貽謀、尹直徽等都走了，我為他們一一送行之後，內心不免有些感觸。論讀書治學，我並不落人後，但限於其他條件，只能說「各有因緣莫羨人」了。

曾任臺大訓導長的傅啟學先生，是早期由國民黨選派出國的先進。有一次，蔣總裁召見，問他對國事有何興革建議？他說，建國大業，亟需學有專長的人才。他建議中央應考選青年同志，出國深造蔚為國用。蔣公覺得他的話有道理，交代有關單位立即籌劃。這就是國民黨辦理中山獎學金的由來。

我在報上看到招考的報導中有「新聞」一門，為之心動。回家和史棻商量，她也認為「何妨一試。」應試那一天，幾百人到達會場（好像是在臺北一女中）。應考新聞門的考生坐滿了好幾間教室，其中不少我的同學、同業好朋友，我覺得他們一個個信心滿滿，使我竟有些怯場。幸好筆試中國文、英文、國際現勢等我都答得很順利。新聞本科的題目裡，有一道是「對《中央日報》內容的批評和建議」。

當年的《新生報》和《中央日報》，是競爭激烈的對手，就如後來的《聯合報》和《中國時報》。我對《中央日報》的優點和缺點自是所知甚詳，正好藉機大發議論，好話講了幾句，但大部分是批評。少年氣盛放言無忌，有些話是很過火的。

過了許多年之後，我才知道那一科出題和閱卷的人，就是《中央日報》胡健中社長。胡先生提到我的試卷，他給了我很好的分數，笑說，「你講得很好。」前輩胸襟令人佩服。更想不到的是，又過了多年之後，我自己就坐在他那個最容易受批評的位子上。

口試有好幾關，英文那一關是被稱為「非洲先生」的外交部楊西崑次長主考。他的桌上擺著許多電報稿和報紙，他隨手拿起一張，先叫我朗讀。那是一則美聯社的電報，內容是哥倫比亞政變的新聞。不算複雜，可是有幾個很長的人名，我不會西班牙文，便只能按英文發音，念得有些咯哩咯瘩，心裡直打鼓。

隨後楊次長問了我的問題，都是電稿中講的事情，好像也問到中華民國、美國與中南美洲的關係。對我這新聞編輯而言，自然是應對裕如。

最後的一關是羅家倫先生主持，這是我第一次與這位大名鼎鼎，五四時代學生領袖面對面交談，既興奮又緊張，羅先生問的什麼，我怎麼回答的，完全不記得了。只記得他問答之後，說「好，好。」我才稍稍放心告辭。

中山獎過了很久才放榜，在我接到莊萊德大使的邀請函之後，我僥倖被錄取為新聞門第一名。經過與家人親友商量後，認為我正當盛年（那年我三十四歲半），應以出國進修為好。兩個機會只能選一個，我便向美方說「抱歉」了。

當年出國手續之繁瑣，直如一場噩夢。最麻煩的是各種保證人，預備軍官出國領護照和辦簽證等，都是要一跑再跑，那些記憶，每一個留學生提起來都「咬牙切齒」。

中山獎學金每人給予兩千四百美元，包括兩年求學的一切費用。在當時是可觀的數目，到了二〇一三年，教育部規定公費留學生，每人每年可得四萬二千美元，更可觀了。有朋友說笑話，「你等於中了愛國獎券的頭彩。」我自己深知，如果沒有得到獎學金，我不會有赴美讀書的機會。

加緊辦好了南伊利諾大學的入學申請，九月中成行，剛好趕上開學。我所以選擇南伊大，是因為那兒的新聞研究所主任郎豪華博士，曾應謝然之老師之邀來臺擔任政大客座教授，在臺講學一年，對中華民國各方面情況相當了解，對中國學生甚為歡迎。九月十八日，臺北仍是盛夏，飛到東京已有涼意，換機經過阿拉斯加時，機場外一片冰天雪地，經過芝加哥轉往聖路易，然後再換搭灰狗車前往南伊大所在地卡邦黛爾小城。一路上心情起伏，孤身遠行不免寂寞思家。

到達卡邦黛爾之後，見了郎豪華博士，辦過入學的例行手續，並承老友李子堅相助，安排好住宿、寄膳、銀行開戶手續等，安心準備開學上課。郎主任告訴我們一個好消息，他請到了他的老師莫特博士(Frank Mott)來開「新聞文獻」，限定只收十個人。莫特曾任密蘇里大學新聞學院院長多年，他所著《美國新聞史》和《美國雜誌史》，都是經典巨作，我們幾個外國學生（有中國人、韓國人、伊朗人和土耳其人，加上幾個美國人），有幸成為這位新聞學大師的「關門徒弟」。

莫特的課程在晚間七時，到他的「學人宿舍」裡上課，師生可以坐在一起喝茶、飲咖啡。莫特雖已滿頭白髮退休有年，但精力瀰漫、聲音宏亮。第一堂上課印象特別深刻，因為他第一句話就說，「今天晚上不上課，你們趕緊回家看電視吧。」那一天正是一九六〇年九月，美國兩位總統候選人甘迺迪和尼克森舉行第一場電視辯論。那是美國歷史上第一次（也是全世界第一次），國家未來領導人在全國電視觀眾之前，舉行公開的言辭辯論。這件事本身就是大新聞。

那場辯論相當精彩，艾森豪總統執政八年政績斐然，譬如「國防法案」和全美高速公路系統，都在他任內完成。尼克森以副總統身分競逐大位，資望經驗似在甘迺迪參議員之上。在論及國際關係時，雖然兩人都強調要保持美國強大，維護世界自由大業，甘迺迪卻說，美國應考慮促使臺灣放棄金門、馬祖，換取臺灣海峽的和平。此言一出，中國學生群起譁然，一下子都支持共和黨。那年頭中國學生大都來自臺灣港澳，大陸還沒有學生出國。

第二堂課，莫特問每一個同學看電視後的觀感，他自己並未作評論，只把大選的程序和要點向我們說明，「競選言論不一定就是他未來施政的綱領。」

後來，兩位候選人都到南伊大校園來演講、拉票，我們看到美國同學裡各有小組織，有的擁甘、有的親尼，非常熱鬧。我們這些外國學生也走在人群裡，體嘗「總統大選」的滋味。美國草根下的民主經驗，是書本上讀不到的。

兩個人勢均力敵，漸漸地互有上下。十一月初投票時，我們曾去觀察投開票所的情況，更詳細注意電視和各大報的不同記載。結果甘迺迪以極少的票數險勝，當選為美國歷史上第一位信仰天主教的總統。在就職典禮上，由最年長的總統艾森豪，把治國大任交到四十歲出頭的甘迺迪手上。他號召青年人，「不要問國家能為你做什麼，先問你能為國家做什麼。」得到國民的熱烈喝彩。

我選了四門功課，三門都是本門有關的：「大眾傳播理論」、「新聞文獻」和「公共關係」，另選一課「俄國史」（下一學期是「現代蘇聯」），我認為，要和共黨競爭，必須了解蘇聯才行。

這些課程都很有益，也沒有太大困難。明顯的缺點是，讀英文無法像讀中文一樣順暢有效，往往要苦讀到深夜，在燈下查參考書、查字典。另一項技術困難是我不會打字，而所有課程的作業，手寫稿教授連看也不看。新聞寫作的教室裡，靠牆壁一圈都是打字機，可是不能搬回宿舍去，只好花錢買了一臺雷明頓牌的打字機，勤加練習數月之久，子堅住我隔壁，被我的打字聲吵醒，鼓勵我說，「姚公，你行啊，以前是『點射』，現在是『機槍掃射』了。」

那臺打字機花了八十三美元，正是當年台糖出口一噸的價錢。有時打累了、打錯了，也捨不得去捶它，只有打自己的大腿出氣。「再打不好，怎麼對得起種甘蔗的農友？」

在所有課程中，我覺得莫特的課最有啟發性。他的教授法與眾不同，他自己不講課，完全要學生用功自修，而在各自研讀的過程中，他及時予以指導，真如仙人指路一點就通。

他先要每位同學自己按照各自的學習重點，擬定閱讀計畫，那份書單先請他審閱，他會小有增刪，但基本上以學生自己的選擇為主。然後在課堂上輪流報告，報告可長可短，包括幾個重點：一、此書作者的背景、家世、學歷、經歷、其他著作等。二、全書的主旨精義。三、內容概要及其影響。四、讀者的心得和批評。

每個人報告之後，莫特再作講評，我們發現，同學們列的書目五花八門、新舊並陳，但老先生幾乎都已讀過。他會對那些書提出看法，像傳播理論與社會學、社會心理學之間的互相影響，都有精到的分析。新聞界前輩為爭取新聞自由、言論自由的各種努力，也是他最喜歡的題目。十個學生假使每人讀了十本名著，提出十篇報告，等於全班讀了一百本書。

莫特雖學養淵博，卻毫無某些名學者「英雄驕人」的心態，他總是慈顏悅目，鼓勵大家多講話、多表達意見。有一次，他問我對美國大選的看法，我說，「讓全國最傑出的兩位政治人物，花費幾乎整整一年，到處奔走演說，席不暇暖，是不是有些浪費？」他聽了似乎不以為然，但只說，「你講得也許有道理，但美國人習慣了這樣的民主。」

多年後我回臺教書，在政大、臺大都曾嘗試莫特的教學法，讓同學們自己找好書來讀。試驗的結果大致不錯，但因為大學本科每班都有四五十人，時間分配有困難。學生人數多了，水準不

一、勤惰不同，效果就難說了。

南伊大規定碩士學位應提出論文，我的題目是「新華通訊社的任務評估」。主要在說明中共一黨獨裁之下，新聞傳播媒體完全受黨的控制，組織與人事固然如此，新聞內容更是完全成為無產階級專政的工具。我運用課堂上學的「統計分析法」用數字證明，大陸上的報紙，即使都是黨報，其重要新聞卻必須採用新華社稿，甚至連社論也可用「新華社評論員」的專稿取代。

論文口試時，郎豪華主任主席，有位考試委員是年輕的博士，他竟說，「我的報紙是我的產業，毛澤東能把我怎樣？」我只好耐心的向他解釋，大陸上已經沒有「我的產業」，每個人、每種行業都不能不聽命於毛澤東。

撰寫論文之時，必須修一門「治學方法」，也就是撰寫論文的方法，指導教授是圖書館長，對我的作業很有興趣，鼓勵我應該繼續在治學方法上下功夫，並且把這種功夫用在當時已漸受重視的「中國研究」的專題上，在學術上會有更大的貢獻。他推薦我到伊利諾大學圖書館學研究所。我寫「新華社」的論文，在《新聞學季刊》(*Journalism Quarterly*) 發表。當時正面分析中共實況的英文著作很少，我讀到的有侯服五和唐盛鎬的論著，這兩位都是政大前期學長，可是我無緣認識。在我之後，石永貴赴美深造時，他告訴我他的老師曾把我的論文列為參考讀物之一。

在南伊大兩年期間，除了外國師友，來往最多的中國同學有李子堅、黃肓、熊玠、劉會梁、徐振寰、金紹煌、李維城、劉文蘭、馬莉、趙華、丁用梅等。他們都比我年輕，刻苦力學，都有很好的成就。我們一直保持著家人一般甘苦共嚐的情誼。

一九六三年初，我再度踏上征途，轉往伊州北部的香檳．莪白娜，成為伊利諾大學研究生。我有了兩年的底子，對於美國文化、社會、語文，都有了較多的了解，有「漸入佳境」之感。

中山獎學金只供兩年費用，我請准了臺北延長期限，費用當然自己籌措。還好，我那兩年暑假都去打工，存了一點錢。我不打算念博士，我無法再磨三四年。我要學的是我真正需要的東西。

伊利諾大學學生有四萬多，各種科系和研究所有一百多個單位。莪白娜那座城鎮其實全是大學的相關產業。東一座大樓、西一座大廈，幾百座建築之間，是教室、宿舍、學生活動中心和行政大樓。還有一座舉世聞名的沒有梁柱的巨蛋型體育館，再加上可容納十萬人的足球場——莪白娜和香檳的人口不過五萬，足球場是為了容納有重大賽事時的遠來賓客。伊大的「紅人隊」曾奪得全國大學足球賽冠軍，赫赫有名。

我最喜愛的還是那座藏書百萬卷的圖書館，總館之下的分館遍布校區，各有特色。記得瑞秋．卡森（Rachel Carson）的名著《寂靜的春天》（*Silent Spring*）出版後，「書評寫作」課的老師，指定寫一篇論文；他要求必須包括各種重要的書評要點，而且一定要包括專業期刊上的學術評論。卡森的書是以極優美的文藝筆法，討論一個極其嚴肅的科學問題；主題是指責人類不負責任地濫用殺蟲藥劑（當時最流行的是DDT），對自然的均衡秩序造成了嚴重的危害。書中要求大眾、工業界與政府，應立即採取行動予以補救。現在回想起來，卡森可算得「環保運動」的先知，她的書籍影響到全世界。

我為了寫那篇書評，在風雪交加的嚴冬季節，走遍校區的各相關科系的圖書館去查資料。有名的報紙如《紐約時報》、《華盛頓郵報》等，以及《時代》、《新聞週刊》、《紐約客》、《大西洋月刊》之類都很容易查到，但那些學術期刊文章，譬如化學、生物、商業、工業等就很難找。那些刊物印行份數都很有限，只有專館訂閱，嚴限館內閱讀並不外借。我只好擇要抄寫，遇到文章太長又太好，才去影印（影印要花錢，印多了負擔不起）。在沒有網路資訊之前，最可靠的還是「手工業」。

《寂靜的春天》已被公認為提倡環保和生態平衡最早的經典之作，但在出版之初，卻曾飽受爭議。學術界議論不一，製藥業界更因利益攸關群起反對。然而正反兩方皆能持之以理、言之有物，各舉許多統計和實例，講得義正辭嚴。儘管爭執甚烈，但卻能守住理性辯論的分際，沒有情緒化或存心「抹黑」的言辭。讓我學到了不少論戰的原則和技巧。

我那篇評論寫得辛苦，但大有收穫，史卓特教授給了我很高的分數，並且在班上介紹說，這是他心目中想要大家去做的事。我覺得為了那一篇書評，費的時間和精力，是我在伊大求學過程中的一段象徵，長存在我的記憶之中。

伊大以理工見重於世，傳播學院也很有名。圖書館裡的「林肯文庫」是全美最好最全的。我本來想選一門「現代小說」，可是老師規定每週要讀上十本名著和新書，我怕時間不夠，沒有去嘗試。

這一年多我好好讀了一些社會科學的書，暑假期間在教育學分館工作，那兒文、史、哲類書籍很多。有些學生來查東西，時而向我請教，有人稱我是「館長」。我想大概這幾年來苦讀平添老態，像個館長了。

在美國不覺已三年又半，應該回家了。

回想四五十年前的情形，美國在二戰之後成為第一超級強權，富甲天下，在學術上享有領袖群倫的優勢，最好的大學和第一流的學人，都集中在美國。美國秉承開國以來的風尚，對外國學者採取「大開門」的態度，學有專長的人都受到歡迎。每年各項諾貝爾獎的得主，總有美國人在內。可是，分析起來，其中有很多來自外國，亦即外裔學者。

一九六〇年代臺灣的留美潮，是全球性現象的一部分。大學畢業的優秀學生，都希望到美國深造，追求更高、更新的學識。事實反映出來，許多人確實是因美國學術培養而有大成，各行各業不勝枚舉。

此外還有現實的因素，彼時臺灣經濟尚未起飛，就業之途以軍公教和國營事業為主，晉身已非容易，升遷更是困難。而薪酬菲薄，仰事俯蓄皆有不足，一旦留美，半工半讀所得比在國內薪水階級還好些。讀完學位，就地生根，娶妻生子，置房產買新車，在臺灣夢寐難求的事，都是唾手可得。更重要的是，在臺灣常常要靠人事關係，若有父母呵護、長輩提拔，機會可能好得多。像我這樣「開臺一世祖」，全靠自己打拚毫無依傍，更覺得美國社會公開、公平，有一技之長、一術之專，就不愁找不到立身之地，用不著牽藤扳蘿，靠「貴人」相助。很多人由留學而長留美國，這也是主要因素。有人甚至說，在那個年代，「留美」是社會穩定的「安全瓣」，不僅是臺灣，許多開發中國家都是如此。若讓許多知識分子悶在國內，就業無門，升遷無望，就會成為一種具有爆炸性的力量。所幸他們找到了出國之路，學成後在美就業，雖說是「楚材晉用」，但也有「儲材異域」的作用；一旦局勢有變，國內需要人才，他們應召返國服務或自行歸來創業，都是國家一項重大的無形資產。臺灣後來的經濟起飛，建設發展，得力於那一輩留學生者不少。

我在留學期間，也曾經把求學心得、旅美觀感等，寫過若干篇文章寄回臺灣發表，結集為《天涯孤棹還》、《知識的水庫》等書。後者就我所見圖書館界進步情形詳加評介。我認為，美國與各國知識界活動最大不同，就在於圖書館。像國會圖書館是全球最大最好的圖書館，館藏之豐富、服務之周到，出乎我們這些讀書人的想像。不僅如此，就是一般大學圖書館、各大都市的公共圖書館，甚至在一個三五萬人口的小市鎮，也都有良好的圖書館服務。

美國的圖書館是推動社會教育的主力之一，在融合外來移民的過程中功效顯著。許多外國移民到美國後，就是靠了遍及各地的圖書館服務，充實自我，學習語文，逐漸納入美國的大環境之中。鋼鐵大王卡耐基生平捐獻巨款，以三對等基金的方式，幫助各州建立起上千座公共圖書館。我的感受是，無論過去的大陸和當今的臺灣，圖書館服務仍遠遠落後於社會的實際需要。所以，我大力鼓吹圖書館是「知識的水庫，學術的銀行」，得到各方的反應。蔣經國總統的十二項建設，把增設圖書館、博物館等列入計畫。

在美國學到的除了新聞學和圖書館學，最重要的是對美國和美國人的了解。美國歷史雖短，但移民組成的國家，一開始就具有民主和多元的底子。人們常說美國的民主政治如何如何，要完全明瞭它的底蘊，最好是在那些小城鎮中參與民間活動，才體會得深切。光是討論憲法、總統制、國會、政黨等，都還是不夠。學新聞的人，對於《紐約時報》、美聯社、三大電視臺都很熟悉，但很多市鎮鄉間，許多草根下的出版物，有的甚至只是「一人班」，乃是社區的骨幹，和代表會、學校、教會一樣，構成民主生活中的重要紐帶。傳播學者宣偉伯（Wilbur Schramm）的名言，「輿論不止只有一個，而是有許多個。」這和東方人「天下定於一」的觀念很不同，要從草根下去了解。

我在一九六四年二月間乘招商局「海明輪」回到臺灣，飛機票雖買得起，但我捨不下幾年來選購的好幾箱書刊。

回到臺北和妻兒團聚，《新生報》要我擔任總編輯，辦公室裡換了一張寫字檯，與我出國前那一張相鄰三步，但這擔子沉重多多。許多朋友笑說，「要看看你究竟學了些什麼。」

第廿三章　甘迺迪那一課

我去美讀書，自一九六〇年秋到一九六四年初，恰是甘迺迪總統任內。他以一位資淺的參議員，一鳴驚人當選總統，打破了許多歷史上的先例，他年輕、沒有多少經驗，又是天主教徒，贏得大選許多人感到意外。他在一九六三年十一月二十二日，於德州達拉斯遇刺身亡，更是震驚全球的悲劇。這一歷史事件我得到就近觀察的機會，對我而言是十分重要的一課。從那天開始，我就廢寢忘食，從電視、廣播、報紙和眾人的反應中，採集事件經緯始末，為《新生報》寫下〈甘迺迪之死〉的長篇報導。在沒有網路通訊可用，電報、電話費用太貴的限制下，我的通訊只能用航空信方式分篇傳遞，那篇長文自十二月四日見報，至十二月二十一日刊出最後一篇。甘迺迪之死是全球注目的大事，各方報導極多，我那長文報導的特色是，把許多錯綜複雜的重要情節，一小時、一小時的串連起來，對於事件的因果和分析夾敘夾議，擺脫一般新聞報導的窠臼，特別著重許多在新聞電訊中照顧不到的細節。譬如車隊進行時，德州州長的夫人對總統講的話；兩位神父對總統行「終傳」禮後說，「總統已經去世。」因為神父不能說假話。

又如兇手歐斯華當天被捕之前，還曾槍殺一名警官。他那把兇槍，查明是義大利製的廉價品，定價十二元七角八分，瞄準鏡是日本貨，八元八角八分。甘迺迪掌握著最強大的核子武器，足以毀滅任何一個國家，但他竟死在一把廉價手槍之下。根據彈道和指紋比對，以及買槍時訂購單上的筆跡，證明歐斯華確為真兇。

甘迺迪當總統僅兩年兩個月又兩天，但至少有兩件成就使他名留青史：

第一、當蘇聯祕密部署飛彈在古巴，形成對美國本土的直接威脅。甘迺迪先祕密下令全球美國三軍備戰，然後發表有名的「防疫演說」，限令蘇聯飛彈即時撤退。那一天是「最接近第三次世界大戰的危機時刻」。結果蘇聯在核武包圍的形勢下撤退，這也是後來赫魯雪夫垮臺的原因。這一事件證明了甘迺迪處變不驚、當機立斷的魄力。

第二、他在國情咨文中提出「登陸月球」的構想，當時在學術界引起相當大的爭議，異同之見各有道理。到後來登月成功，美國在科技方面的領先地位舉世欽佩，也證明這位年輕總統確有遠見。

甘迺迪是哈佛出身的高材生，年輕時曾立志做詩人。他寫的書曾獲普立茲獎，與學術界、藝文界有密切交往。艾森豪雖資深望重，但後期執政不免有因循遲滯之弊，人民求新求變，甘迺迪乃脫穎而出。想不到英年橫死，大志未遂，留下如花美眷和一雙稚齡兒女，自然令人為他流下同情之淚。

我的報導中，對甘氏遇刺的詳細經過，兇手歐斯華的身世，以及他在不到四十八小時之後，被小酒店老闆、黑道人物魯比在眾目睽睽之下槍殺斃命的情形，都有完整的敘述。甘氏國葬時舉國哀慟的情形，以及詹森副總統在飛機上宣誓就職，政府人事的種種變化都有分析。我回國之後，好幾位當總編輯的朋友告訴我，他們是從我的報導中，才充分而完整地了解甘案的全貌。

得到大家稱讚我深為感激，雖然我是一個「有名無薪」的駐美特派員，但我覺得這是我作為中華民國記者應盡的職責，對報社、對讀者，遇上這樣不期而遇的重大新聞，我必須全力以赴。雖然深受許多限制，但我盡力克服技術上的困難，以一人之力完成全稿，從寫作過程中，我學到了更多，這番辛苦磨練，受惠最多者是我自己。我覺得不眠不休趕寫出來幾萬字的〈甘迺迪之死〉，比我那篇畢業論文更為重要，顯示我對美國事情大概算是可以「入門」。

新聞學很像政治學或軍事學，有理論的基礎，但更有其實際的運作面，實際離不開理論，但未必永遠和理論吻合一致。從甘案中使我體悟到許多以往了解不夠深切的東西。

第一、甘迺迪之死舉國同悲，那種感情的流露，充分顯示了「國家至上」的力量，對甘迺迪哀悼，超越了黨派之間門戶戈矛。國難當頭之際，美國人民意志凝結為一，平日對白宮的批評、嘲笑、惡作劇，此時一掃而空。眾所關心的是，在危疑震撼之際，如何支持政府穩定大局，共度難關。

第二、兇手迅速就逮，依法偵訊，並未因總統被刺而株連無辜。達拉斯城的警察沒有能妥為保護被告，乃至讓魯比有當眾行兇的機會，自然受到各方嚴責。可是，大體說來，治安機關依法行事，沒有造成「草木皆兵」的嚴峻氣氛，不失民主體制的規模，仍有值得稱道之處。

第三、就在兇案發生之後，副總統詹森在幾小時內飛回華府，在飛機上宣誓就任，維繫了「國不可一日無君」的大統。新聞報導也以此為轉移，使國民從悲痛中恢復「向前看」的心態，社會秩序在幾天內歸於正常。

第四、藉此難得機會，我也重新溫習了美國憲法和有關大選的規定。候選人並不是能贏得大多數選民的支持就一定可以當選總統，他得的選票必須「戰略性地」恰當分配在各州，他要能在「選舉人票」上占多數才算定局。這也說明為何有志當總統的人，都必須一州一州、一城一城去發表競選演說，去和民眾握手言歡。美國是廣土眾民的國家，這樣競選的方式實在太辛苦（我甚至認為是一種浪費），但，唯其是在競選時要這樣卑躬屈節，當選之後才不敢妄自尊大，這正是民主的精義所在。甘迺迪為競選而死，是美國史上第四位遇刺身亡的國家元首。許多人懷念他，他的死可算是「為國捐軀」。

第五、在整個甘案悲劇過程中，新聞界善盡了「告知」和「釋疑」的任務。當時外界對於兇手行刺的原因有種種揣測。右派的分析是，此必是蘇聯與古巴在幕後策動。歐斯華自稱從十五歲就信奉馬克斯主義，並曾在蘇聯居住，娶了一個俄國女為妻。說他是共黨所派來的殺手，似不算是空穴來風。

蘇聯和共產各國則異口同聲，指責美國內部的「好戰分子」設下陰謀，刺殺甘迺迪之後，又另派魯比「殺人滅口」。這種說法雖在美國沒有什麼市場，但也曾流傳一時。

第六、此後因為相關人員死的死、關的關，全案仍有若干疑點，真相始終撲朔迷離。後來更組成專案調查委員會，由共和黨籍大老華倫大法官主持，但也沒有什麼新的重大發現，甘迺迪之死遂成為一代懸案。

甘迺迪死後，殯葬追思之禮極為隆重，各種紀念專文、專書、圖集、錄音等不勝枚舉。紐約有甘迺迪機場，佛州有甘迺迪太空中心，民間各種悼念活動更是林林總總，自林肯總統之後，沒有一位總統的死亡曾這樣引起轟動。

他在就職之初，曾邀請麥克阿瑟元帥到白宮共餐，並請教治國大計。麥帥以軍人身分進言：「美國應盡一切力量，避免在亞洲大陸上作戰。」但後來越南戰事升高，甘迺迪愈陷愈深。後來竟透過叛將楊文明之手，將領導抗共的越南總統吳廷琰殺害。兩個星期之後，甘迺迪自己也遇刺殞命。有人就說是冥冥之中的循環報應。此說固不可信，但強權國家對東方盟友施展如此手段，令人扼腕。美國大使後來從駐越大使館樓頂上登直昇機撤退的悽惶場面，甘迺迪看不到了。

五年之後的一九六八年，是美國大變之年。先是有美國黑人領袖馬丁路德・金恩被刺身亡，接著是甘迺迪的弟弟羅勃・甘迺迪參議員競選途中在洛杉磯遇害，兇手是來自阿拉伯國家的青年沙漠。這兩件不幸事件，都引起全國性的騷動抗議，青年們尤其失望。許多極左極右的團體紛紛出現，那是美國民主生活的低潮。甘迺迪最小的弟弟愛德華・甘迺迪，因為「香車美人」一案，斷送了問鼎白宮之路，所謂甘氏家族傳奇，至此中絕。

後來甘氏遺孀賈桂琳，下嫁希臘船王，使得當年「如花美眷」「人間仙侶」的佳話為之破碎，再過若干年，他的愛子小約翰，駕駛小飛機翱翔空際，遇上暴風雨不幸喪生。多采多姿的甘氏家族傳奇，畫上了句點。在我這當年目睹甘迺迪頭角崢嶸、政途得意的老記者看來，真是富貴榮華恍如雲煙，浮生若夢，旁觀者也隨著大夢初醒，似真似幻之間，痛感人世之無常。甘迺迪之死，是我學到的寶貴的一課。

他的繼任者詹森，是民主黨內南方保守派的領袖。他在入主白宮之初，事事都以甘迺迪的政策為準繩，他提出「大社會」的口號，與甘氏新境界的號召大體一致。然而，他與羅勃・甘迺迪之間的關係勢同水火，彼此防範甚嚴。

詹森以大幅度比數擊敗共和黨的高華德而連任，可是，他後期則明顯的不再走甘氏路線，甚至被人說是「沒有高華德的高華德政策」。了解此中的微妙處，才知道美國政治舞臺之複雜。

詹森之後，尼克森捲土重來。由於過去他的政治立場鮮明，我一度認為他是個「好人」，想不到他果然如美國新聞界所稱「狡猾的尼克」。他一度曾是美國史上贏得選舉人票數最多的總統，不料竟因為「水門案」醜聞事件，面臨罷免的威脅而辭職下臺。他暗派季辛吉偽裝肚子痛，潛往北京開路，此後有所謂「破冰之旅」。尼克森這一手主要是要打破蘇聯與中共的聯手，但是臺灣不幸成為犧牲品。民主黨的卡特替他完成手續。

當我在美國讀書的那幾年，知識分子群裡，贊成民主黨者占大多數。有人說：「剛剛走進大學校園的學生，大部分傾向共和黨。可是，到了畢業那一年，幾乎都成了民主黨。」究竟何以致此，大堪玩味。

照此看來，民主黨應該占盡政壇上風，事實上又不盡然。在尼克森、福特之後，卡特只幹了一任四年；此後的雷根和老布希、小布希都是共和黨。「民主黨在政治曠野上遊蕩了二十年」。民意何在，難以捉摸。

甘迺迪為我上的重要一課，使我想到了老子名言：「禍兮福之所倚，福兮禍之所伏。」禍福之間互相倚伏，且常常互相替代。歷史上羅馬帝國何等強大輝煌，而終不免因蠻族作亂竟致滅亡。美國以超級強權而雄視天下，超過半個世紀，但近年的衰象似乎已漸漸由「天下莫予毒」的霸主地位，走向下坡。如近年在阿富汗、在伊拉克用武，兵纏禍結得不償失。「九一一」事件之後，美國以舉國之力展開「反恐」，績效未彰。我不僅看到甘迺迪家族趨於沒落的經過，也感受到（不知這感受對不對？）強大的美國由盛而衰。個人、家族、國家、民族，都在這盛衰交替、禍福倚伏的波浪中變動不居。

甘迺迪這一課，使我懂得了許多事情，「凡事不可走向極端」；這影響了我此後的人生。

第廿四章　總編輯甘苦

我自美回國，接任《新生報》總編輯，原有一番抱負。我們那一輩新聞記者，都很看重總編輯這個職位。在編輯部裡，總編輯是全軍統帥，似乎有「一言而為天下法」的權威。不過，當總編輯不容易，必須有相當的才學識度足以服眾。尤其遇到重大新聞發生在俄頃之間，必須當機立斷、定策決疑。這位舵手操作的方向是否正確，第二天早晨各報一出來高下立判。當總編輯的人固然可以號令三軍，但也天天面臨考驗。判斷和指揮若未能恰如其分，便會出現「主將無謀，累死精兵」的情況。下面的人如果常常不服氣，總編輯就難安其位。我們佩服當總編輯的人有眼光、有擔當，也羨慕他時時要迎接具有挑戰性的工作。

至於社長、董事長，則是另一回事。他們需要的是另一種才能，我們自以為學不來那些本領。如果有一天能坐上總編輯的位子，就可以志得意滿施展才能。

可是，在我就任之前，沈宗琳告訴我一件事，令我為之氣沮。沈先生說，「這幾年，臺灣新聞界的風氣變得有些下流。臺北有家大飯店開張，居然有家大報的社長派了記者去拉廣告。廣告沒拉到，社長大為震怒，指使記者在新聞版上百般挑剔，把那家飯店說得一無是處。你看怎麼得了？」很不幸的是，他所說的報紙正是我要去的那一家。此時謝然之老師已經轉任公職，繼任的社長是官場中人，文筆不錯，但對新聞事業的規範全不置意；也許因為業務上壓力太大，「病急亂投醫」。他竟不知道，叫記者去拉廣告，犯了新聞倫理的大忌，也最令人瞧不起。

我只好妥為應付，一方面對編輯部同仁嚴加約束，不可把「新聞記者守則」當成空文；另一面在各種場合，講講中外新聞界的作法。像《紐約時報》越是遇到競爭不利的時候，越是要改進版面，充實內容，增聘人才，革新設備。絕不可為了開拓發行、廣告，而採取任何會失去讀者信賴的手段。這些話承蒙讚嘆有加，也有人認為是「外國來的書生之見」，只可以說說，辦不通的。

雖然如此，我仍然嚴守自己的地位，善盡應盡的責任。回國出任總編輯第一年，我做到全年無休，沒有週末、沒有例假，農曆除夕大年夜，我儘量讓同仁們休息。好在我業務嫻熟（年輕同事們佩服我一個人同時編兩個全版），編、採、譯、臨時捉差寫篇評論，我可以拿得起來。自己能作而又不怕吃苦受累，自然得到同仁們的好感。為了應付越來越激烈的競爭，各報都挖盡心思去搶頭籌、找獨家，《新生報》在政治、軍事等新聞上往往領先，社會新聞比較遜色。有人背後說，因為「總編輯有些拘謹」，我也不否認。

為了滿足讀者的願望，我們推出若干名家專欄，在保護智慧財產權的規定尚未周備之前，報社曾大量翻譯國外的新著。史達林之女潛逃赴美，寫了一本《史薇拉娜回憶錄》，大爆其父與共產黨層的黑幕，包括很多聞所未聞的祕辛，大受歡迎。諸如此類的書，先在報上連載，再出單行本，銷路都很好。

當時大家最關心的，除了共方進襲之外，還是與自身關係密切的民生問題。我離開臺灣三年多期間，國內經濟正在起飛，工業產值超過了農業，新興工廠如雨後春筍一般在各地湧現，雖然規模不大，但已顯示了新方向、新里程。國民平均所得也有明顯升高，我和各方接觸，感覺早先的「難民心態」已經消失，大家都可以作比較長遠的規畫。用一句話來形容，是「小康社會」漸次形成。但從另一個角度看，中產階級漸次成為穩定的重心，「反攻大陸」那一型口號漸次隱沒，激情減退轉趨務實。

回到臺灣，表面上看起來大局穩定，但在知識分子中間已有「盡在不言中」的想法。國家已經行憲，然而由於大環境所限，還有些「不得不如此」的困難，隱然成為民間若干想法分歧的因素。

蔣公一九四八年當選第一任總統時，抗戰勝利的光輝照耀，他是舉國歸心的當然人選。到了一九五二年國大第二次選舉，中樞遷臺未久，剛剛立定腳跟，推選蔣公連任也是順理成章。到了第三任，因為憲法規定連任以一次為限，便出現不同的意見。

蔣公在一九四八年曾有推選國民黨外人士出任總統的構想，他願意擔任行政院長或軍事首長，「使我能發揮所長為黨國效力。」蔣公心目中的人選是胡適先生。

胡適對國事有不同的想法，他曾寫信建議蔣公辭去國民黨總裁，讓國民黨各派系公開化，分別成立為兩三個新政黨，提出他們自己的政綱和人選公平競爭，由此進入多黨政治的境界。

這兩個建議在當時都屬「機密」。但新聞圈裡不久漸有所聞，止於口耳相傳，無法得到證實。蔣公和胡先生的構想，都出於遠大之思慮，希望為國家找出新的途徑打開困局。但皆陳義過高，不為眾人了解，更談不上欣然接受。

平心而論，這兩案若能實現，說不定可以開創一個新局面。然而，依我淺見，如何落實必有困難，即使能付諸實施，後果亦未必良好，說不定未見其利先見其弊。

推舉胡先生為總統，黨內自然有很多意見。如果只是請他作一個「民主象徵」，政令、軍令還是原來一套章法，即令胡先生勉為其難，民意恐亦難以接受。

國民黨分家之議更不切實際。就算是各路人馬自開城府，誰肯放棄三民主義的旗幟？誰能切斷幾十年的革命傳承？胡先生的本意是「化革命為民主」，一黨獨大轉為多元競爭。可是，政治上的分合演變，有其自然的成長脈絡，硬生生地拆開便會亂成一團。

國民黨遷臺之初，派系糾紛減少，痛定思痛，大家知道非團結革新無以自保。陳誠自一九五四年當選副總統，一九五七年經蔣公提名為黨的副總裁，接班地位大致確立，是名副其實的第二號領導人物。

到了一九六〇年，蔣公第二任總統任期即將屆滿，依照憲法，連任兩屆後即應另換新人。陳誠不僅是黨政第二把手，且兼任行政院長，所以他自己也有「捨我其誰」的信心。高層默默籌劃是否用增加臨時條款解除憲法條文的限制時，陳誠曾對親近同僚黃少谷、張道藩和周宏濤等三人表示，「根本不用修憲，他可以像毛澤東一樣，當黨總裁就好了嘛。」言外之意，是蔣公以黨領政，由陳誠繼任總統。但情勢後來有變。

就在外間猜測未定之際，陳副總統與胡適、蔣夢麟、王世杰等四位名流到中南部觀光。有報紙把那四位名流稱之為「商山四皓」，用的是漢高祖時太子請到最有名的四位年長的賢人同遊，顯示太子在民間深得人心，連高祖自己請不動的商山四皓，也樂於和太子交往。聽說此事引起蔣公不悅。

另據陶涵在《蔣委員長傳》書中記載，陳誠曾邀集平日有深交的軍中將領，密商接班問題。被蔣公知曉後，就把那幾位將領調職，包括參謀總長王叔銘在內。按軍事首長的進退已有任期制度，此說諒係捕風捉影的誤傳。因為，陳誠不是李宗仁，他的接班人身分是由蔣公提出來的，用不著那樣防範。蔣公之決定第三度連任，很可能受到內外幾項因素的影響。

最重要的當然是大陸上的情況。毛澤東推動的「大躍進」完全失敗，「人民公社」和「全民煉鋼」等荒唐暴政，造成大陸上餓死的老百姓超過三千萬人。毛被迫退居二線，讓劉少奇接任國家主席，中共內部分裂，民怨沸騰。

一九六〇年十月，赫魯雪夫突然宣布，廢除一九五七年與中共的祕密協定，立即撤回派駐大陸的軍事顧問和科技專家共一、三四三人。赫、毛交惡傳聞已久，至此共黨陣營兩強的分裂正式公開，到了無可挽回的地步。

那年六月十七日，艾森豪總統蒞臨臺北，受到朝野熱烈歡迎。從松山機場到總統府，夾道歡迎民眾超過三十萬人。第二天，蔣公主持了總統府前的歡迎儀式，艾森豪發表演說，譴責共產集團是當世最大的侵略者。

艾森豪是第一位訪問中華民國的美國總統。他在任內期間，更加體會到共產勢力的威脅。他這次東來，本是要訪問日本，但因日本左翼激烈反對美日安保協定示威抗議，日政府無法控制，艾森豪才臨時改變行程，捨東京而來臺北。因此越發理解蔣公在臺灣領導的反共奮鬥，和他先前號召的「自由十字軍」，有異曲同工的價值。當這兩位第二次大戰期間的英雄人物，站在介壽館陽臺上接受萬眾歡呼的時候，令人不能不承認這兩位領導者的光輝和感染力，的確不同凡響。

那一年的劇變中，蔣公可能看到他日夕期待的光復大陸的機會近在眉睫。他要連任的動機，首先是出於對國家和歷史的責任心和使命感。

此後，在「鞏固領導中心」的口號聲中，第四任、第五任，總統連任似乎成為常態，連帶著國民大會、立法院、監察院都不改選，政治運作漸漸與民意脫節，異議之聲四起。

有一次，在「自由中國」社內集會上，我聽到胡適先生講話，他說，「反攻大陸好比是一面金字招牌，雖然大家知道實現的機會不大，但不必急急反對，因為它仍有凝聚人心的作用。」胡先生又說，「我們評論政治，不一定要激昂慷慨，或冷嘲熱諷。我們論政，不是求一時之快，而是希望提出來的主張能夠化為政策，切實推行。」胡先生神情嚴肅，語調莊重，而他那「論政期其可行」的態度，給我留下十分深刻的印象，這應是從事評論工作的南針。

陳誠沒有能繼任總統，也許默默中真有天意安排。他不幸於一九六五年三月五日，因肝癌逝世，享年六十八歲。如果他是總統，便又會發生政權接替問題。

大家都看得出來，陳誠病逝蔣公十分悲痛，他不僅是失去了一個最得力、最信任的信徒和繼承者，更有「白髮人送黑髮人」的深哀。此後他寄望他的長子蔣經國來承擔重擔。

蔣公志切光復，決不止是金字招牌，他心心念念都把如何反攻列為首要目標。政府施政計畫以及預算的編製，都以「建設臺灣模範省」為重，從許多措施要考慮，到「一旦反攻開始」，應該做些什麼。

俞鴻鈞組閣之初，蔣公曾面交兩個人的名單，希望約他們入閣。那兩個人俞鴻鈞都不認識，一是東北籍的王德溥，一是河南籍的孟昭瓚。有人從側面了解，蔣公為什麼特別交代起用他們，蔣公說，「反攻一旦開始，大陸各地民眾即將起而響應；政府首長中要有北方人。」王德溥是俞內閣的內政部長，孟昭瓚是政務委員。他們後來沒有什麼特殊的政績，然而，大家由此可以了解到蔣公謀國苦心，光復國土並不是「迷思」，而是他認為必須盡到的責任。像「栽培北方人」的宏觀大略，在蔣公之後再沒有聽到任何一位政治領袖提起過。

政壇上更重視的是多多培植和起用本省籍的青年才俊、政治菁英。抗戰期間政府已在後方培訓臺灣人才，最先一批是謝東閔、黃朝琴、連震東、游彌堅等。在臺實施地方自治，舉辦多次選舉，從基層的縣市長、議員、鄉鎮長等以至省議員和中央民意代表，許多人才脫穎而出。林洋港、林金生、吳伯雄、吳三連、高玉樹等許多位都是由地方而逐次遷升。再過若干年後，到連戰等青年學人從國外歸國，另闢「學而優則仕」的途徑，又如陳奇祿便是由學人而轉入仕途。經營企業有成就而被引入政界的，則以辜振甫、林挺生為最早。

當年看中的人才，往往在政治相關的路上去求發展。林金生由縣長而提升到交通部長，對他那政大新聞系畢業的兒子期待殷切督責甚嚴。那兒子不服氣，有一次大膽頂撞老父說，「你不要看不起我愛舞蹈，將來有一天，大家會記得我的名字，勝過您這位部長。」那青年便是創辦「雲門舞集」揚名國際的林懷民。到今天記得林部長做了些什麼的人真的不多了。

當年情景，某些行業被引為正途，另外一些行業則被視為異端。像李安能推出《少年派》那樣精采絕倫的影片享譽天下，他的父親早先不也曾為他「不務正業」而失望嗎？社會的變化，或者說進步，常是在默默無聲中進行。時代變了，價值觀也會相應調整而變化。

一九六四年五月間，我回母校政大拜見校長劉季洪老師，報告求學經過，劉校長說，「你回來正好，有一件事你要幫忙。」原來政大在金華街成立行政中心，與密西根大學合作，美方派了一位教授駐校一年，主要工作是協助建立圖書館。由我方提出需要的美國出版圖書名目，得到同意後，由美方訂購運來，一切費用由美方提供。過去先由各系、所提出申請，大都是教授們授課所用數量無多，也有些美方覺得並非研究用書不表同意。劉校長要我兼任圖書館主任，負責彙編我方的申請項目進行初審；同時從專業資訊中查出人文和社會科學各種最新書刊，美方承諾的款項雖非甚大，但為學校買書也要算是一筆「美援」，必須善為運用。

我本向校長懇辭，本身工作實在太忙；但校長說，「你把這件事辦好，就算是對母校的報恩吧。」不到三十分鐘禮貌性談話，使我增加了一項兼職。

我運用在伊大學到的專業知識，先從各大圖書館查閱新資訊，開出書目預估費用，大致與預算相合。我每週到中心一兩次，和那位教授會商，大部分都順利通過。我又陸續要求添置許多圖書館必需的工具書，如《美國圖書總索引》、各種專業索引和「名人傳記」等。這類參考書定價昂貴（如《紐約時報》的年度索引，看起來不過如一本厚雜誌，訂費卻相當於《時報》全年的訂費。但懂得竅門，可以查考許多資料妙用無窮）。我提出這些書單有兩點考慮：第一、工具書價錢昂貴，可以充分利用援款。第二、工具書大多有連續性，每年出新版。開了頭等於打下基礎，以後即使我離開，後任也可以繼續申請替政大省錢。也得到那位教授支持，認為我的建議合理。

圖書館的事幹了一年任務完成，向校長請辭獲准。我本來很反對兼職，想不到自己先破了禁忌。不過，能夠稍用其所學，替母校略盡心力聊可自慰。

因為我在新聞工作上努力，經謝老師提名，當選為第二屆「十大傑出青年」之一。我記得同屆當選的有高球名將謝敏男，他剛剛在國外贏了幾場冠軍。還有歷史學者許倬雲，他後來入選中央研究院院士。

蔣經國那年春天出任國防部副部長，部長是俞大維。各部編制只有兩位次長，國防部獨稱「副部長」，意味著他不僅是次長。他仍是青年救國團主任，十月十八日，他在救國團辦公室約見最近回國的留學生十八人，表示歡迎。座中我認識的還有梁尚勇，後來出任省教育廳長。

蔣主任讓大家各抒所見，有人批評留學生學成後遲不歸國有負國恩，講得很激烈。蔣主任最後表示，留學生一時不能全部回國效力，自屬憾事；但現在大環境所限，他們不回來，也不必過分責備。「你們各位歸國，在自己的崗位上做出好成績，讓社會公眾看到留學生的本領，就一定可以吸引更多的青年朋友回國服務。」

這是我第一次近距離聽蔣經國談話，他的態度誠懇謙和，不迴避問題，大家對他印象都很好。

救國團設在松江路一棟舊樓裡，陳設簡陋，可是蔣經國說，「救國團是青年朋友的家。」歡迎大家常常去坐坐。

那一年，國內大事是石門水庫竣工，我曾前往進行獨家採訪，寫了詳細的報導，說明工程概況和對北部地區灌溉、發電、調節水量等功能。負責建庫的執行長徐鼐說，施工期間，曾有颱風來襲，那座大水壩萬一被沖垮，後果嚴重。徐鼐親率員工，做了種種加強防護工作，在疾風暴雨中，他披著雨衣走上大壩，他形容當時的心情是，「壩在人在，壩亡人亡。」臺灣有多少工程建設，譬如橫貫公路，也正是靠這樣精神完成的。有千千萬萬人流汗淌血，甚至貢獻了生命，表達了「愛臺灣」的真情。後人享受成果，不要把那些無名英雄忘記了。

國內一件重大悲劇，是一架民航客機在臺中失事墜毀，機上五十七人全部罹難，其中有南洋著名僑領陸運濤夫婦。陸氏經營許多事業有成，號稱東南亞最有實力的華人。他表明要率先回臺投資，他的積極態度對海內外影響甚大。不幸死於空難，市井傳聞可能是炸彈謀殺案。案發多年，沒有查到線索。

震動國際的新聞，是中共在羅布泊地區舉行第一次原子彈試爆。日期可能是一九六四年十月十日，但中共壓到十月十七日才對外宣布。就在那個當口，蘇俄的赫魯雪夫十月十五日因內鬥失敗下臺，布里茲涅夫繼任總書記，他當政十幾年，專橫保守，是蘇聯勢力轉衰的開始。中共發展原子彈成功，是赫魯雪夫失勢的原因之一。

那幾年工作雖然繁忙，我仍抽出時間寫作和翻譯。一九六六年我辭去總編輯，專任副社長。

一方面因為採訪組主任葉建麗等，受到排擠憤而辭職，使我心灰意懶，寧願埋頭寫作；另一方面則是有一些涉外工作找到我，不知不覺越捲越深。

開頭是聯合國亞洲遠東經濟委員會，一九六六年五月在曼谷召開「亞洲編輯人圓桌會議」。亞遠會原來設在上海，一九四九年以後遷往曼谷。前幾次的編輯人會議，臺北都由新聞界前輩魏景蒙出席。因他不能分身，臺北編協會派我前往，這是我第一次單槍匹馬出席國際會議。地主國接待殷勤，十多個國家參加，會中討論的多是如何增進新聞合作、促進亞遠地區和平發展等大問題。日本和菲律賓代表甚為活躍，他們紛紛問候魏三爺，「杰米怎麼沒來？」

會後，我轉道飛馬尼拉，在菲華暑期文教研習會中講「小說寫作」，僑生才資都不錯，學習很熱心，嚮往到臺灣來讀大學。

駐菲大使杭立武、公使田寶岱都是外交線上的名將。在使館工作的有政大同學杜元方、張士丞、房金炎等。他們對杭大使的領導傾心佩服。「大使從不休假，天天都在想出新計畫，增進邦交和僑胞的權益。」旅菲華僑人數多，熱愛祖國和中國文化，經常舉辦很多活動，出錢出力令人感動。

一九六八年九月中，我應西德新聞部邀請前往訪問，同行者是政大學長，時任中廣公司副總經理的李荊蓀。我們訪問了法蘭克福、西柏林、慕尼黑、斯圖加特等城市，和各地報業、電視業主管懇談。西德戰後復興迅速，人民奮勵，是主要動力。政治民主化推行相當徹底，不過，蘇聯的威脅時時存在，國防安全仍靠美軍。被紅軍包圍的西柏林，往訪時乘飛機降落在市區中心的機場。當地報紙的總編輯請吃晚飯，告別時他開玩笑說，「明早一覺醒來，希望你們看到的街景，不是布陣的蘇聯坦克。」

回程順道訪問了瑞士冰宮，參觀了法國的選舉，到義大利參觀羅馬名勝古蹟，一路走了二十四天。這是我第一次到歐洲，看到各國在戰後二十多年都已從廢墟中重站起來。西歐各國大多和美國結盟，北大西洋公約組織是強有力的屏障。可是，在自由體制之下，左翼思潮相當普遍。政界趨向是走社會民主主義路線，從而淡化極端勢力的氾濫。

一九六九年六月，第十五屆亞洲影展在馬尼拉舉行，我被中央電影公司總經理龔弘邀約，出任評審員，任務就是看各國參展的影片，分別評分。評審原本應像法官一樣公正超然，實際上各國評審員都免不了為本國的影片爭榮譽。十幾個國家的影片逐鹿，我平日很少看電影，對國片更是陌生，所以一再向龔總表示「我幹不了，務必另請高明。」可是他說，「憑你的文學修養去欣賞判斷，仔細用心去看，就一定看得出高下。」

亞洲影展是亞洲電影界的盛事，早幾年臺灣電影得獎都靠張小菰得童星獎。第十五屆我們的代表團聲勢浩大，大牌明星有臺語片的白蘭，正在竄紅的甄珍，演過「俠女」的徐楓。可是一到機場，歡迎的僑胞爭呼「張美瑤」，原來在海外也是張美瑤名氣最大。

我看片看得頭暈腦脹，我了解到我們的片子很不錯，但票數不夠，於是連夜加緊分別遊說、拉票。有幾個代表團自己沒有強片，願意支持臺灣。較難商量的是日本，首席代表直木是日本大學文學院長，對東西名片如數家珍，那些日本影星見了他都鞠躬行禮口稱「老師」。相形之下，我這評審就太「外行」了。

我和他密談，先恭維他一番，然後說日本電影業已成功進軍世界影壇，亞展獎項得之已不足增其榮，何不支持我們正在躍進中的新人新片，一新耳目？然後聽他講了一陣東方電影發展的前景，第二天投票結果，白蘭主演的《玉觀音》得到金禾獎。導演是剛由美國回來的陳耀圻，我所謂「新人才」就是指他（可是，據國家電影中心紀錄，《玉觀音》是由李行執導，陳耀圻代名導演，當時我並不知道）。另一部楊文淦的紀錄片《龍井鄉》得到銀禾獎，兩項大獎都由臺灣囊括。有位代表團成員是某民營公司老板，忽然提出新星嚴小姐也應得獎，我實在爭取不來，有位僑領挺身而出，說「請她準備明天上臺領獎。」第二天果然辦到，是以馬尼拉市長名義臨時增設的「最優秀新人獎」。這件事使我對僑胞的影響力出乎意外地佩服，這樣的結果就是在臺北我也辦不到。

我記下這些事，說明我那段期間身不由己不務正業，不過我仍繼續努力寫自己的東西，幾本書的完成，都在那幾年裡，《改變歷史的書》首先被臺大歷史系列為參考教材後，各大學也紛紛引用。《從香檳來的》在《中國時報》連載，《權力的滋味》在《純文學》連載。由專欄結集的有《知識的水庫》、《書中滋味》、《新聞文學》、《祝善集》等，也次第出版。

一九六八年一月，政大新聞系徐佳士主任邀我回母校兼課，先後開過「報業行政」、「專欄寫作」等課程。上講堂教書，課後與學生們坐而論道，我很喜歡這份工作，可惜因為太忙，沒有能像我師長那樣好好照顧他們。

一九六九年七月十八日，中華民國筆會開會，選出執行委員十一人，我也是其中之一。執委會一致通過，推請剛剛自海外回國定居的林語堂先生出任會長。原任會長羅家倫因病請辭（羅先生十二月中逝世）。

我雖愛好文藝寫作，但很少參加文藝團體的活動，一來沒時間，二來我覺得文學創作應該是「很個人的」事情，用不著結夥成群。我知道筆會這個團體，但從未參與過它的工作，也不知道它和中國文藝協會、青年寫作協會等有什麼不同。想不到此後我投入筆會的工作越來越深，頭緒繁多，應該專章記述。

一九六九年還有一件事，也不在我「生涯規畫」之中：十月二十九日，奉召參加國防研究院，為期約一年。這是政府舉辦最高層的講習，無可推辭。

筆會使我更接近文學之路，而國防研究院則被人們認為是踏入政治圈的階梯。這些發展都不由自主，我只是順其自然。這時我明白一件事，是我向《新生報》告別的時機要到了。以後會幹什麼？我希望最好是專業的作家，以寫小說為主，這是我的如意算盤。我和史棻商量，她說，「你自己看著辦吧。」

在史棻細心教導下，兩個兒子都知道用功讀書。晶兒考取清華物理系，垚兒轉過年來進了臺大中國文學系。史棻因為常聽我講圖書館的好處，參加了中國圖書館學會主辦的講習會，一家人都上學去了。

第廿五章　陽明山莊

臺北市近郊的陽明山，是臺灣最有名的風景勝地之一。山上那座中山樓，是為紀念國父百年誕辰而建並作為「復興中華文化的象徵」。在中山樓未建之前，下方還有幾座不甚起眼的建築物。對外不公開，也沒有掛招牌。早些年稱為革命實踐研究院，要革命、要實踐、還要研究，實際上只是短期訓練班。一九五九年以後，那兒成立了國防研究院。蔣公以總統身分兼任院長，專任的主任是前教育部長張其昀，副主任是劉安祺將軍，教育長是前陸軍大學校長徐培根將軍。至於內部組織和教學情形，外人不知道，在那兒研究過的人守口如瓶。事關國防，都是機密。我以前聽說過有這麼一個機構，總以為是軍事教育的最高階層，與我無關。

一九六九年十月二十三日忽然接到公函，通知我應於十月二十九日到國防研究院報到，參加第十一期研究。公函以蔣公名義發下。以前入學讀書，從小學到研究所，從國內到國外，都經過報名、甄試、錄取、報到入學這些程序。唯有這一回事前毫不知情，而且通知一到，一個星期內入學，報到手續開列得很清楚，連應攜帶的日用生活物品都規定得很詳細。

二十九日一早，在中山堂前搭上專車，一路開往陽明山，紗帽峰下「陽明山莊」，就是研究院院址。校區規模不大，一座圓形講堂，兩座小樓——梨洲樓和舜水樓，紀念明末兩位大學者。黃宗羲字梨洲，為一代大儒著述甚豐，名山事業都是在國破家亡之後嘔心瀝血而成，傳延了中華文化的火種。他的《明儒學案》，就是一部明代學術思想史；朱舜水經喪亂之餘，漂泊日本，受到強藩水戶黃門禮聘，講述孔孟經學大義。由於朱舜水講學，使「陽明學」成為日本的顯學，奠立了「尊王攘夷」的觀念，間接開啟幕府歸政和維新思潮的興起。這兩座小樓是我們的宿舍，也是課餘聚談進修之所。

進院之後才知道，研究院自第一期以來，每期錄選學員六十人，文武各三十人。文職者大多是中央部會中高階主管，以及國大代表、立監委員等。三期以後有文教、新聞工作者入選。武職者是中將、少將任主管職務者，陸、海、空、勤、通訊、工程等兵科都有；年齡以五十歲上下者居多。

研究院籌辦之初，正是大陸上展開「反右」，並推行「人民公社」暴政之際。蔣公決定成立這個研究院，研究「國家大戰略」，如何開始反攻，特別是在打開灘頭之後，如何撫輯流亡、收拾民心，如何樹立政權、繼續推進。

這些話，現在寫出來似是毫無現實感的鏡花水月。但大家應該明白，那兩年間，光是廣東省沿海民眾冒死逃亡到香港的，前仆後繼猶如潮水。那些「難民潮」為世人共見，中共無從掩飾，也難以阻攔。那便是大陸上億萬飢民冒死求生的標本。在這樣背景之下，「拯救大陸同胞」便不是空洞口號，而有其迫切的真實性。

國防研究院一共辦了十二期，各期學員七三三人。其中自有棟梁之才，單以畢業後出任行政院長、或副總統為例，就有孫運璿（一期）、李煥（三期）、謝東閔（四期）、俞國華（八期）、連戰（十一期）等，至於其他部院首長、大法官、駐外使節、軍中相當總司令級的將領，也有多位，不必列舉。外間稱研究院是「高官養成所」，不為無因。

依次排隊報到時，我發現隊伍中有《聯合報》社長劉昌平兄，他和我曾同時任總編輯，是我最強勁的競爭對手，也是我在同輩中最佩服的友人。我看看前後的人大多不認識，就小聲問他，「我們倆到這兒來幹什麼？」昌平笑說，「總是要我們學點兒東西，學無止境啊。」

每人指定一個學號，再抽籤選定宿舍，我住在舜水樓樓上，一人一間屋，室內一几一榻，還有書架和衣櫥。早晚三餐，皆有定時，八個人一桌，吃得比家裡好。主任和副主任輪流和同學們同席進餐，邊吃邊談十分親切。

課程的規畫，一部分是講課，一部分是學長們討論，後來還有模擬的「國家安全會議」。大的範圍包括：第一、知己，從文化思想探本追源，到了解國家當前處境，政府各部門的工作、遭遇的問題以及解決的因應之道。第二、知敵，主要對象當然是中共和蘇聯集團。從共產主義發展以至其黨政組織運作的實況，也包括其軍事和情報機構的透視等。第三、知世，是各主要國家以及重要國際機構的歷史背景和現況，著重其與中華民國的關係。

上課一個月後，才舉行第十一期的開學典禮，與陸、海、空、政工等四所軍官學校的畢業典禮合併舉行。蔣公親臨主持，先宣讀「國防教育的宗旨與責任」，講詞很長，這部分是公開的。然後列席外賓與學生家長先行離席，蔣公再講話，指示要全面革新，要採行科學方法，特別提示要重視「情報」，努力吸收新知。他具體地批評軍方和外交部訓練人才方法不對，應即檢討改進；這些話列為機密內容。

從十二月中開始，有幾位名學者講課。錢穆講「中國歷史人物」，他不是講歷史上的重要人物，而是講歷史與人物之間的關係。錢先生申論，「研究歷史，更重要的在於懂得歷史裡的人；沒有人，不會有歷史。」他強調，「一段歷史背後，必有一番精神。這一番精神，可以表現在一個人或某幾個人身上。由此一人或幾人提出而發皇，而又直傳到下代後世。」錢先生著重的是學術思想的傳承，我覺得近百年來中國革命也正是如此，國父與蔣公都是代表著除舊布新的精神。可惜今天大家都不再重視發自內心的「那一番精神」了。錢先生自朝至暮，講了一整天，略無倦容。他講話不疾不徐、平易寬舒，沒有一個字涉及現實政治。他引經據典隨口而出，正所謂「腹有詩書氣自華」，令人不期然而自萌敬意。

吳經熊講「國父思想綜論」，這好像是容易講而很難見精采的大題目。他說，三民主義包含民族、民權、民生三大重心，一般解說三者應為一體，相輔相成，不必強分輕重。可是，吳先生說他多年來潛心研究的心得是，國父最看重的是在民權。民族主義為求國家民族昌盛強大，民生主義為求全體人民安和樂利，而要實現國強民富的目標，就必須求民權主義的實現與發達。國民黨推翻了幾千年帝王專制之後，國父的理想是由軍政、訓政而達成憲政之治。若民權達不到充分保障和發揮，不可能實現真正的法治民主。

吳先生講話鄉音甚重，但他緩緩而談語多幽默，他說他強調民權重要，只是「一愚之得」，究竟對不對，希望大家再加研究。我覺得他言之有理、持之有故，不愧是國際知名的法學家。特別是驗證這半個多世紀中國人在臺灣和在大陸的種種經歷，更覺得他的高見，殊非講「八股」之流所能及。

吳先生後來還講了一堂「禪學思想」，他是虔誠的天主教徒，對佛教教理也下過功夫。他那本《禪學的黃金時代》我早先已讀過。禪學是佛教「中國化」的結果。他用禪學之例說明中華民族在文化上既有深厚根基，又能放懷吸收外來的文化。從這個觀點看，禪學和國防研究還是有脈絡相通。

顧翊群講「中西文化比較」，他是抗戰期間財政界重要人物，晚年在美國定居，除了本行新知之外，古詩詞造詣亦深。因多年居美，所講中西文化比較，便是以美國代表西方，論及美國文化上的諸多弱點，日後一一彰顯。

曾寶蓀女士講「西洋科學精神」，與顧先生所見頗有異同。曾女士從教育界的立場，觀察東西思想之差別，指出了西方的長處。客觀入實，曾女士和東海大學校長曾約農，是曾國藩的直系後人，姊弟兩人學問都很好，都以獨身終老。曾女士與釋曉雲是來院講課僅有的兩位女性。今日回想起來，這也意味當年臺灣婦女地位有某種看不見的玻璃屋頂。

方豪講「天主教與中國文化」，對教會發展闡說甚詳。他承認，天主教在中國不如佛教傳布普遍，一方面固是時間先後有差，更重要的是佛教「漢化」較深，從文學、藝術、建築等就可看出。但天主教早期為中國帶來科學新知，如天文、曆算、數學，都是重要的貢獻。

這一組課程與「現實」相隔最遠，可是在我印象中，反而是這幾位師長的話，對我影響較深。

在「知己」的課程中，我確實增長了不少先前自以為知道而並未深知的知識。王雲五講「中央政制」，講到改革的大方向。雲老以一個非國民黨員的身分，主持全國行政改革委員會，提出許多具體的建議。他的篤實作風很受稱許，而當局能善用社會賢達的才智，來矯正行政上的缺失，這種寬容開放的態度，與大陸上的「一言堂」自有絕大的差別。

鄭彥棻講「地方政治制度」和王任遠講「中央政策的形成」，都談到歷史沿革與實際運作，和學校裡「政治學」課堂上講的大有不同。

講三民主義的還有好幾位，羅時實講「三民主義與世界思潮」，甚有推陳出新之義。過去多年來，三民主義成為一門顯學，頌揚推崇者多，躬行實踐者少，甚至流於尋章摘句，以經解經，越研究越走入封閉的系統中。羅先生著眼於三民主義與現代的政治、經濟、社會等學門新知。融匯貫通，大有助於闡發國父的宏觀遠瞻。

有關財政經濟部門許多課，李國鼎講「經濟發展與國際合作」，富有前瞻性。年輕一輩有關財政、經濟、國際貿易等次長級官員的報告，同學們印象也很好。

我自己比較感到興趣的，還有有關華僑和邊疆課程。過去雖認識不少僑界人物，都是止於社交，客套而已。聽了各不同地區的說明，才了解到僑情僑務的全貌。李樸生講到當年國父倡導革命奔走四方，苦口婆心宣揚三民主義，最早響應的就是僑胞。所謂「華僑是革命之母」，誠非虛言。很多先賢先烈毀家抒難，犧牲性命的事蹟至為感人。就是一九四九年劇變之後，僑心傾向中華民國的熱誠不改，自有其歷史背景和文化淵源。

在臺灣討論邊疆問題，彷彿十分遙遠空疏，可是，從大中國的思維去看，歷史上邊疆是否安定強固，往往就關係國家的治亂興衰。來院有幾位專家，是邊疆選出的民意代表，札奇斯欽講「蒙古問題」，追憶成吉思汗鐵騎橫掃歐亞大陸時，不禁流露出蒙古人「不堪回首話當年」的感慨。阿布都拉講「新疆問題」，分析維吾爾民族動向和外力的侵蝕。地理學家沙學浚講「中亞與西伯利亞」，對中俄邊界的歷史糾紛以至二十世紀中葉的複雜情況，有深刻的解析。我們在傳統上秉持「中原一統」的觀念去看邊疆、看海外、看世界，聽了這些課程，一方面開拓了視野與心胸，一方面也更了解到國家若是靡弱不振，在海外的僑胞就要受人欺凌歧視，而邊疆的同胞不免會被野心分子裹脅而走上分離之途。

郭寄嶠將軍是國軍「四大名參」之一（另外三位聽說是蕭毅肅、郭懺、趙家驤），是最優秀的參謀首長，但那年他在蒙藏委員長任內，他的報告不免照本宣科。就此一例而論，酬庸性用人，未能充分發揮其所長，似非良策。

一般說來，除了極少的幾位資深講座之外，大多數講員來院上課都小心翼翼十分客氣，不以「師長」自居。有些位在本院來過的研究員，一上講臺便先向「學長」問好，「今天回到山上，不是講課，是和各位學長共同研究。」

不過，也有幾位講員屬於「老公事型」的，發言四平八穩了無鋒芒，也絕少瑕疵，但聽來聽去都好像是「昨天的報紙」。他們把立法院的報告再加修飾，聽的人覺得不是滋味，然而也不曾提出什麼尖酸批評，課餘會外大家檢討說，講得好的人是「蛟龍將非池中物」，講得不高明的便是「此物何由池中來？」

蔣公雖日理萬機，仍要花費時間召見每一位研究員談話。輪到我的那一天，是一九七〇年四月二十四日下午。晉見的儀禮，事前曾由院方簡單說明。先由侍衛官引入，進入院長辦公室後行鞠躬禮。蔣公頷首答禮，我就坐在他的對面，室內只有張其昀主任一人陪見。

蔣公精神奕奕，鬚髮皆白，他先注視片刻，然後問到受訓的心得，以及對工作有何建白。我即簡單報告，本院培植建國的人才，在此受訓之後，當以「國士」自勉。報國之道，唯在精誠一念貫徹始終。蔣公頷首並說，「好、好。」至此我即起立行禮告退。在那俄頃之間，好像心中還有千言萬語，同時又覺得不應耽誤時間。坐在我面前的人，即是中國現代史的化身。他一生的榮辱成敗，幾乎代表著中國的命運。那一刻的感覺，有如攀登高峰峻嶺，眺望大海汪洋，尤其想到近幾年以至於今日所受的挫折屈辱，更覺得痛心無比。當我辭出時，我注意到蔣公的左手微微顫抖，那是老年人巴金森症狀；英雄老邁、壯志猶堅。

這是此生唯一的一次和蔣公對面交談，我過去對他的認識，僅止於史傳記載和新聞報導。他繼承國父遺志完成北伐，統一了紛亂的國家，再領導軍民進行八年之久的抗日戰爭。我這一輩人在抗戰時期成長，而真正體會到蔣公艱苦卓絕的人格，是在大學畢業之後，經歷了一九四九年的大挫敗，而居然又能在臺灣重新站起來，維護了中華民國的國脈民命，屹立不搖。我始終相信，百年青史終將給予他公平的評價。

蔣公於一九七〇年三月二十三日，在三軍大學主持戰爭學院畢業禮，我們全體同學都出席。蔣公引述《韓非子》：「安危在是非，而不在強弱；存亡在虛實，而不在眾寡。」這兩句話的確可以反映當前的局勢。強弱與眾寡可以量化，所以顯而易見；是非與虛實，則是無法用數字來表達的精神狀態。舉世滔滔，包括許多位國家領袖在內，有幾個人真正尊重大義是非，而不以數量來判斷虛實呢？中華民國此刻的困難在此，然而，中華民國基本的力量也在此。大是大非，必須一以貫之。

軍事課程中，曾有外籍將領應邀來院，如美軍太平洋艦隊總司令麥侃（他家三代都出了海軍上將，他的兒子曾代表共和黨競選總統）、美軍協防司令邱約翰等，也有幾位少壯將領來講現代武器與戰爭。麥侃等闡述美國的國防大計，說明美國軍力強大舉世無匹，但更強調美國以維護和平與安定為最重要考量，所以戰史上都只有不得已而應戰，從未挑起戰爭。可是，近二十年間，美軍在阿富汗、在伊拉克、在伊朗等行動，是否都在「維護和平」的範圍之內，令人不能無疑。另有兩位德國將領講有關北約和波羅的海形勢。德國人刻板拘謹，聽起來有些沉悶。

所讀的參考資料中，有一本《參謀作業手冊》，簡潔明確，層次分明，其實與在國外學過的「治學方法」頗多脈絡相通之處。由此體會到軍事並不神祕，正如作學問一樣，要根基堅實、細密嚴謹。所謂呼風喚雨、撒豆成兵，只是小說家的幻想。從孫吳兵法到曾胡治兵語錄，練兵、用兵，都在「去偽存誠」外，步步落實、事事認真，然後才能三軍同命，百戰不殆。

十個多月課程修畢之後，例行有到國外畢業考察之旅，國外分為南北二線。南線以東南亞諸國為主，北線則是日、韓和琉球。我參加了北線。旅程中參觀地主國軍事機關和設施，並與各軍事教育機構師生座談。日本的「自衛隊」，雖在和平憲法限制之下甚為低調，但其一九七〇年代實力已漸提高，接近戰前水準；南韓則仍是戰時體制，到板門店停戰區內參觀時，看到聯軍與北韓談判桌上雙方旗幟不斷升高的實景——無一事不「爭」；在嘉手納基地看到了當時美軍列為最高機密的U2高空偵察機。

國內參訪行程中，有幾處是平常難得看到的，如北部的空軍作戰指揮中心，南部的潛艇訓練基地，還有清華大學的原子反應爐等；陸戰隊的蛙人操，特別令人興奮。

一年相處，使我受到最多教益的，還是那一群「千里有緣來相會」的同學。在日常聽課和各型討論會中，我從他們身上學到了不少東西。記得入學之初，昌平告訴我，「你有沒有注意到，有幾位軍方學長談天談得很熱鬧時，若是你我兩人走近，馬上就不講話了。」我也發現這個有趣的現象。原來他們認為新聞記者「有聞必錄」，所以講話要特別小心。後來相處久了，他們承認這兩個新聞記者，不但與傳聞中的「狗仔隊」完全不同，而且還明白天下大勢頭腦不差。由此可見文武殊途，軍人的保守性格有些想法是我們以前不明白的；一年相處，彼此成為肝膽相照的好友。

如今猶健在的學長中，聲名最烜赫的是連戰，他入院時剛卸任駐薩爾瓦多大使，畢業後歷任外交部長、行政院長和副總統，與總統大位僅一步之隔。兩次競選，都因小人作祟失之交臂。不過，他後來以國民黨主席身分到大陸訪問，展開破冰之旅，甚受各方讚佩；尤其他在北京大學那場演講，不卑不亢、允執厥中，感性豐沛、寓義深長，不僅是他個人從政以來最精采的言論，也為此後兩岸往來定下了基調。即使他真當選總統，未必能留下這樣一篇歷史紀錄。

我們幾個年紀小的，在各種會談席上常發議論，被年長的學長們戲稱為「藍衛兵」，其中臺大教授繆全吉尤多妙論。同學們都預期連戰未來必可出人頭地執掌大政，全吉獨以為不然。他說，「連戰的祖父雅堂先生是臺灣第一學者，臺灣第一部歷史《臺灣通史》的作者，世人尊為臺灣的孔子。連戰的父親震東先生，是第一位臺籍人士出任部長，連戰本人由臺大而得芝加哥大學博士。娶妻是才貌雙全的中國小姐方瑀。人間好事被他占盡，所以我預言他最好不要登臨高峰第一層，否則老天也要忌妒他。」想不到他的戲言，竟然一語成讖。

在將星璀璨的課堂上，陳守山屬於少壯派，入院時職位好像是東部守備司令。他在一次地方選舉後分析民心和選情，深入而客觀，言人之所不敢言。他形容後山的落後，認為必須開發新產業，增加就業機會；否則儘管交通建設改進，鐵路公路暢通，東部民眾，尤其是年輕人，仍然要紛紛外移，北上臺北、南下高雄，人口流失，是東臺灣的隱憂；他的看法，我以前沒有注意。

我最近曾到東部旅遊，但外流的現象依然未改。花蓮縣僅有三十五萬人，與西岸各城市人煙密集、熙來攘往的情形有天壤之別。近年更因環境與開發的矛盾日益為人注意，東臺灣果然是好山好水，但留不住青年，單憑觀光客如何能支持長足的發展？

陳守山是臺籍將領晉升上將，並出任總司令的第一人。抗戰期間，他潛往大陸投考陸軍官校，第十六期結業。他說他入軍校時，身材還沒有一支步槍那麼高。戰火洗禮，造就了他的性格與事業。軍中學長們說他後來會總綰兵符，出任參謀總長，也有人說他應該競選臺北市長。

文職學長大多循規蹈矩，以勤慎自勉。劉垕是我在政大新研所的同學，同屆考取中山獎學金留美。他早年曾任孫立人的幕僚。後來進入總統府供職多年，出任第一局局長。他的中英文造詣第一流，而謹慎負責的態度，尤為人稱道。二〇一三年春他在臺北病逝。馬英九總統親臨追思儀式，垂涕致詞說，「劉先生是我出任公職的第一位直屬長官，是他教導我如何當一個好公務員。」劉垕有一句名言：「總統府的工作，只有一百分或零分。換句話說，一分差錯也容不得。」這種嚴謹的自我要求，大可供後來的總統府幕僚群取為殷鑑。

和劉垕的性格形成對比的，有「福州才子」之稱的王昭明。他才思敏銳議論縱橫，雖然本沒有科技背景，但因他不斷鑽研，竟成為「科技教父」李國鼎的文膽。王昭明曾任行政院祕書長和政務委員。他沒能承當更大的責任，有人說是因為他太直線條，有些「傲上」。

還有一位高官是行政院副院長徐立德。他在原配夫人逝世數年後，最近和一位音樂家結婚，這一段黃昏之戀，使朋友們覺得「十一期還不那麼老」。

我說我總和同學們共處時得到許多教益，並非泛泛之語。記得當中共與蘇俄公開分裂時，院中舉辦專題討論各抒所見。我從宣傳角度論斷，認為十分有利，分裂之後中共的統治實力將大為削弱，海內外和大陸上的民意都將大為鼓舞。

海軍出身的趙錦龍學長（我們很自然地稱他為趙子龍），看法與我相反。他認為這一場劇變，勢必引起很複雜的波瀾，他說，「我現在說不出會怎樣變，但我預感有些變化可能對我們不利。」當時我半信半疑。後來便出現了季辛吉「肚子痛」，密訪大陸，以至尼克森跑到北京去拉攏毛澤東。趙錦龍的宿舍和我相鄰，夜晚他常捧著一杯熱茶來和我聊天。我從那一次討論中得到教訓，國際重大變化，固然可從立即的效果去觀察，但更要想到全面的更多層的種種關係。

趙既昌在財政部服務，但他在院中各種集會時，不論討論什麼問題，總會歸結到，「強化臺灣經濟，千萬不可忽視了中小企業。」他從各種角度闡述中小企業的重要性和它們的困難。後來大家都喊他「中小企業先生」。他當過一家國營銀行的董事長，退休後仍為振興中小企業而鼓吹。

受訓期間，曾有兩件悲劇發生。一是金陽鎬車禍喪生。他在端陽節晚上自己駕車回院，不幸翻入山谷。事後查驗現場，可能是他閃避一隻狗而失事。金陽鎬是傑出的農業專家，且有大氣魄的行政能力，曾主持援助越南等國工作。

另一事是張雯澤殉職。那一年，軍事首長更調，于豪章出任陸軍總司令，同時發布甯俊興為陸總政治部主任。可是，于將軍可能因為甯俊興在軍校期別比于還早，指揮上或有不便，乃另舉張雯澤接替，甯、張恰巧都在十一期受訓；在政工系統中，陸總因所屬兵力最廣，所以陸總主任特別受各方重視。甯俊興錯過了這次機會，由於年齡關係，以後大概也不再有希望了。

甯俊興是廣西大學畢業後投筆從戎，著有戰功。張雯澤身軀偉岸，正當盛年，兩人相識多年，張曾是下屬，所以對老長官執禮甚恭。甯俊興對他多方勉勵，不改故交。

後來，于總司令乘直升機巡視駐軍，政治部主任自應隨行。不幸發生空難，于豪章重傷，張雯澤竟罹難殉職。同學們聞訊深為悼惜。甯俊興長嘆，「那年人事命令如果不變，你們今天就要來祭我了。」人間禍福難料天意難知。但此番變化，使我想到蘇東坡那兩句詩：「平生學道真實意，豈與窮達俱存亡。」人生道途上的順逆利鈍，隱隱間自有安排，這也算是我「學道」的一項心得吧。

我就是抱著「入山學道」的心情，度過了陽明山莊的修練。學到了一些知識，明白了一些道理，結識一些朋友，上山雖非本願，下山亦自有心得。

這一年間，我每週六到政大上課，週日與家人小聚，無論山上山下，我從未停筆，《從香檳來的》等書，都在那一年寫好，定期的專欄也沒有停過，但離院後四十多年來，我從未寫過有關陽明山莊的一個字，我守住每一個學員的承諾，國防研究全屬機密。

而今回顧當年，翠微蒼茫舊夢已渺。蔣公那一代以及他們培植的下一代，大多都已歸道山。當年那樣嚴肅認真地討論過的許多問題，現在已隨著時光消逝不復存在。但有更多新的問題接踵而起。此後二十餘年，臺灣出現了政黨輪替，這樣大的變化，當年並不曾「研究」過。是當局者過於自信，還是低估了民間求新求變的心態？我常因此追問自己，「國家大戰略」究竟是什麼？中華民族的命運究將何去何從？

「侵略必敗，暴政必亡」。但一九七〇年尚未想到二十年後蘇聯集團土崩瓦解。當然也沒有想到海峽兩岸由勢不兩立轉化到目前的互通往來。但對我而言，陽明山莊的研習並非一場虛話。它印證了我自己終身相信的哲學：「天行健，君子以自強不息！」陽明山莊給我增添了「行事步步求生」的勇氣和決心。一時成敗何足論，是非自有千古評。

許多年後的某一天，我的兒子開車上了陽明山區。那天大雨滂沱，雨點打在前窗，幾乎看不清道路。我想到陽明山莊轉轉。中山樓整修得美輪美奐，定時對外開放。可是梨洲樓、舜水樓、圓形講堂那一帶都劃為禁區。還有那座「實踐堂」，是當年蔣公發表「軍人魂」那篇演說的地方，也關閉多年，想已頹敗不堪。政府有財有力維護了許多「歷史文物」，而對那座曾經在「扭轉乾坤」過程中發生過重大影響的殿堂，棄而不顧任其荒廢，就從這件小事看來，國民黨後輩不知自珍自惜，天下事蓋可知矣。以後，我便不想重臨陽明山莊了。

第廿六章　筆勝於劍

上陽明山莊是一件意外，參加筆會也是一件意外。這兩個插曲對我後來的人生都有不小的影響，當時我卻一點兒知覺也沒有。

我成為筆會會員並被推選為執行委員，是一九六九年的事。我起初以為這和參加文協等團體一樣，開大會時應應卯就好，我自己寫我的東西就算是盡職守分。想不到林語堂先生接任會長之後有許多想法，需要有人去認真落實。我們幾個年輕人就被拖住，從辦理在臺北召開的兩屆亞洲作家會議開始，一步步越走越深。

先說國際筆會這個組織。在倫敦，有位愛好文學的司考特夫人(Amy D. Scott)，和朋友們組成一個「明日俱樂部」，起初不過是幾個好友定期聚會，喝喝茶、聊聊天。到一九二一年，擴大為筆會，當時會員僅有四十一人，第一任會長是小說家高爾斯華綏（一九三二年諾貝爾文學獎得主）。

筆會以「筆」(PEN)為名，筆正是文學創作的象徵。這三個字母，P是 Poet 詩人和 Playwright 劇作家，E是 Essayist 散文家和 Editor 編輯人，N 代表 Novelist 小說家，含括了文學寫作的領域。由於其組成分子水準甚高，所以成為很受重視的團體；乃由英倫三島擴展到歐陸各國，定名為「國際筆會」。

中國文學界人士於一九二四年在上海成立「中華民國筆會」，為國際筆會的一員。第一任會長蔡元培，發起人包括胡適、林語堂、徐志摩等人，承辦會務的是邵洵美。後來繼任的會長有孫科等名流。一九三七年抗戰爆發，遂告停頓。一九四〇年以後，歐陸遍地烽煙，筆會每年一度的大會也開不成，直到一九四五年以後重建。

一九五一年，中華民國出席聯合國教科文組織的代表陳源（西瀅），建議當局恢復筆會組織，以加強國際文化交流。筆會重建之後，由張道藩、羅家倫先後主持。到林語堂返國定居並出任會長後，會務才活躍起來。

當時會員有上百位，有些是在大陸上就已成名，新徵會員大多是在臺灣嶄露頭角的新秀，各大報、雜誌社主持文藝版的編輯，也多網羅在內。

林先生年事已高，不宜長途旅行，但他極力鼓勵我們去參加筆會的活動。國際筆會每年舉行一次大會，輪流在五大洲會員國舉行。我最早參加的一次是愛爾蘭大會。都柏林是小說家喬伊斯的故鄉，文風甚盛，參觀有名的大學、教堂、圖書館、博物館等，大有收穫。我寫了《愛爾蘭手冊》以紀此行，這是我從筆會學到的第一課。

參加這幾次會議，累積了一些經驗。林先生說我們應該可以召開以亞洲為範圍的作家會議，籌辦的責任落在王藍的肩上，王藍拉上殷張蘭熙和我幫忙。

記得一九六四年春天，我在美國進修告一段落即將回臺，某日接到一封來信，說是要把我的短篇〈象牙球〉譯為英文徵求同意。那封英文信寫得很客氣也很誠懇，信末署名是我不認識的

Nancy Ing。我以為她是嫁給中國人的外國人。我回信致謝，並表同意；告訴她我不久就回國，再向她請教。但回國後事忙，沒有機會聯繫。想不到在筆會見了面，我們三個人從筆會的工作開始，互相督勉，成為終身的好友。

王藍原來的名義是執行祕書，林先生說，為了對外辦交涉時更好聽些，可改稱祕書長。王藍就封了個副祕書長頭銜給我們兩人，我還不知道他要我做什麼。

第三屆亞洲作家會議，由林語堂會長邀請，一九七〇年六月十六日在臺北揭幕，有十八個單位、一百三十多位代表出席。林先生是四方仰望的大師，前一年剛獲得諾貝爾文學獎的日本小說家川端康成，是眾所矚目的貴賓。

像我這樣年紀，在抗戰中成長的人，對日本人絕無好感。可是溫文儒雅的川端，大大改變了我的偏見看法。川端發表主題演說：「《源氏物語》與芭蕉」，說明十八世紀日本詩翁芭蕉的作品，全受八世紀中國大詩人杜甫的影響而來。日本文學史上最重要的長篇小說《源氏物語》，有許多地方是受白居易〈長恨歌〉的啟發（《源氏物語》已有林文月的中譯本，可供參考）。川端從文化和文學的關係，對中日兩民族關係作了宏觀的詮釋，大有恩仇泯滅之義。

林語堂會長在開幕詞中與各國代表相勉，一定要「分辨永恆的真理與短暫的時尚，存古剔新，重獲希望、信仰和博愛，堅定地站在人性基礎上，抵抗各種邪說與狂飆。」

四天集會，許多分組討論，的確提供了有價值的橋梁和通衢，大家都感到很有收穫。日、韓、越等國代表對中華文化特表推崇，更稱許今日臺灣是傳揚中華傳統文化的聖地。

緊接著是韓國筆會在漢城承辦的第三十七屆世界作家會議，六月二十九日揭幕，共有三十九個單位、一百九十五位代表出席，我們的代表團十六人，林語堂則是大會特邀的五位貴賓之一。大會主題「幽默」，好像是特為林先生而設。

林先生一開場就說，所有的動物都會哭，唯有人會笑，幽默乃是人類心靈發展的花朵。「當文明發展到了相當程度，人才會為著自己的或別人的錯誤而發笑。幽默於焉而生。」在引述了釋迦牟尼佛、耶穌基督、孔孟老莊和蘇格拉底之餘，他強調，「我們人都是有罪的，但我們也都是可以被寬恕的。」幽默就代表這種知罪而又寬諒的愛心。我當時的感覺是，幾位大作家的講演，很認真地為幽默下定義、找根據，都不及林語堂講得如此透徹，真不愧幽默大師的盛名。

經過這兩場大型會議，我稍稍了解筆會的理想與作用。

國際筆會憲章本來就有，於一九七九年七月十五日，在巴西里約熱內盧舉行的第四十四屆大會上，重行討論通過，我曾出席那屆大會，記得大家字斟句酌，認真討論的情形。憲章是籠罩筆會工作與基本整體的文獻；憲章之外另有會章，其中一條重要規定就是：「每一分會及其所屬會員均應贊同國際筆會憲章。」

憲章內容只有四條，每一條都很具體、重要，所以我把它轉錄於此：

國際筆會確認：

一、文學之起源雖有民族性，但應知文學無國界，且應不受政治或國際變亂之影響，永為各民族間之共通媒介。

二、在任何環境之下，特別在戰時，一切藝術作品因其為人類遺產，應使不受民族情緒或政治趨向之影響。

三、凡筆會會員應經常運用其所有影響力，以促進各國間之諒解與互相尊重，應保證盡其最大努力，以消除種族、階級、與國家間之一切仇恨，並支持大同世界共享和平之理想。

四、筆會贊同各國本國內暨與他國間思想交流應不受阻礙之原則，各會員保證彼等當反對其本國及其所屬社會中以任何方式壓制言論自由之行動。筆會主張新聞自由並反對和平時期之強迫檢查。筆會相信：世界之必然向一種更健全之政治秩序與經濟秩序進展，使對於政府、機關及社團之自由批評有其必要。因自由含有克制自我之義，各會員均保證彼等反對一切新聞自由之流弊，例如出版偽書、揑造消息及歪曲事實，以達其政治及私人目的一致之行為。

凡贊同上述目標之合格作家、編輯人及翻譯家，不分國籍、語文、種族、膚色或宗教信仰，均得申請加入筆會為會員。

憲章代表崇高的理想，也反映出現實社會中的各種矛盾。國際筆會雖然有「筆必勝劍」的信念，但各國環境不一，政治干預文學、桎梏作家之事仍層出不窮。另一方面，言論自由、新聞自由固然應予保障，可是自由之濫用也的確會形成災難。這份憲章雖非十全十美，大體上已把當世文學工作者的心願和顧慮都反映出來了。

我了解，這個組織是在西歐誕生而逐漸擴大為全球性，所以仍有些「遺跡」。如大會工作語言是英、法兩種，這對亞洲、非洲、拉丁美洲各國顯然不太公平，不過這是「歷史共業」，大家暫無異言。

參加過幾次大會之後，我發現一個問題，即每有爭執時，會有人出面說，「會章規定如何如何。」更多時候是請出幾位元老發言，講述他們的經驗，似乎便成了「判例」。我們沒看過會章，也沒有經歷過他們說的前例，討論起來往往不免吃虧。我們分會曾中斷多年，會裡一本會章也沒有，後來從總會祕書處討來一本帶回臺北。「國際筆會會章」全文三十三條，我把它譯為中文，報告執行委員會後，和我們自己的會章合印了一個小冊，此後出國開會都帶在口袋裡，遇到有關會籍等問題時，我們就可起而據理力爭。

總會會章中明訂，各分會應於每年初繳納會費以及會員名冊。年會開始時，祕書長依例報告，我暗中留神，在這類枝節上，絕不可因疏漏而留下被指責的話柄。

我堅持，我們的分會採取「菁英主義」，會員皆有相當水準，而不必求其人數眾多。原因之一是，總會的常年會費是按人數計算，每人每年二英鎊。會員越多，金額越大。當年亞洲各國都有外匯管制，像印度有八百多會員，常常欠繳會費，大會上花費時間討論如何「催繳」，甚至要「開除」，我們從未遭遇到那種困難。

侯健和朱立民曾創辦「比較文學學會」，各大專院校外文系科的師生紛紛參加，會員達一千多人，起初辦得很有成績。可是侯健告訴我，「還是你的想法對，這比較文學學會後來辦不下去要解散，但照法令至少得有百分之多少的人同意才行，想不到解散都解散不了。」

我的辦法是，建議將某些年長而不常開會的先進，改聘為榮譽會員，逐年吸引新人。

會員名冊其實各國都沒有認真報告，我們的名冊是中英對照，按字母順序排列，有簡單介紹（如小說家、詩人等），通訊處和電話。此不僅為報總會交差，也方便於會員和外國文友通訊聯繫。

一九七六年四月二十六日，我們再主辦第四屆亞洲作家會議，因為有六年前的經驗，幹起來比較有頭緒，但那年三月二十六日，林會長在香港病逝，看不到這一場盛會了。

那一年，總會第四十一屆年會在倫敦舉行，我們有七位代表出席，余光中提出有關新詩的論文初試啼聲，與美國的羅威爾同臺頗受好評。那次大會中請到英國小說家柯斯洛 (Author Kostler) 發表主題演說，引起東德等代表抗議。因為柯斯洛是著名的反共作家，他那本《正午之黑暗》，描寫史達林時期黑獄中景況，比索忍尼辛早了好幾十年。東德等共黨代表說，請這樣的人來演講，「把冷戰帶進筆會來了。」僵持半日，柯斯洛仍照常演講，講的全是文學思潮，並無一語涉及冷戰。那次會外倒是有一條內幕新聞和我們有關。

國際筆會中仍有東歐共黨國家參加，包括東德、南斯拉夫等共有八票，蘇聯不是會員，偶爾派觀察員參加。這次大會來的是漢學家費德林 (Nicolai Federenko)。此君在二戰期間曾任蘇聯駐華大使館參事，和美國大使館同為參事的費正清，都是外交圈裡深深了解中國文化的人。費德林戰後曾任駐日大使和駐聯合國常任代表；退休後，是蘇聯作家協會祕書長，他能操流利華語，譯過

《詩經》。

在會場外，費德林和陳裕清會長曾有晤談，我沒有參加，陳先生事後告訴我們，「都是敘敘舊而已。」想不到過了些時，《人民日報》顯著報導臺北和莫斯科「祕密談判」，其中便舉陳、費之會作為例證之一。當時因中共與蘇聯吵翻了臉，所以要這樣「反打一耙」，我們說一聲，「是誰要向蘇聯一面倒？」《人民日報》就啞了。

我原來抱著天真的想法，以為參加筆會等於進了「文學進修班」，可以瞻仰到當世的名家，從而增益見識提高修養，讓我有機會攀登文學的高峰。可是，想不到走進年會的會場，遭遇最多的竟是政治意味頗濃的會籍問題。筆會竟好像是小聯合國，另一個外交戰場。

年會通常分為兩組進行，一組是文學會，由地主國先擬定主題，事前告知各分會準備論文。會中往往會有精闢的演講和熱烈的辯論。另一組即代表會議，以討論會務為主，除了聽取祕書長的工作報告，審查財務報告之外，就是檢討各分會工作。一九七〇年代以來，有幾個國家的會籍問題常常被提出來討論，包括南韓、南非、智利、以色列和中華民國。我們政府依據憲法所定，是「全中國的代表」，這個立場很難讓外國人接受。然而，國內有相當強烈的情緒，主張「漢賊不兩立，王業不偏安」，使得任何有彈性的辦法都無法提出。

僵持下去，年復一年，國際情勢由有利轉為不利。想不到聯合國裡的風暴，會影響到只有一百二十多個會員的中華民國筆會的存亡絕續。

早在一九五一年韓戰期間，聯合國大會決議，譴責中共為侵略者，並通過全世界對中共和北韓實施戰略禁運案，聯合國便成為一個戰場。一九五〇年，蘇聯提議排除中華民國，接受中共入會，被大會以四十三票對十一票否決。顯示國際間大多數支持我們。可是，十一年後情況大變，一九六五年，聯大表決的票數是四十七票對四十六票。臺北只有一票多數，當時稱為「排我納匪」案已是大勢所趨。

國際筆會是純民間組織，但它也與聯合國教科文組織(UNESCO)聯繫，譬如筆會向國際各大企業募款，就要取得「非政府組織」(NGO)的地位，並經過教科文組織的認可，方足以昭大信於天下。共產集團對中華民國採取「趕盡殺絕」的辦法，不僅對聯大代表席次年年都要爭，凡是與聯合國有關的民間組織，也都不容臺灣立足。

到了一九七二年，聯大第二十六屆大會通過了阿爾巴尼亞提案，准許中共入會，當年聯合國創始會員的中華民國不得不宣布退出，從此我們在筆會席次保衛戰就越發艱苦。

我們保全會籍本有充分的理由：我們不僅是履行會章的各項義務，而且兩次主辦亞洲作家會議，總會和各會員國對我們的努力發揚筆會精神的成績，有目共睹。我們不但如期繳納會費，提供名冊(這是很多會員國沒有遵辦的)，而且用中英對照，有定期出版的文學季刊，並分寄各國分會。各會員國裡能有定期刊物出版的不到十種。所以我們的立場十分「堅強」。

可是，無如當時的國際環境對我們極為不利。一九七二年二月尼克森訪北京，各國看到美國態度如此，當然受到影響。一九七三年筆會大會原定在以色列舉行，偏偏發生中東戰爭，會議延期一年。一九七四年聖誕節前，我們趕往耶路撒冷前，已得友人告知，要我們準備「告別辭」吧。

耶路撒冷大會陳裕清會長因公忙沒有出席，由殷張蘭熙發言，另囑我代表他宣讀論文。那一天真是我們筆會「存亡絕續」的關頭。我上午讀論文，講中國文學傳統上溫柔敦厚的精神，與大陸的「文革」絕不相容。蘭熙的發言強調，「我們的會員都是中國作家，用中國文字寫作，表達中國文化和文藝精神，我們有絕對權力留在筆會大家庭裡。」

筆會畢竟不是聯合國，作家的判斷畢竟不同於外交官和政客。會中有人為我們仗義執言，最後的決定是，筆會可以接納大陸代表，但不排除中華民國。我們用的「中華，臺北」這塊招牌，算是一種妥協，雖不滿意勉可接受。

從一九七四年到今天，將近四十年間，中華臺北筆會仍是國際筆會裡的「模範生」之一，而且與世界各國文學界，包括中國大陸的作家，都有友好的往來。「筆」的確比「劍」好。

那段時間的經驗，使我非常同情擔任外交工作的那些朋友。在會議場上，聽到有人當面叫罵，「中華民國早就死翹翹了，你們還想說什麼?」那種屈辱和憤慨真難以忍受，王藍、朱炎都曾為爭會權大哭過。我們百般地逆來順受，冷眼看不少人「西瓜偎大邊」。國際人情其薄如紙，但我們幸而總能熬出了「山重水複疑無路，柳暗花明又一村」的新境。

因為筆會我常常出國，光是歐洲跑了不止十次。辦理各種手續之囉嗦，今天已難以想像。每次開會其實都是機場到會場、會場回機場，沒有時間也沒有心情去看外面的天地。如果說有所收穫，就是我有機會能看到、聽到某些大師級作家的形象和聲音。「真正的文學家應該是什麼樣子」。

十多年間結識的人物多，無法盡述，姑且寫下幾位給我印象深刻的人，都是得到或接近諾貝爾那一級的。諾貝爾獎得主未必個個偉大，但那總算是一種有公信力的標誌。

中國作家夠這一級的，胡適無疑是第一人，單就他提倡白話運動的貢獻而言，影響到億萬人的語文習慣，至於他在寫作和思想領域的開創之功，更不必說。其次便數到林語堂，他的小說乃至《吾國與吾民》等巨作，使世人對於從古典到現代的中國多所了解。我曾說服林老容許筆會提名他為諾獎的候選人；我的理由是，「這個獎已不足以增加您在文學王國裡的聲名，但是，我們國家需要，我們筆會需要，亞洲作家也需要。」林語堂沒有得獎，在我看，也好像托爾斯泰沒得獎一樣，是諾貝爾的遺憾。

川端康成來臺北，我不由得把這兩位老人暗做比對。從他們的作品和個人風格而論，「川端如一杯加了冰的杜松子酒，如此之冷澈，如此之甘洌，如此之特殊；林語堂先生則是一壺微溫的遠年花雕，如此之平易，如此之醇厚，如此之human。」我讀過他們的主要作品，最佩服的是他們對人性的了解和對善意的嚮往。

川端在臺北時，曾徹夜不眠準備一篇講稿，用毛筆寫在宣紙上。講演時他引用了許多杜甫的詩，包括「水流心不競，雲在意俱遲。寂寂春將晚，欣欣物自茲。」他念到這幾句詩時，使得那位半生以英譯川端作品為職志的賽登史蒂克急得滿頭大汗。

記得《生活》畫報編輯卡美邱夫人問我，「他講了那麼多中國文學，是否有藐視中國人的意思？」

我說，「我猜想他絕無此意。」她笑笑，表示不相信。

我說，「這正像一個美國作家成了大名之後，在倫敦演說，告訴英國朋友說他自己從莎士比亞那兒得到了多少好處，妳以為他有意輕視英國人嗎？」

這回她又笑著點頭，大概是相信了。

川端有一句話是針對青年說的，「流行的時尚來得很快，但消逝得更快。」追趕流行不僅沒有意義，而且很愚蠢。當你匆匆追上它的時候，它也許已成為「過去式」。這話用來解釋許多「文學現象」，格外真實。

在東西德尚未統一之前，共黨控制下的東德，與西德也是勢不兩立的。但西德的鮑爾(Henrish Ball)的小說在蘇聯很受歡迎。他絕未附合共產主義，而是基於人道主義而強烈反戰。他和多數德國人一樣，給人嚴肅拘謹、木訥寡言的印象。但我看到他在耶路撒冷的紀念堂裡，向二戰時期蒙難的猶太人亡靈致敬。他用德語演說，表達一個德國人深沉的歉意，他說他無法用別的語言表露出他內心的沉痛。他講話時聲淚俱下，連聽不懂德語的人也深受感動。他以國際筆會會長和諾貝爾獎得主的身分，和蘇聯當局進行了艱苦的談判，終於使得另一位諾獎得主索忍尼辛，離開莫斯科的軟禁，獲得自由，先到瑞典再定居美國。

關於索忍尼辛，我在前文已經寫過，我欣賞他的剛毅不屈的性格，他能「從火龍的胃裡生還」，憑的正是這股堅強意志。他晚年目睹共產暴政瓦解，安然回歸故土，可說是人生大幸；是筆勝於劍的又一項證明。

美國在物理、化學、醫學等項得到諾貝爾獎的人很多，得文學獎似乎不那麼容易。可能由於近年美國文學界對理想主義的渴求不是那麼熱烈，雖然「暢銷作家」多如過江之鯽，稱得上偉大的作家相對比越來越少。貝婁 (Salu Bellow) 是猶太裔學者型作家的代表。在一次夜談中，他告訴各國作家朋友們，他認為文學創作的目的，是為人世間創造和諧的秩序。文學不必只是抗爭、只是控訴，更應該有高一層的理想。大半生在校園中當教授的人，很自然地會成為一個溫和、理性的改良主義者。

祕魯籍的尤薩 (Mario Vargas Llosa) 是和我們交往較多的朋友。他得名甚早，一九七六年在倫敦和我們相識。後來他在國際筆會會長任內訪問臺北，第一次是我們筆會邀請的嘉賓；以後他又來過兩次，因為他競選祕魯總統，便是外交部的上賓。四十幾歲就屢屢傳出他要得諾貝爾文學獎，一直到二〇一〇年他已七十五歲方告實現。他是世界級作家第一個認識到中華民國奮鬥的價值。他曾對我說，「你們這些政策（主要是土地改革）如果能在拉丁美洲落實，拉丁美洲的各國人民能享受到臺灣老百姓生活這樣安定、富足與自由，我們也就不會搞社會主義革命了。」他競選總統沒有成功，但是，無論是作為政治家或小說家，他從一個激烈的左翼旗手，終能面對事實、面對真理，轉變為一個成熟而真誠的自由主義者，這就是他最大的成功。

年輕時，對諾貝爾文學獎看得很重，對每一位得獎者都敬若神明；但是書讀廣了，人物見得多了，「英雄見慣亦尋常」，發現他們並不是「天生異稟」，具有超人的智慧。如果說他們有共同的特長，首先是對人性的了解與尊重，其次是持久不懈的努力，還有便是幾分好運氣，要活得長久一些，諾貝爾獎不頒給死人。

中國作家得獎者已有兩位，高行健和莫言。莫言的十多部小說都有些「憨」味，我只讀過三本。我還是比較喜歡高行健，覺得他的短篇比長篇更好。這兩位我都沒見過。

我當然期望今後有臺灣地區的中文作家得獎。筆會曾提出過兩位一老一少的候選人，入圍未能得獎。我相信以臺灣人才之盛，終將有人得此桂冠。

筆會對內要激勵會員努力寫作，對外要聯繫各國同道，而把中文優秀作品翻譯成外文，是很重要的工作。因林語堂會長倡導，殷張蘭熙頭二十年打下的基礎，《英文筆會季刊》歷年來在齊邦媛、高天恩、梁欣榮等高手主編之下，已有良好規模。如何擴大並延續它的影響，累積經驗與成果，把「外譯」的工作更加制度化、全面化，真有好作品，就不怕不能在世界文壇上占有一席地位。

對我而言，有幸參加筆會彷彿走進一座學府，國內外先進好比我的老師，會友猶如同窗共硯的好友。我特別懷念王藍和殷張蘭熙，那些年三人合力同心，要把筆會辦起來，在臺北主辦了兩次亞洲作家會議，算得上轟轟烈烈。但我明白，文學事業不能只靠那些熱鬧場面，如何能寫出「感時憂國」的大作來最是要緊。（關於王藍與殷張蘭熙多年來對筆會的貢獻，我曾寫過文章收在《憶春臺舊友》書中，王藍逝世已近十年，蘭熙年逾九旬閉門靜養，我唯有默默祝福他們，老友，你們已盡到了你們的責任。）

臺灣、中國、世界，都在疾劇變化之中。我很高興看到文壇上新秀輩出，大陸青年作家「敢說真話」的越來越多，「階級鬥爭為綱」那一類教條早已無人理會。筆會憲章裡標示出來的宗旨，每個人都應保證盡其最大努力，以消除種族、階級、與國家間之一切仇恨，並支持大同世界共享和平之理想。小小的筆會，大大的理想，然而，「筆勝於劍」的事實，從歷史和現實中都可看到。正義之筆，武力是壓不倒的。

第廿七章 《中央》的挑戰

一九七二年國內外多事之秋，外交形勢尤見險峻。那年四月中，我應英文《中國郵報》余夢燕社長之邀，組團前往沙烏地阿拉伯王國訪問，為期近一個月。曾晉謁沙王，遍訪各地政治、文化領袖。

六月十日，又承政治大學國際關係研究中心吳俊才主任相約，參加在舊金山舉行的第二屆中美大陸會議；美方以史丹佛大學胡佛研究所的教授學人為主。這兩個機構在學術研究之外，都有為兩國執政當局扮演「智囊」的作用。

那年一月間，美國總統尼克森到北京與毛澤東會面，又在上海發表了「上海公報」。尼克森為進一步分化中共與蘇聯，同時也是為他自己爭取連任，走出這一步險棋，對國際間影響當然很大。「一葉落而知天下秋」，臺北的各路出訪活動，都是在求穩住陣腳、穩住朋友。

就在東奔西跑之餘，我忽然奉召到《中央日報》去服務。我原以為可藉此機會離開《新生報》以後，即可告別新聞界。想不到自一九七二年就任《中央日報》總主筆，此後升任副社長、社長，到一九八七年辭職，前後歷經十五年。用狄更斯的話說，這十五年間，我經歷了最好的時代，也度過了最壞的時代。

我自一九四九年秋來臺，就進了謝然之老師主持的《台灣新生報》任編輯。服務至一九六〇年，因通過中山獎學金甄試赴美深造，至一九六四年回國。嗣後任副社長兼總編輯，並在各大學兼任一些新聞課程。處理編務之外，則以寫小說自娛，這是我志趣所在。

一九七二年夏間，政府調整陣容，蔣經國先生出任行政院長。《中央日報》原社長曹聖芬先生升任董事長，楚崧秋先生繼任社長。楚先生為同業先進，平日交往不多，某日，他忽光臨舍間，開門見山就邀我到《中央日報》擔任總主筆工作。我深知此事責任重大非我所宜，當即力表辭謝。楚先生意至誠懇，而且說，「我已與中央的幾位先生商量過，大家都認為你能勝任。」我也不知道中央的「幾位先生」是誰。

在我們那一輩朋友中，從一而終的心念相當強烈。所謂「跳槽」，總被認為是不甚光彩之事。我在《新生報》工作二十餘年，諸事熟悉，要轉入一個新環境自不免躊躇。

此後楚先生再經約談，師友們也予以勸勉，大家認為我是中山獎學金新聞門考選出國的第一人，現在《中央日報》需要用人，我不應推辭。內子史棻說：「進退出處，你自己決定。不過，如果去了，就下定決心，無論如何艱苦，至少要作滿一年，否則會被朋友笑話你挑不起那個擔子；但我希望你最多兩年就要退下來。」她知道我的志趣所在，不可因此而失彼，我亦覺得有理。

在總主筆任內，除每週三例行的主筆會議之外，每天上午與主筆朋友們談論天下大事，商量社論的題目與內容，晚間到社審閱文稿，聯繫各方，一般行政工作不多。記得第一天上班是九月二十七日，先寫好孔子誕辰暨教師節的社論。當日下午，蔣院長巡視地方，並宣布農業改革十項措施，其中第一項就是「廢除肥料換穀」。大政所行，從民所好，使我印象非常深刻。當即趕寫社論闡述其意義。晚間有友人轉告，農業改革措施自是大事，不過，明天是孔誕，全國教師任教辛勤，勞苦功高，《中央日報》仍應有社論。我說我們已有準備了。九月二十八日有兩篇社論發表。由此可知，政府的施政，執政黨的決策，以至《中央日報》的言論，都是要「觀照全局」。

就任前曾向曹聖芬董事長請益，曹先生說，「本報是代表國家、代表中國國民黨的報紙。本報所發表的，尤其言論部分，都被外間認為是秉承蔣公的意旨、中央的決策。一言之立，不可輕忽，文字固應力求精嚴犀利，發揚積極進取，樂觀奮鬥的精神；而主旨所在，尤應確切把握。一件事情，要不要評論，如何評論，都為四方矚目。你要好自為之。」這是《中央日報》言論工作的準繩，要言不繁，使我受益甚深。

在那幾年間，政府正全力推動十項工程建設，國際發生兩度嚴重的能源危機，中東紛擾，越南戰爭，中美關係的變化，大陸上的「文革」動亂，波瀾迭起，都須及時加以評析。一九七五年四月五日，先總統蔣公逝世，舉國悲慟。報社同仁銜哀奮勵，以承先啟後實踐遺志與國人共相策勉。

一九七三年四月二日，蔣院長約了楚崧秋、潘煥昆和我，在他的辦公室中聽取我們的報告。蔣院長最後講出他對《中央日報》的期望，他說：

《中央日報》具有光榮的傳統，國家的前途，與《中央日報》的前途完全一致；所以，這份報紙具有特別重大的責任。

《中央日報》最難得的一大特色，是始終不受環境之左右，而能堅守其一貫的立場和風格。近年來，無論個人也好，團體也好，有時不免受到環境的影響而與世浮沉；真正能夠打破環境、創造環境的人很少。所以，《中央日報》今後仍然要發揮『擇善而固執』的精神，信守我們的目標和立場，繼續努力。

不過擇善固執並不是一成不變，對於國民的需要，特別是青年的願望，可以改變方式使能獲得滿足。要注意在基本目標之下，適應時代的需要而與時俱進。

《中央日報》目前面對艱難的環境，需要大家更大的努力。各位應該記住，主持正義的人，在危疑震撼的時候，總是孤獨、寂寞、甚至於痛苦的。我們要本著孤臣孽子的心情，不計眼前一時的利鈍，朝著既定的目標去努力，最後一定能成功。

當時旁邊並沒有祕書人員在側，我在隨身的記事本上草草做了紀錄。回社後楚先生交代印出來分致各部門同仁注意。我覺得經國先生期許的重點，是在「擇善固執」的大前提之下，「適應時代而與時俱進」。國民黨和政府都不能「一成不變」，《中央日報》更應求變求新。

那幾年間，在楚先生策劃之下，《中央日報》的內容確有相當改進，業務也隨之開展，言論尺度也有所改進。譬如在「經濟自由化」和「政治民主化」等方面，步子就比以前跨得更寬。在言論部門方面，除了日常的社論、專欄等以外，並出版了許多有價值的文集。其中如與日本《產經新聞》合作而刊出的《蔣總統秘錄》，在報上連載時已引起國內外重視，出版單行本後，更成為暢銷書。其日文版在日本廣受知識界和新聞界重視，對於百年來的中日關係，有正本清源之效。另有紀念蔣公的文集，以及後來的《蔣院長言論集》、《沈剛伯先生文集》、《諾貝爾獎經濟論文集》、文藝作品及《中副選集》等圖書數百種次第出版。五十年社慶時，我負責編選《五十年來社論選集》，此後每年出版社論選集一冊成為定例，很受讀者愛重，許多學校用來作「寫作範本」。

進入《中央日報》之前，雖然也知道這份報紙的重要性，但體會不深。直到我「身在此山中」，並且閱讀了許多有關的文獻之後，才有了更親切的體會。

國父孫中山先生在《民報》發刊詞中說：

革命的成功，革命軍隊之力半，報紙宣傳之力半。求天下之仁人志士，同趨於一主義之下，以同效力，於是有立黨；求舉國之人民共喻此主義，以身體力行之，於是有宣傳，求此主義之實現，先破壞而有建設，於是有起義。

國父在那篇發刊詞中，首先提出了包含民族、民權、民生的「三民主義」，並強調實現主義的理想，一半靠革命的武力，一半靠革命的宣傳。當年還沒有電視、網路這些媒介，唯一的宣傳利器就是報紙，所以國父把報紙看得和建軍一樣重要。

蔣公同樣重視報紙的功能，曾指示《中央日報》在言論方面，「應盡量反映應輿情，文字要犀利有力，且不必避諱對政府施政的善意批評。」

真正要做到這一點，是很不容易的。曾三度出任《中央日報》社長的胡健中先生，就竭力主張「《中央日報》應一元地代表黨，而不是二元地代表政府發言。」正是要無所避諱地去平章時政。但事實上國民黨既是執政黨，與政府又怎能劃分得清楚。

蔣公早年主持北伐時，與新聞界中兩位大手筆相結識，一位是《大公報》的張季鸞，被中外公認為二十世紀最有影響力的中國報人；一位是《商報》的陳布雷，陳先生後來成為蔣公的「文膽」，並被稱為宣傳戰場上的「參謀總長」。

抗戰時期曾兼任《央報》主筆的蔣君章，曾轉述布雷先生指示他的評論要領。陳先生說：「《中央日報》的評論，是黨和知識分子之間溝通時局見解的橋梁，其立論必須是堂堂正正、平平實實，不可標新，不可立異，更不可走偏鋒。《中央日報》的評論，與《大公報》不同，《大公報》可作建設性的批評，《中央日報》切不可有此等論調，使讀者懷疑黨的意見之不統一，或中央決策尚有變更的可能，此點尤應注意。為《中央日報》寫社論，必須引導讀者對中央的決策，自然而然的認為『應該如此』，其次認為『原來如此』，如果只能發生『不過如此』的感想，那就不能算成功的社論。用字措辭，必須周密，不能使讀者發生模稜兩可的感想，而作反面的揣測，那是失敗的社論了。」

「報紙的評論，有時候也有辯論的必要，如果必須辯論時，理由必須絕對的充分，絕對的合理，使讀者讀了雙方的社論，自然而然的認為《中央日報》的論調是正確的。如果逆料不能達此目的，切不可貿然為之，以免反助對方的氣勢。寫此等社論時，必須要心平氣和，講道理，講事實，絕不可空洞無物，也不可對人譏刺，失去《中央日報》的風度，這一點也非常重要。」

布雷先生是新聞界的長老，「諸葛一生唯謹慎」，他的話聽起來似乎過於保守小心翼翼；但凡主持過《中央日報》筆政的人，大概都會同意他的看法是真正的經驗之談。不僅在「以黨領政」時期是如此，到了民主憲政的時期亦復如此。

有位老前輩曾說，「革命本來就是難，不難就不叫革命。」難，難，難。難的究竟是革命，還是在成為執政黨之後仍要繼續堅持革命精神，我自己說不出來。只覺得改社論、寫社論，比寫自己的文章難多了。

一九七四年，臺大圖書館系周駿富主任請我去演講，好像講的是「圖書館與大眾傳播」之類的題目，大部分是以美國的實況來說明。同學們反響很好。不料，駿富兄隨後就登門造訪，一定要我去開幾門課，有「大眾傳播」、「圖書採訪」、「書評寫作」等。後來轉為專任，就不再向《中央日報》領薪水。那幾年也出了好幾本書，翻譯的《天地一沙鷗》銷了十多萬本。

此後楚先生忽然被調職，連他自己也不知道是為了什麼原因。他改任中華文化復興會的副祕書長，對我嘆息，「連一張辦公桌都沒有。」我覺得他幾年來辛勤工作，社務蒸蒸日上，為何突遭「冷藏」，很為他不平。本來在公務之外，我們沒什麼酬酢往來，那次我特別約會了主筆室全體同仁為他餞別。大家對他多所鼓勵，友情洋溢，我以為這也是我脫身的機會了。

楚先生沉潛多時再獲新命，擔任中央文化工作會主任，後來又出任中國電視公司董事長，我這人習性慵懶，朋友春風得意之時，我和他形跡轉疏。

《中央日報》由曹董事長兼任社長，我向他辭職，說明我還是喜歡教書寫作。曹先生說，「我比你年長，現在幹兩個人的工作，難道你要我做三個人的事嗎？」此後就不便再提。

曹先生兼攝約一年，吳俊才先生繼任社長，也大約一年後出任中央委員會副祕書長。任內對版面做了較大的改革，印刷設備亦有增加。潘煥昆先生以副社長升任社長。我在政大二年級時，潘先生開「新聞英語」課程，是新聞系裡最年輕的教授，此時他要我接任副社長以為佐助，我不僅不能脫身，而且不得不辭去臺大的教職，追隨潘先生開始過「一日三班」的生活。白天處理行政事務，社內社外許多會議，晚間則是言論和編輯工作。

潘先生量才任使，凡是他認為我辦得了的事情，都交我去全權處理；有些事情他作了決定，一定把事情之原委和他的種種考慮告訴我。後來我漸漸體會到，這就是「決策過程」的教育。潘先生是廣東梅縣客家人，具有客家人勤勉刻苦的精神。《中央日報》以勤儉辦報為傳統，潘先生在日常工作中充分實踐了。我因日夕相隨，無形中受到很多的啟發，這是課堂上學不到的知識，由此更漸漸體會到，處理紛繁實務，並不像寫文章那樣簡單。

我國報業的萌芽時期，大都以評論為主。如國父創辦《民報》、于右任的《民呼》、《民立》、章炳麟的《蘇報》、以及梁啟超的《新民叢報》等，都是靠幾支大筆，議論縱橫，影響人心。後來的演進，漸以報導時事為主，報導與評論相輔並進，發揮多方面的社會功能，而報社的組織建構，必須配合工作上的需要而擴展更張，同時也參酌歐美和日本等國先進同業的規模，陣容逐漸增強。

以我服務過的《新生報》和《中央日報》為例，組織架構大同小異，當時各家民營報社的情形也都差不多。《中央日報》於一九四七年正式改組為股份有限公司，建立企業化制度。股東大會選出第一任董事長陳立夫，常駐監察人陳誠。這兩位先生分別在政界和軍界中擔任要職，而且是國民黨內兩個重要派系的代表人物。他們被選任為《中央日報》的主腦，具有重大的象徵意義。不過，正因他們本身各有重要責任，所以無法經常來指導報社工作。此後日常營運，都由社長承當實際責任。外間所謂「社長制」，自馬星野社長任內便已形成。在我服務期間的董事長是曹聖芬、林徵祁。這兩位先生對我都全力支持。

實際為日常社務負責的是社長與副社長。社長和董事長的任免，要由中央決定，也就是總裁或主席核可，股東大會只是通過形式。

社長綜理社務，副社長為其輔佐或臨時代理人。報社全盤工作，由以下各部門分擔：

主筆室由總主筆總其成。《中央日報》主筆群多方借重社外的專家，如政、法、外交方面，有符滌泉（總統府第一局局長）、高崑峰（公懲會委員）、邵德潤（文化大學華岡教授）、龍運鈞（中央文工會副主任）、財經文教則有陸明仁（政治大學教授）、謝君韜（海洋學院院長）、許晏駢（即小說家高陽）等。社內幾位主筆和撰述委員，往往另有任務，如孫如陵、王理璜等都是中央副刊主編。

總主筆的工作，在設計社論的日程表，約定撰稿人，題目和內容先要充分交換意見。晚間專人取稿審定內容，並作必要的增刪潤色。午夜前定稿後和社長一同下班。

雖然事前了解，總主筆要致力於設計和修改，最好不必自己動筆，但事實上新聞發生往往非預估所及，深夜突發的國內外大事或事涉機密，兼職主筆已來不及聯繫，就必須總主筆自己動手。幸好我從業有年，筆下尚能快捷。有時遇到棘手的問題，斟酌再三握寫完篇，送楚先生一閱。到了下班時，我到他的辦公室會面，他會不自覺地站起來相迎，說，「彭歌，今晚辛苦你了。」

編輯部是大單位，一位總編輯，數位副總編輯。其下又分作各工作組：

採訪組，採訪及撰寫各項新聞稿、特寫、專欄等。記者入社之初，就其所學背景，從市政、文教、經濟等入手，然後逐漸轉入政治、外交、軍事等「硬新聞」。經過多年歷練和學習，知識學問有所累積，人脈關係漸次深廣，經過幾場重大新聞的考驗，自然就會脫穎而出成為名記者。《中央日報》先進記者中，如軍事劉毅夫、政治龔選舞、社會蔡策等，便因其鍥而不舍、精誠所至的精神，在同業中出人頭地，這幾位到我入社時都已退休。我任命的採訪主任有王端正（後來升任總編輯）、劉克銘。報紙每天刊出的新聞多達十萬字，主要靠各路採訪記者及時供給。派駐國外的特派員（駐美的王嗣佑、駐日的黃天才），如有急要新聞由電話報回，由採訪組記錄。採訪組設有攝影科，配合採訪拍攝照片，文圖並茂相得益彰。科長郭琴舫，是國內有名的攝影家。

編輯組有主任、副主任，上承總編輯之命分配各版工作。有國內要聞、國際、文教、財經、體育等各版。記者的來稿和外電，都集中在一位副總編輯或主任之手，再分配到各版主編手中。主編的任務是審核稿件是否確實詳盡，文字是否順暢，邏輯是否合理，並就版面的需要予以調整，不足之處要加強，瑣碎之處要刪減，再配合有關圖片、資料、製作標題。每一版面是一個單元，各單元之間又需互為呼應形成一體。

記者接近新聞的第一線，得到的是第一手材料。不過，正因親身目睹，難免受外界情景的影響，筆下會有「過猶不及」之虞。編輯便要從高一層次來觀察審斷，所以說編輯工作猶如足球場上的「守門員」。任何可能偏頗不實、誇張渲染，或偏向一面之詞，編者都有責任「把關」。具有保證新聞品質的重大意義。編輯久於其事，好學自修，就可能成為當行出色的專家。

編輯組設有校對科，有十多位校對員負責校正所有的文稿。科長陸宗澄數十年堅守崗位，沉默寡言、任勞任怨。由於他負責盡職的表率，各界讀者公認，《中央日報》歷年來都是「錯字最少」的報紙。這一句評語看似平常，但卻包涵無數的苦勞。我曾考慮把校對科提升與編輯組平行，但以編制所限未能實現。

地方新聞組、採訪組搜集新聞的範圍，以大臺北政治中心為主。臺北以外各縣市的新聞，便由地方通訊新聞組指揮。在臺中、高雄等地有特派員，其他各縣市各有專任的記者，在鄉鎮則多為以稿計酬的記者，構成綿密的新聞網。有些通訊記者，是由當地學校老師供稿，所以《中央日報》在各地文教新聞上常能有出色的表現。而《中央日報》的讀者也以文教圈中為多，皆非偶然。

編譯組工作是接受國外傳來的外電，主要是美聯社、合眾國際社、路透社和法新社，由英文譯為中文。外電由電臺傳來，連綿不斷，二十四小時不停，所以數量極大，其中有許多和我國無甚關係，如各地運動比賽、股市浮沉、不大不小的社會新聞等。但也有極重大事件「順流而下」，主任必須嚴密把關，從小型捲筒紙上撕下一條條新聞，分送多位編譯手中，編譯人員不僅嫻熟中英文字，更要有豐富的常識和語彙，方能應付裕如。潘社長是編譯組的前輩，另一位出名的才子，後來是政大新聞系主任和文學院長徐佳士。

資料組是比較靜態的單位，搜集各報的重要新聞、評論、特稿，依照圖書館學的分類法一一存檔。各單位需要參考時，隨時要能提供支援。在電腦科技應用之前，資料組作業近乎手工業。要能作得好，必須謹慎周密，行之有恆。《中央日報》歷史悠久，資料豐富，不僅成為報社本身最好的「軍火庫」，也常為外界提供諮詢服務。中外學者史家的專門著述中，引用《中央日報》的新聞、評論和各項文稿，可能比任何其他報紙為多，資料組功不可沒。

編輯部門內有一個半獨立單位，那就是副刊組（中央副刊多年來由孫如陵先生主持，他的筆名仲父，也就是中副的諧音）。中副多年來堅持門戶開放，培植許多寫作人才。許多位日後的名家都以最早在中副發表作品為榮。有些熱心的文藝青年說，能有一篇作品登上了中副，就算是取得了作家的「身分證」。孫先生是一位善心的引路人。他的名言是：「不縱容名家，勿輕視新人。」

中副不僅刊載優秀的文藝作品，也發表不少有關學術的辯論文章。臺大中文系黃得時教授曾對我說，「老師們早上如果沒有讀中副，進入講堂都會不安心，不知道中副在討論什麼話題。」像韓愈的死因等，就曾爭論了好幾個月，引經據典各有所見。

中副之外，還有「晨鐘」，以介紹新知為主，是我任內新闢，由胡有瑞主編，她曾作過很多學人採訪，又對介紹故宮文物下過一番功夫。

出版部也是半獨立性質，以出版本報發表過的作品為主，連載的長篇小說、短篇小說和散文選集，學者們專欄和本報評論選集，先後出版過幾百種。像孤影（原名敏洪奎，臺大畢業）寫的《一個小市民的心聲》，情辭懇摯感人，單行本創下幾十萬本的紀錄。

《中央日報》的海外版，本來只是國內版的縮影，後來發展為獨立編組，精選精編，內容不同，是專門為海外讀者服務的報紙。每天用最迅速的方式送往機場，分送到世界各地，在傳真印刷術之前，這是最快捷、最完整的傳達國內訊息的方式。

印務部是員工人數最多的單位，從鉛字手工排版、打紙型、鑄鉛版、上輪轉機，都要在短短幾個小時之內完成。各版因性質不同，截稿時間先後不一。要聞和國際新聞有時遲至凌晨一兩點才截稿，報紙卻一定要配合火車飛機的班次，在三點鐘開印，那種急如星火的情形，真非局外人所能想像。心心念念的事，一是搶新聞（要訪到最新、最後的新聞），一是搶時間把報紙印好運出。新型的輪轉機雖然一小時有印幾十萬份的能力，但如何能爭取到最滿意的新聞內容，同時又趕上最後的運送時限，可說是「間不容髮」，每天都是緊張萬分的競賽。

印務部工場裡的同仁，有些位是南京來的老幹部，他們對報社更有一份「同舟一命」的熱愛。早在一九四八年，馬社長訂購了一部美國的高斯印刷機運到上海，但因時局變化，馬先生決定把裝上火車的機器卸下來改運臺灣。若要在臺北裝機，要請高斯派人來辦理，但需要五萬美元，《中央日報》當年拿不出那筆錢。據馬先生回憶，「由工務組徐培泉先生等，將機器一箱一箱打開，照說明書自行裝置」，直到一九五〇年六月二十八日才正式開車。那種摸著石頭過河、克難創造的作風，反映著老一輩同仁犧牲奉獻、公而忘私的精神。

言論和新聞部門，都是要花大本錢的。報社的營運，就要靠經理部來支持。總經理之下有發行、廣告、行政等各組，簡言之，都是要在合法、合情、合理的範圍內儘量賺錢，這是報社生存與發展的命脈。

發行組吸引長期訂戶，拓展零售市場。報紙暢銷風行，固然要靠內容，也要靠發行服務周到，要能以最高的效率、最早的時間，把報紙送到讀者手上——對臺北市、外縣市乃至國外的讀者，都要時時顧到他們的需要。總社送報生和外地分銷處的管理，和部隊長「帶兵」一樣的要求嚴格。為了要趕上每一個運輸環節（卡車、火車、飛機），真是分秒必爭。發行員工為了搶時間而負傷的時有所聞。

發行就是賣報，但賣報並不能賺錢。一份報紙三大張定價一元；若是買白報紙，三大張決不止一元。白報紙印上新聞和各種文章，為什麼反而便宜了？那就要靠廣告以為挹注。中外報業都有這樣不成文的規律：一家報社如果廣告收入超過百分之七十，就一定有盈餘。如果廣告與發行收入各占一半，恐怕就不容易賺錢。

廣告組門市接收各項廣告之外，更需業務人員社外奔走聯繫客戶爭取訂單。軍公教機關的有關廣告，《中央日報》可擅勝場，工商廣告就要多花心思。經濟起飛之後，民營企業的手筆遠較公家機關為大，業務人員便要施出渾身解數，請客送禮皆所難免。可是，像吃花酒、進舞廳，《中央日報》同仁就歉難從命了。人事廣告求才求職、婚喪喜慶和房屋廣告，都是《央報》特色，各種書刊廣告尤稱獨步全臺。任何一本新書或新創刊的雜誌，如果沒有能上《中央日報》廣告版，那就等於沒有「問世」。

發行是出售一份一份的報紙，廣告則是出售每一份報紙上的「空間」。客戶出錢可在指定的篇幅裡刊出他要登的內容，大部分是推銷某種商品或服務。《中央日報》的原則是，接收廣告和新聞有一致的標準，信實第一。廣告中不得涉及誨淫誨盜、違法犯禁之類的內容。這條無形界線，和「在商言商」的原則頗有出入。

行政組的重大任務是物料採購。物料中包括大量的白報紙、油墨，需由國外進口。能源危機期間，國外紙價飛漲，加拿大、美國、日本、北歐諸國各有供應，蘇聯產品則限於政治原因，我們不能買。不同來源的紙，價錢相差很大，品質自有高下，各廠家信用度不一，既要買到質佳價廉的產品，又要保證如期交貨。社方還要考慮資金調度、運輸、倉儲等問題，所以是一門學問。每年買白報紙的花費，往往占到總開支中很大的比例。

有一年我應邀訪問《紐約時報》，聽取簡報。《時報》的廣告收入在全球報業中屬一屬二，但編採投資也十分可觀。所以，那年預算的盈利不到百分之二。而這百分之二主要是靠在加拿大擁有廣大林地和一家造紙廠的盈利。《中央日報》沒有「闊」到那種程度。

中外報業都有一個看不見，但難以避免的問題：那就是編經兩部之間的矛盾。編輯部的人認為經理部人員「不學無術」，甚至是渾身銅臭氣，鈔票掛帥不問其他；經理部的人則常說，「你們編輯部上山下海挖新聞，花錢如流水，可知道我們賣一份報紙、拉一個廣告，要費多少精力？」

兩邊的話都有道理，難就難在當家人必須居間調和，共趨一鵠。

《中央日報》在馬星野社長手中建立了一個很好的傳統：編經主管互調。早期的骨幹，如淩遇選、錢震、黎世芬、李荊蓀，都曾兼有跨部門的工作經驗。與我搭檔的趙廷俊兄，就曾擔任總編輯和總經理。馬先生能貫徹這一辦法，由於他曾是政大新聞系主任，上述諸君全是他的及門弟子，所以才能如臂使指欣然從命。兩部主管互知互諒，才是編經合作無間的基礎。

我在《新生報》是循序漸進從基層做起，員工同仁都看到我每一階段的成績，也彷彿是看到自家子弟年有進益，大家抱著鼓勵的心態。到《中央日報》似乎有「空降部隊」之嫌，我在政大的班次較後，而且是由原來競爭對手的陣營中進來，難免會招致另一種眼光，我自己也頗有所感。我的作法就是一貫地以誠恕待人、以忠勤做事，承擔社務之後，更時時設身處地為同伴著想。我常常回想自己當夥計時，對上級主管期待的是什麼、討厭的又是什麼。我並不想做一個「人人喜歡的社長」，而只是希望能成為大家信任的朋友。我絕不承諾任何我做不到的事，也絕不輕易改變熟思已久的決定，我相信眾人的智慧，但也知道在必須做決定的時候，我要能承擔起我作為一個當家人應負的責任。我從來不當眾指責任何一個部屬的錯誤，我相信，尊重他人的人，才會贏得眾人心悅誠服。

我曾向老友劉昌平兄請教，他是當了多年《聯合報》總編輯而後出任社長。他說，「當社長比幹總主筆、總編輯難得多。主要是看你怎麼待人。」

真誠、謙虛、嚴以律己，我就是這樣待人。

我接任社長之後，花費較多心力的不在評論和編輯，而是發行與廣告。報紙的銷數越廣，影響越大，廣告的收入自然也就越多。道理很簡單，但如何貫徹那就非一言可盡。

《中央日報》以平實的精神辦報，首先考慮國家人民的整體利益，在民間本有深厚的基礎，擁有許多幾十年連續不斷的老讀者。直到今天，仍有很多人告訴我，「我是從小讀《中央日報》長大的」，讓我感到無限親切。

但是為什麼《中央日報》後來成長緩慢，在市場上逐漸失去了昔日的光彩？作為當事者之一，我當然不能以任何理由推諉自己的責任，先要承認我們不夠努力，而實際上遭遇的困難和苦衷，外人難以理解。

報紙要競爭、要出類拔萃，就得猛著先鞭。社論、專欄、以及副刊、專刊固然都能吸引讀者，但最重要的競爭仍然是翔實真切的新聞報導。

《中央日報》在政治、外交、軍事等重大新聞上，本來有領先的優勢，報社投注最多的人才物力在這些新聞上，社會公眾也普遍認為，凡屬國家大事和敏感的新聞，「要讀了《中央日報》才算數。」

在我進入《中央日報》之後，可以參加每週三舉行的國民黨中央常會，看到每個人的桌子上，都擺著一個塑膠牌，裡面嵌著一段話，大意是「這個會場中報告、討論、和決定的事，都屬最高機密。絕對不可對外透露，即使對自己的妻子家人，也不能講。」

這條禁令頭些年相當有效，但後來漸漸鬆弛。中常會委員有二十多位，加上黨部裡祕書長以下各工作組主任、和相關列席人員，總有五六十人，往往常會上午決定的事，下午兩點鐘出版的晚報就上了頭條。

依照國民黨黨章規定，重大政策要先經中常會討論定案，至於政府重要人事案，先經常會通過，再經有關政府部門完成法律手續。行政院各部會首長，和省府多廳處主管的調動都是如此。《中央日報》必須謹守中央的要求，即使早已知道也不能發表。民間各報刊可以聞風而進，晚報上的消息不見得都準確，日報進一步追查，那就八九不離十；甚至連「新人選」的資歷和照片都登出來。《中央日報》卻要等行政院週四的院會通過定案，才能公布新聞。

在比較安定的環境中，政壇上人士的升沉進退，是讀者感興趣的新聞。而且人事變動，往往反映著施政的方向，在這方面若常常落後一步，自難以得到讀者諒解。有些「外行」人士認為，「只不過差那麼一天，有什麼要緊？」豈不知這是性命交關的事。

黨部也「徹查」過洩密的真相，好像沒有結果，不了了之。有人說，是有的記者挖空了心思，設法取得印有關議事文件的蠟紙，對著燈光把議案中的文字抄下來再加改寫，前面可能加上「據權威人士透露」之類的話作為遮掩。是否如此，難以深究。《中央日報》曾建議常會新聞同時對新聞界發布，否則是「禁」也等於不禁。儘管眾人都覺得此說有理，但老規矩沒有人提議把它解除。

政治新聞如此，社會新聞也有若干無形的禁忌。所謂社會新聞，十九與犯罪有關，殺人放火、盜竊姦淫，總之都不是「太平盛世」的景象。有些衛道人士（倒也不一定都是國民黨員），認為大眾傳播不應該繪聲繪影報導那些事情。但在現實人生中，那些事情已經發生，報紙又何能視而不見；《中央日報》只好輕描淡寫，點到為止。讀者們認為「這樣很正派」的固然很多，但覺得「不過癮」的也不少。道德與不道德，每個人各有不同的標準，《中央日報》無形中成了社會道德的「守衛者」，這不是順應潮流、打開銷路的好辦法。

不僅新聞上有道德顧慮，連廣告也必須維持「純正」的風格，廣告組同仁兢兢業業、謹慎小心，對於誇大不實的商品，有關風化的「服務」，都要注意防止。

在我承乏社務期間，曾有這樣一椿事。經國先生某一天乘飛機南下，主持陸軍官校一項典禮，在飛機上看到《中央日報》第一版報頭下的廣告十分不悅，交代同行的蔣彥士祕書長說，「你馬上告訴他們，以後不要再登這種廣告。」蔣祕書長立即電話通知報社，「明天起不要再登這一類廣告。」

究竟出了什麼問題？都是套了紅色的「小兒小女，在美結婚」的廣告。那一段期間，中華民國面臨外交上種種挫折，刊出這類廣告的家長，有不少位是政軍各界以及民意代表等知名人士。民間傳出有不良的反應：「有錢有勢的大官兒們，眼看臺灣情勢緊張，先把兒女送到美國去留退路了。」經國先生的即席指示，就可能出於這樣的考慮，至少要約束黨內同志，不要做引人疑惑的事。

《中央日報》的讀者中，知識分子占大多數，「小兒小女」們得到外國大學的獎學金，出國深造者甚多，學成之後在美成家就業亦所在多有。在臺灣的家長其實也並不都是高官巨賈，登這樣的結婚廣告，似乎也算是培植兒女的一種「成就感」。照報業成規，人事廣告向來現金交易，報頭下最多每天只能刊出三幅結婚廣告，所以十分「搶手」，往往要幾個月之前就要「排隊」。

經國先生的指示，報社自須遵守不渝；他用心之苦，我們也都了解。不過，報社接受廣告是商業行為，幾個月前訂約並且收費，臨時卻說不能刊出，且絕對不能說這是「奉誰誰誰的命令」。同仁們一一委婉向客戶退款道歉，幸而大多數客戶都能體諒，但也不免有人打電話到社長室「興師問罪」。

這類人事廣告雖號稱「金雞母」，畢竟在廣告總量中只占很小的比例。但這本來是《中央日報》獨享的收入，此後都轉移到其他報紙。在觀感上影響不小，不僅連帶影響了別的廣告客戶，甚至也影響到發行。我舉此一例，說明《中央日報》的某些難處，是外人想像不到的。也是在別的報社不會有的。

報社在主筆室、編輯部、經理部、印務部等之外，還有這幾個幕僚單位，包括祕書、人事、會計、研考等室，各室主管例由文工會選派。這套設計的好處是，凡事都歸向制度化，中央有統一的規程，防弊的作用可能大於興利。外人常批評《中央日報》在經營上未能大開大闔，其實，此中也就包括企業自主化的問題，太大的步子不容易突破許多既有的典令規章。

當我就任時，潘煥昆社長給我的臨別贈言，一是要加緊籌建新的大廈，一是要注意人員編制，絕不可任用滿額。我體會到他的意思：最寶貴的是人才，最貴的也是人。當時正式編制內員工不到三百五十人，但業務擴展處處需人，我咬緊牙關，做到不輕易加人，有人退休、辭職、病故，才酌量引進新人。這種「一個蘿蔔一個坑」的辦法不是很合理，但我謹記潘先生的話，《中央日報》不是我個人的事業，絕不可讓它成為後來者的包袱。實際上，像各地分銷處人員，以及用約僱方式的編外人員，至少有一千人都是為《中央日報》工作，並藉此養家餬口的。據我所知，當時的民營大報社用人都已在四千人以上。

我不厭其煩地縷述報社各部門的作業，就是想說明一家現代化報業，必須靠健全的團隊，集中最好的人才，而又能盡最大的努力，方能與時俱進力爭上游。「學如逆水行舟，不進則退」，辦報也是同樣道理。

《中央日報》受到外界誤解與責備，正與國民黨和政府受到誤解與責備一樣。有誰不想把事做好？我永遠記得，與我同甘共苦的那千百位工作夥伴，哪一個不是盡心盡力，要把工作做得盡善盡美？他們都是無名英雄，流汗流血地辛勤努力，甚至把生命都賠上，無怨無悔。「枉拋心力作報人」，我為那些無名英雄感到不平。

人死不能復生，報紙被關掉大概也不能再重新復活。最近有位元老級人物說，國民黨在媒體之前，是一個弱勢團體。這話聽來真是令人無限辛酸。可有人潛心研究國民黨為何淪為「弱勢團體」嗎？

《中央日報》即使存在，大概也難以挽回頹勢，但至少還有個說說公道話、講講道理的地方吧。今天的弱勢，只能說是「咎由自取」！

第廿八章　蓋新樓、舉人才

一九八一年四月間某日，當時的文工會主任周應龍先生來電話，要潘先生和我下班後不要走，等他來有事面談。我們要去看他，他說，「我一定要來看看你們，當面奉告。」見面之後，周先生說，主席已經核定請潘先生主持中央通訊社，《中央日報》的社長由我接任，然後他又說了一些勉勵的話。周先生臨事莊敬，加重了我們的責任感。此情此景，恍然猶昨。周先生不幸於一九八七年秋間英年猝逝，人世悠悠天道無常，令人不勝痛惜。

一九八一年五月十二日我就任社長。遷臺第一任老社長馬星野老師等新聞界先進，都蒞臨指導獎勉激勵，令我終身難忘。我在致謝詞時，也略述個人的觀感。《中央日報》是代表執政黨的報紙，海內外都認為這是「中國的聲音」。處此世變滔滔、國難方殷之際，本報必當貫徹「光明正大，為國干城，為民喉舌」的精神，永遠與民眾結合在一起。同仁尤當團結一體，奮此精神，以辦好《中央日報》作為我們「為國效命，為民服務」的實踐。

蔣總統經國先生於一九七八年第五次全國新聞工作會報中講話時，曾殷切期勉新聞界：「秉持道德勇氣，揮動如椽之筆，宣揚積極的、光明的事象，藉以啟發群眾向善向上的良知，使我們國家社會，在蓬蓬勃勃的朝氣中，常保清新，不斷進步。」總統更勉勵大家，「尤其在此國難當頭，大敵當前的時刻，更要喚起民眾，認清國家目標，本著血性良知，明白大是大非，嚴義利之辨，審善惡之分，做到有所為而有所不為。」我是當日在座中聽講者之一，內心深受感動。半生來在新聞界服務，當過新聞系裡的老師，閱讀的中外典籍也算不少。然而論及新聞事業的職責，還是這幾句話最為透徹。因此在主持《中央日報》期間，我常常向同仁們強調，我們的一切作為，都應該以「別是非，嚴善惡，明利害」為原則，唯有大是大非之念深植人心，才能真正作到「合億萬人為一心」。這是我們知識分子報國淑世的正道。我個人也全心全意以此作為一切工作和待人處事的準則。

從一九八一年到一九八六年，國家建設在穩定中開展，繼十項建設之後，又有十二項建設次第完成，「厚植國力，富裕民生」有了更好的成果。同時，由於教育普及民智提升，對於政治、社會、文化上的革新創進，要求隨之提高。大體而言，這是快速發展中的社會常有的情況。但是，有若干脫序失常的病象發生，不能不令人引為深憂。最值得關切的是：由於數十年來聽不到炮聲，所謂「居安思危」的心理十分淡薄，談不上什麼敵情觀念。更由於經濟發展，國民財富增加，有些人流於奢侈放逸、「唯利是圖」。這些都是新聞傳播事業應該重視的現實問題。

面對大陸，中共在「文革」浩劫之後，一面雖不得不去推行「改革」、「開放」，一面又講明了「四個堅持」，對中華民國的統戰，層出不窮。少數人昧於大義，懷著分離意識，不惜危害國家。在這樣錯綜複雜的環境之中，新聞事業，尤其是《中央日報》，其任務自不同於往昔。就我個人的感受，實在比抗戰時期更為艱鉅而複雜。

在社長任內將近六年，經歷各種重大事件，限於篇幅不待縷述。內容的充實，業務的興革，與時俱進，悉力以赴。重要人事的安排，商承曹董事長同意，請薛心鎔、趙廷俊二兄為副社長。原編制副社長一員，自此增為二員，分別指導編經業務，以濟我之不足。心鎔兄兼管海外版工作；自一九八五年，中央調駐日特派員黃天才兄返國，接任副社長。重要幹部先後有總編輯任熙雍、王端正。總經理林大鈞、吳駿；總主筆由我自兼。總稽核為馬志聰、王華頌。主任祕書張英超、周汝為。印務部主任劉德勳。行政室主任梁繁章。（圖書）出版部主任楊思諶。另有幕僚單位主管，則例由文工會選派，如研考室主任黃鐵英、人事室主任劉茂雄、會計室主任趙清萍、專員室主任朱金石等，大家和衷共濟，忠勤自效，各就崗位，率同各級同仁，為《中央日報》的充實進步而奉獻心力。

《中央日報》社長、副社長，一向都以江、浙、湖、廣等省人士為多。我是第一個長江以北出生的社長，而心鎔兄是山東人，廷俊兄是甘肅人，三個「北方之強」剛好湊在一起。他們兩位都是我政大的學長，彼此相知相敬，合作無間。我們三個人都曾任總編輯，我深知當總編輯的人最怕上級「瞎指揮」，所以我把編輯部的事託付心鎔，經理部的事託付廷俊。當然，重大的事情必須我自己拍板定案，因為這是我應負的責任。心鎔退休後在臺北安居，廷俊已在美病逝。老兵總有凋謝的一天。

不久，曹董事長出任中央通訊社董事長。報社的董事長由林徵祁先生繼任，曹先生主持本報歷時最久，投注的心力最多，對本報社與同仁間的感情自最為深厚。林先生過去任中央社駐美特派員，返國後出任中央通訊社社長，這兩位資深望重的前輩對我教誨良多。凡我推行的工作，他們都全力支持，遇有疑難之處，亦都明白指示，使我秉承進行。

《中央日報》有悠久的歷史，相當健全的制度，但外間偶有誤解，認為不免「老化」；所以我任內致力拔擢優秀的年輕人，給他們磨勵鍛鍊的機會。王端正兄可為一例。端正出身於臺中縣農家，自幼苦學自立，在政大新聞系和新聞研究所畢業，經考試進入本報，由駐三重市記者作起，循序漸進，由記者、採訪主任而副總編輯。任熙雍退休出國後，我就請他接任。是本報多年來最年輕的總編輯，也是第一位臺省籍的總編輯。報社推薦他參加一項重要的專業講習，成績冠於群儕。他任內對版面改革多所策進，當選為「全國十大傑出青年」之一。我推薦他的評語是「勤懇負責，志慮忠純」。

蔣公生前訓示同志，都要盡到「舉才」和「建言」的責任。由於編制員額等限制，人才汲引不易，但凡報社用人之際，我總堅持要經由公開的考試，考試由各部門主管會同人事室辦理。徵選編採人員的考試，每年至少一次，報名者每上千人。像江偉碩、馬西屏等很多新秀，都是經考選而入社，至今都成為名記者了。

在「公正、公平、公開」的原則之下而得人，再經工作中的鍛鍊與考驗，制度化的舉才，示天下以大公，是比較好的方式。

我離社後才知道，王端正雖是寒門子弟，但他有一位舉世聞名的姐姐，一手創建「慈濟會」的證嚴上人。慈濟的慈善公益事業遍及全球各地，證嚴被稱為「中國的德雷莎」。

端正在我離社後，改任副總主筆，不久也離職，主持慈濟文化基金會。我在美時曾和他通信，承告以他近年頗致力於中國大陸上的「靈魂工程」，在許多邊遠地區興蓋國民小學。僅在甘肅省內，就已蓋了好幾百間教室，嘉惠失學的兒童，深得當地民眾的喜愛。

回憶我當初勸端正接任總編輯時曾說，「我們這些人將來都會回到家鄉。臺北的《中央日報》就由你來接棒。」想不到世事變幻，為大陸同胞造福的反而是他得著先鞭。一代一代的人相繼而起，做出對國家民族有意義的事，這也很好啊。

記得我就職的那一天，儀式之後送潘社長走出大門。潘先生握著我的手說，「彭歌，希望在你的任內，把我們的新廈完成。」籌建新廈、增加設備，是我在任內最繁重的任務。

《中央日報》自一九四九年由南京遷來臺灣，馬星野師只憑一部高斯機，一百噸白報紙而開館，等於白手創業。早年房舍，自極簡陋。一九六三年，曹社長任內，完成了忠孝西路的八層樓大廈。當時是全國報業中最好、最高的大樓。但因社會繁榮、報份增加，原有的房屋漸不敷使用，尤以印刷設備不足，影響報紙的發展。

遷建一事，從楚社長時就已有籌議。到吳社長任內，高斯機增加到五部，已無餘地再擺新機器。所以潘社長多方奔走，我陪他看過許多土地，或位置偏遠，或面積不足；條件比較適合的，則又非報社財力所及。

我接任約一年後，於一九八二年二月二十四日，在國民黨中央常會會議中報告工作，提出籌建新廈的構想。曹董事長亦作了懇切的說明，與會各位先進發言甚多，都認為有此必要。蔣主席核定成立中央指導小組，由新聞界前輩黃少谷為召集人，作決策性的指導。

社內成立工作委員會，邀集上級機構代表出席，社內一級主管參加，以收集思廣益、分工合作之效。每月集會一、兩次，其下有經常性的工作小組，凡各項營建與採購器材，都由小組先期作業準備資料，提經全體委員會討論後定案。

覓地之難略如前述，歷時幾近半年，而仍難有頭緒，我極感灰心。幸而由周汝為兄鍥而不舍多方探訪，最後商購鐵路局原有的土地三千零八十六坪，就是八德路的新社址。

外交部多年前遷建新廈，由當時的常務次長蔡維屏先生主持其事，工程進行順利。我記得蔡大使曾說他的心得：第一、一定要找經驗宏富、業績良好的建築師負責設計。設計圖定案開始施工之後，就絕不變更。否則就會延緩工期，增加開支。第二、各項合約均應詳明規定，即依約定進行。業主要如期付款，嚴格監工；承建者要嚴格履行合約，不容稍有出入。蔡大使這一席話，我當時默誌心中，認為極有道理，此時即照此執行。

我們約請名建築師沈祖海先生負責設計。各項工程則辦理招標。由新亞建築公司負責大廈的土木水電工程，中興電機公司負責所有的電器工程。電梯、輸送帶、內部裝修等也都依此方式辦理。並由中興工程顧問公司負責監工。經這些廠家通力合作，工程進行得以順利如期完成，工期和經費完全按照計畫。

社內各主管同仁在正常工作之外，為新廈而處理紛繁，兩年多之間，集會在百次以上。總經理吳駿、行政室主任梁繁章、印務部主任劉德勳，因涉及本身職責之處甚多尤著辛勞。副社長趙廷俊兄，是工作小組的召集人，他的審慎細密，最令我感念。建造一座地下三層地上十一層的大樓，增購印刷機和有關的彩色製版設備等，千頭萬緒、錯綜複雜，單是各項合約和相關文件，為數之繁，抵得一部《大英百科全書》。其中重要部分，都經廷俊兄一一詳核。為此而目力衰退動過手術，幸告康復。舉此一事，略可想見同仁們的辛勞。

在施工之初，我曾和同仁們相勉，「我們今天推動新廈的建設，應該要學當年鎮守金門的胡伯玉、劉玉章等名將經營戰地的精神，部隊調進調出，而堡壘屹立不移。一切都要設想周到，執行確實，千萬不可因為我們一時的疏忽，而影響到未來的工作。」

劉玉章守金門時，曾對營造商說，「建造碉堡，你們開的價錢我不還價，但完工之後你們要坐在碉堡裡，弟兄們轟上三炮，轟不倒就付錢。」我們的報社雖非碉堡，也要有那股「挺」勁才好。

印刷機的採購款額最大，美國、西歐、日本都有著名廠家參加投標。社內準備的資料周詳，手續嚴密，最後以海力斯八〇〇型得標。我約集各家代表談話，我說，「各位遠道前來，甚為辛苦。你們過去對中華民國可能認識不多。以今日之事為例，各位覺得我們處理的過程，有無缺失？」他們發言時，得標者固表欣然，未得者也都認為公正嚴明。

高斯公司的代表事後對我說，「在臺灣地區，報業購置我們高斯機的，《中央日報》是第一家。這次競價落後，我們公司要專案研討改進。」果然在下一次採購時，高斯以更低價得標。新置的海力斯和高斯，都能在限期內製造完成，配合新廈工程裝置完成順利啟用。

整個工程從開始到完成，將近三年。我不時到工地查看，因電梯尚未裝設，每次都是徒步登樓。每隔兩週，就加高了一層，雖然走起來更累，但內心也就增加了一分喜悅，真好像看著自己的兒女長大一般。

新廈落成心願已了，對中央、對師友都有了交代，而這時真有身心俱瘁之感，乃於一九八六年底請辭獲准。在一九八七年一月交卸。三月間赴美一行。旅途中聽到了報紙開放，並將出版六大張的消息。我的第一個感想是，「幸好把房子蓋起來了，否則如何得了？」

忠孝西路的舊址，數年後，我曾重訪一回，樓下是一家漢堡店，生意甚盛。四樓社長室那一層，成了補習班的教室。我去時是午飯過後，有幾個學生在那兒溫習功課。後來因臺北車站擴建，那座舊樓已完全拆光；這是另一種滄桑。

一九八七年十一月間，文工會戴瑞明主任代表中央，頒獎建廈出力人員，由林董事長率同同仁參加。證書說我是「策畫縝密，克盡全功」，獲得主席名義頒給的實踐獎章。這是二十年來第四次接受實踐獎章，但以這一座最得來不易，使我特別珍視。

此後國家面臨新的情勢，新聞事業也面臨新的挑戰。記得一九八二年，《中央日報》創刊五十五年之日，蔣經國總統曾頒函給曹董事長和我致勉，總統說，《中央日報》「自創刊以來，即成為國民革命運動之文化尖兵，於闡揚主義國策，團結民心士氣，激濁揚清，促進建設，貢獻昭著。」「深信今後必能秉此光榮傳統，繼續發揚大眾傳播之積極功能，創新文化建設成果，以為完成三民主義統一中國之神聖使命作更大之服務。」可惜這些話，連國民黨的領導班子也未必聽得進去，只好當作是遙遠的「盛世綸音」吧。

記得我初任社長之時，老友周棄子警告我，「你這個差使不好當。如果幹得不好，你自己沒有臉待下去。幹得若有了起色，就不知有多少人要把你踩下去。」棄子是詩人，放言無忌是他的本色。我坦白相告，我本來就不想幹得久，隨時準備讓賢。

經國先生晚年，面對國事如麻，健康日損，不免使得側近小臣有弄權的機會。我辭職後過了一陣，楚崧秋蒙他召見，問到報社近況。楚先生把我的情形也報告了一番，經國先生嘆氣說，「姚朋畢竟是一個讀書人。」楚先生隨即在電話上告訴我，「彭歌啊，有主席這麼一句話，你大可安慰了。」往日種種不平的遭際，至此盡如過往煙雲。

一九八八年一月十三日，蔣經國總統在臺北病逝。我聞知噩耗就趕往靈堂，可是我當時是無職之身，不屬任何單位，所以衛兵不放我進去。幸有一位年輕的憲兵連長說，「他是《中央日報》社長，讓他進去吧。」我這才站在青年工作會一群人中，對著遺照行禮致敬。走出充滿了哀戚氣氛的靈堂時，滿心悲涼，「現在我和《中央日報》沒有什麼關係了。」

辦好了退休手續，我到美國定居。有一天，有位黨部主管打越洋電話到我家中，說是轉達上級之命，希望我回臺北接任《中央日報》董事長。我立即轉託那位先生感謝上級不棄葑菲的盛意，並請矜念老邁之年，何堪重用。內心卻彷彿是關雲長過五關、斬六將之後，曹孟德趕來送文憑路引大紅袍的故事。

這就是我在《中央日報》十五年的最後一章。

我離開報社時，曾和同仁們相勉，「有中華民國，必有中國國民黨。有國民黨，就必有《中央日報》。請大家為國珍重，努力不懈。」我真相信這句話。可是，在我離職後十九年，二〇〇六年五月三十一日，《中央日報》終於停刊了。過了多天之後，楚先生到美國，帶來那份三大張的停刊號。我捧著那份報紙，讀著「期待再相見」的套色大標題，止不住流下了熱淚。《中央日報》擁有七十九年歷史。我懷念七十九年間在我之前，在我之後為《中央日報》流血流汗出生入死的萬千夥伴，我懷念一代又一代的熱愛《中央日報》的讀者。我不敢怪罪任何人，想必那些作下「停刊」決定的人也有他們的難處。但他們沒有想到，把這份具有悠久歷史的報紙停刊，不僅是斬斷了黨和群眾最重要的聯繫管道，更好像是一個人失去了自己的心魂。有一天，他們總會站在國父遺像前懺悔他們所造成的錯誤！

離開《中央日報》之後，有一天，陽明山莊各期同學舉行聯歡會。我輪值擔任十一期召集人，茶會中剛好和李煥先生坐在一起。他問到我的近況，聽說我要辦退休，他表示很意外，「你這個年紀，應該還可以為國家做些事情，」他又說，「你等我來安排。」李煥剛剛接任國民黨中委會祕書長，承他的謬賞，讓我出任《香港時報》董事長。原任是多年前代表中央社駐倫敦的名記者曾恩波，是與湯德臣、任玲遜、李緘三、李約、李嘉等同輩的「老英雄」，《香港時報》在港九發行，影響力自不可與《中央日報》同日而語，但我能去接替艾迪．曾的棒子，我覺得是一項榮譽。

想不到的是，港英當局對我這個人很有成見，我每次申請入港，手續上總是多方牽延，更不准我定居。港府警務部門有個政治部，他們有一大堆我的資料，其實不過是我多年來寫的一些文章以及到國外開會等有關報導的剪報。在臺灣，我不過是一個平凡不過的讀書人，為什麼港英當局把我看得這樣「非比尋常」，我至今仍不明瞭。

《香港時報》處境十分艱難。我在臺北有一間小小的辦公室，在羅斯福路四段的一條小巷裡。《港時》在臺有幾千份銷路，我也為它寫過文章。我的任務是爭取中央對這第一線上文宣機構，在人力物力上的支持，無論如何要努力拚下去。

我退休之後出國，後來在海外聽到消息，《香港時報》終於停刊，我為那家報紙工作的時間很短，談不上什麼貢獻，我覺得有些對不起李煥先生。直到李先生在臺北病故，我沒有再和他相見，表達我的歉意，有負他當年「你還能為國家做些事情」的期許。

蔣經國總統逝世之後，副總統李登輝依據憲法程序繼任總統，經過一些曲折，又兼任了國民黨主席。經國先生生前認為李是臺籍政治人物中的菁英，是農業專家，且正當盛年，可以託付重任。不過，政壇也曾有風傳，蔣心目中的接班人，本來是行政院孫運璿院長。不幸孫因中風難任繁劇，才輪到李出列。所以，李後來對人說，「經國先生心目中原來的繼承人並不是我。」

原來的構想也許是：由孫運璿繼任副總統，李登輝接掌行政院。不管怎麼說，經國先生著意培植李登輝是眾所周知的事實。李登輝處理二重疏洪道那一案時，行政院每天晚上都有電話到《中央日報》查詢進度，唯恐有什麼處理不妥之處，可見關切之至，怕他處事過急，招致民間的反感。

李登輝在臺灣省主席任內時，我因到臺中主持中區業務會報，晨間特別到中興新村去拜訪他。承他安排早晨七時接見，長談一個多小時。他談吐坦率，對政務都很進入情況，給我的印象很好。

特別是他提到全臺灣各地較重要的橋梁有八百餘座，有些是日據時期留下來的，年久失修，已不符合安全標準。他說他已下決心要集中專家人力，籌撥專款，依照緩急情況，分期進行大修或重建。他說，「你們現在不要報導，等省府準備就緒，與各縣市政府協調妥當後，我第一個就會告訴《中央日報》，讓你們獨家報導這件好消息。」我當時向他再三致謝，臨行時他還送了我兩瓶大麴酒。

可是，這條「獨家報導」始終沒有實現，把全臺橋梁整建一新的大標題也就拿不出來，這位省政主腦似乎是「點子」很多，不夠腳踏實地。

李登輝被國民黨提名為副總統候選人之後，曾到臺北火車站前《中央日報》的老樓拜會曹董事長，並向我們致謝對他的獎譽支持。那時候，他在言談之間是十分之「三民主義的」。民間傳說，他在和經國先生談話時，「只敢坐在椅子三分之一席位」，表示他是如何小心翼翼、恭順謙虛。當經國先生逝世之初，我曾親耳聽到李登輝說，「凡遇到重大問題，我有兩個反應。第一是向上帝祈禱，懇求上帝的啟示。第二是深刻省察，如果經國先生仍然在世，遇到這樣的問題，他會怎樣處理。」

李先生這番話，當然令人感動，那段期間並沒有人懷疑經國先生的知人之明。可是，到了「兩國論」之後，李登輝的臺獨傾向越來越明顯，可能他覺得自己可以站穩了腳根，不必再說要學習「經國先生如何處理國家大政」的老藥方了。他從此不再提三民主義的治國理想，也不再講什麼孔孟的倫理道德，臺北市面上流行的一套書是日本玩弄權術成功的德川家康的傳記。

李登輝巧妙地請李煥取代了俞國華的行政院長，空出了中央黨部祕書長交給他的親信，再推出郝柏村替代李煥組閣。蔣經國留下的黨政軍三角結構，被李登輝輕易打散，後來大選時，連戰雖已是眾望所歸，卻在李的運作影響之下，與總統大位擦身而過。「政黨輪替」之出現，李登輝「居功厥偉」。

民間流傳著這樣一段寓言。

臺北午夜，國父紀念館廣場上有老人打著燈籠漫步，時而長嘆一兩聲，原來是國父孫中山先生，他萬分焦慮地問，「三民主義到哪裡去了？」

另一位打著燈籠的老人怒氣沖沖地責問，「國民黨都到哪裡去了？」這是昔日的總裁蔣公。

第三位不必說，就是去世未久的蔣經國總統，他高舉燈籠照向每一個黑暗的角落，「李登輝同志，你在哪裡？」

我聽到這則寓言時，沒有覺得可笑，而只是滿心悲涼，李登輝同志已不再是同志，三民主義和國民黨被他利用來作為獵取功名富貴的臺階。被他矇騙了的不止蔣經國一個人，這個在二十二歲以前是奉行「皇民化」的日本人，加入過共產黨，然後竟然成為中華民國的總統，中國國民黨的主席，這是一場歷史性的惡作劇。

然而，玩弄權術的人無論如何機巧，他的真面目無法一輩子都不被揭穿。他的臺獨立場其實也是假的，譬如他敢公開發言，「釣魚臺屬於日本」，足以證明他既不是中國人，也不是臺灣人，活了九十多歲，內心深處依然是日本「皇民」。

至於環繞在他身邊的某些親暱人物，一時「情同父子」，一時又「反目成仇」，耀目風光轉眼間灰飛煙滅，像泡沫一樣淡然消失，更不值一提了。

第廿九章 「保釣」、「保臺」

正當我執筆記錄前塵之時，二〇一三年十一月二十三日，中共國防部宣布，劃設東海防空識別區，並自即日生效，由空軍進行首次巡邏。識別區涵蓋了釣魚臺，顯然有針對日本之意。北京與東京之間，為此互召大使抗議，中共的「遼陽號」航空母艦首度亮相南巡。一時之間風雲變色，劍拔弩張。令人擔心爭議中的釣魚臺，會不會成為「二十一世紀的蘆溝橋」。中日間百年積怨，再度因星火而燎原。

從中國人的立場而言，釣魚臺列嶼早自清朝即屬於臺灣的一部分，史冊中記載分明。在中日甲午之戰後，清廷戰敗，一八九五年被迫簽訂馬關條約，割讓臺澎。但在第二次大戰之後，日本戰敗投降，根據「開羅宣言」，以及日本與中華民國於一九五二年簽訂的「和約」，日本必須將臺澎各島歸還中華民國，當然包括釣魚臺在內。日本政府竟聲稱該島是無人島而予「先占」，顯然是強詞奪理。

世人皆知：「凡島皆是山。」釣魚臺列嶼也是冒出水面的山頭。這列嶼共有八座小島，主峰釣魚臺，面積二點五平方公里，與臺灣相距不到九十浬。由於風向與潮流的影響，自古就是宜蘭、基隆等地漁民經常作業的漁場。

一九六八年，聯合國遠東經濟委員會派專家在黃海和東海海域進行地質勘測，預測在釣魚臺附近，東海大陸礁層「可能蘊藏大量石油」，外傳其蘊藏量可能達一千萬噸。當中東地區擾攘不寧、石油供應不穩之際，聯合國的報告自然引起世人注意。

中華民國政府於一九六九年宣示對這些大陸礁層擁有主權。但次年日本政府公開否定我國在該海域持有的權利。我政府據理反駁，雙方通過外交途徑爭議不斷。

消息傳到海外，在美國的留學生憤慨不平集會抗議，「保釣運動」由是而起。後來由於群情激憤，運動逐漸變質，提出來五四時期學生運動的口號：「外抗強權，內除國賊。」強權是指侵犯我們主權的日本，及其背後支持者美國，「國賊」則指向臺北的中華民國政府。「保釣」本來是一場愛國家、保主權的運動，但不久就變為替中共吶喊助威的政治鬥爭。

一九七一年和七二年，我仍在《新生報》副社長任內，前往歐洲和中東開會訪問。國內各媒體對保釣的事，初期報導不多。後來在報端看到加州大學的陳省身、田長霖等五百二十三名學人、教授，聯名上書蔣公，要求政府堅守立場，保衛釣魚臺主權。

陳是國際知名的數學家，田後來出任加大校長，簽名的大都是學界知名之士。他們的信內容簡潔明確，立場公正，與左派學生不同。臺北各報都刊出了那封信和長長的名單。政府的回應是，維護主權，繼續交涉，「寸土片石，絕不輕棄。」可是，一時無法採取更強硬的行動，其故安在？

其實，道理很簡單，對於國際情勢稍有了解的人，都看得出來：

第一、當年的情況，政府正全力維護聯合國席次；因而必須多方爭取支持，而美日兩國的支持皆屬不可或缺。

第二、一九七一年春，尼克森政府已在與中共接觸，進行「正常化」的試探，臺灣可能成為犧牲品。

第三、我國軍力有限，無法對日本攤牌。如學生們要求政府派軍艦登陸釣魚臺，就是「徒逞一快」之論，政府力所不及。

國內新聞界大都有這樣的認識，在那危機四伏的環境中，政府為了應付面前的危機，實在很難為了二點五平方公里的釣魚臺走上決絕之路。

政府的態度遂被學生視為軟弱無力，甚至是和北洋政府一樣的「賣國」。抗議和示威舉行了幾場，以後轉移目標，由「保釣」變調為「擁共反臺」。一九七一年九月間，在安娜堡舉行「全美國是會議」時，在左派全力操縱之下，通過了「中華人民共和國政府為中國唯一合法政府」的決議。圖窮匕見，保釣已非重點。

現在再回頭看那一段往事，我認為「保釣運動」，以及所謂「國是會議」，都只是歷史長流中的浪花。即使沒有那些左派叫囂，聯合國席位亦終將難保，而尼克森要搞「正常化」的步驟也不會放慢。

但是，他們的言行，無異張大了中共的聲勢，對臺灣內部的民心，尤其是知識分子，發生震撼性的影響。他們集體地指責政府、辱罵政府，要比共方的宣傳機器更為有效；而他們對中共的種種肉麻的諛詞媚語，刻意為當時的文革動亂抹上一層「合理性」的色彩。這不僅使北京稱心快意，也使美國的親共分子撫掌稱快。「連臺灣出來的優秀青年也抱著這種態度，美國還不趕緊和北京握手言歡嗎？」記得當時在臺北座談會中，有位首長慷慨陳詞，「釣魚臺的問題，我們好比挨了一記悶棍。我們一定要把棒子奪回來，打到共產黨的頭上去。」

然而，臺北並沒有得到「還手」的機會。一直到一九七二年中共與日本建交，田中角榮要和周恩來談釣魚臺問題，周的反應是，可以先「掛起來」，一掛就掛到今天。

前行政院新聞局長邵玉銘，二〇一三年出版了他的回憶錄：《此生不渝：我的台灣、美國、大陸歲月》記述其歷年苦學有成和返臺後從政的經歷，是難得的一部好書。其中極精采的幾章，是他在美國親身參加保釣的經過和觀感。書中勾勒了許多位參與者當時的言行，以及他們後來的下場。邵先生是歷史學者，他以史筆寫下了一段詭譎百出、驚心動魄的經歷，且有細密深刻、正直公道的分析。

如何炳棣以史學家的身分著文，盛讚中共開國的氣魄和規模，強調「從歷史的角度看，新中國的革命，尤其是文化大革命，是人類歷史上最徹底的革命。」另一位是具有諾貝爾獎得主之榮銜的楊振寧，他在一九七一年夏訪問大陸，當時文化大革命已經鬧得天翻地覆，而楊在回美後的演講中，仍盛讚毛澤東「有魄力，有威望，」「文化大革命所以不會導致不幸的局面，這也許是最主要的因素。」這兩位著名學人兼保釣運動在美領袖人物，多年之後的反省中，都承認他們當時「沒有了解真相」。

至於年輕一輩的留學生，滿腔熱血、一心愛國者固然很多，別有企圖、藉題發揮者實亦不少。

令人痛心的是，當時大陸尚未開放，所以在美國的留學生，大部分是來自臺灣，一小部分來自香港等海外地區。那些在臺灣接受了從小學到大學，起碼十六年教育的學生，是在父母家人和全體國民支持之下才有出國深造的機會，為什麼一出國門就會有這樣劇烈的轉變？邵玉銘在參加安娜堡會議之後的感慨是：「我對臺灣左傾學生的無情無義，感到心寒。」他回到芝加哥大學，去請教他的老師鄒讜。鄒教授告訴他，許多知識分子確實是「感時憂國」的正人君子，但也有許多只是投機分子，隨政局之變動而不惜賣身投靠。如一九四〇年代的「民主同盟」就有此等人物。鄒讜慨乎言之，「二十世紀中國知識分子之問政行為，有許多特徵，『投機』恐怕是其中最大的特徵。」投機二字，道盡了安娜堡之會的醜態。

但投機分子後來並未得到什麼好結果。邵玉銘書中作了交代。有些曾是「左派大將」，後來洞察真相，幡然醒悟迷途知返，對於已往的是非，重作公正的評價。有少數回到大陸「為祖國效忠」，往往是大才小用，用非所學，悒鬱以終。「釣運左派基本的問題，是在歷史上認錯了邊。當文革四人幫一倒，鄧小平上臺，那些左派人士自己先前支持文革及擁毛，都無法自圓其說，因此大多數變得消沉。」

由於左派的紅衛兵作風過於跋扈，反而激起支持臺灣的留學生奮起抗爭，他們有「反共愛國聯盟」的組織，決心「與臺灣共存亡」。他們學成之後，大半都回到臺灣服務，以進入學術界和相關研究機關者為多，也有些人進入仕途，馬英九、關中、邵玉銘、魏鏞、蘇起等都是箇中翹楚，他們帶來了「革新保臺」的新風尚。

另有一群集結在香港，邵玉銘特別推許前香港科技大學校長吳家瑋等，這所大學一九九一年開學，現已成為一所綜合性研究大學，學生一萬人。五百位教授之中約五分之三是華裔資深教授，多來自美國一流學府，其中有不少位曾參加保釣。據英國QS留學諮詢公司二〇一二年評鑑，該校名列亞洲第一名（臺灣大學是第二十名）。二十年間即有此成績，殊非易事，其中便有「老保釣」的心血。他們當初一度抱著「投入革命」的熱情，後來在大陸上看出問題和矛盾，再回美就不聲不響埋頭治學，在學術上有所建樹。到香港科大創校，他們便全心參與，是報效祖國的另一方式。

對於海外保釣運動的起伏，起初我並未寄予充分的重視，因為資訊不多，國內各報只有簡略報導。然而，一九七一年九月底，保釣左派學生領袖李我炎、王春生、陳治利、陳恆次和王正方等五人，應邀訪問中國大陸。他們參加了中共的十月一日國慶，並赴各地訪問參觀兩個月。最後由周恩來在十一月二十三日接見，從晚上九時交談到次晨四時。周以總理之尊，前後約花費六個小時與五個青年學生長談，應謂之高檔次的統戰。這五個人返美之後，舉辦巡迴演講，「將大陸見聞，說得天花亂墜」。由於周曾特別接見長談，自然提高了他們發言的份量，成為中共在美國各大學校園最佳的傳聲筒和代言人。

加州大學保釣分會油印出版的《戰報》，是當時所有學生刊物中最激烈的。李我炎回美後對《戰報》的主編說，「周總理讓我轉告你，《戰報》的字要寫大一點，毛主席眼睛不好，看得很辛苦。」一語之微可見中共高層對海外留學生多方攏絡不遺餘力，這種「細膩」的手法，國民黨從來也沒有過。

引起我關切的是，五人之中的王春生，她的父親曾是我的上級主管，有好多年曾住在同一幢宿舍裡，可以說看她長大。春生從小聰明敏慧，由一女中而臺大、而赴美求學，鄰里間認為她是一個「有出息的年輕人」。想不到出國不久竟走火入魔，成為興風作浪的左派頭目。她在美國活動，國內雖未見報，但口耳相傳大家都有所聞，認識她的人無不為之嘆息，她的父母家人當然憂心忡忡。王春生這孩子怎麼會變成這個樣子？從她想到其他那些我不認識的青年人。當年出國讀書要經重重考試，能出國的幾乎全是著名學府裡拔尖的「好學生」，其中且不乏權要人家的子女。為何一出國外就紛紛變調？

我自己是一九六〇年代初期赴美讀書，校園中所見似乎並沒有多少明顯的分歧矛盾。即使看看《人民日報》和一些左派作家的舊作，乃至《金陵春夢》等下流宣傳品，又何至於把生於斯、長於斯的臺灣完全忘掉？而且，大陸上「文革」動亂自一九六六年已經鬧得天怒人怨，留學生們怎麼會充耳不聞視若無睹？

百般思索，痛定思痛，我覺得首先是我們教育方式和內容都有問題。學校裡是分數掛帥，考試第一。青年們「三更燈火五更雞」，以成績單上的分數為競逐的目標。從家庭、師長到社會，重視理、工、醫等科系，對於民族文化傳承、國家歷史興革，往往流於一種粗疏的「交卷主義」的態度，點到為止。錢穆先生在《國史大綱》前言中寫出幾句話，恐怕許多大學生在走出國門之前，都沒有仔細讀過。我願把那幾句長者叮嚀之言全文轉錄於次。

錢先生說，凡讀本書請先具下列諸信念：

一、當信任何一國之國民，尤其是自稱知識在水平線以上之國民，對其本國以往之歷史，應該略有所知。（否則最多只算一有知識的人，不能算一有知識的國民。）

二、所謂對其本國以往之歷史略有所知者，尤必附隨一種對其本國以往歷史之溫情與敬意。（否則只算知道了一些外國史，不得云對本國史有知識。）

三、所謂其對其本國以往歷史有一種溫情與敬意者，至少不會對本國以往歷史抱一種偏激的虛無主義。（即視本國歷史為無一點有價值，亦無一處足以使彼滿意。）亦至少不會感到現在我們是站在以往歷史最高之頂點（此乃一種淺薄狂妄的進化觀）。而將我們自身種種罪惡與弱點，一切諉卸於古人（此乃一種似是而非之文化自譴）。

四、當信每一國家必待其國民備具上列諸條件者比較多，其國家乃再有向前發展之希望。（否則其改進，等於一個被征服國或次殖民地之改進，對其國家自身不發生關係。換言之，此種改進，無異是一種變相的文化征服。乃其文化自身之萎縮與消滅，並非其文化自身之轉變與發皇。）

我特別欣賞「溫情與敬意」的說法，我覺得真正的愛國主義，正是由這一份對祖國歷史的溫情與敬意而來。

臺灣的教育制度，過去曾被識為「黨國體制」之下的產物，具有封閉性。青年心目中存有問題，得不到清楚圓滿的答案；社會上存在著不合理的現象，看不出來如何解決之道。有些青年因為不滿現實而轉向偏激，有些青年因為缺乏韌性而流於消沉。他們即使是功課很好、分數很高，卻往往缺乏常識，對於人情事理諸多隔膜，也就談不上對國家歷史的「溫情與敬意」。這樣的人一旦遠離國土，進入一個完全陌生的環境，就很容易迷失自我、莫知所從。以釣魚臺為例，主權當然應該保衛，但同時更要衡量國家整體的利害得失；至於藉題發揮，打擊政府，尤欠思考。等到中共進了聯合國，並與美國、日本建交之後，釣魚臺問題依然是「掛起來」。權衡大局，我覺得馬英九政府提議的「東海共同開發」的建議，由各國協力開發，共享利益，不失為比較好的辦法。如果各行其是各趨極端，後果就難以預料了。

「保釣」問題引發了「革新保臺」，可說是面對現實的反應。各方的共識是「先求生存，更求發展」，不革新無可保臺，能生存才談得上發展。此後臺灣採取了更為開闊務實的態度，應該說是有進步了。

保釣的醞釀以至爆發，是幕後有組織的操縱所促成；不過，當時美國社會的變化也有間接的影響。回想一九六八年，先後發生重大的悲劇，非裔改革派金恩，和民主黨中爭取總統候選人提名的羅勃·甘迺迪先後被刺，掀起了社會上的動盪不安，尤其是青年人困惑苦悶，學潮洶湧，幾乎出現無政府狀態。留學生身處其間，心理上難免受到感染刺激，保釣成為一個發火點。保釣後來很快熄火，是因為緊跟著而來的各種演變波濤連連，淹沒了那些抗議之聲。

轉眼間保釣風波已過了四十多年，當年參與其事的人，或已進入古稀之年，有些人已經離開人世。至於「知今是而昨非」的人，有的回到臺灣，各有很好的發展。不過，經過那一番折騰，青年們應該醒惕：單憑一腔熱血，動機純正，並不能為國家排難解紛。處此艱難環境中，大家都需要堅毅剛健的勇氣和沉著寬弘的器度，共赴時艱。

當左派氣燄甚盛時，加州的學生們曾在集會時焚燒《中央日報》，作為對政府和執政黨洩憤的表示；可是，事後回想起來，那種行動除了洩一時之火、逞一時之快，對於國家究竟有什麼好處呢？那些燒報紙的人們，現在又在哪兒呢？他們是否應該坦白表示後悔呢？世事變幻猶如暴雨狂飆，我們需要的是腳踏實地，充實國力，懷著敬愛與溫情，為國家從事繼往開來的大業。

第卅章　「人性」論戰

文學創作必須享有自由，作者方能充分發揮才能。好的文學作品必然是出於人性。這本是千古不易的道理；為此而引起一番爭議，是由於有「階級」掛帥的錯誤觀念纏在其中。我寫〈不談人性，何有文學〉長文，主旨就在辨明這個觀點：不談人性，就沒有文學。

那篇文章發表在一九七七年八月十七日、十八日、十九日《聯合報》副刊，後來由聯合報社出版了單行本。我之所以要把它送往聯副，一來是為請教老友瘂弦。他剛從美國學成回來不久，我的觀念以及我寫此文的背景，他都很了解。希望他能給我一些意見。其次，在《聯合報》而不在《中央日報》發表，乃在表明此文僅僅是我「個人的觀點」，與任何官方都沒有關係。我只是從文學與學術的立場，來批評「沒有普遍人性，只有階級性」的錯誤論點。

後來那篇文章曾被多次轉載，有人說，所謂「鄉土文學論戰」就是因那篇拙文引起。其實，我倒認為，如果稱之為「人性文學論戰」，也許更為明確而切實。相信那些仔細讀過拙作全文的人，都會看得很清楚，我從來無意反對鄉土文學，我反對的是有人有意或無意地把階級對立的觀念，引入以鄉土文學為名的作品裡。而最可怕的就是，「普遍人性並不存在，人性都是有階級的」。單憑這個蠻橫的標準，就否定了所有遵循人性而創造的文學，那太荒謬了。

大陸上由毛澤東發動，自一九六九年到一九七六年的「無產階級文化大革命」，造成了無數冤獄。十年浩劫，不僅在政治、經濟和社會生活等方面造成嚴重的混亂，尤其是對文學藝術的摧殘，可謂史無前例。直到一九七六年九月九日毛澤東死亡，靠著他的聲勢而掌握權力的四人幫，即毛妻江青、張春橋、王洪文、姚文元等，及其黨羽頓時冰消瓦解。冷眼旁觀，對於「文革」動亂實在難以理解。（譬如說，為什麼把國家主席劉少奇打成「叛徒、內奸、工賊」？）唯一可能的解釋，就是他們泯滅了正常人性。毛一直強調的就是「不要忘了無產階級專政」，「階級鬥爭，要日日講、月月講、年年講」，只要階級，不談人性。

在「文革」期間，大陸和臺灣之間壁壘森嚴，沒有對話交流，只有勢同水火的叫陣。正是那十年間，臺灣掌握時機，推動經濟起飛，成為亞洲四小龍之首。四人幫宣傳的重點便只好說臺灣是靠外國人之力搞「半殖民地經濟」。不幸臺灣文壇角落裡，也竟有人說，臺灣的出路，是要「反帝國主義」，「反殖民地經濟」。

我在〈不談人性，何有文學〉（以下簡稱〈不〉文）開門見山就指出：

> 文學創作，應該也必須是自由的，因為這是惟一可靠的途徑，使作家的才思得以充分發揮，使得較好的作品得以發表、流傳。偉大的作品在自由比較之下出現。

我的理解，文學創作是作家全人格的表現，所謂「詩言志」，是一種高遠的理想，同時也應該是作者所應遵奉的守則，唯其是「言志」，所以要「修辭立其誠」。作家對人生、對寫作的誠懇，是比什麼都重要的條件。

我撰寫本文的動機：「在愛國家、愛文學的大前提之下，捐小異而求大同，破邪說而明正理，這是關心文學的朋友們共同的責任。」我自認是要盡一個小知識分子的言責。

談到「反帝國主義」，我認為在現實環境中，對臺灣形成最直接、最嚴重威脅的，就是共產勢力，如果談「反帝」而諱言「反共」，這是罔顧現實，沒有掌握到世局重點。

至於臺灣過去和現在的努力，中華民國政府明定三民主義為基本方針。中國贏得對日抗戰，光復國土，廢除不平等條約，收回治外法權，都是為挽救國族危亡最具體的「反帝」行動。

文學作品是作者全人格的反映。因此，作品中不僅透露出他對現實社會的看法，也反映他的人生觀和世界觀。每一個從事寫作的人，都免不了受到自己的主觀經驗的局限，他所見所知總難免是片面的、片段的人生。所以，一個嚴肅的作者必須力求誠懇謙遜地觀察人生。而且，如梁實秋先生常常勉勵青年們的話，「要沉靜地觀察人生的全體。」

毛澤東曾說，小說可以用為奪取政權的武器，革命的如此，反革命的也是如此。然而，從一九四〇年代以來，毛在延安那篇「講話」就為文藝界定下了許多清規戒律，都要為無產階級服務。可是，按照那些公式教條寫出來的作品，最出名的像丁玲的《太陽照在桑乾河上》，文革之後的《金光大道》和舞臺上的八個樣板劇，都談不上藝術價值，也未見得有什麼宣傳效果。階級性排斥了普遍的人性，就難以創作真正的文學。

由於過分強化「階級」的作用，左翼的論述中便要求貶低、甚至完全否定個人的價值與意義。同時把個人的升沉成敗，一概歸之於「層級結構」。至於所謂小知識分子，「向上爬升」的機會很少，「向下沉淪」的機會很多。於是便出現了朦朧曖昧的結論：「在一個歷史的轉形期，市鎮小知識分子的唯一救贖之道，便是在介入的實踐行程中，艱苦地作自我的革新，同他們無限依戀的舊世界作毅然的決絕，從而投入一個更新的時代。」

拙文中駁正這一類的說法，並且舉出許多具體的證據。就以眾所周知的農業為例。一九六〇年代，臺灣最重要的農產品稻穀，年產量一百萬噸。當時政府當局曾邀請中外專家研究增產的方法，並預估將來的產量。當時專家們最樂觀的估計，在風調雨順沒有任何天然災害的條件下，可以增加到年產量一百二十萬噸。這個數字並未公開發表，但新聞界都知道，供應民食軍糈，一百二十萬噸是生產力的極限。

可是，到了一九七六年，稻穀年產量突破二百七十萬噸。臺灣的農田面積十多年來並未大幅增加，何以能有這樣好的收穫？當然，廣大農友的辛勤耕耘是主因之一；同樣重要的還有農業科技的發展，優良品種的培育，肥料的改進，水利灌溉的進步，病蟲害的防治，耕作技術與機械化的推廣，這都是從一百萬噸增加到二百七十萬噸的因素。還有相關的條件，諸如政府土地政策的正確，生產與運銷的配合，許多制度上（如廢除肥料換穀）的改革，幾十億元農業基金的設立，以上的每一種工作、每一個過程，沒有一樣不需要許許多多位知識分子的積極參與、熱心服務。知識分子與農友們之間，是協力同心、增產報國的合作者，不是什麼統治者與被統治者的關係。

一百萬噸到二百七十萬噸的差距之間，代表著千千萬萬人的汗水操勞與智慧結晶。這是知識分子與農友共同創造的光榮成績，也是平易的、理性的改革主義的成功。臺灣在農業、工業、對外貿易等許多亮麗的成績，都是從團結合作中取得的。把臺灣的成就與大陸上「階級鬥爭」造成的一窮二白來對照，優劣是非，何其顯然。

此文發表之後，引起軒然大波，左右陣營都出現了一些各是其是的議論。我感謝許多位識與不識的朋友同意我的觀點，國內如臺大孫震教授，從學理上闡明臺灣經濟建設的特色；國外如董保中教授，從文學理論的觀點，都使我提出的問題，得到更深層次的剖析。許多文章出現在報章雜誌上，後來彙編成不同的文集。不久，「四人幫」垮臺後，含冤茹苦的受害者紛紛傾訴不平。尤其像巴金的〈懷念蕭珊〉，記述了愛妻被折磨至死的經過；像楊絳的《幹校六記》，寫出高知識分子下放，受到百般折磨，至於小說《苦戀》中女兒問爸爸那句話，「爸爸，我知道你很愛祖國。可是，祖國愛你嗎？」更成了傳誦一時的名言。胡風的妻子梅志寫的《往事如煙》，把胡風因文字賈禍被囚禁、被批鬥四十年、牽連了兩千人的冤獄，寫得淋漓盡致。後來更有章詒和的《往事並不如煙》，進一步把中共迫害知識分子的無理無情，作了深刻的描繪。這一類作品被稱為「傷痕文學」，但其價值絕不僅在訴苦鳴冤，更是依據慘痛的經驗，從人性根本上否定了「階級掛帥」的錯誤。

另一個重要原因是，鄧小平推行改革開放，以各種優惠手段，大力吸引外國的資金技術，很多作法都參考了「臺灣經驗」，只是規模更大、手段更急。大陸有地大人多的優勢，而外國企業在取得土地和廉價勞工等有利條件誘引之下，紛紛到大陸投資。三十年來，中國大陸已成為僅次於美國的全球第二大經濟體。然而，同時也帶來了諸多貪汙腐化、貧富懸殊和環境汙染等嚴重問題。開發中國家為了自身的生存和發展，取得國外的合作以為助力，在無損主權、有利民生的條件下，並沒有什麼不可以。「合則兩蒙其利」，這已是國際經濟合作的通則。臺灣經驗沒有什麼罪過；而知識分子在國家發展過程中的貢獻，大陸上也表示尊重，不必在「提升」和「沉淪」之間兜圈子了。

一九八七年之後，東歐的附庸國包括波蘭、東德、羅馬尼亞、保加利亞、匈牙利、捷克斯拉夫、南斯拉夫，共產政府一一在民意怒潮之下倒臺。蘇聯帝國至此解體。俄羅斯和烏克蘭等各自改制獨立，蘇維埃社會主義共和國聯邦不復存在。從二十世紀之初開始的「共產主義是天堂」的神話，終告破滅。這是世界史上的重大事件，也是在嘗試過「社會主義的苦果」之後一次深刻的反省，惡夢初醒了。

社會科學與自然科學不同，無法先進行試驗。蘇聯集團的出現以至崩解，就是一次大規模的試驗，但這種試驗代價太慘痛了。文學家不應該輕信那些無法兌現的美麗謊言，讓教條拘禁了自由的心靈。

我回憶多年前讀過一本「玄學與科學論戰」的書。為首的辯論者，一邊是哲學和政治理論家張君勱，一邊是地質學家丁文江。開始時雙方尚能守住學術討論的分際，但後來參加論戰的人越來越多，使用的言詞也越來越激烈，甚至陷於人身攻擊，幾乎迷失了原來討論的主旨。我想，以張、丁那一輩前賢猶不免於意氣之爭，我輩後生自當取為殷鑑，引以為戒。

過了許多年之後自己檢討，覺得畢竟是一時氣盛，有些話大不必講得那樣鋒芒畢露，「得理不饒人」。譬如說，文內大不必指名道姓，徒然留下了咄咄逼人的印象。這便是自己修養不足之病。

近年世局變幻，兩岸關係由敵對漸漸轉為友好。我文中批評的主要對象陳映真，已經到北京定居。據報紙上報導，他曾接受中共中央統戰部部長劉延東女士獻花歡迎。後來又有報導說，他身體不適需要靜養。不知他對於「普遍的人性是沒有的，人性都有階級性」的想法，是否有改變呢？

我願重複一遍，我至今依然相信，人是存有普遍人性的，好的文學總是從人性中孕育出來。

第卅一章　懷念好辰光

蔣經國於一九七二年六月一日就任行政院長，那年他六十三歲。一九七八年五月二十日，宣誓就任中華民國第六任總統，已經六十九歲。從組閣拜相以至一九八八年一月十三日逝世，實際主持國家大政共約十五年。我在《中央日報》服務，也就是這段日子。

西方許多評論家稱這十五年是「蔣經國時代」。我總覺得用一個人的姓名去標舉一個時代，未免有「偶像崇拜」的意味，不合經國先生所倡導的「平凡」、「平淡」、「平實」的風格。我只稱之為「好辰光」，儘管那十五年間國家遭遇了許多挫折與難關，幸而都能安然度過。當時好像也沒有覺得有什麼特別了不起。

從一九八八年到現在，又經歷了三位總統，藍的、綠的，還有一位說不清什麼顏色的，這二十五年可以稱之為「沒有蔣經國的時代」。沒有蔣經國，大家才深深體會到蔣經國這個人多麼難得、多麼了不起，實實在在可敬可愛而令人懷念。

老百姓不見得懂政治學、經濟學，但他們可以從自身的生活經驗中，知道政府做什麼事，從而判斷政府和領導人政績的高下。

大家關心最現實的問題，就是自己的收入。根據統計，蔣經國出任行政院長時，臺灣平均每人每年國民所得是四百八十二美元；到他逝世那一年，增加到五千八百二十九美元。十五年間，國民收入提高了十一倍，很多人生活得到實質改善，出現了強大的「中產階層」，是國際間稱羨的亞洲四小龍之首。

更難得的是，蔣經國堅守「不患寡而患不均」的原則，既要民富更要能均。專家指出，當他主政之初，臺灣最高所得五分之一家庭與最低所得五分之一家庭之間，收入差距是四點四九倍。十五年之後，雖然大家收入增加了十一倍，最高與最低所得的差距，反而比十五年前縮小。顯示臺灣在蓬勃發展過程中，經濟起飛和轉型的成果，真正為全民所共享。餅做大了，每個人盤中的餅也都大了。蔣經國不容許不公道的壟斷暴利行為，當然更沒有人敢用麻包裝了鈔票送進總統府。

這樣的政績，人民都知道。現在的年輕人或許不記得，那些年臺灣的大環境正如「屋漏偏逢連夜雨」，外來的衝擊接二連三。首先失去了聯合國席次（一九七一年）；緊接著尼克森到北京並發表「上海公報」（一九七二年）；中日斷交（一九七二年九月）；而後是蔣公逝世（一九七五年）。國際間許多觀察家都認為這幾件事發生之後，為中華民國唱輓歌的時候到了。

這幾件大事，尤以蔣公逝世，對國民心理上衝擊最大。噩耗傳出之日，無分男女老幼，無不悲戚萬分。當蔣公移靈移至國父紀念館期間，自晨至夕，民眾列隊瞻仰遺容，敬致最後的哀思者，環繞了紀念館好幾圈，每天超過十萬人。

從民眾的哭聲中可以體會到，大家懷念蔣公一生對國家民族的貢獻，功德巍巍，民不能忘。同時，更因外在環境惡化，大家多有前途茫茫之感。尤其是蔣公逝世後一個月，西貢被共軍攻陷，美軍倉皇撤退，越南淪亡，一時湧現越人逃亡潮。據傳每個人登上機帆船逃離南越港口，要繳給船家八兩黃金。這些謠諑傳遍東南亞各國，連臺灣的金價也一度上漲。民心浮動，前所未有。

然而，臺灣並沒有倒下去，更沒有唱輓歌。舉國軍民銜哀奮勵、莊敬自強。副總統嚴家淦依憲法規定繼任總統，蔣經國出任行政院長，成為一位強棒的接班人，在內外交迫的難關中，創造了難得的「好辰光」。

經濟方面最為人稱道的是，蔣經國毅然決定推行十項建設。我最近曾向年齡不同的朋友們問，「十項建設究竟是哪些東西？」大家都有印象，但很少人說得齊全。我們身受建設的成果，但忘了當年的艱辛。

一九七三年十一月，蔣經國提出要進行十項建設，包括：(1)南北高速公路、(2)鐵路電氣化、(3)北迴鐵路、(4)桃園中正國際機場、(5)臺中港、(6)蘇澳港、(7)一貫作業大煉鋼廠（中國鋼鐵公司）、(8)中國造船公司、(9)石油化學工業、(10)核能發電廠。

十項建設從一九七五年開始到一九七九年全部完成，五年間預估共需經費一千九百零四億元，是一九七五年中央總歲出七百四十八億元的二點五倍，這是驚人的計畫。

籌劃之初，政府各部會之間曾有重大不同意見，可是，蔣經國權衡得失，最後裁斷必須進行。他那句名言至今常常為人傳誦，「如果我們今天不做，明天就要後悔。」

行政院內成立五人小組總攬規劃進度，嚴格控制財源。那五個人包括央行總裁俞國華、財政部長李國鼎、經濟部長孫運璿、政院祕書長費驊、主計長周宏濤。蔣院長對他們充分授權，五年內以兩千餘億元經費，如期完成使臺灣經濟脫胎換骨的十大建設。

兩千億誠然是龐大數字。可是，到了二〇一三年，南部要建國道七的公路工程，全長只有二十三公里，預算竟高達六百多億（其中二百億是收購土地）。雖然事隔多年，幣值大不相同，但可想像那十項建設若延到今天，還能做得起來嗎？

記得一九七五年和一九七六那兩年，正當能源危機之後造成全球性經濟不景氣。幸而十大建設進入高潮，政府的巨額投資，彌補了民間投資之不足，對景氣復甦和經濟成長有重大貢獻。

次第進行的工程，自北而南，創造了成千上萬的就業機會，吸引並鍛鍊了高、中、初各級人才，對於臺灣經濟的轉型，影響尤為深遠。

那幾年蔣院長經常出巡，走遍每一處工地，聽取負責人的報告，慰問辛勤工作的人員，為他們加油打氣，並隨時解決問題。

新聞媒體把這些建設的實況報導出來，評論上常常出現的話是「明天會更好」。儘管國際環境不利，但臺灣能奮力自強，信心堅定，「天下沒有我們克服不了的困難！」持筆寫評論時，內心萬分感奮，政府和執政黨腳踏實地做了好事，《中央日報》的社論自然就理直氣順、意誠辭修。國家大步開展建設，給社會帶來一片積極樂觀的氣象。

十項建設於一九七八年底大致完成，經國先生已就任總統。十二月十一日曾設茶會款待參與建設有功人員，有趙耀東、王先登、陳鳴錚、胡美璜、李達海、陳崇文、嚴孝章、劉朝榮等負責人及工程師、領班等三十人。三十多年之後的今天，那一輩人多已作古，記此一筆聊示不忘。

十項建設之後又有十二項建設，大多是先前各項的延伸加強；其中最後一項是在各地增建圖書館、美術館等，是由工程建設升格到文化建設的起步。《中央日報》對此盡其倡導之力。

經建是有形的，蔣經國當政的成就不止於此。在改革政治風氣上致力尤多。一九七三年五月，有件不大不小的事使各方觀感一變，人事行政局長王正誼，承辦國民住宅暗中受賄，被判刑下獄。人事行政局是新設的機構，王正誼是中層公務員，但因他和蔣府有鄉誼。外間遂認為此案是蔣經國為整飭政風斷然採取的措施，王案之後，政壇風紀一時肅然。這正像蘇東坡所說，「人臣事君之常情，不從其令而從其意。」當政者無論下了多少煌煌政令，力倡廉潔、整肅貪汙，都未必見效。但若能抓住一個貪汙犯就依法嚴辦，如是則風行草偃，無人再懷疑肅貪整汙的決心。現代公務員的心態，其實也仍是「從其意」的居多。辦了一個王正誼，比報紙上十篇社論更管用。

一九七八年十一月八日，蔣總統以便餐款待參加第五次新聞工作會談人員，我亦在座中。經國先生以「合億萬人之心為一心」為題，勉勵新聞工作者必須「明利害，別是非，嚴善惡」。那篇講詞相當長，由總統府祕書長馬紀壯代為讀完。許多話到今天仍是正確的。

一個多月之後，美駐華大使安克志深夜求見，報告美國政府將承認中共。蔣總統嚴正譴責美國背信毀約的錯誤。此後交涉期間，蔣總統曾召見了《聯合報》董事長王惕吾，《中國時報》董事長余紀忠，中央通訊社社長潘煥昆和代表《中央日報》的我，期勉大家支持政府的立場。我至今仍記得他一手輕拍著沙發扶手，語調沉重地說，「輿論若不能一致支持，政府這盤棋很難下。」他沒有激憤，更沒有悲戚，只是十分鎮定地說出他內心的想法。在那一段步步荊棘的日子裡，新聞界百分之百和政府站在一起，為了全民和國家的長遠利益，必須要萬眾一心共此艱難。

那些年，蔣總統不時提醒大家，時代在變，環境在變，所以我們也要求新求變。臺灣在經濟繁榮、教育普及的同時，壯大的中產階層對政治的要求也逐漸提高。各級選舉都已次第舉行，而民間對於行之有年，近乎戰時體制的若干情況不能滿足。蔣總統於一九八六年十月七日接見美國《華盛頓郵報》董事長葛蘭姆夫人時表示，政府為積極推行民主化，短期內提議解除戒嚴令，允許組織反對黨；但任何新黨必須遵守憲法，支持反共國策。這項宣示是中華民國歷史性的革新，顯示蔣經國的遠略與胸襟，贏得國內外的讚揚。

解嚴之後，黨禁、報禁一一解除，隔絕多年的臺海兩岸，民間可以往來。回鄉探親之旅，出現了許多骨肉團聚的溫馨場面，也開啟了日後臺胞每年數百萬人次前往大陸之門。中國人從「血洗」、「反攻」那些殺氣騰騰的口號中翻醒過來，雖然一時不便說明，但心裡都有這樣的想法，「還是和平的好。」更重要的是，當時臺海兩岸的「對比」鮮明，返鄉探親不僅帶了溫情，也帶去金戒指、電視機、電冰箱，臺胞安和樂利的生活成為大陸人羨慕的對象。我想，鄧小平的改革開放之所以受到歡迎，與這一番「對比」很有關係。

總體而言，蔣經國在經濟民生方面的建樹是，把原來以農業和輕工業為主的臺灣，推進到重化工業，再由此基礎上發展了高科技工業。技術密集產業的出口值，到一九八六年突破一百億美元。近年電子資訊產業和資訊硬體產業的產值都列居世界前茅。臺灣能從無到有、從少到多，發展了這些新興產業，其間過程盤根錯節艱苦萬狀，說到最後，離不了蔣經國的遠見和決心。他大力推進民主化，成就亦灼然可見。臺灣經歷和平的政權轉移以至今日，都是在他手中初奠規模。

蔣經國是老總統的兒子，外間稱之為「大公子」、甚至「太子」，並非完全尊崇之意。外傳蔣公早有「傳子」之意，這種說法成為父子二人的負擔。因為「傳子」意味著「家天下」，是違反時代潮流的事。據我在新聞界的所見，此說有商榷餘地。曾國藩有謂，「當大事者，必以尋求替手為先務。」蔣公在世時，文有張群，武有何應欽，這只是「論資排輩」的說法。到臺灣之後可當大任的是陳誠。尤其在蔣公提名他為國民黨副總裁時，很明確地表明了陳誠就是接班人。陳誠在副總統任內病逝以後，蔣公環顧左右，可託付大業的唯有蔣經國。

人生至於老境，愛護兒女為人情之常。試看今日臺海兩岸政商各界的領導階層，有幾個不是「傳子」？以我在美國觀察所及，政治家、企業家父子相傳的例子亦多不勝舉。蔣公「傳子」不足為病，要看傳得對不對、好不好。到今天，大家或可同意，蔣經國當政十五年是臺灣的「好辰光」。

蔣經國這個「官二代」，一路走來並非陽關大道。到臺灣之後，他先是做退除役官兵輔導安排的工作，修建橫貫公路是一等苦差事。他掌理全國情報安全工作，吃力不討好。蔣公三十五歲已經是北伐軍總司令，蔣經國五十四歲不過是國防部副部長，表面上受到逢迎，背後說壞話的人更多。

一九六三年十一月二日，蔣經國寫了一首詩，題為〈在每一分鐘的時光〉，在《中央日報》發表。詩裡有幾句序語：「讀了英國作家葛禮賓的一首詩〈如果〉以後，內心深受感動；月夜靜坐思維，似有所開悟，因師其意，寫成此篇，以為自勉感言。」

全詩共分十節，錄其第一節如次：

當環繞在你四周的人們，
失去了他們的理性，並違背了他們的良心；
正將各種罪名加到你的頭上來的時候，
必須格外地保持著你的頭腦的冷靜和清醒。

就詩論詩，未見高明；然而，如前人所云，「文學是苦悶的象徵」，蔣經國此時心境之苦悶，略可想見。

那年九月間，蔣經國以國防部副部長身分，應邀赴美國訪問受到隆重接待，在白宮和甘迺迪總統懇談。這種禮遇自非任何一位「副部長」所能得到。可是，他回國一個多月發表這首詩，像詩中所謂「環繞在你四周的人們」究竟是誰？後人已無從推敲，但他當時必是處於「譭毀交集」之境，所以才有這樣的苦悶。

蔣經國受到外界疑慮的一點，是他少年羈留蘇聯十多年。西方人就常為此懷疑他「反共抗俄」的真確立場，所以他對這一點十分敏感。中美斷交之後，新華社就多次散布流言，說臺北和莫斯科有祕密來往，甚至繪影繪聲，說臺北同意讓蘇聯的艦艇進駐澎湖。我覺得這種謠諑太過荒謬，便寫了社論嚴正駁斥。國民黨開中常會時，曾當場宣讀全文給大家聽，然後蔣主席作結論說，「這篇社論就代表我們黨的政策。」很清楚的表明：「決不和魔鬼握手。」

有一年，國民黨開全國代表大會，由黨員選代表，代表選中央委員。潘煥昆先生本來已是中委，可是這時他奉調中央通訊社社長，中央社只有「員」沒有「工」，黨員人數少，《中央日報》的票數多，我透過集體換票就可當選。我覺得這樣不妥，就請社內管選務的朋友，全力支持潘先生。結果他果然連任，而我成了《中央日報》社歷任社長裡唯一不是中委的社長。有些不知情的人為我惋惜，也有人對我嘲諷有加。有些遠在海外的朋友，為此稱我為「國民黨內的清流」。我趕緊向他們說明，千萬別那麼講，「說我是清流，那表示黨裡邊會有濁流嗎？」我想得清楚，報紙辦得好，「社長」就可以讓人尊重；如果辦不好，再多幾個別的頭銜也沒用。

在職期間，當時也有些風言風語，有人責備《中央日報》言論上不夠鋒利，有一個叫作「劉少康辦公室」的單位，曾傳出換掉我的聲音，有朋友好心告訴我叫我注意；我說《中央日報》執行黨和主席的決策，譬如蔣經國說，「臺獨分子只是家族的浪子，總有浪子回頭的一天。」《中央日報》的態度即是如此，要留下讓人清醒回頭的餘地。

有一回我的職位真的岌岌可危，但外間很少人知道。一九七七年二月初，為了維繫當時已經若斷若續的中美關係，新聞界推出幾個代表赴美拜會報業、廣播、電視等同業，增進他們對臺灣立場與現況的了解，主要當然是希望透過輿論的力量，延緩華府要承認中共的腳步。

從臺北出發共有兩組，北組是英文中國新聞社長丁維棟、中國廣播公司副總經理鄧昌國、中央通訊社特派員徐維中。南組是世界反共同盟副祕書長李文哲（優秀的臺籍高知分子，他在臺大讀書時，和李登輝同班）、《聯合報》副總編輯高惠宇，和《中央日報》任總主筆的我。整個行程非常緊湊，先到紐約和大使館新聞處長陸以正學長會晤，訪談對象都由他事前接洽。

可是，我們在洛杉磯一下飛機，就看到各大報上全版篇幅的大廣告，內容是以在美華人身分，建議美國政府儘早和北京建交。領銜的簽名者之中，有好幾位是中央研究院的院士，看到這樣的廣告，心中十分憤慨也很難過。但我們仍只能硬著頭皮，按照原來的行程一家家去訪問。接待我們的有社長、總編輯和總主筆；他們的見解和美國一般知識分子差不多，沒有什麼人真心喜歡共產黨，可是又覺得臺灣要光復大陸是不可行的。

回到臺北，我寫文章報導了此行觀感，並寫了一篇社論，對於那幾位頂著中研院院士的光環，在國外為中共作宣傳的名人，嚴詞譴責，同時呼籲政府應該有所處理。我的說法是，中研院院士被公眾認為是國內最有學問的人，院士也是至高的名器。那幾位先生的言行，使得海內外「毋忘在莒」的人同深困惑。最有學問的人講那樣的話，臺灣難道可以聽而不聞，視若無睹嗎？

這篇社論雖然寫得痛快淋漓，但政府要處理卻有困難。中研院是直屬總統府的單位，而且中研院只有選舉新院士的辦法，沒有撤銷或罷免院士的規則。蔣院長說，「政府一定會注意這個問題，希望《中央日報》暫時不要再批評這個問題。」我就轉達主筆同仁，也請編輯部留意。

想不到的是，有海外留學生讀者認同本報社論的主張，寫了文章表示讚揚。那些「來書」顯著刊載在海外版上，嚴家淦總統把報紙封起來送給蔣院長。據說蔣院長頗為不悅，認為我有故意違背命令之嫌。蔣院長對嚴總統必須尊重，這是國家體制。黨報的內容批評中研院，影響到總統府，這使得已經擔任黨主席的蔣院長很難交代，當即傳出要把我換掉的消息。後來查清楚真相，也就不了了之。經此一事，使我對於政壇上某些微妙關係，才更有了解。

經國先生晚年健康不佳，精力漸衰，沒有前幾年處事那樣詳慎周密，黨政圈子裡不免出現了小人弄權的情形，我在八德路的新廈完成之後自請辭職，得卸仔肩。

第卅二章　歸去來兮

臺灣社會上有一個名詞——「告別式」。望文生義，告別只是暫時分手，事實上卻是悼念往者訣別今生，是萬分莊嚴、悲肅的事。

當一九九二年我決定離臺的時候，就是「告別式」的心情，我暗自對自己說，今生今世我恐怕不會再回來了。

那幾年間有許許多多不順心的事。國民黨員不爭氣，七股八叉窩裡反。許多人罵國民黨（國民黨有些地方也的確該罵）。唾面自乾吧，心中實在不服氣。有些人在規劃臺灣的前途，這樣那樣的說法，我並不怎麼難過；在我看「政黨輪替」之類，是憲政體制之內正常的變動，但有人叫喊「臺灣人不是中國人！」這可就萬難苟同。至聖先師孔老夫子是山東人，媽祖廟裡的媽祖娘娘是福建人，行天宮裡的關帝老爺是山西人，難道都成了「另一國」的人？

政壇許多亂象，和我這一品老百姓沒有什麼直接關係，但是一旦知道了、看見了，就難免糾纏重重，憂憤交加。

一九九〇年夏天，發生了所謂「素書樓事件」。高齡九十多歲的錢穆先生，竟受到一二小政客的汙衊，說他的住宅是「侵占」公產。素書樓在東吳大學附近，錢先生自香港回國定居，自己出錢購地建屋，作歸隱讀書之所。老總統聞知後，指示政府妥當安置錢先生，以示禮遇國士之至意。政客利用這件事興風作浪，表現「鬥志」。錢先生於六月間遷離素書樓，兩個多月之後在臺北病逝。

錢先生一代儒學大師，從十八歲擔任小學教師開始，憑著精勤自學、應聘講學上庠，成為一代名師。他生平從未參加政黨，也沒有擔任過公職。完全憑著學術上的成就，贏得國內外知識界的尊敬仰慕。想不到了晚年，竟在自由民主的臺灣，遭遇了無理的待遇。這一事件使人留下痛苦的印象：臺灣竟然容不下一個真正的讀書人！

我和錢先生平日並無交往，但我深深佩服他治學的毅力。他貫注畢生心血的名著《朱子新學案》，是國學中繼往開來的新經典。

錢先生逝世二十年之後，錢夫人胡美琦女士在報端發表紀念文，記載錢先生當時曾氣憤地說，「如果我年輕幾歲，我真寧可到國外去流浪。」讀之令人酸鼻。

白先勇的短篇小說集《臺北人》中塑造了幾個鮮活動人的人物，〈永遠的尹雪艷〉、〈金大班的最後一夜〉，還有〈遊園驚夢〉中的貴婦，都曾搬上舞臺和銀幕；其實，那本書中的〈冬夜〉，刻劃亂離之世中國知識分子的命運，才真是「尺寸之幅，而具千里之觀」，反映了大時代的悲劇。

〈冬夜〉寫的是五四時期活躍的三個學生領袖，皆入垂老之年。留在大陸的一位，歷經反右鬥爭，九死一生。來到臺灣的一位，雖然經綸滿腹，但因專長的古典文學被俗世看作冷門，不但鬱鬱不得志，且因大環境所限，連養家餬口都難。還有一位去了美國教書，儼然乎國際知名學者，飛來飛去，受到兩岸政治人物的拉攏。但他引以為憾的是，他在美國已淪為一個「知識販賣者」而浪得虛名，與他內心要求的「好好作學問」初旨完全不合。

故事展開在臺、美兩位教授，在嚴寒的冬夜中相會。在臺北的那一位鄭重拜託他的老友，要替他設法在美國找一份工作。白先勇小說寫出了那個時期高知識分子的困境，精神上無所寄託，生活上又面臨窘迫。寒夜出走，實是無奈。

我決定離臺之後，《聯合報》創辦人王惕吾先生約我到報館小敘，原以為只是話別，沒想到他還約了幾位老友，都是他最得力助手如劉昌平、楊選堂、劉國瑞、張作錦和年輕的黃年；惕老的兒女和接班人必成、必立和效蘭也都來相陪，情意殷殷，沒把我當外人。

惕老進食很快，講話也很快，他問起我的近況，忽然感嘆說，「國民黨欠了你一本功勞簿。」我趕緊惶恐遜謝，我說，「您是新聞界的前輩大老，又是國民黨的中常委，有您這一句話，我就感之不盡。」惕老多年對我錯愛有加，我為《聯合報》副刊寫「三三草」專欄，不時得到他的讚賞，此刻又為我鳴不平，使我感到溫暖而且惶愧。

散席時，惕老問，「你真的打算去美國嗎？」我說，「是的。」各種瑣碎手續大致辦妥，行期將近。想不到他直言相告，「大家都知道你沒什麼錢，到美國怎麼辦？」我說我去美國讀書時，除了新聞本業，也學了一些別的東西，憑小小專業技術，當可自立。我說的是實情，記得一九六○年代的美國就業機會很多，就算是去公共圖書館作一些編目分類等工作，餬口兼養老伴，應非難事。惕老說，「你忘了你現在幾歲了。」那年我已滿六十五歲，在臺灣和美國都屬屆齡退休之年。

我說，我的兩個兒子念書成績還好，在美已拿到博士，「萬一弄不好，他們總得要奉養雙親。」惕老大笑說，「你彭歌豈是靠別人養活的人。」

簡短對話真是說到我心坎裡，走到這一步，只能說，「我試試看，走一步算一步。」在樓梯口握別時，惕老說，「你先去住住，有空還是替我們寫文章吧。」

到美國不久，接到黨部的某先生長途電話，問我願否回臺北接任《中央日報》董事長？我當即婉謝，我自認年邁氣衰，不堪再效驅馳了。此事可能很快在臺北圈內傳開，不久就接到《聯合報》社長劉昌平兄簽署的聘書，囑我以主筆名義，替美國《世界日報》寫社論。後來才知道，報社給我的薪酬破格優厚。我本來很不想再為評論時事傷腦筋，但感念惕老和昌平兄的盛情，自當勉力從命，以謝知遇。

此後我每週寫社論兩篇，短評一篇；每天和紐約的馬克任兄或臺北的胡立台兄通話，商量評論的內容。他們對我都十分客氣，言聽計從，我怎麼寫怎麼好。就更為加重了我的責任感。

《世界日報》當然與《中央日報》不同，主要是以北美大陸的新老僑胞為對象；論及國家立場和國際更需慎重而周延。這些年僑社結構頗有變化，我們立言的方針雖然有其一貫性，但在鑄詞鍊句、宣揚大義之際，又必須多所考慮，務期廣結眾心，示天下以大公。

僑胞本來都是心向祖國，希望國家富強進步，僑胞在海外與有榮焉，至少可以不受外人輕視與欺侮。無論是僑眾人數眾多的東南亞地區，或知識菁英分子占多數的北美，愛國心同其熾熱。國父早年奔走革命，幾乎都是以海外僑社為重要基地，僑胞對國父、對中華民國，以至國民黨的敬慕依戀，其來有自，根深蒂固。一九五〇年代，國府遷臺之初，各地僑胞雖在風雨飄搖之際，都未嘗改變對政府的支持。就是到了蔣公逝世、臺灣退出聯合國之後，北美各地僑團仍然高懸青天白日滿地紅的國旗，忠心耿耿，正氣凜然。

可是，由於政黨輪替，政策有重大更張，對所謂「老僑」和「新僑」有差別待遇，引起僑界的不平。舊金山、紐約、芝加哥、洛杉磯等處的唐人街頭，五星旗紛紛出現。有些僑領嗟嘆，「不是我們不要臺灣，是臺灣不要我們。共產黨辦不到的事，臺灣替他們辦到了。」

近些年，大陸經濟成長迅速，出國和移民的人數越來越多，今天所謂的「新僑」，已經不再只是來自臺灣的人了。

令人感到難過失望的，還有留學生的變化。一九六〇年代我來美國時，中國留學生絕大多數來自臺灣和香港。雖隱然已有左、右的分歧，但尚不尖銳。在各大學不同領域中，總有中國同學成績優異，頭角崢嶸，「臺灣來的學生」是很好的品牌。中共開放留學之後，大陸留學生迅速增多，而且底子都不錯，又很用功。

我曾問幾位任教的朋友，「為什麼不多幫幫臺灣來的同學？」他們搖搖頭說，「成績擺在那兒，當老師不能偏心，」他們還說，「臺灣學生現在都有錢，連放寒假都會坐飛機回臺灣過年。」

臺灣與大陸目前的關係，是既合作也競爭。而人才的競爭是消長的關鍵。在留學生中間，我們似已沒有優勢了。

大陸出國的人，以到美國為首選。其中有不少曾是高官富賈等特權人物，「腰纏十萬貫，跨鶴上揚州」。他們一旦入境定居，購豪宅、開名車，揮灑萬金面不改色，令人側目。也有許多新僑並無特權背景，他們抓住每一根線索，攀親訪友，輾轉得到留美的途徑，經歷幾番艱難，或是求學順利，或是創業有成，然後成家立業，與主流社會逐漸融合。其中有些人曾經體驗過文革的患難，對共產黨不抱什麼希望。到美國是為了替自己尋找出路和安定的生活，更為兒女尋求較好的受教育的機會。

這一類「新僑」言行舉止，十分低調。雖然對中共有許多不滿，但都不輕易形於詞色；尤其不願在外國人面前講心裡的話，為了「家醜不可外揚」，雖然受了共產黨許多的氣，不肯向外國人去發牢騷。他們還有家人親友留在大陸，為了安全，格外要「話到脣邊留半句」，不說也罷。

我們必須懷著同情之念，深深了解這種複雜的心態掌握分際，既不可傷害民族自尊，亦不可寬恕大陸上違反自由民主的作法。

《世界日報》在北美已有深固的基礎。各分社同仁多能融入美人社會，並與僑社水乳交融，成為僑胞們信賴的朋友，發生了中流砥柱的作用。

二〇〇六年，臺灣爆發了陳水扁家族貪汙醜聞。我雖身處海外，仍然感到萬分遺憾。想不到「貧民之子」出身的總統，竟無法擺脫貪欲的誘惑。這不僅對初度執政的民進黨是重大的打擊，也是臺灣實行民主政治的一大挫折。廣大民意都被糟蹋了。

二〇〇八年夏，我身體不適，檢查後發現是心臟出了問題，家庭醫師推薦心臟醫師，再由心臟醫師推薦心臟外科專家，確定要進行心臟導管和更換心瓣膜的手術。

那位專家魏爾博士(Conrad Vial)，史丹佛大學醫學博士，又到英國劍橋大學讀了一個人文博士。醫道高明，業務極繁，他在動手術之前只和我面談了一次，他說他和他的工作團隊已詳細分析過我的資料。他在半島醫院有一個由六位醫師組成的手術團隊，其中一位有心臟開刀一萬次的經驗。魏爾把印刷精美的年度報告書給我看，顯示歷年手術成功率高達百分之九十八。我向他請教，不成功的百分之二是什麼情況？他說，都是患者年齡超過八十歲。我聽了不免內心嘀咕，那年我已八十二歲。

憑著虔誠的宗教信仰，深信「生死有命，富貴在天」，至此反而能力持平和寧靜，安慰妻兒無需憂慮。可是，當我被推進手術室實施全身麻醉的一剎那間，我的腦筋很清楚，暗暗對自己說，這一回如果能夠活下來，我就要回臺灣去。為什麼會有這樣強烈的想法，自己也講不清楚。到了生命臨界點，終於警醒到臺灣才是我心靈上的故鄉。

二〇〇八年底，我和史棻回到臺北。離開了將近二十年，重見市區繁華的景象，不下於歐美那些名城。只是在陌生之中仍然覺識到一些與別處不同的親切感。

感受更強烈的是人的變化，「訪舊半為鬼，驚呼熱中腸」，甚至連許多機構也和人一樣，悄悄地退場了。以新聞界而言，《中央日報》、《新生報》、《中華日報》，市面上都看不到了。《中國時報》讓售出手，只有《聯合報》還維持著「正派辦報」的風格。中央社改變了性質，電視老三臺雖在，新興的許多家聲勢更盛；可是看來看去，好像跟我心目中「大眾傳播」都不是一回事情。有朋友告訴我，「媒體工作者」是被公眾看不起的族群，評比的分數甚至在立法委員之下。為什麼會搞到這樣地步？我不懂。

社會結構、政治版圖，都有極大的變化，有些公共建設的成績很是亮眼。臺灣高鐵和臺北捷運都令我「驚豔」，整潔、迅速、便捷，而且由此形成了排隊守秩序的好習慣，是「現代國家」的標誌。比紐約的地鐵、舊金山的巴特（灣區地鐵）好得多。

回臺後住在竹北市兒子家中。我仍留存著早年印象，以為那是大片綠油油的稻田；想不到因為科學園區之故，市面煥然改觀，華廈連雲，大道寬潔，遠遠望去彷彿是曼哈頓街頭景象。坐在喜來登飯店喝咖啡，渾然忘卻身在何處。

但這種表面浮華，掩飾不了貧富差距越來越大。小小的竹北市，據說空屋不下五千單位；但沒有錢的人難覓一枝之棲。我自知與時代脫節，所以深自韜晦，不再輕發議論，也無所用乎憂國傷時。「晚年惟好道」，也算是一種成熟吧。李白那首〈山中問答〉深得我心：

問余何事棲碧山？笑而不答心自閑。
桃花流水窅然去，別有天地非人間。

人間仍是人間，只是換了一番心境，生涯別有意趣。

回臺之後有幾件意外之喜，不可不說。我在臺大教書，已是三四十年前的事，師生別後幾乎沒有聯繫。難得有一群老學生罣念這個老師，先後來舍間探候，設宴款待，更籌劃將我過去的作品約八十種搜集齊全，收入「臺大人文庫」永久典藏。這些門生中，王純瑾擔任慈濟會美國西部的負責人，陳雪華是臺大圖書館長，彭慰是中國圖書館學會祕書長，韓竹平為天主教會刊物寫專欄，顧力仁在大學任教。

二〇〇九年三月二十日，在臺大文學院舉行了隆重的贈藏儀式，文學院葉國良院長贈我一面感謝狀，許多位臺大、筆會和出版界老友都來參加致賀，令我感到這回真的是回到家了。

我歷年作品散見各出版社，回來後發現，三民書局出版的幾十種，包括新作《惆悵夕陽》和《在心集》都仍上市。《改變歷史的書》在聯經，《積極思想的驚人力量》在九歌，其他各作，據說要在網路拍賣上去搜求。「臺大人文庫」收藏了我全部創作和翻譯作品以及部分手稿，我覺得是很大的榮幸。

兩年之後，另一件事更使我十分意外。有位老友告知，「公益信託星雲大師教育基金會」要頒一座大獎給我，他說，星雲大師「要尋找堅持理想、傳承典範、發揮積極正面影響力的新聞人」，二〇一一年是第三屆頒獎。給我的那個獎的全稱很長，是「星雲真善美新聞傳播華人世界終身成就獎」，主辦的委員會由高希均、趙怡、劉炯朗、王力行、釋覺悟等五位組成。另有負責評選的遴選委員會，委員是洪蘭、姚仁祿、柴松林、陳怡蓁、陳長文、張作錦、嚴長壽等七位。朋友告訴我，「這些人都是社會上極受尊重的意見領袖，他們的眼光不會看錯。」

二〇一一年十一月二十日上午，在臺北市世貿中心舉行了盛大的頒獎典禮。坐著輪椅的星雲大師到場致詞，上千位貴賓蒞臨觀禮。和我同時獲獎的還有十多位臺灣地區、海外，與大陸的受獎者，極一時之盛。大概因為受獎人中我年齡居長，所以要我第一個登臺致詞。這是我近二十年來第一次，也是唯一的一次，在這樣盛大場面中公開發言。那篇講話我倒是經過一番斟酌，要在短短三五分鐘內，好好表達出我的心情。我是這樣講的：

感謝星雲大師和遴選委員會各位委員的厚愛，將華人世界終身成就獎這項榮譽頒贈給我。回顧生平，碌碌無成，實在當不起這樣崇高的榮耀。一位老友轉達這個決定時，我覺得萬分意外和惶恐，請求他代為婉辭。可是他說，遴選委員們都是極負清望的有道之士，獨立行使職權。他們的決定，像大法官會議一樣，過去沒有改變的先例。他又說，那些委員們大都不認識你，可是，他們似乎都相當了解你。「知音世所稀」，你不宜推辭。於是，我今天懷著慚愧的心情，在此受獎。

此時，我想用一分鐘講一個故事。千百萬年前天降驚雷，須彌山大火，一時烈焰沖天，鳥獸驚逃。有一隻鸚鵡自海上飛來，翅膀上蘸了海水，盤旋上空灑水救火。天神問牠在此做甚？鸚鵡回答說：「因昔年曾居是山，未免有情，不忍見火焚山林，故來捨生相救耳。」小鳥的精誠，感動了諸天神祇。南海觀世音菩薩用楊柳枝灑下甘露水，一場大火頓時熄滅。

這則小故事或見於佛門經典，或只是文士的想像。我是讀胡適之先生的書中偶然得之。我覺得，那隻鸚鵡其實很像是新聞傳播工作者的象徵；就像今天接受頒獎的各位一樣，大家年齡不同、性別不同、學歷經歷生活經驗各有不同。每個人有自己的宗教信仰和政治主張；唯一相同的，可能就是我們「未免有情，捨生相救」的一點誠心吧。

今天的世界是否像大火中的須彌山？我不敢說。就以眼前為例，恐怖戰爭、金融危機，今年三月間日本地震海嘯，夏秋之際泰國的大水災至今未退，真可說是水深火熱。

今年十月，世界人口突破七十億，而其中有十億人陷於飢餓，也就是每七個人中有一個人沒有飯吃，平均每天有兩千人餓死。專家估算，要解救這十億人的吃飯問題，一年需要三百億美元，聽起來不是小數目。但是，另有專家統計，世界各國二〇一〇年軍事預算的總和，是一兆六千三百億美元。三百億美元只是一個零頭，相當一個星期的軍費，就可以讓十億人活命。

當然，我們不會天真到幻想世界上二兩百個國家，能夠即時停止一切建軍備戰的活動；但我們仍然期盼，以人類的智慧和理性，尋找到走向和平相處之路，避免自我毀滅和遭受天譴的命運。

佛家有言，「諸生不得度，我不成佛。」耶穌基督自願釘死在十字架上為世人贖罪，這種悲天憫人的情懷，就是當前這個世界最需要的靈泉和甘露。

我今年痴長八十九歲，回頭想想，過去種種盡屬虛幻。「生平學道唯忠孝，夜闌說與鬼神聽。」星雲大師基金會給我這項榮譽，無非是獎勵我「終生不改」的一片愚誠。我雖已老，仍願秉此誠心，把我的羽翼上蘸著的水灑下來，竭盡棉薄；並以這份誠心，與新聞傳播界的朋友們相期共勉，謝謝。

會後我應邀南下，到佛光山佛陀紀念館參觀，拜見星雲大師暢談。那些建築不僅是臺灣佛教的聖地，也是南部觀光的盛景。

附帶要說明，我所領到的獎，不僅名稱最長，且附有新臺幣二百萬元的獎金，是我歷年獲獎領受的獎金中數額最高的。

朋友懇切對我說，「大師知道你的情形，希望這獎金有助於安定生活。」我說我應當向大師學習，從事公益。朋友說，「大師也有交代，你如果覺得有什麼事情應該幫助的，請即告知，讓基金會去做功德。」大師這樣體貼，令我無話可說。在默默接受獎金之後，一面學著前人樂善好施的榜樣，做一些小小的善事，另外也真的保留一部分用來安定生活。在我寫這本書的時候，星雲獎給了我很大的精神支持力量。

美國哲學家威廉・詹姆斯說，「生命最大的用處，是將生命用在比它更長久的事物上。」我不敢希冀能寫出不朽的作品，而只期望我講的事情和道理，以後仍會有人諦聽——在我離開了這個世界以後。

第卅三章　兩岸的對照

我常常告訴自己，有緣能從大陸到臺灣生活了幾十年，雖然也曾遭遇過挫折與痛苦，忍受了一些磨難和屈辱，仍然應該感激天恩祖德。因為像我這把年紀，又抱著極不願隨波逐流、「趕上時代的人」，如果留在大陸上，會有什麼情況發生，真難以想像。

我家一門五兄弟，我是長子，從一九三七年抗日戰爭爆發以後，父母遠走大後方，我由祖母撫育長大。我和弟弟們天各一方，聚少離多，與我年齡最接近的二弟尚群，如今也已是八旬老翁。我和他生活在一起的時間，算起來還不到八年。分手時都還是孩提，再相逢已經是滿頭白髮。

我們生活在兩個不同的世界裡，直到兩岸開放，才得到骨肉團聚的機會。見了面不免要問他半世紀的經歷。他總是說：「過去的事情已經過去，不必多說。咱們朝前看吧。」本文所記，是我一再追問之下，從他一鱗半爪的回憶中，勾劃出這樣一幅輪廓。

我那老弟的經歷，在相當程度上也足以反映出在那動亂年代裡，一個知識分子的命運。兩相對照，也許可以使年輕人們深一層了解所謂「臺灣經驗」的意義吧。

尚群出生於一九三〇年，父親當時在南開大學任教，住在天津市郊八里台，我隨祖母住在英租界敦厚里，差不多每週都可見面，兩兄弟玩得很開心，尚群皮膚黑黝黝，兩顆大眼睛滴溜滴溜轉，愛講話、愛唱歌、愛穿漂亮衣服。

抗戰爆發之後，南開遷校到昆明，父親由教職轉任隴海鐵路工程司。隨戰局變化由東向西走，從徐州、開封、洛陽、西安、寶雞，我們從此天各一方。

尚群進了寶雞的扶輪小學，那是鐵路局辦的子弟小學。六年級時一位英語女老師，西南聯大畢業生，用林語堂先生編的課本作教材，培養了他的學習興趣，終身受益。

尚群歌喉嘹亮出於天賦，而且小小年紀毫不怯場，參加寶雞市中小學歌詠比賽，以一曲「告別南洋」獲得第一名，除了獎狀獎品之外，校長遵守諾言，送給他一雙皮鞋。

初中升學到扶輪中學，跟著老師學了一年鋼琴；音樂科有專門教室、有鋼琴，學會了五線譜。他繼續唱歌，有「大刀向鬼子們的頭上砍去」、有「太行山上」、也有「天倫」、和「教我如何不想他」。還學過一些德國作曲家的作品如「獵人大合唱」之類，也學過許多黃自先生的作品。尚群有一次在聯歡會上唱過舒伯特的「薔薇」，又得到大獎。他的回憶是，「那是一段十分美好的德智體均衡發展的求學時光。」

一九四九年中共建國之後，尚群先進入華北大學，校長是「五老」之一的吳玉章。尚群記得，「老校長最愛聽我指揮幾百名同學在大操場上合唱。」

後來他進了人民大學俄文系，又成了合唱團指揮，用俄文唱過許多名曲：「祖國進行曲」、「共青團員之歌」、「五月的莫斯科」等。尚群的俄文學得不錯，革命熱情也很高。

畢業之後，一度到了空軍軍校，除了合唱團之外，還有銅管樂隊，逢年過節一定有演出任務，生活始終伴著歌聲愉快地、輕鬆地向前邁進。

後來便到了極不愉快，極不輕鬆的「文革」十年，便只好唱「天上布滿星」、「逛新城」，再就是所謂的語錄歌。

再後來到了北大荒，鄉下學校根本沒有音樂課，學生們不但不識五線譜，連簡譜也莫名其妙。尚群在業餘教學生們唱歌，只唱詞、不唱譜，一句一句的教，「就像京劇大師帶徒弟」。在冰天雪地裡高唱：「在希望的田野上」，不然還能怎樣？

尚群老弟曾有出國訪問的機會，往往應外國友人之邀，唱唱中國的民歌，「小河流水」、「半個月亮升上來」。民歌的樸素優美的旋律，很能展示中華文化的底蘊，音樂果然是「世界的語言」。

我不禁要想，中國這五六十年的歷史如果不是這樣曲折生硬，我這老弟憑他的天賦和努力，說不定已經成為一位出色的聲樂家或傑出的指揮家。當然，這些話這輩子都用不著說了。

一九四九年六月三十日，毛澤東發表了〈論人民民主專政〉那篇高論，宣布了「向蘇聯一面倒」的政策。四天之前，即六月二十六日，第二號人物劉少奇率領龐大的中共中央代表團密訪莫斯科。據沈志華所著《中蘇關係史綱》一書在多年之後透露，「蘇聯方面同意幫助新中國建立海軍和空軍部隊，培養海空軍部隊和技術人員，並且為解決沿海城市、特別是上海等地不斷遭受國民黨飛機轟炸的問題，緊急幫助中共方面組建防空部隊，提供高射炮和高射機槍。包括兩個蘇聯飛行中隊進駐上海，擔任防空任務。」

據我所知，臺灣的空軍雖曾多次飛臨大陸，但並沒聽說對臨海城市施行轟炸的紀錄，而是偵察和空投——在大陸各省投下食品、藥品和傳單。屬於「大陸救災總會」主辦，是象徵性的救濟工作，當然也有心戰的作用。

一九五〇年九月底，尚群和九位同學離開了設在北京市鐵獅子胡同的中國人民大學，到了上海，成為一名人民解放軍的翻譯員，而且馬上就被派去指揮室值夜班。當天值班人是司令員聶鳳智和蘇聯顧問科茲涅夫。

午夜來了情報，標圖版上畫了不少箭頭，聶司令員命尚群請教顧問。科茲涅夫趴在標圖桌上看了一下，慢條斯理地說：「這不是飛機，是ПОДВОДНаЯ ПоДКа。」尚群就懂了，馬上譯過去，「報告司令員，顧問說這不是飛機，是水底下的船。」想不到聶司令員大發雷霆，「你混蛋，什麼水底下的船，你連潛水艇也不知道？」

尚群越想越怕，這不是鬧著玩的，這是戰爭啊。當年上海已有五百萬市民，一個小翻譯講一句話會關繫著五百萬人的安危。第二天清早，他馬上向上級請求，不去值夜班。他從這次經驗，明白了一個簡單的道理，「沒有足夠的辭彙量，沒有起碼的軍事知識，根本幹不了軍事翻譯。」

這小伙子暗下決心努力學習，經過一年的勤修苦練，果然在翻譯室四十個人裡榮獲第一。聶鳳智那一聲吼，使得他後來成為中蘇貿易談判中的高手，大顯神通。

六十年前上海的虹橋機場是軍用機場。一九五〇年代韓戰期間，米格十五是最拉風的飛機。虹橋路一大片西式別墅，外有圍牆，對外叫「虹橋招待所」，其實是一個蘇聯空軍師的營房，外人不得進出。全軍官兵，自師長以下都住在那裡。軍官可以外出購物，但必須脫下軍裝換上便服，而且有保衛員隨扈，士兵則嚴禁外出，一年以後換防。所以那些士兵常有抱怨，在這東方大城住了三百多天，「卻不知上海長得什麼模樣。」

不過在軍營裡，士兵們的生活環境相當舒適。有圖書館、閱覽室，幾十種最新的俄文報紙雜誌空運而來。有商店，諸如市面上相當稀罕的肥皂牙膏、信紙信封、罐頭食品、水果飲料，甚至絲綢襯衣、手錶、收音機那些高檔貨品都可買到。

俱樂部裡可以下棋、拉手風琴、彈吉他、唱歌。電影院每週放兩次俄文電影，片子也是空運來的，所以能看到和莫斯科同時放映的最新影片。而且士兵和將軍坐在一起觀賞電影，在蘇聯境內是沒見過的。

虹橋招待所所長是中方所派的一個團級幹部，有一天來了一位蘇軍少校，申請一條藍色地毯。所長說：「好辦，過兩天你來拿罷。」尚群如實翻譯過去。兩天後，那少校開著車來取地毯，所長卻忘了這回事。少校很不諒解，他認為那麼大的軍官不會說話不算話，肯定是翻譯有誤。尚群為維護所長的顏面，只好承認是自己的錯，連聲陪不是。經此一事，他遇到「兩天」之類的話，就譯為「過幾天」，不必講得太準確免惹麻煩。

一九五一年新年晚會，盛大聚餐。士兵每人發給兩百克的伏特加酒，啤酒儘量喝。俱樂部主任裝扮成聖誕老人，背著大口袋，全是好吃的東西和小禮品。上海市長陳毅也來和蘇軍指戰員們共度良宵。直到午夜十二點，陳毅舉杯祝賀新年快樂；還特別指示中國同志，一定要陪蘇聯朋友們玩到天亮五點鐘才散。由於時差，上海的五點鐘才是莫斯科的子夜，要聽到莫斯科的鐘聲才算是新年。由此可見當時中蘇之間的關係是蜜裡調油，十分親切。陳毅這份細緻，難怪他後來接替周恩來當上了外交部長。

尚群的一項意外收穫，是向那位替他開車的夏師傅學會了上海話，而且講得十分之溜。近年他偶爾到上海旅行，一張嘴接談，當地人都認為他是「老上海」。

一九五七年，毛澤東發表「百花齊放、百家爭鳴」的談話，鼓勵大家對共產黨提意見。許多人信以為真紛紛發言，局勢看來很快就要失控。於是毛說這是「引蛇出洞」的陽謀，繼而展開反擊右傾風。不僅是政治上稍有異議的人，如章伯鈞、羅隆基等飽受圍剿，一般知識分子也都大受衝激，被當局定性為「右派分子」者不下五六十萬人。那些右派，還有在一九四九年之前國民黨軍的叛將降卒，打完了韓戰如仍倖存的話，就被安置到北大荒去，是毛家「消弭內患」的一著棋。

我那老弟也去了北大荒，可是，他並不是像右派分子或解甲士卒那樣被迫下放，而是完全出於青年人的革命熱情，自己上趕著跑去的。

一九五八年，尚群在武漢防空學校任職。北京解放軍總政治部派人下來動員，方式甚為先進。先是專人作「大報告」，配合放映電影：「到邊疆去！」「到北大荒去！」「到祖國最需要的地方去！」口號聲震天響。

邊疆的農場什麼樣？「樓上樓下，電燈電話。」觀看最新出品的蘇聯電影，報告之後緊跟著就放電影。銀幕上看見麥浪滾滾，遍地金黃。小伙子歡笑，姑娘們唱歌。農場俱樂部裡有鋼琴、各種樂器，有許許多多圖書、雜誌和報紙。最吸引人的是那位拖拉機駕駛員，戴著雪白的手套，握著操縱桿在田野上前進。

「看哪，蘇聯的今天就是我們的明天！」好男兒志在四方，那時節的青年人真有那麼一股幹勁和熱情，尚群就在軍方動員之下，決心向地球開戰了。

那年他剛剛結婚，為了要和農民打成一片，怕別人說有「資產階級思想」，就把緞子被面拆下來，換上花格粗布。戴上大紅花，高唱進行曲，就此踏上征途。

路過天津，組織上給他三天假，回家探親。父親對他說：「自從知道你要去北大荒，你娘這幾天總做夢，夢見狗熊咬你，你娘嚇醒了好幾回，你能不能不去北大荒？」娘也說：「你爸給你在天津大學俄文教研室安排了一個工作，當個助教，不是挺好嗎？」

父母的話，尚群聽不進去，「這怎麼行，這是革命的逃兵，可恥！」於是，不顧老娘淚流滿面，不顧老爸再三勸阻，尚群仍是鼓足幹勁奔向北大荒。

「北大荒」本來泛指黑龍江省嫩江流域，黑龍江谷地和三江平原廣大荒蕪地區。一九五六年在密山成立鐵道兵農墾局，後來逐步改制，改隸國家農墾部。資料顯示，黑龍江墾區土地總面積五百五十五萬公頃，有九個管理局，共轄一百零三座農場，一千多個工業企業，總人口一百六十萬人，職工七十萬人，糧食生產和畜牧業都大有發展。

可是，當尚群一九五八年到達黑龍江省寶清縣長林子島時，觸目所見，遍地荒蕪，那座四面環水的孤島，在抗日戰爭期間曾是土匪盤踞的巢穴。土地油黑，適合種鴉片。春暖冰融之後，就與外界斷絕了聯繫。島上一切吃的、穿的、用的，都要等到水面凍結之後，用大耙犁從冰上拉到島上去。

那些農墾部隊到達之後，對外的聯繫唯有靠一臺手搖發電機和發報機，可以向場部報告。報紙看不到，通訊員有時騎著大馬進島，會帶來一個月以前的報紙還有萬金家書，這是大家最盼望的節目。

住的地方是大家自己搭建的帳篷，沒想過什麼電燈電話，當然更談不到樓上樓下。電影上的畫面，只管它是夢囈吧。

尚群記得很清楚，到了島上之後，第一頓飯是「大渣子」，一種粗糧。最糟糕的是，生產隊裡沒有水井。把大鍋支起來之後，大伙兒就用洗臉盆到雪地裡去挖雪，往大鍋裡倒，然後放進老玉米豆煮成飯。那鍋水是什麼顏色，可想而知。

但尚群說，當時人們只有一個念頭：「幹革命還怕吃苦嗎？」這是絲毫不摻假的，什麼衛生、什麼汙染一概不問，這才叫「沖天幹勁」。

五一勞動節是大節日，大伙兒居然湊在一起吃餃子。沒有豬肉，打來了狍子肉，還可以上樹去掏小烏鴉，剁餃子餡兒。

過了五一，這是下地種大豆的時候，可憐那生產隊，別說沒有拖拉機，就連一把鋤頭也沒有。隊長教大家一人拿一根樺樹棍兒，往地上戳，還要喊口號：「豆，豆，豆，四五六」，隊長傳授的耕作法，教這些從來沒有種過田的人，在地上用樺樹棍兒扎一個眼兒，然後撒進四五顆豆子。沒有人敢問，以前在電影裡看到的拖拉機到哪兒去了。

若干年後，尚群讀到了赫魯雪夫的回憶錄，才知道五〇年代蘇聯的農業一蹋糊塗，集體農莊生產效率極低、生活條件極差。電影看到的戴白手套的拖拉機操作員，還有俱樂部裡的鋼琴，統統是空中樓閣，是史達林粉飾太平的謊言。

尚群說，他和那些自願奔赴北大荒的熱血青年們面對現實，才知道是「誤上賊船」，悔之已晚。當時流行的口號是：「獻了青春，獻終身。獻了終身，獻子孫。」有許多人就在北大荒獻出了生命。

尚群告訴我，北大荒曾住過許多「名人」，丁玲、聶紺弩、吳祖光等都是，尚群印象最深的是李銳，李曾任毛澤東的祕書，並曾任水利部部長。可是，住在北大荒時，是在合作社裡賣雜貨。「那老頭兒很有硬骨頭」。李銳後來寫過好幾本書，檢討共產黨的錯誤，老頭很敢講實話。

北大荒其實範圍很廣，尚群最早住過的八五〇農場，距離中蘇邊境太近，當中蘇關係十分緊張的那段期間，不時有人從嚴冬凍結了的水面上過境。於是，下放的人被「內遷」到引龍河農場。尚群一直在引龍河勞動，直到毛澤東死亡後，才改任「子弟中學的老師」。那已是一九七六年，他教初中三年級數學。

由於「文革」期間廢除了英文課，文革之後恢復高考重辦大學，英文又成了必修科。尚群遂被交付了英語教師的任務。一九八〇年，北安農管局成立一所重點中學，我那老弟從引龍河被調到北安，教高中英文。

尚群讀英文全靠早些年的一點兒底子和後來的自修。他說，他比那些學生的程度，「頂多也就是領先一年，那真是現學現賣。」可是，由於他教學嚴謹認真，學生們刻苦勤學，每年的成績都很好。學生的升學率很高，在全省都創出了名聲，尚群教的那幾班學生，英文考試成績在黑龍江領先，「姚老師因此被選為勞動模範」。

「勞模」的稱號很難得，學生們對他的崇敬更可貴。他教出來的男女學生，很多都升入明星大學，然後到國外深造，博士碩士，各有專精。還有的立業之後成家，總要把姚老師請到。去年夏天，有個女學生把他從北京接到杭州去當「主婚人」。回想在幾十年前艱苦歲月中培養出來的師生感情，尚群說，這就是此生最寶貴的收穫。

一九八九年，戈巴契夫訪北京，當局痛感俄文翻譯人才不足之苦，把尚群調往佳木斯附近的農場總局下屬的農業科學院。那兒是「學者專家成堆的地方」。

尚群告訴我，由於政治上的波動，他其實從一九五八年以後，就沒有再認真研讀俄文。為了不至於完全廢棄前業，他曾買過一本俄文版的《毛澤東語錄》，以供自修複習，不料在文革期間被人揭發，說他是想當「布里茲涅夫的孝子賢孫」。他嘆息，「那年頭真是沒處講理去。」他任職留易公司期間，協助完成許多重要的談判，作成不少大生意。退休之時，公司為他舉辦盛大的歡送會，報紙上稱頌他是「遠東第一翻譯」，享受公司的特別待遇。一九九四年回到北京，安居在西郊的一座樓房裡。談起北大荒來，他說，「現在可比那些年頭兒好多啦。」

尚群自從去到北大荒，就與俄文絕緣，不聽、不說、不寫整整三十一年。忽然間奉調要去重操俄文舊業，他很想找個機會自我測試一番：如果聽不懂、說不來，就堅決不去農業科學院。一個測試的機會是「黑河一日遊」，交二百七十元旅費，從黑河過渡，對岸就是蘇聯城鎮布拉格維申斯克。這一旅程是早上乘船出發，晚上原船回來。

全團四十人，一位導遊，一位翻譯，但下船之後這兩位便不見蹤影，大概是「做小買賣去了」。其餘的三十七位旅客都不會說俄語。尚群便毛遂自薦，幫他們擔任翻譯。商店裡賣的有絞肉機、鋼精鍋、禮帽、刮鬍刀，似乎吸引力不大。尚群買了一套不銹鋼的刀叉，然後在江邊的一家小飯館吃了一頓真正的俄國飯菜，總算不虛此行。

想不到黃昏回程，剛剛上船坐穩，有位先生迎面走來，很有禮貌地說，「我是黑河某貿易公司的經理，聽您俄文講得那麼好，想請您到我們公司來工作。說真格的，我們黑河沒有您這麼好的俄語翻譯。」隨後他更說明，「每月工資四百元，您看怎麼樣？」

尚群頂著「優秀」與「勞模」的光環，在重點中學的高級教師裡，薪水是最高的，每月一百二十元。

此後他離開北安的學校，一九八九年八月，開始重操舊業，回到了俄語文翻譯老本行。他說，那年他已是六十歲的人，「不能不為自己打算打算了。」

尚群說，作為一個翻譯工作者，他感受最深刻的是，在一九五〇年代他剛剛當翻譯員的時候，每天都要講「我們幫助你們。」這是蘇聯專家們共同的口頭禪。一九八九年訪蘇時，他還是常常翻譯「我們幫助你們」這句話，但不是從俄文譯為中文，而是倒轉過來由中文譯為俄文。此中變化，象徵著三十多年間雙方關係的改變。

在毛澤東當政時期，曾公開保證「向蘇聯一面倒」，不僅在國際關係上如此，在政治經濟和軍事上如此，甚至文化、社會等各方面，也都要一面倒地「以蘇聯為師」，任何人的思想言行如果有「反蘇」的傾向，那就是嚴重的罪名。

可是到了赫魯雪夫當政時，雙方為了原子彈以及共黨陣營領導權的矛盾，鬧得水火不相容，甚至演出珍寶島事件那樣的武裝衝突。

近年的演化更出乎外界的想像，蘇聯解體變成了俄羅斯，雙方雖都公開表示要大力增進貿易往來；可是實際對俄羅斯的貿易僅僅占到中國外貿的百分之二。

俄國對中方的出口，以能源和原材料為主。俄國木材有百分之六十輸往中方。木材採伐本有限制，但地方政府因利之所在，對限伐和限制出口的政策，睜一隻眼閉一隻眼。

雙方人口的移動，也可看出雙方關係的底蘊。一九九〇年代初期，俄國邊境地區非法移民有二百萬人潛入中國。可是，二〇〇八年官方統計，同一地區的中國移民只有三萬一千人，大部分是林業、建築業工人和小販。他們在俄國居留都不超過一年，大多數是租屋而居，絕少買房置產的。他們絕少申請入俄國籍，也不肯學俄國語文，並無在俄國久留之意。有人分析說，他們所幹的，「就是最大限度地、最迅速地榨取當地的資源，明目張膽強行剝削」，也就是「歐洲殖民主義者初始階段所用的方式」。民間態度如此，貿易搞不好毋寧是意料中的事。類似石油和天然氣的供應，幾乎是雙方領導人見面必談的題目，中方因為近年經建奏效，有恃無恐，談判代表的態度一貫強硬。這真是「十年風水輪流轉」。該俄國人低聲下氣了。

尚群於二〇一四年二月曾來臺北，手足相聚，是生平最快樂的事。三弟尚志，是優秀的教師，曾在電視上教數學，出任明星學校北京市第二實驗小學校長，不幸於二〇〇七年積勞病逝。四弟尚德也是優良教師，專長是世界地理。改革開放之後，各航空公司大批培植空服人員，尚德退休後發揮餘溫，擔任老師。五弟尚齊，曾在河北省北部擔任炭精廠廠長，由於地處山區，他突破了一胎化的限制，生了四個兒女，我那姪女姚濤夫婦倆都是大連大學的博士；他們的工作是「日夜敲打地球」，探測新能源。

海峽兩岸中國人的苦難歲月，似乎已經過去。中國人要翻身，還是一句話，必須要自己爭氣，要強。

第卅四章　老番癲，並不癲

我的終身志趣是寫小說，長長短短的作品寫了不少。不過，因為身在新聞圈中，不得不花更多時間和精力去處理新聞和評論方面的事。我在《中央日報》服務十五年，自己執筆的社論不下一千篇。寫得最多的是對國內外發言：揭發大陸上因中共暴政而造成老百姓的痛苦，針對中共的宣傳全力反擊。其中有兩件事特別值得提出。

自一九七二年尼克森訪北京，並在上海簽訂「上海公報」之後，舉世皆知，臺灣和美國的外交關係岌岌可危。但因美國國內民意對此仍多異同之見，所以又拖了幾年。一九七八年夏天，中共「新華社」特稿，用許多捕風捉影之詞，誣指臺灣正在積極與蘇聯勾結，並稱臺北已同意讓蘇聯的艦隊進駐澎湖云云。「新華社」是中共最重要的宣傳單位，它的特稿，大陸上大小新聞機構都必須顯著刊登；在海外，更被視為中共政權的「發言臺」。這篇洋洋數千言的特稿，影響確實可觀。

尼克森所謂「破冰之旅」，著眼在分化中共與蘇聯，以爭取冷戰中的上風，當然也是為他自己爭取連任的布局。當時各方紛傳的條件是：「斷交、廢約、撤兵」，要全面切斷美國對臺灣的一切關係與支援。外交關係一旦斷絕，「中美共同防禦條約」隨之失效，美國原來在臺灣駐有象徵性的空軍部隊必須撤離。其實，更重要的一點是，北京希望美國不要再出賣武器給中華民國。美國有些輿論對於尼克森的「破冰」之說，雖尚可接受，但對於「棄臺灣於不顧」的作法，反對者的聲音甚為高昂；認為美國背棄臺灣，失信於天下，有違自由盟主的立場。「新華社」的特稿散布臺灣聯俄的謠言，正是針對這種情勢而發。

中共造謠臺灣聯俄，就是要誘使美國的民意也趨往「臺灣無可挽救」的方向，瓦解民間對臺灣的最後支持。如此則左派與親共分子就可大張旗鼓，要把臺灣打成一個永遠的「拒絕往來戶」，不可能再得到任何形式的援助，甚至連所謂「防衛性武器」也無法購買。不幸若真走到那一步，我們真是會面臨「孤軍無援」的地步。「新華社」這篇特稿，乃是「釜底抽薪」，要把臺灣推到一個永世不得翻身的絕境。看透了後果嚴重，所以我立即寫了社論，題為〈嚴斥「新華社」的無恥讕言〉（刊於一九七八年七月二十日）。全文如下：

正當美匪間的勾結遭受美國及世界開明反共人士強烈反對之際，匪「新華社」電訊日前散布讕言，以含沙射影之詞，誣衊中華民國政府「聯合蘇修」、「出賣國家利益」，並「破壞」美匪間所謂「關係正常化」。共匪本來就是「無恥階級的先鋒黨」，「新華社」之顛倒黑白，造謠生事，已屬司空見慣，不值一評；然而，我們判定「新華社」這次的含血噴人，乃是共匪又一次和謠攻勢的先聲，別有陰險的企圖。本報為明辨是非，伸張正義，對共匪的無恥讕言，特依據事實，一一予以嚴正的駁斥。

首先，我們要問究竟是誰勾結蘇俄？

中華民國以誠信立國，堂堂正正，從不為勢劫利誘，從不因一時順逆而改變「堅守民主陣容」的方針。蔣總統經國先生在六年前就任行政院長之初，就已昭告中外，「中華民國永遠站在民主陣營的一邊，為申張正義公理，維護世界和平的職志絕不改變。」這明確堅定、斬釘截鐵的立場，實為我全民所同信同尊，已為舉世所共知共見。

我們反過來要問：

是誰在天安門上奴顏婢膝地高叫：「向蘇聯老大哥一面倒」？

不是別人，正是中共匪黨的「舵手」毛澤東！

是誰接受史達林的命令，為蘇俄帝國主義者作看守門戶的鷹犬，驅使百萬中國青年子弟打韓仗，當炮灰，灑血於朝鮮半島的荒原？

不是別人，正是甘心為虎作倀的匪偽政權！

今天，匪俄為了爭權奪霸，勢成水火。然而，口口聲聲反蘇反霸的共匪，敢不敢把大陸上處處可見的馬、恩、列、史的醜像統統取下來？能不能將那些外國祖師的紅色符籙一體禁絕？就以「新華社」為例，其發布的稿件能不能有一天完全不引用馬、恩、列、史的餘唾來當作聖經？他們做不到，也不敢做。因為他們在心理上就是赤俄的奴才。

不論共匪目前如何劍拔弩張去反蘇修，事實是，在它的「憲法」、黨章上，在它的精神、思維上，無一處不表現它依然是蘇俄共黨意識形態的分店。像共匪這樣，一面反蘇，一面又自居為共黨的正統真傳，就不論口頭上叫得如何火爆，內心裡依然是和俄共一樣的要打倒「美帝」，要赤化世界，也就是俄共俯首帖耳的走狗。魔鬼與魔鬼雖然有一時的分合，本質上還是那一個東西。是誰勾結蘇俄？雄辯的事實是最好的答案。

第二、是誰「出賣」國家利益？

中華民國依照憲法的規定，「鞏固國權，保障民權」，我們以臺澎金馬為復興基地，生聚教訓，志切光復，本著平等互惠的原則，與一百多個國家保持實質關係。我們的國力日益充實，民生日益改善。政府與國民所努力的，唯在莊敬自強，完成中興復國的大業。反觀匪偽政權，向蘇俄「一面倒」造成了喪權辱國的悲慘後果，連共匪自己也無法掩飾。再看最近的實例，大陸八億同胞飢不得食、寒不得衣，而共匪不惜敲骨榨髓，「輸出革命」，取之盡錙銖，用之如泥沙。如匪自供，歷年對越共的援助就有一百八十億美元；小小的阿爾巴尼亞也從共匪手中接受了一百億美元！

結果如何？南越「解放」了，幾千萬人民被關進地獄，一兩百萬華僑流離失所。越共政權卻反過來抨擊匪是「野心最大的侵略者」。

在東南亞、在非洲，這種事例多矣。共匪這樣無止境地榨取中國人而去收買、去討好外國人，反落得「自搬石頭自砸腳」的下場，這種既殘忍、又愚蠢的作法，是不是「出賣國家利益」？是不是與中國人民為敵？

最後，說到所謂美匪「關係正常化」。我們自始斷言，這根本是「反常化」；美匪之間的任何交往勾結，我們自始就堅決反對。由於中美兩國的百年友誼，無論從國際道義而言，從條約義務而言，更從中美長遠的共同利益而言，美國都不應該與獨裁殘暴的共匪來往。我們這一光明正大的立場，歷來如此，從不變更。

美國是一個民主國家，現在，百分之九十五的美國民眾，都堅決反對在共匪勒索之下，犧牲中華民國的權益，去與共匪苟合。美國莊嚴的民意，正透過各種方式、各種途徑，一一表達出來。這不是、也不可能是我們《中央日報》或任何報紙製造出來的。

美國民意的警覺惕勵，也不是、更不可能是偽「新華社」或共匪的任何宣傳機器巧言詭辯可以歪曲得了的！

由於「新華社」的無恥造謠，更暴露了共匪的內外煎迫、進退失據的窘困。只要我們不忘歷史的教訓，嚴守一貫的立場，掌握未來的機勢，共匪的任何陰謀詭計、謊言謠詠，就都不能發生絲毫作用。倒是「新華社」及其背後的牽線者們，如此替「美帝」設想幫腔，在第十二次「黨內鬥爭」爆發的時候，少不得要被扣上「裡通外國」的罪名，遭受「打入牛欄」的噩運。

由於國家立場堅定不移，所以這篇社論題旨嚴正措辭鋒利，頗受各方稱賞。更因針對性很強，內容富於新聞性，所以駐臺各國通訊社也都摘發要旨，傳布全球。「新華社」稿中提到行政院長蔣經國早年留蘇的背景，含沙射影，暗示他在面對日益孤立的外交環境，「聯蘇」是一項「可能性極高的選項」。

但經過《中央日報》有此斷然回應之後，中共大小宣傳機構，包括「新華社」、《人民日報》

等在內，從此不再提起此事。美國國會通過的「臺灣關係法」，承諾對臺出售「防禦性的自衛武器」，至今仍在執行中。中共當時在「斷交」後，進一步捏緊臺灣咽喉的毒計，至此破滅。《中央日報》斥責毛澤東多年來「向蘇聯一面倒」的政策，是舉世周知的事實，而北京多年來在國內「一窮二白」的情況下，猶自為了「輸出革命」而大量援助如北越、阿爾巴尼亞等共產國家，大陸同胞敢怒不敢言，《中央日報》為他們出了一口氣。「新華社」指控臺灣「出賣國家權益」，結果是自取其辱。

毛澤東發動的「無產階級文化大革命」，自一九六六年開始，至一九七六年結束，時間長達十年，範圍遍及整個大陸。期間《中央日報》曾有許多新聞報導和社論、短評、專欄予以及時的批評。海內外某些左派分子（有些是從臺灣出國的留學生），常以「這都是《中央日報》在造謠」為詞，不敢正面辯解。其實，《中央日報》並無法派記者到大陸採訪，大部分新聞來自駐在北京的外籍記者的電報，以及香港等地收集的新聞。外記之中以日本記者表現最為積極，因為在形貌上，日本人和中國人同樣是黃皮膚、黑頭髮，而且派駐北京的日本記者，大都能讀中文，能講相當流利的中國話。這在採訪上就占了很大便宜。譬如「文革」初期，各派人馬紛紛張貼「大字報」，日本報紙上許多消息就從那裡邊發掘出來，公開之後又引起連鎖反應。《中央日報》的報導，就依外電線索而得，都是有根有據的。

一九七六年九月九日，毛澤東死亡。十月十六日，「四人幫」被捕，「文革」浩劫才算告一段落。直到一九八一年六月下旬，中共舉行「第十一屆六中全會」，通過了「關於建國以來黨的若干歷史問題的決議」，譴責毛生前的種種暴政，正式對毛鞭屍。

這項決議全文約三萬五千字，分為七個單元，三十八節。據知有二、三十人參與執筆，六易其稿，曾發下討論。不過，由於當時實際掌握權力的鄧小平等堅持，才把「批毛」作為重點。

中共那次會議於六月二十七日至二十九日舉行，那個批毛的決議案是二十七日「一致通過」的；直到六月三十日才由「新華社」全文發表。

我於七月一日收到全件，立即意識到這是「文革」爆發十年多以來最重大的新聞，中共以全黨名義，公開正式地批判毛澤東的錯誤。在細讀全文之後，我立即與編輯部聯繫，將第二版全頁的版面保留下來，決定將該決議案中「『文化大革命』的十年」，即原文第十九至二十五節，一字不易，於七月二日發表。當晚，我趕寫社論，題為〈中共鞭毛之屍而不敢拔毛的矛盾〉（載於一九八一年七月二日）全文如下：

中共匪黨「第十一屆六中全會」，已於六月二十九日落幕。在六月二十七日的會議中，「一致通過」了所謂「關於『建國』以來黨的若干歷史問題的決議」。這個決議的要點，就是一方面要對匪酋毛澤東痛數其罪，進行鞭屍。一方面卻又不得不多方矯飾詭辯，來湊合「功績第一，錯誤第二」的框框。在這個冗長的文件中，處處充滿了矛盾、錯誤，前言不搭後語，強詞而無法奪理。這一文件正暴露出中共當權派內部矛盾、衝突、鬥爭的核心。既要鞭毛之屍，又不敢徹底拔毛之禍源；不但不敢拔毛，反而不能不死抱著毛澤東那被億萬人唾罵的牌位，再來表演一次肉麻無比的「個人崇拜」。

毛匪澤東是一殘暴偏執的獨夫。他為中國人民帶來了骨嶽血淵的無邊痛苦，為中華民族帶來了曠古絕今的災難。最近美國天主教大學的學者們選出人類有史以來的「十大惡人」，毛澤東與史達林、希特勒等，皆名登惡榜，可謂最公正的評斷。

關於毛澤東生平罪狀，中外報導與專著，林林總總，不可勝數。本報於民國六十六年出版的《毛澤東之死與大陸大變局》，和六十八年編印的《中共禍國殃民三十年》兩書，皆屬具有總結性的作品。在中共那種極端獨裁專制的體制之下，毛澤東與中共匪黨，是一是二，已不可分。我們更可以說，毛澤東就是縮小了的中共，而整個中共匪黨也就是放大了的毛澤東。沒有毛澤東那樣的巨憝大奸，不會有中共禍國殃民的罪惡史；沒有中共那樣權詐慘酷的統治架構，也就不會容許毛匪那樣子殘民以逞，殺人如麻。

我們中國國民黨，以救國救民為職志，所以堅決反共到底。這種奮鬥與我們的黨當初推翻滿清，打倒軍閥、戰勝日寇的精神完全一貫。我們對共匪叛亂組織的鐵血鬥爭，口誅筆伐，是為了保存國家的命脈、民族的生機。過去也曾有一些認識不清的人問：「共產黨真有那麼壞嗎？毛澤東真會那樣子倒行逆施嗎？」

現在，中共「六中全會」一致通過的文件中，不得不作一番自供；尤其是其中「『文化大革命』的十年」，更是不折不扣的鞭屍。文中直斥毛匪的「左傾錯誤論點」、「根本沒有事實根據，並且在一系列重大理論和政策問題上混淆了是非。」而且以判決式的口吻，指責毛匪「逐漸驕傲起來，逐漸脫離實際和脫離群眾，主觀主義和個人專斷作風日益嚴重，日益凌駕於黨中央之上。」更與毛匪針鋒相對地說，「黨內根本不存在所謂以劉少奇、鄧小平為首的『資產階級司令部』。」

當然，我們可以理解，中共此時而發表這樣的鞭屍論調，主要是從鄧小平一派當權派的觀點出發。毛錯了，他們對了；他們過去之被「鬥倒、鬥垮、鬥臭」，全是冤枉的、錯誤的。

但是，任何一個有理性的人都會要問：毛澤東的錯誤，絕不止那「十年浩劫」，由於他的殘暴乖戾，受害者並不光是中共的幾個頭頭，被冤枉整死的、被關被押的、下放勞改的、妻離子散的，更有數以億萬計的中國人民。中共要想憑這一紙決議，就把幾十年的血債矇混過去，其誰能欺！

中共的這一文件，正如同它目前的人事安排一樣，乃是黨內各種勢力相持不下妥協的產物。鄧小平們不僅是鞭毛之屍以洩憤，同時也更是要踏著毛的屍體去建立他們的「權威」。然而，鄧小平這樣把毛澤東「腰斬」而分成三段，還要說什麼「功績第一，錯誤第二」，不僅無法騙過天下人，就是鄧小平那一幫又何能心服？

本報今天就中共文件「批毛」的這一部分予以發表。這文件前面有一些誇大的數字，後面有一些虛偽的誑言承諾，但這些都不足以掩蓋毛澤東和中共匪黨的滔天罪行。

中共的自供，就證明了古往今來、顛撲不破的真理：「權力使人腐化，絕對的權力，使人絕對的腐化。」中共唯有接受歷史的教訓與客觀的真理，徹底放棄共產邪說，放棄共產體制，打碎共產黨的組織，從批毛而反毛，回歸中華文化，認同三民主義。如果執迷不悟，仍要走什麼「馬列毛路線」，那就只有死路一條。

新聞和社論見報的當天，我的案頭電話不斷，大多數是讀者向《中央日報》致賀，可是也有少數人仍有存疑態度：「這麼重大的新聞，怎麼只有你們《中央日報》獨家報導？」我有百分之百的信心，因為中共會議的決議案，字字行行，是鐵證如山，至於其中有些篇幅，把罪過加在林彪、江青頭上，為毛減罪；又說毛是「功績第一，錯誤第二」，皆屬敷衍門面，維持黨的威信，大概連鄧小平自己也不會相信。

近三十年來，兩岸關係由劍拔弩張，轉而互通往來，春雲漸展，走到今天已經是「兩岸一家親」，我再重提舊作，誠可謂不明大勢，不辨潮流，「政治上不正確」，何其愚蠢？其實，我只是要提醒年輕朋友，兩岸間曾存在那樣緊張的狀況。而國民黨在面對挑戰之時，是以何等堅強的態度去因應，想不到國民黨今天反被青年們指責為親中、賣臺。大家要把從當年「不共戴天」，演變到今天「和平共處」的過程，仔細省思一番，應可諒解從蔣經國到馬英九怎麼走過來的歷程。世界在變，亞洲在變，中共和臺灣都有很大的變化。我們需要有新的思考新的方法，找出為人民為國家更妥善的出路。

當我執筆要為本書結尾時，臺灣出現了一幕變局。二〇一四年三月十八日，數百名青年學生進占立法院議場。歷時三週之久，國會停擺。三月三十日又有數十萬黑衫軍在街頭靜坐示威。山雨欲來風滿樓，造成社會近年來少見的不安。不幸中之萬幸的是，各方尚能知所節制，未釀成流血衝突。至四月八日群眾退場，化戾氣為祥和，是國家之福。

客觀分析，其中包括有許多人對中共意圖的不信任和憂懼，有朝野政黨之間的門戶鬥爭和各黨內部矛盾，更有知識青年對現實的不滿與失望。青年人就業困難，薪資微薄；同時看到社會財富分配不均，貧富懸殊，因而產生「反政府」、「反建制」(anti-establishment) 的強烈情緒，熱情激盪，甚至喊出「向政府宣戰」的口號。

在這些錯綜複雜的因素之外，我覺得更牽動著社會心態的一個問題，是對「國家認同」的分歧，統一與獨立之爭。統一是臺灣海峽兩岸的中國人，化干戈為玉帛，重建和諧共存的關係。獨立則是在臺灣現有的基礎上，「建立一個新而獨立的國家」。

蔣經國曾將臺獨定性為「民族浪子」，期待他們「浪子回頭金不換」。臺獨的暗流潛存已久，有人指出，臺灣歷史是一部「沒有臺灣人參與的歷史」。近四百年來，漢人從大陸渡海來臺，開疆闢土，此後是荷蘭、鄭成功、清朝、日本、中華民國，都是外來的「異邦人」。所以，臺灣人要唱「咱要出頭天」，決定自己的命運，不再聽命於人。臺胞的這種心情，外來者必須設身處境，回顧前塵充分了解。

從歷史文化的長遠背景而言，中國人不是異邦人，中華民國與荷蘭、滿清、日本不同。「國家認同」發生分歧，固然是由於有些青年人思想不夠清明、不夠周密，但在臺灣當政半個多世紀的國民黨和政府，不更應該深自檢討嗎？問題不是出在單一方面。

我個人的理解，臺獨運動的發展，一九七九年十二月十日，在高雄發生的「美麗島事件」是重要的高潮。那幾位為首者，經過軍事法庭開庭公開審判，到次年四月十八日宣判。當日晚間，我曾為《中央日報》撰寫社論。闡明國民黨的立場，強調國父所說「我們為愛人類而革命。」那一段出於我個人的信念：沒有愛心，無論藍綠，都不是好政府，都下不出高棋。

事隔三十多年之後，這篇社論自然也應歸於「政治不正確」的一類。它既不符合國民黨目前的現實路線，更不與臺獨論述合拍。但我考慮之後，仍把這篇舊作找出來再加引述，以存其真，主要作用是希望四五十歲以下的人，從而了解到當年的環境和社會氛圍。社論簡略說明事件的經緯，並反映許多關心國事者，「廉得其情，則哀矜而勿喜」的心情。社論題為〈黃信介等八人叛亂案宣判〉（原載一九八〇年四月十九日《中央日報》）。全文如次：

黃信介等八人涉嫌叛亂案，經臺灣警備司令部軍事法庭公開審理後，昨天依法判決：黃信介處徒刑十四年，施明德處無期徒刑，姚嘉文、張俊宏、林義雄、林弘宣、呂秀蓮、陳菊等各處徒刑十二年。判決書已於昨天分別送達被告簽收。依據軍事審判法之規定，軍事檢察官或被告不服判決，得於十日內聲請覆判；所以上項判決尚非最後的定讞。我們對於法庭之量刑用法，不作任何評論。不過，由於本案情節重大，中外矚目，當此軍法審判告一段落之時，我們願以嚴肅而沉重的心情，陳述觀感，掬誠以為國人道。

首先應指出的是，去年十二月十日發生的高雄暴力事件，乃是一樁為親者所痛、仇者所快的極不幸事件。被告等「蓄意顛覆政府，奪取政權」，事實俱在，判決書一一指證甚詳。依照我國現行法律，凡意圖破壞國體、竊據國土，或以非法之方法變更國憲、顛覆政府而著手實行者，即應構成懲治叛亂條例第二條第一項之罪。本罪犯罪構成要件有二：一、須有叛亂意圖，及行為人主觀上犯罪之目的或期望，在於破壞國體、竊據國土、或以非法之方法變更國憲、顛覆政府。二、須有著手實行之行為。軍事法庭判決書中列舉證據後指出：「被告等妄圖臺灣獨立，而以非法之方法顛覆政府之犯意，更臻明確。」「被告等著手顛覆政府之犯罪事證，至臻明確。」既有犯意，並已著手實行，即應成立叛亂罪責。同時，本罪為形式犯，一經著手實行，不待結果之發生，犯罪即已完成。

政府對本案的處理，自始遵循公平、公正、公開的原則，尊重司法獨立；軍事法庭的審判，亦完全秉照此一原則處理。判決書中指出：「查被告黃信介等之犯行，不僅嚴重擾亂社會秩序，且極端危害國家安全，原無可恕。惟查被告等，或因受海外叛國份子煽惑，或因認識不清，致觸重典；到案後對渠等所發動之高雄暴力事件，深致愧歉，爰依各被告犯罪情狀，酌減處如主文之刑，以示矜恤。」於此可見軍事法庭明刑恤刑、寬恕矜全之意旨。

中華民族文化博大淵深，而其精義所在，端在仁愛二字。國父說，「我們為愛人類而革命。」先總統　蔣公亦肯定：「革命的本務在行仁。」當此國賊未除、河山未復之際，我們的國民革命，就是要以仁愛精神與民族大義相感應、相號召。我們當前的大敵，是禍國殃民的共匪；我們的反共復國的大業。正是「仁與不仁」的生死決鬥。臺澎金馬復興基地，經三十年來臥薪嘗膽的艱苦建設，由於政府賢明的領導，全國同胞協力同心的努力，乃有今日精強壯盛、安和樂利的成就。所以，蔣總統曾剴告國人：以「仁愛」消滅「仇恨」的使命，是要每一個人共同起來擔負的。因為凡是製造「仇恨」的行為，不論它的動機如何，其結果，必然會被共匪利用為扼制仁愛的殺手，利用為摧毀大眾安寧、製造社會暴行的凶器。

所以，軍事法庭的判決，依法定罪，懲治叛亂，明正紀綱，伸張正義。誠如判決書中所指出者：「被告等既均具『臺獨』叛亂犯意，復以美麗島雜誌社為掩護，擬定所謂『奪權計畫』，且一再號召突破國家戒嚴法，非法集會遊行、示威，脅迫政府讓步，並發動高雄暴力事件，企圖以逐次升高之非法暴力活動，顛覆政府；」這種行為自為任何國家所不能容許，亦為我海內外愛國同胞所一致譴責。然而，我們更相信，民族大愛與革命行仁的至理，足以發生沛然莫之能禦的感格教化的力量，使暴徒愧歉，浪子回頭。我們希望全同胞皆能記取這一不幸事件的慘痛教訓，共體時艱，一本國家命運操之在我的基本認識，在是與非、善與惡、愛與恨、革命與叛逆、改革與造反之間，明辨分際，堅持立場，從而加強團結，戮力建設，共同努力創造和諧安定的社會，發揚「仁者無敵」的大勇和信心，達成反共復國的中興大業。

三十四年前，當我寫這篇社論時，基本信念是中華民國以三民主義為立國之本。處身於「毋忘在莒」的臺灣，反對共產主義及共黨政權，是唯一的選擇；我同時反對臺獨，因為臺獨的活動勢必削弱對抗共黨的力量，甚至會導致臺灣的顛覆。這種對兩者都不肯妥協的主張，曾被左派和臺獨分子稱為兩面不討好的老番癲。

老番癲如今更老，但並沒有更癲。歲月流失，世局激變，退休後這些年間，我不敢怠忽自惰，仍然不斷吸收新知，默察天下大勢，對國家大事也有一些新的看法。

國共之間纏鬥多年仇深似海，居然也能化干戈為玉帛和平相處。近二十餘年來，兩岸關係的變化超出了許多政治家的想像。據統計，自一九九二年至今，兩岸貿易總額達一兆美元，而臺灣出超達三千多億美元。自蔣經國決定開放大陸探親以來，目前單是航空往來，每月對飛就有五千多班次，全年載運一千萬人次。這都是過去無法想像的事。

兩岸交往如此頻繁密切，雙方需要協調與互相合作的事項，自然越來越多，涉及政治性的協商是大勢所趨。當年美麗島人士指控「國民黨賣臺」，今天太陽花的青年們呼求「島嶼前進」，基調都是走向臺獨。

而這些訴求中隱然的重心，仍在於「咱要出頭天」。臺灣人不能相信異邦人，必須自己當家作主，我以前對這種心理沒有充分理解。我覺得臺灣人的祖先都是來自大陸，本來就是中國人。中華民國打敗了日本，光復臺灣，大家應該高興才是。為什麼隔閡如此之深？不幸的二二八事件已經過去多年，省籍畛域之見為什麼這樣難以化解？

重讀早期開臺歷史，漳州人、泉州人、客家人，同樣是渡海而來，斬荊棘、闢草萊，彼此不也曾為了爭取生存空間而有大規模的械鬥，甚至幾代人不相往來。

可是，臺獨派史家的論點不是如此。他們舉出四百年來的經歷，荷蘭、鄭成功、滿清、日本到中華民國，一個舊政權被趕跑，一個新政權接替掌權，隨即帶來一套新的典章制度，加在臺灣人民頭上；甚至語言文字，也都因政權轉移而必須改變。臺灣人要求當家作主的願望如此強烈，不是單純要「造反」和「打破現狀」所能解釋的。

因此，臺獨應說是「古已有之，於今為烈」。不幸的是，這個燙手的熱山芋剛好落在國民黨的手裡。國民黨被看作是另一批異邦人，而且是大陸上失敗的「乞丐趕廟公」。

國民黨被批評為獨裁、不民主、無能、腐化，都有相當的依據，但又似乎未盡公允。回頭來看「百年老店」中國國民黨，它確實是「中國國民」的黨，它具有中國老百姓許多優點和一切缺點。這些優點和缺點揉合在一起，也許正是它歷百年而未倒，但又一直「革命尚未成功，同志仍須努力」的原因。

國民黨曾自命為「革命民主政黨」，可是它也崇揚「中則不偏、庸則不易」的中庸之道。與現代化的標格不合，結果是不求精確，不求徹底，似乎講寬容恕道，往往是得過且過的「差不多先生」。

國民黨本質上重視民主。孫中山先生倡導三民主義以結合志士仁人，以民族獨立、民權平等、民生安和樂利號召天下。與美國總統林肯提出的「民有」(of the people)、「民治」(by the people)、「民享」(for the people) 正相一致。美國建國二百餘年，實行民主漸臻成熟，達到「約定成俗」的地步。國民黨雖有同樣理想，至今猶未充分實現。固然由於諸多阻礙，像軍閥割據、對日抗戰等，打亂了軍政、訓政、憲政的規畫，但在主觀上常有「目前暫緩一步，以待更好時機」的理由。

國民黨在抗戰勝利之後，立憲行憲都盡過不少心力。到臺灣之後，推行地方自治的成效，超過在大陸上任何一省，但民間總還有「差一點」的印象。

在嚴格守法這件事上，國民黨沒有能「子率以正，孰敢不正」，在野黨某些上不得檯盤的舉動，執政黨也免不了責任。

我在美國所見，有兩件事可以顯示美式民主的特色。

一九九八年一月二十一日，民主黨籍總統柯林頓與白宮女實習生陸文斯基的緋聞案爆發，朝野震驚，輿論抨彈，舉世譁然。八月十七日，柯林頓向大陪審團承認與陸女有私，但否認說謊。爭論到十二月十九日，眾議院通過兩項彈劾案，彈劾柯林頓有偽證罪嫌。全案即移送參議院審理。一九九九年二月十二日，參院進行表決，兩項彈劾案均以極細微票數之差未能通過，「世紀大審」寂然落幕。

參院在討論此案時，電視全程轉播向全世界公開。雖然討論的事關乎元首的進退，又是聳動視聽的緋聞，但議場上自始至終秩序井然。每位議員依照慣例排定的次序和時間，登壇發言，每個人都是言辭犀利，劍拔弩張，攻守陣營，壁壘森然。但都能謹守規範，完全沒有什麼霸占主席臺，集體吶喊，舉招牌，扯布條，出穢言等醜態。規定每人發言幾分鐘，時間到了沒有人賴在臺上不下來。

表決的結果雖然那樣接近，共和黨員怒氣填膺，但仍必須遵守少數服從多數的規矩。柯林頓繼續留在白宮，帶著他的道德汙點主持大政，直到任滿下臺。

另一例是二〇〇〇年十一月七日總統大選。原任德州州長小布希，是前總統布希的長子，代表共和黨出馬。對手是民主黨籍前副總統高爾。兩位候選人勢均力敵，選情萬分激烈。大選日投票結束後，久久未能決定誰輸誰贏，因為各州普選票數太接近，以致兩人所得的選舉人票相等。

十一月二十七日，佛羅里達州務卿宣布要重新核計選票。可是，當晚聯邦最高法院裁決停止計票。小布希當選遂成定局。

當時有些選區使用的投票機已經老舊，選票上打洞，往往有打不透、不清不楚之處，構成「是否廢票」的疑問。結果終因司法裁決而掃除了滿天陰霾。高爾承認落選，小布希進入白宮。這兩件事都關乎總統的進退，政權的轉移，如果發生在政治不成熟的國家，非常可能引發大規模的抗議衝突、武裝政變，甚至兵纏禍結的內戰。

美國的民主政治並非十全十美，但朝野守法的習慣，值得我們深思。民主法治，談何容易。我們的立法院吵鬧不休，成了「不立法院」，擁有多數席次的國民黨難道沒有責任？

國民黨早年一度落入低潮。國父看到蘇聯的崛起，曾主張將國民黨改造成為「列寧式的黨」，也就是中央集權的體制。國民黨章上有關組織、宣傳等，都留有參考「列寧式」之痕跡。但多年來風風雨雨，國民黨無論在精神上或實際作為上，從來不是一個「列寧式的黨」。為什麼？因為國民黨是中國人組成的「差不多」政黨，學不到蘇共組織嚴密，情報靈通，尤其做不到那樣嚴酷鎮壓，血腥屠殺。

列寧一九二四年逝世，史達林當權。為了推行農業集體化，消滅地主富農，受害者七百多萬人。一九三〇年代，史達林清除反側，多次整肅。一九三四年，蘇共情報頭子基洛夫遭暗殺，史達林遂以「清洗」為名，四年間處死了一百四十萬人，包括許多黨政軍高幹。

根據蘇方日後透露的數字，第十七次黨代表大會選出中央委員七十一人，有五十一人被處死。

列寧一手建立的第一屆人民委員會（也就是政府），委員十五人，八人被處死。軍中原有六位元帥，四人被處死。一九五位師長，一一〇人被處死。列寧遺囑中提到六名黨政首腦，等於是「託孤」重臣，除了史達林自己外，五名都死於非命。（最有名的托洛斯基，一九二九年被放逐，一九四〇年在墨西哥被蘇共特務刺死。）

國民黨曾有「鼓盪風潮，造成時勢」的豪情，也曾有可觀的成績。可是，動員群眾的力道顯有不足。像毛澤東在「文革」期間，揮揮手，一聲「造反有理」竟使千百萬青少年如痴如狂，甘願充當紅衛兵去打、砸、搶，鬥得天翻地覆。國民黨沒有那種本事。

曾有西方記者問周恩來，在他看來，國民黨在大陸失敗的原因在哪裡？周恩來說：「國民黨錯在：第一、有好的人才不能重用。第二、有好的政策不能實行。第三、犯了錯誤總是不能改。」其實這番評斷不僅可用於國民黨，也同樣適用在古往今來許多大政府、大團體、大企業的頭上。中共自身亦復如此。

國民黨凡事「差不多」，許多好的構想淺嚐輒止，「平均地權」即其一例。但「差不多」也有好處，不會趨於極端。地權應該平均，地利應該公享，但國民黨沒有採取共產黨「土改」那樣殘暴的方式，而是用漸進的「土地改革」，使臺灣進升到工業化的新階。

老子《道德經》名言，「禍兮福之所倚，福兮禍之所伏」，禍福本就在相倚相伏之間，任何事情一旦過了頭，好事也會成壞事。「差不多」便不會走極端。

國民黨多少年來都與共產對立，臺灣是亞太陣線上的自由堡壘。現在卻被人懷疑會向中共靠攏「賣臺」。這成了臺獨派響亮的口號。

其實，臺灣累積多年實施憲政民主的經驗，經由選舉而和平轉移政權，可以辦得到。而臺獨是「只能說，不能做」。當前世局中，想要用臺獨取代中華民國，大家都明知是一條走不通的路。中共對臺政策的用詞雖有改變，但基本的一條仍是如習近平所說的：「制止臺灣分裂圖謀的堅強意志不會動搖。」這是底線，不宜以虛聲恫嚇視之。中共的「反分裂法」，明言可能使用武力的三種情況：一是「臺灣一旦宣布獨立」；二是「臺灣內部有重大變亂」；三是「外國勢力介入臺灣」。都是針對臺獨而發。

臺獨中的基本教義派，為了反共而反中，為了反中而要揚棄一切中華文化，甚至強調「臺灣人不是中國人」，這就走得太遠。兩岸一家親的風俗習慣、倫理親情、語言文字、宗教信仰等精神紐帶，豈是一句口號就能「一刀切」嗎？

青年人對現實不滿，人民對政府有怨言，這是舉世皆有的現象，不僅限於臺灣。但「國家認同」是嚴重的問題。為了改革政治，為了島嶼前途，就非臺獨不可嗎？統獨之爭，竟成了難解之謎。

「老年猶自望河清」，這是我這老朽之人的虔誠願望。但願兩岸相忍相讓，不要再動刀兵，但願兩岸民主法治向下紮根，但願臺灣的在野勢力成為以國家為重，真正「忠實的反對黨」，我們前途應當是十分光明。至於統獨之謎的謎底，我大概看不到了。目前就讓它暫時留下來考驗後之來者的智慧吧。

第卅五章 君子自強

二〇一四年春節方過，我們社區舉行祭天敬祖的儀式。「天主至尊，祖宗至親。大恩大德，山高水深。慎終追遠，敬天愛人。」天主教洪山川總主教蒞臨主禮。儀式之後，總主教發給每人一個「紅包」，一百來位教友和非教友人人有份。紅包裡面有節錄自《聖經》中的「愛的真諦」，還有一張精美的書籤，印著不同的祝詞。

我得到的是海倫・凱勒女士的一句話：

快樂很簡單，

只要懂得感恩就可以了。

海倫・凱勒(Helen Keller, 1880–1968)是美國女作家，她既盲又聾，但仍能鼓起勇氣面對人生，從事公益教育，使眾人受到鼓舞，名滿天下。

她這句話對我真是「正逢其時」。因為我已和醫生約定，第二天要動手術摘除白內障，事前不免有些擔心。凱勒這句話使我頗感安慰。第二天，兒女們送我到醫院，剛從北京來的二弟尚群，也特來陪伴我。一切順利，迴念生平，經歷了那麼多的坎坷曲折，老來最想表達的心願，就是「感恩」。

新聞界前輩張季鸞先生，早年加入同盟會，後來擺脫政治，專心以文章報國，他說他畢生信奉的是「報恩主義」。一個人好似一顆種籽，後來能成材立世，是國家與社會大環境培育而成。所以人不僅要感謝自己的父母親長，也要不忘大環境中日光的照射，雨露的溫潤，泥土的滋養。知恩，進而能竭盡一己之所能，報答恩惠，毋忝此生。

寫自己畢生經歷，也寫到臺灣幾十年間的風風雨雨。我感謝臺灣，感謝在臺灣的許多人。最後，我還要表達對一個人的感激與崇敬，那就是老總統蔣中正先生。舉世皆知，蔣公是世紀的偉人，民族的救星，何用我這樣一個微渺的小人物來稱讚他、表揚他？在正常的情況下，我根本不配對他的生平貢獻說短論長。

但目前的情況不能說是正常的情況，而是善惡並不分明，是非猶待澄清的混沌期。中國本有「勿以成敗論英雄」的名言，不幸當今之世，許多人採取功利觀點，「成者王侯敗者賊」。可是，在千古青史評價中，誰能說蔣中正是一個失敗者？

蔣公出生浙江奉化，起兵廣東黃埔。掃蕩軍閥，定鼎南京，建立中央政府。堅苦卓絕，統領全民抗戰，湔雪百年國恥。被恥笑為「遠東病夫」的中國，終於憑著流血、流汗、流淚的奮鬥，贏得了「四強之一」的地位。那些前塵舊事，每一個階段都充滿了「不可能」，是蔣公臨深履薄的領導，克服重重難關，終於化不可能為可能。這些話，而今被當作「老生常談」。

一九四九年的大逆轉，是蔣公一生中最大的挫敗。當時國內失敗主義瀰漫，國外更是一片責難笑罵之聲：「蔣介石被毛澤東趕出了大陸。」政府遷臺之初，幾乎沒有人看好臺灣。蔣公還能東山再起？臺灣還能守得住一年？答案都是「不可能」！

然而，蔣公憑著他堅強信念，忍辱負重，竟使臺灣危而復安，基礎大定。婆娑之洋，美麗之島，沒有蔣公，沒有臺灣的今天。我的青年、壯年時期，走過的正是這一段「不可能」的艱辛歲月。我記下來的只是在我這一輩人中有限的經驗和感想——所以我感恩的對象，首先是使國家在存亡關頭站起來的蔣公。

近年來社會上的一種風氣，責備國民黨、詆毀蔣公，似乎成為一門「顯學」，實在有欠公平。先前把蔣公形容為「天縱英明，亙古一人」，固然是揄揚過當，但惡意把他刻畫為獨夫民賊，又豈能服人？我們衡量一位偉人的高下，簡單的方法就是與他同時代的人物比較觀察。蔣公一生有許許多多敵人，有的是戰場上交鋒，有的是政壇上較勁。許多人要把他打倒取而代之，我只舉出三個人來作為比照。

第一個是汪兆銘，他在國民黨內資歷甚早。早年行刺攝政王事敗被捕，留下「引刀成一快，不負少年頭」的詩句。其人文采翩翩，詞鋒過人，可惜自視過高，領袖慾過強。他對蔣公不服氣，時而唱反調。寧漢分裂，他以極左姿態出現。抗戰初起，他竟被日寇收買，潛赴南京組織偽政權，成為國民黨史上第一號大漢奸。他曾當選為黨的副總裁，又歷任政府要職。終而靦顏事敵，遺臭萬年。而蔣公在抗戰期間，堅苦卓絕，經歷了多少打擊挫折，終於得到了最後勝利。兩者相較，高下自明。

第二個人物是李宗仁，他是桂系集團領袖、北伐戰場上的勇將。行憲之後，由國民大會選為第一任副總統。此後因大勢逆轉，李、白聯手逼宮，蔣公不得不引退。李以為他可以與中共談和，劃江而治。無奈形勢比人強，和談失敗。他在國勢阽危的關頭，竟自稱病出國，拋棄了責任。晚年還飛往北京，很諷刺地當了花瓶式的「愛國人士」，老死故都。汪與李的位望與蔣公相當，但自處之道絕不相同。蔣公的勇氣與人格，汪、李等輩萬難望其項背。

第三個也是最後一個對手，自然是毛澤東。只從一九四九年的結果而言，毛是全面獲勝，蔣是徹底失敗。可是毛在席捲大陸之後，他獨裁專斷、狂悖殘暴的行為，為人民帶來慘重的禍害。三年大饑荒，餓死了三千萬人。「文革」十年更形成空前的浩劫。毛的紀錄使他成為人類史上前無古人的暴君。

蔣公退處臺灣籌劃再起，臺灣局面雖小，但逐步實踐了三民主義的規畫，自由繁榮，富而能均。臺灣經建的成果，是激發大陸改革開放最直接的誘因。而臺灣能保存中華民族悠久的文化傳承，更可看出蔣毛兩人之間的差別。當毛剛剛掌權之時，唯我獨尊，呼風喚雨，被稱為「紅太陽」，在亞、非、拉各洲，都有人高唱「毛主義」(Maoism)，毛所說「槍桿子裡出政權」和「階級鬥爭為綱」，都成了革命的寶典。然而，他造成了多少災禍，千千萬萬受難者怎能忘記？

如今兩岸大大開放，觀光客（所謂陸客）絡繹於途。臺北近郊的「士林總統官邸」、市中心的中正紀念堂，還有桃園境內的慈湖蔣公陵寢，都是陸客來臺專訪之處。他們大多數是默默行進，沒有頂禮膜拜，但我聽到他們竊竊私語，「老蔣這個人，不容易！」無論長幼，臉上流露出來的是敬慕的神情。

迴念一九四九年兵敗如山倒，再看看今天的臺灣，這一段歷程是一連串的「不可能」，而我這一代人所驗證的就是：我們如何跌跌撞撞地走過來，跌倒了再爬起來。

現在一定有人不同意我的話，甚至認為我是不識時務的老番癲。我最看不起的是，以往多少人揚塵舞蹈，高呼聖明；在他失勢之後，翻臉變色，把他糟蹋得一文不值。人間的反覆無情，反而讓我覺得，在我快要離開這個世界之前，我必須說清楚這句話：「老總統，我感謝你，尤其是你力挽狂瀾，建設臺灣的貢獻。」

古今中外的偉人，往往難以避免「名滿天下，謗亦隨之」的命運。所謂「樹大招風」，乃自然之理。蔣介石是二十世紀裡世界級的偉人，免不了這樣的遭遇。尤其在大陸失敗之後，幾乎落到「破鼓萬人捶」的地步。共產黨和左翼宣傳固然是撻伐無所不至，就是許多號稱超然中立之士，也免不了「以成敗論英雄」的陋見。許多西方人士對蔣公堅強性格雖表敬佩，但總認為他民主修養不足，權威意識過強。此類批評雖亦有其見地，但他們並沒有能體會到中國文化的背景和戰時的實況。

第二次大戰期間，中美兩國由合作關係而逐漸冷淡，史迪威事件實為重要關鍵。史迪威是一名中將，早年曾在華北任職略通華語，得到陸軍參謀長馬歇爾將軍賞識，力薦他來中國擔任蔣公的參謀長。

史迪威犯的大錯，是他自認為在中印緬戰場上，應該享有如艾森豪將軍在歐洲同樣的地位和權力。他希望由他來指揮調動國軍，從事對日作戰。姑且不論史迪威是否能與艾森豪相比，具有指揮數百萬大軍的將才，史迪威完全沒有考慮到兩大戰場上美國參與程度的不同。

在歐洲戰場，用於作戰的飛機、軍艦、大炮、坦克，乃至彈藥、汽油、口糧補給、醫療運輸等物資，幾乎全都是由美國供應。在戰場上與希特勒部隊作戰的主力，有美軍子弟超過兩百萬人。艾森豪得到英法等各國領袖的一致支持和推崇，因為他背後有美國雄厚的國力作為支持。後期的歐洲戰場，事實上是美國人的戰爭。

中國戰場上的情況截然不同。在華府「先歐後亞」的政策之下，中國得到的美援和軍火，還不及歐洲戰場上的百分之一。更重要的是，在廣大的中國戰場上，和日軍拚命的全是國軍官兵。美國陸海軍除了少數顧問性質的官兵之外，最重要的就是陳納德將軍領導的「飛虎隊」，初期是志願性民間助戰，後來改編為第十四航空隊參加作戰，增強空防。

史迪威手握「分配美援物資」之權，意欲藉此和蔣公講價還價，言詞態度驕妄無禮。蔣公為了國家，仍予以曲容。不過，蔣公也明白告訴他，「中國在沒有英美援助的情況下，已經單獨對日作戰六年之久。今後無論有無外援，我們一定對日作戰到底。」

陶涵教授 (Jay Taylor) 在他所著《蔣委員長》(*The Generalissimo*) 書中，第二章論述蔣公與美國盟友的關係，對史迪威被撤職經過有中肯的分析。陶涵特別引述羅斯福總統一九四三年三月八日給馬歇爾的函件。羅斯福看過史迪威給他的報告，他認為史迪威辦交涉的態度和方式，都是錯誤的。

羅斯福在信中對馬歇爾說：「我們必須牢記，蔣委員長是經歷了萬分艱難的過程，才成為四萬萬中國人無可爭議的領袖。」他指出，從全國到地方，中國有許多手握兵權、各懷異志的軍政首腦。蔣委員長能在幾年之內，把他們團結起來一致對外，「這樣艱鉅的工作，如果讓我們去作，可能需要兩個世紀才得完成。」

羅斯福進一步說明，蔣委員長在中國那樣的環境中，「必須保持他至高無上的地位。你和我如處於那樣的環境，也將採取同樣的作法。」(The Generalissimo finds it necessary of maintain position of supremacy. You and I would do the same thing under the circumstances.)

羅斯福不愧是總攬全局的大國英主，深知「高處不勝寒」的難處。他還相當幽默地說，蔣委員長既是一國行政首長，又是全軍最高統帥，「對於這樣的人物，不容出言無狀，或是一定要求他作出某些承諾，像我們可能對待摩洛哥的蘇丹那樣的方式。」

馬歇爾是總綰美軍兵符的名將，也是羅斯福最倚重的心腹之一。羅斯福這封信，乃是能設身處地的明智之言。史迪威的「威風」完全用錯了對象。領導中國人抗日的蔣委員長，絕非小國酋長一流，羅斯福後來果然接受了中方的要求，撤換了史迪威。

羅斯福晚年帶病出席雅爾達會議，接受史達林的勒索，嚴重傷害了中華民國的權益。但觀乎羅斯福一九四三年這封信，他對蔣委員長的風格不僅同意，而且備致讚揚。

中國積弱百年，內憂外患迭至。站在旁邊冷嘲熱諷，很容易；真正要能拿出辦法來，把國家從頭救起，可就難上加難。羅斯福懂得此中艱苦，所以才會給馬歇爾寫那封信。

《舊約聖經》上記載，第一位和天主面對面談話，接受十誡的先知梅瑟（Moses，有人譯為摩西），領導被奴役的以色列子民從埃及出來，在神力協助下越過紅海，擺脫了埃及的千軍萬馬，在曠野中度過了四十年。在最危難的時候，便有不少的人起而責備梅瑟，「我們在埃及，雖然是奴隸，但每天還有肉吃。」梅瑟活到一百二十歲，天主在他臨死前命令他登上高山遙見大地，那便是天主賜給以色列子民的地方，但又說，「你只可由對面眺望，卻不能進去。」梅瑟終生沒有能渡過約旦河。

臺灣海峽寬約百里，成了蔣公的約旦河。多少年來，他心心念念要「光復大陸，解救同胞」。但這海峽是保障，也是阻隔。也許只能歸於命運吧。

但沒有渡過約旦河，無傷乎梅瑟第一位先知的地位。沒能渡過海峽，光復故土，誠然是蔣公畢生的遺憾，但命運與歷史似乎有另一種安排。

有些朋友認為，現在已非「崇功報德」的時代，人民有權利喜新厭舊、反覆無常。政治家為而不有，隨時可以被遺忘、被曲解、被替代，他要從政就得悲天憫人，為蒼生奉獻，「老天爺給他的報償，只是海明威筆下那一付魚骨頭，也就是一頁青史。」這些話道出了現代社會之無情，這都是事實。不過，我從感情上依然相信東西聖哲所講的道理：「一個偉大的民族，絕不是一個辜恩負義的民族。」

在新社會中，人民誠然有權喜新厭舊、反覆無常，不過，大多數人民如果都是不辨善惡、不察是非，經常地反覆無常下去，國家民族將何以立足於世？近年臺灣出現一些令人耽憂的現象，病原都在許多人懷著「只要我喜歡，有何不可以」的心態，人人皆有我無人，前途就危險了。天公給政治家的報償，也許真的只是一頁青史。可是，我們現在看到的，恐怕連那「一頁青史」也未必能留下來，豈不令志士仁人寒心？

國民黨元老于右任先生，民國元年曾與國父、胡漢民等合影，慶祝開國之喜。五十年之後，于先生在臺北重睹這張歷史性的照片，感慨萬千，有詩紀之：

不信青春喚不回，不容青史盡成灰。
低回海上慶功宴，萬里江山酒一杯。

中華民國建國已超過百年。我今以此簡陋樸拙的筆墨，重新勾寫那些可歌可泣的歲月，正是出於「不容青史盡成灰」之一念。政治家享受犧牲，我們這些渺小的平民百姓也曾以犧牲為享受，那些事蹟、那些人物，難道都該無聲無息化為煙塵嗎？

臺灣的未來會怎樣走，會走向何處？我以前自以為很有明確的目標和方針；但時至今日我反而有些遲疑。是建立一個「新而獨立的國家」？還是在「一個大屋頂之下，漸漸使兩岸合而為一」？今後局勢的發展，用一句話來說明：「唯有臺灣兩千三百萬人的意志才可以決定臺灣的前途。」

或問，你這種說法豈不是與蔡英文女士同調嗎？

我說，我這樣說，與她的話有不同的理由和根據。

第一、大陸領導階層近曾強調，「關於臺灣未來的前途，要由全國十三億人（包括臺灣同胞在內）共同決定。」這樣的主張聽起來似乎合乎情理；但問題在於，大陸上的十三億人民，至今仍然沒有公開表達自由意志的機會。如果止能「以黨意為民意」，無以取信於人。臺灣的民主運行雖然尚有許多缺點，但仍比大陸現況高明多多。十三億人共同意志之說，缺乏公信力，因而也鮮有號召力。

第二、在臺灣雖然有些獨派人士認為，只要由二千三百萬人來一次公投，「新而獨立的國家」就可出現。

我認為這只是一部分極端分子的狂熱幻想，大多數民意不會去鋌而走險。國際間也有實例，蘇格蘭省人要脫離不列顛王國，魁北克省人要與加拿大分割。獨立運動雖然如火如荼，真正投票時都仍然是少數。可見成熟的民意，未必真如臺獨極端派想像的那樣容易。連民進黨中也有許多人承認「臺獨沒有市場」，需要改絃更轍。

立定志向很重要，如何使志願實現更重要。根據過去這幾十年來的寶貴經驗，我要說的是：統也罷，獨也罷，首先要能自立自強，站得住腳步，挺得起脊梁，才有本錢決定自己的命運，實踐自己的心願。

中華民族源遠流長的文化，隱隱中仍有左右人心的影響力。以中國人的智慧和覺悟，在經歷了這麼多苦難之後，應該明白國父的話才是至理：「和平、奮鬥、救中國。」許多恩怨，許多傷痛，留給時間去滌化、去彌合。天下大勢，合久必分，分久必合。長遠觀察，當然是合的好。我們能夠做的，仍然只有這一句話：「天行健，君子以自強不息。」

二〇一四年六月六日　臺北

後記

《自強之歌》不是小說，小說出於想像，這裡寫的都是真人實事；它也並非歷史，歷史記載的都是大事和偉人。我在這兒寫出的，只是在動亂的八十多年間，一個平凡人物的親身經歷和感想；尤其是從一九四九年到今天，臺灣是怎樣跌跌撞撞、仆而又起，從朝不保夕的危局中走到今天。我借文天祥的話說，當年曾是「存心時時可死，行事步步求生」。

這中間，有眼淚，也有歡笑；有屈辱，也有光榮。說來說去，都由於《易經》上的老話：

「天行健，君子以自強不息。」

我只懷著萬分誠懇的心情，告訴比我年輕的人們，許多他們沒有經歷過的情況，沒有遭遇過的困難。我們都愛國家、愛民族，對未來寄予厚望，但美好的未來不會平空掉下來。實現理想的第一步，就是自勵自強。

二〇一四年九合一選舉國民黨大敗，我這老黨員當然難過，但亦十分坦然。國民黨失去民心，這次選舉受挫是應該接受的教訓。

我並不想多作無謂辯白，只是希望年輕一代也要知道我們是怎樣走過來的。國民黨裡也有許多苦幹實幹的人。

我自己明白，此時此地，寫這樣一本書，是大大的「政治不正確」，不合時宜。因此，我感謝許多老朋友對我的鼓勵和期許，「有些事情總得有人講講清楚。」我更要感謝老友劉振強先生，同意由三民書局出版這樣一本「不正確」的書。

三民書局編輯部的編輯為它作了種種安排、校閱全稿，更提出許多寶貴的建議，令我感念無已。

感謝內子史棻一輩子默默地支持。兩個兒子曾提供協助幫我找資料。小女則為我打字，將三十萬字的全稿輸入電腦，十分辛苦。

縱然我全心全意想把它寫好，自覺並未做到「冷靜而完整地觀察人生世變」的境界。書中舛誤之處，都是我的責任。世代變化太快太大，有些事不容易說清楚，就像「北平」、「北京」這兩個古老的地名，幾十年間就變了許多次，相信讀者都能理解，無需一一說明了。

彭歌

附錄一 彭歌生平事略

一九二六年	農曆丙寅年正月初八，生於天津市。原名姚尚友，後易名姚朋。父：崇實公（字硯農）、母：余宗隆女士。
一九三一年	九一八事變，東北淪陷。母親病逝，由祖母高太夫人撫養。
一九三六年	入北平藝文小學。
一九三七年	七月七日蘆溝橋事變，北平、天津先後淪陷。父去自由區。祖母逝世。
一九三九年	祖父景庭公逝世，在家服喪。
一九四〇年	入北平輔仁大學附屬中學。
一九四一年	日軍偷襲珍珠港。
一九四三年	與同學結伴前往後方，因日軍進攻太行山，受阻回北平。
一九四四年	再度南下，往界首到達自由區，輾轉抵陝西蔡家坡，與家人團聚。

一九四五年	八月，日本投降，抗戰勝利。 十月，考取政治大學新聞系，到重慶入學。
一九四六年	復員南京，政大遷回紅紙廊原址。 國共戰爭擴大，連年仍努力讀書。
一九四九年	蔣總統下野，政大南遷杭州。離校前往武漢。 七月十二日，在長沙與徐士芬女士（史棻）結婚。次日相偕赴廣州，輾轉到臺灣，入《台灣新生報》工作。
一九五〇年	三月一日，蔣總統在臺北復職。 六月二十五日，韓戰爆發。
一九五一年	二月十二日，長子姚晶在臺北出生，此子就學西門國小、大同中學、建國中學、清華大學物理系畢業。赴美匹茲堡大學進修，獲博士學位。返國後，曾任職國家衛生研究院，從事MRI研發工作。 仍任《新生報》省聞版主編。臺灣推行土地改革。 兼任《自由談》雜誌總編輯，並致力文學創作。
一九五二年	四月，中日和約在臺北簽字。

	八月一日，次子姚垚在臺北出生。此子就學北師附小、仁愛中學、師大附中、臺灣大學中文系及研究所畢業。赴美在柏克萊加州大學進修，獲比較文學博士。在加州聖荷西大學任教。
一九五三年	在《新生報》任要聞組主任。 韓戰停火協定簽字。
一九五四年	一月二十三日，一萬四千名韓戰中共軍隊戰俘，拒絕返大陸，自韓抵臺灣，受到同胞熱烈歡迎。 三月二十二日，國民大會選舉，蔣中正當選連任總統。 七月，副總統陳誠主持石門水庫工程破土典禮。 十二月三日，中美共同防禦條約簽字。
一九五五年	二月，國軍自大陳島撤退。
一九五六年	四月，毛澤東提出「百花齊放，百家爭鳴」口號，旋即宣布此為「陽謀」，成為大規模「反右」先聲。 政大在臺復校，考入第二屆新聞研究所，兩年後獲碩士學位。 在《新生報》晉升副總編輯，主管國內外要聞。

一九五七年	五月，美軍雷諾上士被控謀殺劉自然案，美軍法庭判決無罪，臺北群眾抗議，引發「五二四事件」。
一九五八年	臺灣海峽海戰、空戰頻頻發生。 八月二十三日，共軍炮兵猛轟金門數十萬發。 十二月，中共推行「人民公社」及「大煉鋼」等，造成人民極大痛苦。
一九五九年	四月，中共宣布，劉少奇當選「人民政府」主席，毛澤東退居第二線。伏下「文革」動亂之前因。 八月七日，臺灣南部發生六十年來未有的洪水災害。
一九六〇年	參加第一屆中山獎學金考試，考取新聞學門第一名。 九月，赴美入南伊利諾大學新聞研究所，兩年後獲碩士學位，論文在《新聞學季刊》(*Journalism Quarterly*)發表。
一九六三年	一月，獲貝雷獎學金，入伊利諾大學圖書館研究所，一年內獲碩士學位。 十一月，美總統甘迺迪被刺，寫成完整報導，在《新生報》連載。
一九六四年	三月，自美返國，就任《新生報》總編輯。 當選一九六四年度「十大傑出青年」。

	晉升《新生報》副社長，仍兼總編輯。 應文化大學之聘，主講「新聞文學」。
一九六六年	五月，赴曼谷代表中華民國編輯人協會，出席聯合國亞洲遠東委員會召開之「亞洲編輯人圓桌會議」，會後赴馬尼拉，為菲華研習會授課一個月。 開始撰寫「雙月樓雜記」。 毛澤東發動「文化大革命」，大陸歷經十年浩劫。
一九六七年	女兒嬰如於元旦出生，明慧好學，深得親心。 譯成《改變歷史的書》，各大學選為參考必讀，為純文學社暢銷書。
一九六九年	六月，赴馬尼拉任第十五屆亞洲影展評審委員。國片《玉觀音》獲金禾獎，《龍井鄉》獲銀禾獎。 七月，當選中華民國筆會執行委員，共推林語堂先生為會長。 十月，入國防研究院第十一期研究。 本年內譯成《權力的滋味》。《從香檳來的》在《中國時報》連載。《知識的水庫》等書相繼出版。
一九七〇年	林語堂會長主持中華民國筆會在臺北召開的第三次亞洲作家會議。川端康成等名

	作家蒞臨參加。 赴漢城出席國際筆會第三十七屆大會。 赴大阪參觀世界博覽會。 赴紐約參加美國編輯人協會主辦之圓桌會議，會後到各大城市訪問。
一九七一年	九月，赴都柏林參加國際筆會第三十八屆大會。 獲得第五屆中山學術創作獎。得獎作品《從香檳來的》。 十月，中華民國退出聯合國。
一九七二年	二月，美總統尼克森訪北京，並發表「上海公報」。 四月，訪問沙烏地阿拉伯王國，晉謁費瑟國王。 六月，赴舊金山參加第二屆中美大陸會議，由政大國際關係研究中心與史丹佛大學胡佛研究所合辦。 《浩劫後》、《人生的光明面》、《天地一沙鷗》等書出版。 九月，中華民國與日本斷交。 十一月，行政院長蔣經國宣布，推行「十項建設」，臺灣邁向工業化。
一九七四年	九月，應聘臺大圖書館系副教授，仍任《中央日報》總主筆，不支薪。

	十月，接任筆會祕書長。原任王藍赴美任教。 十二月，赴耶路撒冷出席筆會第三十九屆大會，為保全會籍多方努力。
一九七五年	四月，蔣中正總統逝世。嚴家淦繼任總統。蔣經國當選中國國民黨主席。 十一月，赴維也納出席國際筆會第四十屆大會；大會通過，普端契特會長提名，林語堂為總會副會長。會後赴倫敦，代表林先生向普端契特表達謝意。
一九七六年	三月二十六日，林語堂會長在香港逝世。四月，移靈來臺下葬於士林故居。 四月，中華民國筆會在臺北召開第四屆亞洲作家會議。 八月，赴倫敦出席國際筆會第四十一屆大會。 九月，中共首腦毛澤東病逝。毛妻江青等「四人幫」旋即被捕。「文革」結束。
一九七七年	三月，赴美國南部各州訪問新聞界，就亞太情勢及中美關係交換意見。 十二月，赴馬尼拉出席太平洋作家會議。轉赴雪梨，出席國際筆會第四十二屆大會。 《流星》、《落月》重印出版。
一九七八年	三月，蔣經國當選總統，謝東閔當選副總統。吳俊才繼任《中央日報》社長，挽留繼任總主筆。

	五月，赴斯德哥爾摩出席國際筆會第四十三屆大會。 六月九日，蔣經國召見，垂詢新聞界及筆會工作。 十二月，美總統卡特宣布，明年一月一日與中共建交。蔣總統嚴斥美方背信毀約，並宣布緊急處分令。
一九七九年	二月，潘煥昆任《中央日報》社長，力邀回任副社長兼總主筆，辭臺大教職。 七月，赴里約熱內盧出席國際筆會第四十四屆大會。 十二月，高雄發生美麗島事件。
一九八〇年	三月，旁聽美麗島案審判，著論呼籲臺獨人士「浪子回頭」，以國家前途為重。 四月，赴倫敦，原擬轉往南斯拉夫，出席國際筆會大會。因狄托死亡，南國進入緊急狀態，無法取得簽證。
一九八一年	一月，教育部邀訪歐洲六國文教界，同行者為朱炎、胡耀恆。參加丹麥筆會，與大陸代表辯論。 五月十二日，就任《中央日報》社長，仍兼總主筆。 六月底，中共第十一屆六中全會，通過「關於建國以來黨的若干歷史問題的決議」，譴責毛澤東暴政，對毛鞭屍。《中央日報》七月二日獨家報導，並著論〈中

	共鞭毛之屍而不敢拔毛的矛盾〉。 八月三十一日，蔣總統召見《聯合報》王惕吾、《中國時報》余紀忠、中央通訊社潘煥昆、《中央日報》姚朋等四人，懇切期勉新聞界支持政府，共赴時艱。
一九八二年	二月，在國民黨中常會報告工作，說明《中央日報》業務擴展，亟需新址。經核定，由黃少谷、俞國華等五人，成立指導小組，推進建廈工作。 四月，當選臺北市報業公會理事長。 五月，赴馬德里出席國際新聞協會第四十一屆年會。我代表團有魏景蒙、劉昌平等三十餘人。
一九八三年	二月，《中央日報》社慶，蔣主席致函嘉勉。 三月，策劃改版，任王端正為總編輯，為《中央日報》第一位臺籍總編輯。 十二月，「八德計畫」破土興工。
一九八四年	三月，蔣經國當選連任總統，李登輝為副總統。 四月，華航環球航線首航，應邀訪紐約、華府等地，參觀西點軍校。 五月，赴東京出席國際筆會第四十七屆大會。我代表團十六人。大陸有巴金、蕭乾等出席。

	中華民國筆會會長任期已滿，由副會長殷張蘭熙繼任。 五月三十日，曹聖芬轉任中央通訊社董事長。《中央日報》董事長由林徵祁繼任。 八月，夏志清先生在《聯合報》發表論文，評介彭歌作品，題為〈志士孤兒多苦心〉。 九月，赴丹佛為全美主筆會議特邀來賓，參觀美國戰略空軍部等處。
一九八六年	六月，赴洛杉磯出席美西學人會議，發表兩次演說。轉往漢堡，出席國際筆會第四十九屆大會。 八月，蔣總統表示，政府將解除戒嚴令。 十一月，民主進步黨成立。
一九八七年	一月，八德路新廈完工，增設印刷機等裝設完成。辭《中央日報》社長職務。與史禁相偕海外旅遊。 九月，接任《香港時報》董事長。 十月，出任國家文藝獎、中山文藝獎、吳三連文藝獎評審委員。 十一月，赴波多黎各出席國際筆會第五十一屆大會。
一九八八年	一月十三日，蔣經國總統逝世，副總統李登輝繼任總統。

	八月，赴漢城出席國際筆會第五十二屆大會，晉見朴正熙總統。
一九八九年	四月，主持「現代文學討論會」。 五月，赴荷蘭參加國際筆會第五十三屆大會。 十一月，柏林圍牆拆毀，東歐各國出現非共政府。蘇聯帝國開始崩解。
一九九〇年	三月，獲國家文藝基金會特別貢獻獎，行政院李煥院長頒獎。 五月，赴葡萄牙芳夏爾，出席國際筆會第五十五屆大會。殷張蘭熙當選為總會副會長。余光中繼任中華民國筆會會長。
一九九一年	五月，辭去《香港時報》董事長後退休。 八月，應《聯合報》之聘，為美國《世界日報》撰寫社論。
一九九二年	五月，與史棻旅遊歐洲十一國。 六月，首度回北京探視諸弟。 十一月，長篇〈向前看的人〉在聯副連載。
一九九三年	四月，在臺北欣賞大陸演員梅葆玖《霸王別姬》等名劇。
一九九四年	五月，赴武漢訪晤內弟士藩。轉北京與家人老友團聚。 六月，赴南京與政大同班同學在紅紙廊重聚。

一九九七年	二月，鄧小平病逝，應KPST電視訪問，展望大陸開放將可繼續推行。 七月，七七抗戰六十週年，在舊金山僑團紀念會演講。
一九九九年	三月，九歌基金會主辦「彭歌作品研討會」，朱炎主持，百餘位作家蒞臨。彭歌自美回臺，誠懇致謝。 九月二十一日，臺灣七點三級地震，捐款救災。
二〇〇〇年	此後閉門靜居，讀書寫作。
二〇〇八年	六月三十日，心臟開刀，由Dr. Vial主持，過程順利。 十一月，與史棻返回臺北定居。先後入住至善老人中心。
二〇一五年	回憶錄《自強之歌》由臺北三民書局出版。

附錄二　彭歌作品目錄

長篇小說

殘缺的愛	臺北	自由中國社	一九五三年
流星	臺北	中國文學社	一九五六年
	高雄	大業書店	一九六〇年
	臺北	遠景出版社	一九七七年
落月	臺北	自由中國社	一九五六年
	臺北	遠景出版社	一九七七年
煉曲	臺北	明華書局	一九五九年
	臺北	中華文藝社	一九五九年
尋父記	臺北	明華書局	一九五九年
	臺北	中央日報社	一九八〇年
在天之涯	高雄	長城出版社	一九六三年

中篇、短篇小說集

從香檳來的	臺北	中央日報社	一九八〇年
	臺北	三民書局	一九七〇年
昨夜夢魂中	香港	亞洲出版社	一九五六年
	臺北	中央日報社	一九八九年
過客	香港	友聯出版社	一九五七年
歸人記	香港	亞洲出版社	一九五九年
象牙球	臺北	光啟出版社	一九五九年
	武漢	長江文藝出版社	一九九三年
辭山記	臺北	暢流半月刊社	一九六〇年
	臺北	中央日報社	一九八九年
道南橋下	香港	中外畫報社	一九六〇年
	臺北	中央日報社	一九八九年
花落春猶在	香港	中外文化公司	一九六一年
K先生去釣魚	臺北	華欣文化中心	一九七二年

彭歌自選集——短篇小說	臺北	臺灣中華書局	一九七二年
微塵	臺北	中央日報社	一九八四年
黑色的淚	臺北	中央日報社	一九八九年
惆悵夕陽	臺北	三民書局	二〇〇九年

三三草專欄

書中滋味	臺北	三民書局	一九六九年
青年的心聲	臺北	三民書局	一九六九年
取者和予者	臺北	三民書局	一九七〇年
暢銷書	臺北	三民書局	一九七〇年
祝善集	臺北	三民書局	一九七〇年
筆之會	臺北	三民書局	一九七一年
書的光華	臺北	三民書局	一九七一年
回春詞	臺北	三民書局	一九七二年
風雲裡	臺北	驚聲文物供應公司	一九七三年
讀書與行路	臺北	三民書局	一九七三年

自信與自知	臺北	三民書局	一九七四年
致被放逐者	臺北	三民書局	一九七四年
彭歌自選集	臺北	黎明文化事業公司	一九七五年
成熟的時代	臺北	聯合報社	一九七五年
	臺北	聯經出版事業公司	一九七六年
孤憤	臺北	聯合報社	一九七六年
	臺北	聯經出版事業公司	一九八〇年
筆掠天涯	臺北	遠景出版社	一九七七年
回憶的文學	臺北	聯合報社	一九七七年
戲與人生	臺北	九歌出版社	一九七八年
不談人性，何有文學	臺北	聯合報社	一九七八年
書與讀書	臺北	純文學出版社	一九七九年
作家的童心	臺北	聯合報社	一九七九年
筆花	臺北	中央日報社	一九八〇年
永恆之謎	臺北	聯合報社	一九八〇年
猛虎行	臺北	聯合報社	一九八一年
水流如激箭	臺北	聯經出版事業公司	一九八九年

風雲起	臺北	聯經出版事業公司	一九九一年
追不回的永恆	臺北	三民書局	一九九四年
三三草	臺北	聯經出版事業公司	一九九四年
釣魚臺畔過客	臺北	三民書局	一九九六年
說故事的人	臺北	三民書局	一九九八年
在心集	臺北	三民書局	二〇〇三年
憶春臺舊友	臺北	九歌出版社	二〇〇九年

雙月樓雜記

文壇窗外	臺北	文星書店	一九六四年
	臺北	傳記文學出版社	一九六九年
書香	臺北	仙人掌出版社	一九六八年
	臺北	晨鐘出版社	一九七一年
新聞圈	臺北	仙人掌出版社	一九六九年
	臺北	晨鐘出版社	一九七〇年
萊茵河之旅	臺北	仙人掌出版社	一九六九年

奇特與平凡　臺北　晨鐘出版社　一九七〇年
天涯孤棹還　臺北　仙人掌出版社　一九六九年
英雄們　臺北　晨鐘出版社　一九七〇年
觀美草　臺北　弘毅出版社　一九七〇年
愛爾蘭手記　臺北　晨鐘出版社　一九七〇年
雙月樓說書　臺北　晨鐘出版社　一九七一年
種樹的心情　臺北　大地出版社　一九七二年
夢中憂患尚如山　臺北　臺灣學生書局　一九七三年
愛與恨　臺北　正中書局　一九七三年
生命與創作　臺北　中央日報社　一九八三年
一夜鄉心　臺北　中央日報社　一九八五年
　臺北　中央日報社　一九八六年
　臺北　九歌出版社　一九八八年

論著

新聞文學　臺北　臺北市新聞記者公會　一九六五年

	臺北	仙人掌出版社	一九六九年
新聞學研究	臺北	臺灣商務印書館	一九六七年
小小說寫作	臺北	蘭開書局	一九六八年
	臺北	遠景出版社	一九七七年
知識的水庫	臺北	純文學出版社	一九六九年
愛書的人	臺北	純文學出版社	一九七四年
新聞三論	臺北	中央日報社	一九八二年

翻譯

改變歷史的書（美國唐斯博士原著）	臺北	純文學出版社	一九六八年
	臺北	聯經出版事業公司	一九九八年
權力的滋味（捷克穆納谷原著）	臺北	純文學出版社	一九六九年
改變美國的書（美國唐斯博士原著）	臺北	純文學出版社	一九七一年
天地一沙鷗（美國李察・巴哈原著）	臺北	中央日報社	一九七二年

浩劫後（美國尤瑞斯原著） 臺北 純文學出版社 一九七二年
奈何天（德國雷馬克原著） 臺北 晨鐘出版社 一九七二年
人生的光明面（美國皮爾斯博士原著） 臺北 皇冠文化 一九八四年
積極思想的驚人效果（原人生的光明面改題） 臺北 純文學出版社 一九七二年
熱心人（美國皮爾斯博士原著） 臺北 九歌出版社 二〇〇三年
蕭莎（美國辛哈原著） 臺北 純文學出版社 一九七五年
夏日千愁（美國卡寧原著） 臺北 大地出版社 一九七九年
　臺北 皇冠文化 一九八一年

回憶錄

自強之歌 臺北 三民書局 二〇一五年

彭歌作品

【三民叢刊 087】

追不回的永恆

本書是《聯合報》副刊上「三三草」專欄的結集。作者以其犀利的筆鋒，對種種社會現象痛下針砭，冀望這些警世的短文，能如暮鼓晨鐘般，在這變亂紛乘的時代，起著振聾發聵的作用。

【三民叢刊 127】

釣魚臺畔過客

本書是作者闊別了故鄉北京約半個世紀後，回鄉省親的見聞和觀感。抒情寫景、透視世相，皆有獨到之見，情思深厚又耐人尋味。當他在北京釣魚臺國賓館中作客時，長夜沉思，想到的是柳暗花明的中國前途，相信中國人總會走出一條路來。

【三民叢刊 163】

說故事的人

寫小說是一種入世的事業，優秀的小說家，不能缺少「說故事」的能力。本書作者舉名家作品為例，認為文字創作不可媚俗阿世，隨波逐流，但亦不宜完全忽視讀者的反應，以使文學藝術與時代精神相輔相成。